上市公司
法律实务指引

A PRACTICAL GUIDE
FOR
LISTED COMPANIES

江苏兰创律师事务所 / 著

法律出版社
LAW PRESS·CHINA
北京

图书在版编目(CIP)数据

上市公司法律实务指引 / 江苏兰创律师事务所著
. -- 北京 : 法律出版社, 2022
ISBN 978 - 7 - 5197 - 6466 - 1

Ⅰ. ①上… Ⅱ. ①江… Ⅲ. ①上市公司-公司法-研究-中国 Ⅳ. ①D922.291.914

中国版本图书馆 CIP 数据核字(2022)第 033597 号

上市公司法律实务指引
SHANGSHI GONGSI FALÜ SHIWU ZHIYIN

江苏兰创律师事务所 著

责任编辑 刘 琳
装帧设计 汪奇峰

出版发行 法律出版社
编辑统筹 法律教育出版分社
责任校对 陆帅文
责任印制 刘晓伟
经　　销 新华书店

开本 710 毫米×1000 毫米 1/16
印张 27 **字数** 462 千
版本 2022 年 3 月第 1 版
印次 2022 年 3 月第 1 次印刷
印刷 保定市中画美凯印刷有限公司

地址:北京市丰台区莲花池西里 7 号(100073)
网址:www.lawpress.com.cn
投稿邮箱:info@lawpress.com.cn
举报盗版邮箱:jbwq@lawpress.com.cn

销售电话:010-83938349
客服电话:010-83938350
咨询电话:010-63939796

书号:ISBN 978-7-5197-6466-1　**定价**:86.00 元

凡购买本社图书,如有印装错误,我社负责退换。电话:010-83938349

序言 PREFACE

非常荣幸能给江苏兰创律师事务所务实求真的伙伴们写序。

上市公司是中国资本市场的主角，而中国资本市场变革日益加速，与此相关的理念、体系、规则都在日臻完善。从长远而言，上市公司必将因此获益：不仅从市场资源中获益，还会从科学运作和规范管理中获益。显而易见，这些获益不会从天而降，而是需要上市公司诚心实意地接受规范理念、苦心孤诣地践行规范行为。具体到资本运作和法律风险管理领域，其理念、方法和工具，成为上市公司管理层的必修课而不是选修课。

逻辑上的推理在实务中也全部得到了印证。2019 年科创板正式开板，标志着中国资本市场进入发展新时代。科创板多元包容的上市条件让那些管理规范的科技型企业获得了发展新机遇，科创板的发展又将带动创业板、主板甚至新三板等板块的同步发展。以华兴源创为例，作为科创板第一股登陆资本市场，上市 10 个月后即获准进行重大资产重组。无疑，华兴源创是科创板红利的享受者。究其原因，不仅是机遇使然，其科学的资本规划和规范的经营管理也功不可没。从华兴源创的历史沿革来看，2005 年公司设立，2017 年实际控制人夫妇搭建持股平台对核心人员进行股权激励，2018 年进行股份制改革，2019 年登陆资本市场；截至我写这篇序的时候，华兴源创这一家存续十几年的公司，竟然没有任何诉讼记录，这也间接反映出这家公司资本运作的精心布局和经营管理的规范程度。无论华兴源创未来如何起伏，但其历史的数据和阶段性的成功，让人感受到科学运作、规范管理的力量。

当然也有反面案例。我们以 2020 年的几个数字为例：2020 年，314 家上市公司被行政处罚，金额高达 51 亿元；2020 年，27 家上市公司因财务造假被处罚；2020 年，13 家 A 股上市公司破产重整计划得到法院批准；2020 年，19 家上市公司老总涉刑事案件。每个冰冷的数字后面有上市公司轰然倒塌、亿万富豪身陷囹圄、普通员工下岗失业……这些数字让人感受到玩弄资本、蔑视规范带来的严重后果。

在部分上市公司起起伏伏的案例中，兰创律师作为法律服务者，也见证了这些过往，他们不断从实务中总结提炼，形成了比较清晰的逻辑框架。为了发挥团队优势，兰创的夏峰律师、朱麒律师、石雪菲律师、陆蒙超律师、李立律师、刘小娟律师围绕上市公司资本运作和法律风险管理共同完成了这个课题。这六位富有理想和激情的律师，开始针对上市公司的资本运作和法律风险管理进行了资料搜集、法律研究、实务推演及经验总结，最后付诸文字。不知从哪一天开始，每个周五兰创律所的会议室就人声鼎沸，项目组成员满血战斗。在此过程中，我感受到了他们的诚意，目睹了他们的付出，如今很欣喜地看到了他们的成果。作为同行，我深知他们既要被业务羁绊，又要参与编著，此中挑战不可不谓之大，路程不可不谓之艰，也正因如此，这本书对上市公司和拟上市公司而言，其指导意义不可不谓之深。

顾名思义，这本书是为上市公司资本运作和法律风险管理而著作，当然适用于上市公司，尤其是那些具有科技竞争力的科技型企业；同时，这本书还适用于那些拟上市的科技企业，因为这些具体的法律指引，需要公司在上市前了解。我和这六位同事坚信，这本书的问世，一定会让那些优秀的科技型企业获得兰创律师的专业力量；这本书的问世，让我们用另一种方式践行兰创律师的使命：

以法律服务推动科技进步！

2022 年 3 月 4 日

目录 CONTENTS

Part 01

上市公司再融资

第一篇

Part 02

上市公司收购

第二篇

Part 03

上市公司重大资产重组

第三篇

Part 04

上市公司股权激励

第四篇

Part 05

上市公司人力资源合规管理

第五篇

Part 06

上市公司刑事风险防控

第六篇

附录

第一篇
上市公司再融资

2020年2月14日，中国证券监督管理委员会（以下简称证监会）发布了《关于修改〈上市公司证券发行管理办法〉的决定》（证监会令第163号）、《关于修改〈创业板上市公司证券发行管理暂行办法〉的决定》（证监会令第164号）、《关于修改〈上市公司非公开发行股票实施细则〉的决定》（证监会公告〔2020〕11号）以及配套的政策，市场称之为"再融资新规"。证监会称本次新规不涉及科创板，但2020年7月3日发布的《科创板上市公司证券发行注册管理办法（试行）》等一系列科创板的再融资规则也基本沿用了证监会发布的"再融资新规"，自此，主板、创业板、科创板三个板块的再融资规则基本统一，只在少部分条款上略有差异。

本篇结合创业板、科创板的再融资规则，对配股、公开增发、非公开发行股票等股权融资工具，以及优先股、可转债等股债兼具的融资工具进行介绍，并聚焦交易所审核时重点关注的募集资金用途、同业竞争与关联交易三个方面的问题。

配　　股

一、配股的概念

配股是上市公司根据公司发展需要，依照有关法律规定和相应的程序，向原股东按其持股比例、以低于市价的某一特定价格配售一定数量新发行股票的融资行为。

原股东是指股权登记日（R 日）在册的股东。股权登记日是上市公司在配股的时候，需要确定某一天，以界定哪些股东可以参与配股，确定的这一天就是股权登记日。在股权登记日这一天仍持有或买进该公司股票的投资者是可以参与此次配股的股东，这部分股东名册由证券登记公司统计在册，届时将配股权划到这部分股东的证券账户上。股权登记日后的第一个交易日就是除权日，自这一天始（含该日）购入该公司股票的股东不能参与此次配股。

二、配股的定价机制

（一）灵活的定价机制

配股价格的定价机制相对灵活，主要体现在两个方面：

一是配股价格的确定时间灵活。上市公司在发行前只需要确定定价原则即可，具体价格可以在取得证监会核准后启动发行时再根据市场情况和当时的市价予以确定。例如，鹭燕医药股份有限公司（002788. SZ，以下简称鹭燕医药）于 2019 年发布的配股发行预案中只确定了配股定价原则：(1) 本次配股价格不低于发行前公司最近一期经审计的每股净资产值；若本次配股方案股权登记日前，因公司送股、资本公积金转增股本或其他原因导致公司股份总数发生变动，则每股净资产按照变动后的股份总数进行相应调整。(2) 综合考虑公司的发展前景、发行时公司股票二级市场价格、市盈率、市净率状况及公司的实际情况等因素。(3) 考虑本次募集资金投资项目的资金需求量及资金使用安排。(4) 遵循公司董事会与保荐机构（主承销商）协商确定的原则。

二是可以由上市公司自行定价。配股发行价格一般高于每股净资产,从市场已发行的配股来看,配股价格会在市价的基础上打一定折扣,一般在50%至80%,目的是吸引股东的参与度。例如,鹭燕医药在配股说明书中对配股价格是这么确定的:依据本次配股确定的定价原则,以刊登配股说明书前20个交易日公司股票均价为基数,采用市价折扣法确定配股价格。最终的配股价格将在公司取得证监会关于本次配股的核准文件后,由公司董事会根据股东大会的授权,在发行前根据市场情况与保荐机构(主承销商)协商确定。本次配股价格为5.49元/股。

(二)配股发行对原股东的影响

发行对象仅限于原股东、发行价格低于市价是配股的两个主要特征,很多原股东,尤其是普通投资者,见到低于市价发行就会眼前一亮。然而实际上,在认购后原股东账户内的市值能否增长存在较大的不确定性,原因有两方面:一是在除权之后股价未下行的前提下,原股东持有的股票市值是一样的;二是由于配股是低价发行,除权日那天股价往往下行,低于股权登记日的价格,从而引起市值的缩水。

案例1-1

2020年9月8日为鹭燕医药配股方案的股权登记日,当天收盘价是8.65元/股,当日发行在外总股本326,830,440股,总市值为28.27亿元。配股方案是配股价5.49元/股(为股权登记日收盘价的63.47%),每10股配股1.95股。

假设除权日股价与股权登记日的股价一致,且所有原股东均参与了配股,那么配股数为6373万股(326,830,440股×0.195),每股配股价5.49元,则鹭燕医药通过配股融资3.5亿元,那么配股完成后海鸥股份股权总价值31.77亿元(28.27亿元+3.5亿元),总股数390,562,376股(326,830,440股+6737股),二者相除可以得到每股价值为8.13元。

股权登记日当天,原股东持有鹭燕医药1000股普通股股票,市场价值8650元(8.65元/股×1000股)。如原股东参与配股,获配195股,缴纳配股款1070.55元(5.49元/股×195股),配股完成后,其持有海鸥股份股票共计1195股,市值为9715.35元(8.13元/股×1195股),减去其缴纳的1070.55元配股款就是8650元[1],即股权登记日当天持有股票的市值。可以看出参与配股后的市值与参与配股前一致。

---

〔1〕 四舍五入。

如果原股东不参与配股，则配股后其持有的1000股的市值为8,130元，直接缩水了6.01%。

从鹭燕医药的案例中可以看出，如果继续持有公司的股票但是不参与配股，则除权将直接导致市值下降。从某种意义上说，对于想继续持有公司股票的股东来说，配股相当于强制加仓，对于不看好配股的股东来说，应在股权登记日前卖出，股权登记日后再买入。

但是即便在股权登记日前卖出的股东之后再入场，也未必能收获其想要的短期炒作收益。据统计，自2005年至2020年7月参与配股的152家企业，配股上市当天、上市第二日、上市后第21个交易日，这三个日期中均有超过一半的企业的股价低于股权登记日[1]。这也就不难理解，沪深两市自2005年至2021年7月，发行配股的数量只有162单。

三、创业板、科创板配股发行条件

（一）创业板配股发行条件

《创业板上市公司证券发行注册管理办法（试行）》（证监会令第168号，2020年6月12日）规定了向不特定对象（包括配股、公开增发）发行股票的一般条件，同时规定了发行配股的特殊条件。

1. 创业板配股发行的一般条件

第一，规范运行。（1）上市公司具备健全且运行良好的组织机构；（2）现任董事、监事和高级管理人员符合法律、行政法规规定的任职要求。

第二，独立性和持续盈利能力。上市公司具有完整的业务体系和直接面向市场独立经营的能力，不存在对持续经营有重大不利影响的情形。

第三，会计和内控制度。会计基础工作规范，内部控制制度健全且有效执行，财务报表的编制和披露符合企业会计准则和相关信息披露规则的规定，在所有重大方面公允反映了上市公司的财务状况、经营成果和现金流量，最近3年财务会计报告被出具无保留意见审计报告。

第四，盈利要求。最近2年盈利，净利润以扣除非经常性损益前后孰低者为计

---

〔1〕 Xblife:《海鸥股份配股，套利的机遇还是挑剩的鸡肋？历史案例揭示配股后的二级市场走势》，载360个人图书馆2020年7月21日，http://www.360doc.com/content/20/0721/22/63889710_925926334.shtml。

算依据。

第五，财务要求。除金融类企业外，最近一期末不存在金额较大的财务性投资。

第六，不得发行股票的情形。上市公司存在下列情形之一的，不得向不特定对象发行股票：(1)擅自改变前次募集资金用途未作纠正，或者未经股东大会认可；(2)上市公司及其现任董事、监事和高级管理人员最近3年受到证监会行政处罚，或者最近一年受到证券交易所公开谴责，或者因涉嫌犯罪正在被司法机关立案侦查或者涉嫌违法违规正在被证监会立案调查；(3)上市公司及其控股股东、实际控制人最近一年存在未履行向投资者作出的公开承诺的情形；(4)上市公司及其控股股东、实际控制人最近3年存在贪污、贿赂、侵占财产、挪用财产或者破坏社会主义市场经济秩序的刑事犯罪，或者存在严重损害上市公司利益、投资者合法权益、社会公共利益的重大违法行为。

第七，募集资金使用要求。募集资金使用应当符合下列规定：(1)符合国家产业政策和有关环境保护、土地管理等法律、行政法规规定；(2)除金融类企业外，本次募集资金使用不得为持有财务性投资，不得直接或者间接投资于以买卖有价证券为主要业务的公司；(3)募集资金项目实施后，不会与控股股东、实际控制人及其控制的其他企业新增构成重大不利影响的同业竞争、显失公平的关联交易，或者严重影响公司生产经营的独立性。

2. 特殊条件

第一，数量限制。拟配售股份数量不超过本次配售前股本总额的50%。

第二，发行方式。应当采用代销方式发行。

第三，控股股东承诺要求。控股股东应当在股东大会召开前公开承诺认配股份的数量。

第四，发行失败情形。控股股东不履行认配股份的承诺，或者代销期限届满，原股东认购股票的数量未达到拟配售数量70%的，发行人应当按照发行价并加算银行同期存款利息返还已经认购的股东。

(二)科创板配股发行条件

《科创板上市公司证券发行注册管理办法(试行)》(证监会令第171号，2020年7月3日)规定了科创板发行配股的条件，除以下两点之外，基本与创业板一致：一是在盈利要求方面，科创板未规定"最近二年盈利，净利润以扣除非经常性损益前后孰低者为计算依据"的要求；二是在募集资金用途方面，科创板未规定"除金融类企业外，本次募集资金使用不得为持有财务性投资，不得直接或者间接投资于以买卖有价证券为主要业务的公司”的要求，但是规定募集资金“应当投资于科技创新领域的业务”，以符合科创板“科创属性”，也间接否定了财务性投资的目的。

（三）配股发行时间间隔要求

《发行监管问答——关于引导规范上市公司融资行为的监管要求（修订版）》（2020年2月14日）、《上海证券交易所科创板上市公司证券发行上市审核问答》（2020年7月3日）均规定，申请发行配股的，本次发行董事会决议日距离前次募集资金到位日原则上不得少于18个月。前次募集资金基本使用完毕或募集资金投向未发生变更且按计划投入的，可不受上述限制，但相应间隔原则上不得少于6个月。前次募集资金包括首发、增发、配股、非公开发行股票。

四、配股发行流程

取得证监会的核准发行证券的批复后，配股上市发行的主要流程见表1－1。

表1－1　配股发行主要流程

序号	日期	主要工作
1	R－3日或之前	发行人和主承销商应向证券交易所发行上市部报送有关材料
2	R－2日	在法定媒体披露配股发行等公告
3	R日	股权登记日
4	R＋1日～R＋5日为配股缴款期间	配股缴款首日须刊登配股提示性公告，缴款期内上市公司须就配股事项至少再作三次提示性公告
5	R＋6日	验资
6	R＋7日	刊登配股发行结果公告，股票恢复正常交易。如发行成功，当日为除权基准日；如发行失败，当日为申购资金退款日
7	L日	在完成配股登记及向交易所提交申请材料后，配股上市

五、发行配股的优劣势

（一）配股的优势

1. 摊薄原股东的程度较低。配股的发行对象仅仅限于老股东，因此不会因为新投资者的进入导致老股东的持股比例下降。加之很多散户不会关注到配股或者不愿意参与配股，如果控股股东全额或者高比例参与认购配股，那么控股股东可以以较低的成本提升控制权。

2. 发行价格相对灵活。配股有着灵活的定价机制，上市公司可以自主决定发行价格，且发行价格可以低于市价，对于原股东有一定吸引力。

3. 募集资金用途较多。《发行监管问答——关于引导规范上市公司融资行为的监管要求（修订版）》（2020 年 2 月 14 日）规定："通过配股、发行优先股或董事会确定发行对象的非公开发行股票方式募集资金的，可以将募集资金全部用于补充流动资金和偿还债务。"

4. 没有锁定期。除非控股股东主动自愿限售，原股东认购的股票没有限售期，配股上市后即可交易。

（二）配股的劣势

1. 盈利能力要求较高。创业板要求最近二个会计年度连续盈利，以扣除非经常性损益后孰低原则确定。科创板没有盈利要求的规定。

2. 融资间隔时间要求较长。《发行监管问答——关于引导规范上市公司融资行为的监管要求（修订版）》（2020 年 2 月 14 日）规定，上市公司申请增发、配股、非公开发行股票的，本次发行董事会决议日距离前次募集资金到位日原则上不得少于 18 个月。前次募集资金基本使用完毕或募集资金投向未发生变更且按计划投入的，可不受上述限制，但相应间隔原则上不得少于 6 个月。前次募集资金包括首发、增发、配股、非公开发行股票。

3. 融资规模受限制。创业板和科创板均明确，拟配售股份数量不超过本次配售股份前股本总额的 50%。

4. 存在发行失败的风险。配股只能采用代销方式发行。控股股东应当在股东大会召开前公开承诺认配股份的数量。如果控股股东不履行认配股份的承诺，或者代销期限届满，原股东认购股票的数量未达到拟配售数量 70% 的，配股发行就会被认定为失败。

5. 大股东资金压力较大。由于其他股东对配股的参与度不高，大股东一般不得不全额参与配股，以确保配股发行的成功，这就对大股东的现金流要求较高，因为要掏出一大笔的真金白银认购。

6. 可能不受老股东欢迎，从而影响公司股价。配股对于老股东而言实际是强制加仓。如果二级市场环境不理想，老股东有可能不愿意参与，可能会给公司股价带来较大压力。

总体来看，如果上市公司达到了配股的发行条件，在控股股东的资金实力较强、二级市场环境较好的前提下，配股是可选的上市公司再融资工具。

六、案例评析

案例 1－2

鉴于注册制实施后至2021年7月末，创业板和科创板均未有上市公司发行配股，故以新疆众和股份有限公司（600888.SH，以下简称新疆众和）为例：

新疆众和于2021年1月29日收到证监会出具的《关于核准新疆众和股份有限公司配股的批复》（证监许可〔2021〕193号）。本次配股方案为本次发行股权登记日2021年4月12日（T日）上海证券交易所收市后新疆众和股本总数1,024,705,400股为基数，按每10股配3股的比例向全体股东配售，共计可配股份数量307,411,620股。本次配股募集资金总额预计不超过120,000万元（含发行费用）。

本次配股最终的发行结果如下：

第一，股东配售结果。

截至股权登记日（2021年4月12日，T日）收市，新疆众和股东持股总量为1,024,705,400股，截至认购缴款结束日（2021年4月19日，T+5日）新疆众和配股有效认购数量为301,407,655股，配股价格为3.90元，有效认购金额为人民币1,175,489,854.50元。

第二，承诺认购履行情况。

截至认购缴款结束日（2021年4月19日，T+5日），新疆众和第一大股东特变电工股份有限公司履行了全额认购的承诺，全额认购其可配股数99,471,561股，占本次可配股份总数307,411,620股的32.36%。

第三，本次配股发行成功。

截至认购缴款结束日（2021年4月19日，T+5日）新疆众和配股有效认购数量为301,407,655股，占本次可配股份总数307,411,620股的98.05%，超过了证监会《上市公司证券发行管理办法》中关于“原股东认购股票的数量未达到拟配售数量70%”视为发行失败的认配率下限，故本次配股发行成功。

评析：

新疆众和本次配股认购成功主要是由于以下三个方面：

1. 本次配股方案的拟配股份数量为307,411,620股，为股权登记日收市后新疆众和股本总数1,024,705,400股的30%，未超过50%。

2. 大股东出具了认购承诺，明确承诺认购99,471,561股，且履行了认购承诺。

3. 有效认购数量为可配售认购股数的98.05%，达到拟配售数量的70%。

七、法律法规

配股发行涉及的主要法律法规主要有：(1)《创业板上市公司证券发行注册管理办法(试行)》(证监会令第168号,2020年6月12日)；(2)《科创板上市公司证券发行注册管理办法(试行)》(证监会令第171号,2020年7月3日)；(3)《发行监管问答——关于引导规范上市公司融资行为的监管要求(修订版)》(2020年2月14日)；(4)《上海证券交易所科创板上市公司证券发行上市审核问答》(2020年7月3日)；(5)《创业板上市公司业务办理指南第10号——向原股东配售股份》(2020年6月21日)；(6)《上海证券交易所证券发行与承销业务指南第2号——上市公司证券发行与上市业务办理》(2021年2月10日)。

公 开 增 发

一、公开增发的定义

公开增发就是面对社会大众再发新股。与配股不同之处是,配股只向原股东增发新股,而公开增发对象包括原股东和新股东,只是原股东享有优先认购权;与非公开增发不同之处是,非公开增发是指面向特定对象增发新股,而公开增发的对象不是特定的。

公开增发由于存在发行风险大、限制条件多的缺点,一直是市场的小众融资品种。2010 年至 2021 年 7 月仅发行了 37 支。自 2014 年 5 月沧州大化公开增发〔1〕落地后长达 4 年的时间内,市场上未再发行一单公开增发,直至 2018 年 11 月拓斯达公开增发预案的公告后,市场才重新关注公开增发。

这期间,非公开增发因其发行条件低(无财务条件要求)、发行规模大(无发行规模限制)和定价相对灵活而受到市场深度青睐,其市场热情程度让监管机构始料未及,实际运行情况也背离了监管机构的初衷。2017 年证监会连续发布了《发行监管问答——关于引导规范上市公司融资行为的监管要求》(2017 年 2 月 17 日)及《上市公司非公开发行股票实施细则》(证监会公告〔2017〕5 号)、《上市公司股东、董监高减持股份的若干规定》(证监会公告〔2017〕9 号)及相应配套文件("减持新规")等一系列政策。这些政策基本消除了非公开增发的定价优势,又通过锁定期增加了投资者通过非公开增发短期获利的难度,导致了非公开增发市场的直接萎缩。

〔1〕 沧州大化停牌实施前 A 股市场连续大跌,沧州大化股价走势也受到明显拖累,为了保障公开增发的顺利实施,沧州大化最终的增发规模较原本披露的计划出现明显缩水。公告显示,沧州大化最初计划增发不超过 1.32 亿股,融资不超过 10.5 亿元。而最终公司仅以 10.46 元/股的价格发行 3486 万股,募集资金减少至 3.6 亿元。即使是这样,依旧没有足够的资金捧场。由于此次沧州大化增发前停牌时的收盘价仅为 10.45 元,低于增发价,因此网上网下认购情况不佳。最终由承销团将剩余 1819.05 万股包销,按增发价计算,耗资 1.9 亿元。

与之相比,公开增发无锁定期限制,且两者定价规则已趋于一致。监管政策的变化逐步让市场重新关注到公开增发的价值,但即便如此,自2017年收紧非公开增发的政策出台后至2019年12月,市场上也只发行了5单公开增发。而2020年2月14日,证监会发布的《上市公司非公开发行股票实施细则》在定价、减持、发行数量等方面又进行了放宽,可以预见未来一段时间非公开增发仍是市场的重点关注对象,而公开增发的案例依旧不会出现大幅增长。

二、公开增发的定价机制和发行安排

(一)定价依据

与配股由上市公司自行决定发行价格不同,公开增发的发行价格采取市价发行,发行价格不得低于公告招股意向书前20个交易日或者前1个交易日公司股票均价。即公开增发的定价基准日为公告招股意向书日,发行底价为公告招股意向书前20个交易日或者前1个交易日公司股票均价。实际操作中,上市公司往往在招股意向书中自行选择三种定价依据:(1)不低于前20个交易日股票均价;(2)不低于前1个交易日公司股票均价;(3)不低于前20个交易日或者前1个交易日公司股票均价。

何谓"股票交易均价",未有明确规定。"前1个交易日股票交易均价"通过加权法计算出来的价格和整体法计算出来的价格应该是一致的。"前20个交易日股票交易均价"既可以是20个交易日收盘价的算术平均值,也可以是20个交易日的加权平均价(以数量作为权重计算),还可以是20个交易日的整体平均价(用20个交易日的交易总额除以20个交易日的交易总量)。大部分上市公司对定价依据的阐述均引用了"股票交易均价"这一模糊化的提法,极少部分上市公司例如鑫富药业,在招股说明书中明确表示其定价依据是"不低于前20个交易日收盘价的算术平均值"[1]。

(二)发行的时间选择

公开增发采取市价发行,客观上需要股价处于上升区间,否则很容易发行失败。一方面,如果股价处于下行区间,此时认购相当于高价买入,未来很可能亏损,因此投资者认购的积极性很低,发行失败的可能性较大。另一方面,在股价上升区间,当发行价格显著低于招股意向书前1日的收盘价时,相当于折价发行,会进一步

---

〔1〕 零玲:《中国股票市场询价定价方式下IPO抑价研究》,2008年对外经济贸易大学硕士学位论文。

提升对投资者的吸引力。更重要的是,根据发行安排,发行价格在确定后,还需要经历2个交易日后才会停牌进入申购期,而如果在此期间上市公司股票价格大幅下跌的话,很可能出现股票市价低于已经确定的发行价格即“破发”的情形,投资者此时用高于市价的价格认购还不如直接在二级市场买入,发行失败的概率大幅提升。

(三)券商包销机制

公开增发往往采取主承销商包销的方式,投资者不予认购的部分由券商认购。投资者弃购数量占发行总数比例较大(比例较大的标准由交易所规定)时,上市公司和主承销商可以将投资者弃购部分向网下投资者二次配售,在二次配售后投资者弃购的部分只能由券商认购。

公开增发频频出现认购不足的现象,从2010年至2021年7月的37单公开增发案例来看,券商参与认购的案例高达26例。例如,长安汽车公开增发,以中信建投证券领衔的承销团队包销1.03亿股,占发行总量的28.51%;长江证券公开增发不超过6亿股A股,主承销商东方证券被迫包销其中1.1亿股;中天科技公开增发7058万股,承销商海通证券被迫包销发行总量58.31%;威海广泰公开增发结果公告,其承销商海通证券包销剩余的46.21%股份[1]。

在这些包销案例中,动辄超过10亿元的包销金额对券商的现金流提出了较大的考验。大多数券商只想赚取承销费用,而不愿意承担持有股票的风险,在包销机制下券商推动公开增发的积极性也就没那么高了。

三、公开增发的发行条件

(一)创业板公开增发的条件

《创业板上市公司证券发行注册管理办法(试行)》(证监会令第168号,2020年6月12日)规定了公开增发的条件:

第一,规范运行。(1)上市公司具备健全且运行良好的组织机构;(2)现任董事、监事和高级管理人员符合法律、行政法规规定的任职要求。

第二,持续盈利能力。具有完整的业务体系和直接面向市场独立经营的能力,不存在对持续经营有重大不利影响的情形。

第三,会计和内控制度。会计基础工作规范,内部控制制度健全且有效执行,财

---

[1] 深圳商报:《公开增发遇冷券商频频包销》,载资讯凤凰网资讯2012年02月28日,https://news.ifeng.com/c/7fbY7aDJdk5。

务报表的编制和披露符合企业会计准则和相关信息披露规则的规定，在所有重大方面公允反映了上市公司的财务状况、经营成果和现金流量，最近三年财务会计报告被出具无保留意见审计报告。

第四，盈利要求。最近2年盈利，净利润以扣除非经常性损益前后孰低者为计算依据。

第五，财务要求。除金融类企业外，最近一期末不存在金额较大的财务性投资。

第六，不得发行股票的情形。上市公司存在下列情形之一的，不得向不特定对象发行股票：(1)擅自改变前次募集资金用途未作纠正，或者未经股东大会认可；(2)上市公司及其现任董事、监事和高级管理人员最近三年受到证监会行政处罚，或者最近一年受到证券交易所公开谴责，或者因涉嫌犯罪正在被司法机关立案侦查或者涉嫌违法违规正在被证监会立案调查；(3)上市公司及其控股股东、实际控制人最近一年存在未履行向投资者作出的公开承诺的情形；(4)上市公司及其控股股东、实际控制人最近3年存在贪污、贿赂、侵占财产、挪用财产或者破坏社会主义市场经济秩序的刑事犯罪，或者存在严重损害上市公司利益、投资者合法权益、社会公共利益的重大违法行为。

第七，募集资金使用要求。募集资金使用应当符合下列规定：(1)符合国家产业政策和有关环境保护、土地管理等法律、行政法规规定；(2)除金融类企业外，本次募集资金使用不得为持有财务性投资，不得直接或者间接投资于以买卖有价证券为主要业务的公司；(3)募集资金项目实施后，不会与控股股东、实际控制人及其控制的其他企业新增构成重大不利影响的同业竞争、显失公平的关联交易，或者严重影响公司生产经营的独立性。

(二)科创板公开增发的条件

与发行配股相同，科创板公开增发条件除了以下两点之外，基本与创业板一致：一是在盈利要求方面，科创板未规定"最近二年盈利，净利润以扣除非经常性损益前后孰低者为计算依据"的要求；二是在募集资金用途方面，科创板未规定"除金融类企业外，本次募集资金使用不得为持有财务性投资，不得直接或者间接投资于以买卖有价证券为主要业务的公司"的要求，但是规定募集资金"应当投资于科技创新领域的业务"，以符合科创板"科创属性"，也间接否定了财务性投资的目的。

(三)发行时间间隔要求

与发行配股相同，《发行监管问答——关于引导规范上市公司融资行为的监管要求(修订版)》(2020年2月14日)、《上海证券交易所科创板上市公司证券发行上市审核问答》(2020 年 7 月 3 日)均规定,本次公开增发董事会决议日距离前次募集资金到位日原则上不得少于 18 个月。前次募集资金基本使用完毕或募集资金投向未发生变更且按计划投入的,可不受上述限制,但相应间隔原则上不得少于 6 个月。前次募集资金包括首发、增发、配股、非公开发行股票。

四、公开增发的发行流程

《创业板上市公司业务办理指南第 9 号——向不特定对象募集股份》(2020 年 6 月 21 日)规定了创业板公开增发上市发行的主要流程[1](见表 1 - 2)。

表 1 - 2　公开增发上市发行主要流程

序号	日期	主要工作
1	T - 3 日或之前	沟通发行安排
2	T - 2 日	披露《增发招股意向书》
3	T - 1 日	网上申购准备
4	T 日(停牌)	网上申购
5	T + 2 日(停牌)	网上申购验资
6	T + 3 日(复牌)	确定配售比例
7	T + 4 日	发行结束
8	T + 1 日至 T + 5 日	办理登记托管
9	上市准备	股份预登记完成后两个交易日内
10	披露上市公告	L - 5 日内披露(最晚 L - 1 日)《股份变动及增发股份上市公告》
11	上市	增发股份上市交易

〔1〕 科创板参考《上海证券交易所证券发行与承销业务指南第 2 号——上市公司证券发行与上市业务办理》(2020 年 2 月 10 日)。

五、公开增发的优劣势

(一)公开增发的优势

公开增发的优势主要体现在两方面:一是它是唯一不受融资规模限制的融资品种;二是没有锁定期,除受短线交易限制[1]的股东之外,其他股东认购获得的股票没有锁定期限制。

(二)公开增发的劣势

公开增发的劣势主要体现在四个方面:

1. 盈利能力要求较高。创业板要求最近二个会计年度连续盈利,以扣除非经常性损益后孰低原则确定。科创板未规定该盈利要求。

2. 融资间隔时间要求较长。《发行监管问答——关于引导规范上市公司融资行为的监管要求(修订版)》(2020 年 2 月 14 日)规定,上市公司申请增发、配股、非公开发行股票的,本次发行董事会决议日距离前次募集资金到位日原则上不得少于 18 个月。前次募集资金基本使用完毕或募集资金投向未发生变更且按计划投入的,可不受上述限制,但相应间隔原则上不得少于 6 个月。前次募集资金包括首发、增发、配股、非公开发行股票。

3. 募集资金投向受限。《发行监管问答——关于引导规范上市公司融资行为的监管要求(修订版)》(2020 年 2 月 14 日)、《上海证券交易所科创板上市公司证券发行上市审核问答》(2020 年 7 月 3 日)均规定,募集资金原则上应用于具体项目,用于补充流动资金和偿还债务的比例不得超过募集资金总额的 30%。

4. 发行风险大。由于公开增发按照市价发行,容易出现由于破发而不得已由券商包销的情况,是发行风险较大的融资品种。

---

[1] “短线交易限制”是指《中华人民共和国证券法》(2019 年修订)(以下简称《证券法》)第 44 条的规定:“上市公司、股票在国务院批准的其他全国性证券交易场所交易的公司持有百分之五以上股份的股东、董事、监事、高级管理人员,将其持有的该公司的股票或者其他具有股权性质的证券在买入后六个月内卖出,或者在卖出后六个月内又买入,由此所得收益归该公司所有,公司董事会应当收回其所得收益。但是,证券公司因购入包销售后剩余股票而持有百分之五以上股份,以及有国务院证券监督管理机构规定的其他情形的除外。前款所称董事、监事、高级管理人员、自然人股东持有的股票或者其他具有股权性质的证券,包括其配偶、父母、子女持有的及利用他人账户持有的股票或者其他具有股权性质的证券。”

六、案例评析

案例 1-3

鉴于注册制实施后至 2021 年 4 月末，创业板和科创板均未有上市公司发行公开增发，故以能科科技股份有限公司（603859. SH，以下简称能科股份）为案例。

能科股份收到证监会于 2019 年 8 月 5 日出具的《关于核准能科科技股份有限公司增发股票的批复》（证监许可〔2019〕1441 号），核准能科股份增发不超过 2500 万股新股。

能科股份于 2019 年 11 月 25 日公开发行了 12,892,000 股 A 股股票，发行价格为 23.27 元/股，募集资金总额为 299,996,840.00 元（含发行费用）。本次增发的股票采取余额包销方式，由保荐机构（主承销商）长城证券股份有限公司包销剩余股票，包销股数为 109,788 万股，占本次增发股数比例为 0.85%。

评析：

一方面，本次股票发行价格为 23.27 元/股，不低于招股意向书刊登日即 2019 年 11 月 21 日前一个交易日能科股份 A 股股票均价。

另一方面，保荐机构仍包销了部分股票，这应该非保荐机构所愿。

七、法律法规

公开增发涉及的法律法规主要有：(1)《创业板上市公司证券发行注册管理办法（试行）》（2020 年 6 月 12 日，证监会令第 168 号）；(2)《科创板上市公司证券发行注册管理办法（试行）》（2020 年 7 月 3 日，证监会令第 171 号）；(3)《发行监管问答——关于引导规范上市公司融资行为的监管要求（修订版）》（2020 年 2 月 14 日）；(4)《上海证券交易所科创板上市公司证券发行上市审核问答》（2020 年 7 月 3 日）；(5)《创业板上市公司业务办理指南第 9 号——向不特定对象募集股份》（2021 年 6 月 21 日）；(6)《上海证券交易所证券发行与承销业务指南第 2 号——上市公司证券发行与上市业务办理》（2021 年 2 月 10 日）。

非公开发行股票

一、非公开发行股票的监管历史变化

非公开发行股票，又称为“定向增发”或者“定增”，自2006年出现后直至2017年期间，一直是上市公司最常用的融资工具。根据监管机构对非公开发行股票监管力度的松紧程度，2006年至今可以划分为以下几个阶段：

（一）第一阶段：2006年至2017年1月

《上市公司证券发行管理办法》（证监会令第30号，2006年5月8日）、《上市公司非公开发行股票实施细则》（证监发行字〔2007〕302号，2007年9月17日）明确了非公开发行股票的两大优势：

一是定价机制灵活。非公开发行股票的“发行价格不低于定价基准日前20个交易日公司股票均价的90%”，而“定价基准日可以为关于本次非公开发行股票的董事会决议公告日、股东大会决议公告日，也可以为发行期的首日”。相较于公开增发“发行价格不得低于公告招股意向书前20交易日公司股票均价或前1个交易日的均价”的市价发行方式而言，上市公司在非公开发行股票时的选择空间大很多。

二是财务指标要求很低。主板、中小板公开增发要求“最近3个会计年度加权平均净资产收益率平均不低于6%。扣除非经常性损益后的净利润与扣除前的净利润相比，以低者作为加权平均净资产收益率的计算依据”、“最近3年以现金或股票方式累计分配的利润不少于最近3年实现的年均可分配利润的20%”，而非公开发行股票没有这类的财务指标要求。

同时，非公开发行股票与公开增发相同一点是，两者在发行规模上也无限制。

鉴于这三大优势，非公开发行股票深受上市公司青睐。同时对于投资者而言，非公开发行股票价格往往低于市价，且投资者可以在短期内出售套利，平均收益远超大盘指数，因此成为机构投资者财务投资的重要对象，部分上市公司大股东、实际控制人也通过该方式实现套现。自2014年开始,非公开增发融资规模急剧增长,2016年达到历史高峰,成为上市公司融资的主要融资工具。

(二)第二阶段:2017年2月至2018年10月

2017年证监会连续发布了《关于修改〈上市公司非公开发行股票实施细则〉的规定》(证监会公告〔2017〕5号,2017年2月15日)、《发行监管问答——关于引导规范上市公司融资行为的监管要求》(2017年2月17日),基本消除了非公开发行股票的优势:

一是明确市价发行。《关于修改〈上市公司非公开发行股票实施细则〉的规定》(证监会公告〔2017〕5号,2017年2月15日)将定价基准日修改为"本次非公开发行股票发行期的首日",取消了以"本次非公开发行股票的董事会决议公告日、股东大会决议公告日"为定价基准日的规定,明确发行方式只能为市价发行。

二是限制发行规模。《发行监管问答——关于引导规范上市公司融资行为的监管要求》(2017年2月17日)明确"上市公司申请非公开发行股票的,拟发行的股份数量不得超过本次发行前总股本的20%",限制了非公开发行股票的发行规模。

三是规定融资时间间隔。《发行监管问答——关于引导规范上市公司融资行为的监管要求》(2017年2月17日)明确"上市公司申请增发、配股、非公开发行股票的,本次发行董事会决议日距离前次募集资金到位日原则上不得少于18个月。前次募集资金包括首发、增发、配股、非公开发行股票。上市公司发行可转债、优先股和创业板小额快速融资,不适用本条规定"。

2017年5月,监管机构又发布了《上市公司股东、董监高减持股份的若干规定》(证监会公告〔2017〕9号,2017年5月26日)及相应配套文件等一系列政策(即"减持新规"),对认购非公开发行股票的股东减持节奏上予以限制,进一步压缩了股东、机构投资者的套利空间,导致了定增市场的直接萎缩。

(三)第三阶段:2018年11月至2020年1月

2018年11月9日,证监会在《发行监管问答——关于引导规范上市公司融资行为的监管要求》(2017年2月17日)的基础上对非公开发行股票的以下两个方面予以放宽:

一是募集资金用途上放宽。《发行监管问答——关于引导规范上市公司融资行为的监管要求》(2018年11月9日)规定:"通过配股、发行优先股或董事会确定发行对象的非公开发行股票方式募集资金的,可以将募集资金全部用于补充流动资金和偿还债务。"而根据《上市公司证券发行管理办法》(证监会令第30号,2006

年5月8日)第10条规定,募集资金只能用于项目建设。[1]

二是融资间隔期限上放宽。《发行监管问答——关于引导规范上市公司融资行为的监管要求》(2018年11月9日)规定:“上市公司申请增发、配股、非公开发行股票的,本次发行董事会决议日距离前次募集资金到位日原则上不得少于18个月。前次募集资金基本使用完毕或募集资金投向未发生变更且按计划投入的,可不受上述限制,但相应间隔原则上不得少于6个月。前次募集资金包括首发、增发、配股、非公开发行股票。上市公司发行可转债、优先股和创业板小额快速融资,不适用本条规定。”较之2017年的《发行监管问答——关于引导规范上市公司融资行为的监管要求》,在前次募集资金基本使用完毕或募集资金投向未发生变更且按计划投入的前提下,增发、配股、非公开发行股票的融资间隔时间原则上可从18个月缩短至6个月。

(四)第四阶段:2020年2月之后

2020年2月14日,证监会通过发布《关于修改〈上市公司证券发行管理办法〉的决定》(证监会令第163号)、《关于修改〈创业板上市公司证券发行管理暂行办法〉的决定》(证监会令第164号)、《关于修改〈上市公司非公开发行股票实施细则〉的决定》(证监会公告〔2020〕11号)以及配套的政策对非公开发行股票在定价机制、发行规模、发行价格、锁定期、发行对象数量上限等多方面予以进一步放宽:

一是锁价发行的定价基准日可灵活确定。锁价发行(提前确定全部发行对象且为战略投资者等)的定价基准日可以为董事会决议公告日、股东大会决议公告日或者发行期首日。

二是调整定价机制,发行价格由不得低于定价基准日前20个交易日股票均价的9折改为8折。

三是调整锁价定机制,将锁价发行和询价发行的锁定期由36个月和12个月分别缩短至18个月和6个月,且不适用减持规则的相关限制。

四是提升发行对象数量上限,主板中小板和创业板由分别不超过10名和5名

---

〔1〕《上市公司证券发行管理办法》(证监会令第30号,2006年5月8日)第10条规定:“上市公司募集资金的数额和使用应当符合下列规定:(一)募集资金数额不超过项目需要量;(二)募集资金用途符合国家产业政策和有关环境保护、土地管理等法律和行政法规的规定;(三)除金融类企业外,本次募集资金使用项目不得为持有交易性金融资产和可供出售的金融资产、借予他人、委托理财等财务性投资,不得直接或间接投资于以买卖有价证券为主要业务的公司;(四)投资项目实施后,不会与控股股东或实际控制人产生同业竞争或影响公司生产经营的独立性;(五)建立募集资金专项存储制度,募集资金必须存放于公司董事会决定的专项账户。”

统一调整为不超35名。

五是调整发行股票数量上限，由“拟发行的股份数量不得超过本次发行前总股本的20%”改为“原则上不得超过本次发行前总股本的30%”。

市场对政策的变动立即给予了火爆的反应，定增预案数量飙升，1个月的时间内公告了近180个定增预案，在证监会表态支持上市公司引入战略投资者后，多个定增方案中出现了董监高、员工持股计划等作为战略投资者的新玩法，证监会为此于2020年3月20日发布了《关于上市公司非公开发行股票引入战略投资者有关事项的监管要求》，对再融资新规进行“打补丁”，限制战略投资者的范围，非公开发行股票的热度方有所下降。

从上述监管历史演变来看，监管机构对非公开发行股票的监管口径经历从宽松到收紧再到宽松的过程，究其原因在于，在经济发展过程中，国家需要通过资本市场解决不同时期面临的不同问题。而当前，资本市场则需要为应对疫情带来的经济压力发挥应有的作用。正如证监会在本次再融资新政的官方新闻稿《证监会发布上市公司再融资制度部分条款调整涉及的相关规则》开宗明义道：“为深化金融供给侧结构性改革，完善再融资市场化约束机制，增强资本市场服务实体经济的能力，助力上市公司抗击疫情、恢复生产……”

二、非公开发行股票的定义

非公开发行股票是指上市公司采用非公开方式、向特定对象发行股票的行为，其含义包括了向特定对象发行、非公开方式发行这两方面。在认定是否符合这两方面要求时采取了不同的计算方法：计算特定对象数量时只需要计算认购主体的数量，而认定是否构成非公开方式发行上要采取穿透原则将认购主体逐层打开，计算最终的投资者数量是否超过200人。

（一）向特定对象发行

1. 认购主体的资格要求

除了有限公司、股份公司、合伙企业（与上市公司没有关联关系）之外，非公开发行的发行对象包括以下几类：

（1）关联方。其是指上市公司的控股股东、实际控制人或其控制的关联人、董事、监事、高级管理人、主承销商以及与上述机构、人员存在关联关系的关联方。这类发行对象可以直接参与认购，但是不得通过资管产品、基金产品等间接进行认购。认购时单独计算发行对象。

(2)员工持股计划。员工持股计划可以认购非公开发行股票。

(3)证券公司。证券公司可以以自有资金认购,也可以发行资管产品认购。

(4)资管产品。2018 年 4 月 27 日,中国人民银行、中国银行保险监督管理委员会、中国证券监督管理委员会、国家外汇管理局联合发布了《关于规范金融机构资产管理业务的指导意见》(银发〔2018〕106 号,以下简称"资管新规")。"资管新规"第 2 条第 1 款规定:"资产管理业务是指银行、信托、证券、基金、期货、保险资产管理机构、金融资产投资公司等金融机构接受投资者委托,对受托的投资者财产进行投资和管理的金融服务。"因此资管产品包括银行理财产品、信托产品、资产管理计划、信托产品、保险产品等金融机构因接受受托财产发行的金融产品。"资管新规"第 10 条规定:"公募产品主要投资标准化债权类资产以及上市交易的股票……私募产品的投资范围由合同约定,可以投资债权类资产、上市或挂牌交易的股票……"因此,资管产品可以认购非公开发行股票。值得注意的是,"资管新规"第 2 条第 4 款规定:"私募投资基金适用私募投资基金专门法律、行政法规,私募投资基金专门法律、行政法规中没有明确规定的适用本意见,创业投资基金、政府出资产业投资基金的相关规定另行制定。"因此,除私募基金、创投基金、政府产业基金之外,其余金融机构因接受受托财产发行的金融产品均应适用"资管新规",且私募基金专门法律没有规定的也适用"资管新规"。分述如下:

第一,私募基金。根据《私募投资基金监督管理暂行办法》(证监会令第 105 号)第 2 条规定"私募基金财产的投资包括买卖股票、股权、债券、期货、期权、基金份额及投资合同约定的其他投资标的",私募基金可以认购非公开发行股票。对于基金管理人的资质要求,基金管理人应当向基金业协会履行基金管理人登记手续并申请成为基金业协会会员。对于基金产品的资质要求,私募基金应当按照《发行监管问答——关于与发行监管工作相关的私募投资基金备案问题的解答》(2015 年 1 月 23 日)要求核查是否属于《证券投资基金法》、《私募投资基金监督管理暂行办法》和《私募投资基金管理人登记和基金备案办法(试行)》规范的私募投资基金以及是否按规定履行备案程序。需要补充的一点是,公募基金不需要做上述核查。

第二,资产管理计划。基金公司及子公司、证券公司及子公司、期货及期货子公司发行的资产管理计划可以认购非公开发行股票。《证券期货经营机构私募资产管理业务管理办法》(证监会令第 151 号,2018 年 10 月 22 日)第 32 条规定:"证券期货经营机构应当在资产管理计划成立之日起五个工作日内,将资产管理合同、投资者名单与认购金额、验资报告或者资产缴付证明等材料报证券投资基金业协会备案，并抄报证监会相关派出机构。资产管理计划完成备案前不得开展投资活动，以现金管理为目的，投资于银行活期存款、国债、中央银行票据、政策性金融债、地方政府债券、货币市场基金等证监会认可的投资品种的除外。”因此，基金公司及子公司、证券公司及子公司、期货公司及期货子公司发行的资产管理计划参与认购前也应当向基金业协会履行备案程序。此外，证券公司可以以自有资金认购非公开发行股票。

第三，信托产品。信托公司直接认购时必须以自有资金认购，间接认购时以信托资金认购。《中国银监会办公厅关于信托公司风险监管的指导意见》（银监办发〔2014〕99 号）规定了信托产品的事前报告制度：“凡新入市的产品都必须在入市前 10 天逐笔向监管机构报告。监管机构不对具体产品做实质性审核，但可根据信托公司监管评级、净资本状况、风险事项、合规情况等采取监管措施。信托公司开展关联交易应按要求逐笔向监管机构事前报告，监管机构无异议后，信托公司方可开展有关业务。”

第四，保险产品。2020 年 3 月 25 日，银保监会发布《保险资产管理产品管理暂行办法》（中国银行保险监督管理委员会 2020 年第 5 号令），作为“资管新规”的配套政策。同年 9 月 7 日，银保监会制定了《组合类保险资产管理产品实施细则》、《债权投资计划实施细则》和《股权投资计划实施细则》（银保监办发〔2020〕85 号），其中《组合类保险资产管理产品实施细则》第 4 条规定“组合类产品可以投资以下资产：……（三）上市或挂牌交易的股票”，《股权投资计划实施细则》第 4 条规定“股权投资计划可以投资以下资产：……（二）私募股权投资基金、创业投资基金（以下统称基金）；（三）上市公司定向增发、大宗交易、协议转让的股票，以及可转换为普通股的优先股、可转换债券”，进一步明确保险产品可以直接认购非公开发行股票，也可以间接通过私募股权投资基金认购非公开发行的股票。保险产品不需要按照《发行监管问答——关于与发行监管工作相关的私募投资基金备案问题的解答》的要求进行核查，但应当按照银保监会的规定办理相关登记。

案例 1－4

广东奥飞数据科技股份有限公司（300738. SZ，以下简称奥飞数据）于 2019 年定向增发时，中意资产管理有限责任公司以其管理的中意资产—优势企业 1 号资产管理产品参与本次发行的认购。北京大成律师事务所出具的《关于广东奥飞数据科技股份有限公司 2019 年度创业板向特定对象发行 A 股股票发行过程和认购对象合规性的法律意见书》中披露:“上述产品已在中保保险资产登记交易系统有限公司进行产品登记,上述产品不属于《中华人民共和国证券投资基金法》、《私募投资基金监督管理暂行办法》以及《私募投资基金管理人登记和基金备案办法(试行)》规定的私募投资基金或私募基金管理人,无需履行相关备案登记手续。”

该案例中中意资产管理有限责任公司系一家保险资管公司,其管理的中意资产—优势企业1号资产管理产品为保险产品,不属于私募基金,但需要按照银保监会的规定办理相关的登记。

第五,银行理财产品。作为《关于规范金融机构资产管理业务的指导意见》的配套政策,银保监会制定了《商业银行理财业务监督管理办法(2018年第6号)》(以下简称“理财新规”)。“理财新规”第10条规定:“商业银行应当根据投资性质的不同,将理财产品分为固定收益类理财产品、权益类理财产品、商品及金融衍生品类理财产品和混合类理财产品。”第35条规定:“商业银行理财产品可以投资于……公募证券投资基金……权益类资产以及国务院银行业监督管理机构认可的其他资产。”结合“资管新规”第10条规定“公募产品主要投资标准化债权类资产以及上市交易的股票……私募产品的投资范围由合同约定,可以投资债权类资产、上市或挂牌交易的股票……”可见,理财资金可以投资非公开发行股票,投资渠道有两种:一是通过投资公募证券投资基金间接投资于非公开发行股票;二是私募理财产品直接认购非公开发行股票。

2. 认购主体的数量限制

《创业板上市公司证券发行管理暂行办法》(证监会令第168号,2020年6月12日)第37条、《科创板上市公司证券发行注册管理办法(试行)》(证监会令第171号,2020年7月3日)第55条规定:“上市公司向特定对象发行证券,发行对象应当符合股东大会决议规定的条件,且每次发行对象不超过三十五名。”

《上市公司非公开发行股票实施细则》(证监会公告〔2020〕11号,2020年2月14日)进一步明确:“‘发行对象不超过三十五名’,是指认购并获得本次非公开发行股票的法人、自然人或者其他合法投资组织不超过三十五名。证券投资基金管理公司、证券公司、合格境外机构投资者、人民币合格境外机构投资者以其管理的二只以上产品认购的,视为一个发行对象。信托公司作为发行对象,只能以自有资金认购。”

（二）非公开发行的认定

1. 非公开发行的含义

2020 年 3 月 1 日起实施的《证券法》第 9 条规定：“有下列情形之一的，为公开发行：（一）向不特定对象发行证券；（二）向特定对象发行证券累计超过 200 人，但依法实施员工持股计划的员工人数不计算在内；（三）法律、行政法规规定的其他发行行为。”根据该规定，除此之外的其他证券发行均为非公开发行。

2. 穿透原则的适用

在实践中，最有争议的是“向特定对象发行证券累计超过 200 人”这一情形，原因在于非公开发行证券时的认购主体多为公司、有限合伙或者资产管理计划，而公司、有限合伙或者资产管理计划的背后往往有很多的投资者，投资者的背后还有层层的实际投资者，是否应按照背后实际投资者的数量计算，还是停留在某一层级计算投资者的数量即可，是认定是否“累计超过二百人”的关键。

2015 年 10 月 28 日，证监会在北京召开的保荐代表人培训中强调了关于非公开发行的证监会窗口指导意见，其中提及：董事会阶段确定投资者，投资者涉及资管计划、理财产品等，在公告预案时即要求穿透披露至最终出资人，所有出资人合计不能超 200 人（不适用于员工持股计划参与认购的情形），即不能变为变相公开发行；不能分级（结构化）安排。简言之，投资者为资管计划、理财产品等的，要披露直接认购对象之后的投资者，且层层穿透至最终的投资者。这一窗口意见虽然只是提及资管计划、理财产品，但是在实践中，认购对象涉及有限公司、有限合伙、私募股权基金时有时也适用穿透原则。

监管机构要求穿透披露至最终出资人，一方面是为了避免因低风险承受能力的客户参与高风险的股票投资行为而导致系统性金融风险，另一方面也是出于对上市公司、广大中小投资者利益保护的考虑，监管上尽量透明，这与 IPO 审查时要求披露是否存在股权代持情形的出发点有异曲同工之处。

监管机构传达出这样的政策要求：“第一，所有的有限合伙及资管计划或有限公司必须展开，层层穿透计算最终投资者的家数或人数，上述主体设立时间及是否为本次定增而设不影响穿透计算；第二，上述主体层层穿透至投资人为股份公司、自然人及国资委为止；第三，认购人的权益架构一旦在预案阶段披露，则在整个审核阶段不得更改，否则视为方案重大调整。”

在实践中，关于穿透规则的执行标准有点混乱。

以浙江南都电源动力股份有限公司（300068. SZ，以下简称南都电源）于 2016

年锁价发行的非公开发行股票为例，对资管计划穿透时，有限公司作为出资人的，将有限公司进行层层穿透至自然人；对有限合伙穿透时，普通合伙人为有限公司，并且出资的，并未穿透。[1]

以云南云维股份有限公司(600725. SH，以下简称云维股份)于2015年锁价发行的非公开发行股票为例，对认购人是有限公司的，穿透所有股东，且层层穿透到实际控制人，股东中有股份公司的，有穿透其实际控制人的(如穿透了中国信达资产管理股份有限公司到财政部)，也有不穿透的(如中航信托股份有限公司)；对认购人是资管产品的，其出资人无论是有限公司还是股份公司均穿透，其中有限公司所有股东被穿透，股份公司穿透控股股东；员工持股计划认定为一个投资者，不再穿透。[2]

这两个案例均为锁价发行[3]，相同之处在于均进行了穿透，只是穿透时针对不同的穿透主体采取的穿透力度有所不同，有些穿透到有限公司、股份公司即停止，有些还要求继续穿透到自然人、财政部等无法穿透的层面。

在询价发行的情况下，如果认购人为资管计划、私募基金等财务投资方，一般只需要核查是否进行过登记备案。以惠州亿纬锂能股份有限公司(300014. SZ，以下简称亿纬锂能)于2019年询价发行的非公开发行股票为例，认购对象为资产管理产品、私募证券投资基金的，仅核查是否已在中国证券投资基金业协会备案，渤海证券股份有限公司、UBS AG、Morgan Stanley & Co. International PLC以其自有资金参与认购的，均不在基金业协会登记备案的范围内，不需要按照前述规定履行资产管理计划、私募基金备案登记手续。

从相关的案例中，可以总结出以下一般规律：实际操作时监管松紧尺度并非完全一致。对于锁价发行而言，其一般要穿透核查至最顶层的自然人、上市或新三板挂牌股份公司、行政机关；对于询价发行而言，从2020年至2021年的案例来看，询价发行的认购对象管理的资产管理计划或产品仅要求备案，而并不要求穿透披露或计算。

三、结构化定增

结构化定增一般是指金融机构成立的用于认购非公开发行股票的专项资产管

[1] 雷霆：《图解投融资——法律实务操作要点与难点》，法律出版社2019年版，第103页。
[2] 雷霆：《图解投融资——法律实务操作要点与难点》，法律出版社2019年版，第103页。
[3] 关于锁价发行与询价发行的区别，详见第五部分"定价机制"的介绍。

理计划，募集的资金分为优先级和劣后级：优先级的资金优先受偿，一般享受的是固定收益；劣后级的资金靠后受偿，享受剩余的收益。

表面上看，劣后级的资金承担高风险，享受的收益高些也理所应当。但是在非公开发行股票中，劣后的资金享受的收益远远高于优先级的，主要原因在于，提供劣后资金的投资者往往是上市公司实际控制人或核心高管，而实际控制人或核心高管通过了解的重大内幕消息，并结合资产管理计划的兑付时间安排，择机高位抛出，而那些优先级资金只能获得较低的收益，绝大部分收益由实际控制人或核心高管享有。此外，资产管理计划无须披露计划持有人，因此实际控制人和高管匿名参与非公开发行股票项目后，不需要遵守较长的股份锁定期。

鉴于上述原因，证监会对结构化定增进行了约束和监管。证监会发行部于2014年7月向券商发布通知："定向增发锁定期三年项目，发行时上市公司必须承诺'最终出资不包含任何杠杆融资结构化设计产品'：（一）对于参与锁价发行的资管产品，不允许结构化设计。且认购人的权益结构一旦在预案中披露，整个审核阶段中不得更改，否则视为方案重大调整。（二）对于参与询价发行的资管产品，允许结构化设计，但发行人关联方不得通过资管产品等通道认购。"简言之，锁价发行模式下，结构化定增已被完全禁止；询价发行模式下，结构化设计可以存在，但是发行人的关联方不得通过资管产品等参与认购，避免关联方通过结构化资管产品获取高额劣后收益。

四、禁止多层嵌套要求

"资管新规"第22条、第27条涉及多层嵌套。第22条第2款规定："资产管理产品可以再投资一层资产管理产品，但所投资的资产管理产品不得再投资公募证券投资基金以外的资产管理产品"；第27条第2款规定："实行穿透式监管，对于多层嵌套资产管理产品，向上识别产品的最终投资者，向下识别产品的底层资产（公募证券投资基金除外）。"

从该表述来看：在A资管产品认购B资管产品的份额的情形下，B资管产品认购了除公募证券投资基金之外的其他资管产品的份额，则构成多层嵌套，非"资管新规"允许的；在A资管产品认购B资管产品的份额的情形下，B资管产品认购投资了非资管产品，例如有限合伙、有限公司等，非"资管新规"禁止的；A资管产品如果先投资于有限合伙后再认购B资管产品，也不构成多层嵌套。简言之，在三个资管产品的投资关系是连续的，且被投资的两个资管产品均不是公募证券投资基金的情形下,就构成多层嵌套。

在"资管新规"出台之前,资产管理领域的法律规范由不同的监管部门分头出台,规范体系宽严不一,立法碎片化嵌入证监、银监、保监乃至地方金融办等各监管机构,各类资产管理产品利用监管空白进行包括规避合格投资者制度,规避投资范围、监管指标从而隐蔽资金来源、规避杠杆约束等多种目的的套利[1],给监管机构的全局监管带来重重困难。

"资管新规"的出台统一了对资管产品的定义,对多层嵌套问题予以明确,一定程度上遏制了通过多层嵌套进行套利的行为。资管产品认购非公开发行股票时,须符合"资管新规"对多层嵌套的禁止性规定。

五、定价机制

(一)定价基准日

创业板、科创板均规定:"定向增发的价格不得低于定价基准日前20个交易日公司股票均价的80%。'定价基准日',是指计算发行底价的基准日。定价基准日前20个交易日股票交易均价的计算公式为:定价基准日前20个交易日股票交易均价=定价基准日前20个交易日股票交易总额/定价基准日前20个交易日股票交易总量。"

(二)发行模式

非公开发行股票的定价方式分为锁价发行和询价发行两种模式:

锁价发行的发行对象分为三类:(1)上市公司的控股股东、实际控制人或其控制的关联人;(2)通过认购本次发行的股份取得上市公司实际控制权的投资者;(3)董事会拟引入的境内外战略投资者。该模式下定价基准日可以为本次非公开发行股票的董事会决议公告日、股东大会决议公告日或者发行期首日。

询价发行是指在上市公司取得发行批文后,以竞价方式确定发行价格和发行对象。该模式下定价基准日为本次非公开发行股票的发行期首日。

锁价发行与询价发行的主要区别见表1-3:

---

[1] 小杰:《资管新规之后、一文读懂多层嵌套》,载微信公众号"杰出私慕圈"2018年5月23日,https://mp.weixin.qq.com/s/IT19kumk3fGSR4NMiNuoOQ。

表 1－3　锁价发行与询价发行的主要区别

项目	锁价发行	询价发行
发行方式	以事先确定的价格向事先确定的投资者发行（董事会决议确定具体发行对象）	事先确定发行底价，通过对投资者有效申购报价进行累计统计，按照价格优先的原则确定发行对象、发行价格（董事会决议未确定具体发行对象）
发行价格	不低于定价基准日（董事会决议公告日、股东大会决议公告日或者发行期首日）前20个交易日均价的80%	在不低于发行期首日前20个交易日均价的80%基础上，由投资者竞价确定最终发行价格
募投资金是否可以用于补充流动资金与偿还银行贷款[1]	可全部用于补充流动资金或偿还贷款（允许补流或还贷的金额上限要符合窗口指导的计算原则）	可有不超过30%的部分用于补充流动资金或偿还贷款（允许补流或还贷的金额上限要符合窗口指导的计算原则）
锁定期	18个月	6个月（如果控股股东、实际控制人及其控制的企业认购，锁定18个月）
对上市公司的意义	如果引入长期战略投资者，有利于完善公司治理结构、获得更多外部支持；如果由大股东或员工持股计划参与认购，有助于增强市场对公司的信心	一般由财务投资者参与认购，有利于扩大投资者参与范围，增强公司股票的流动性与活跃度

六、再融资新规中非公开发行股票的主要调整要素

（一）放宽的要素

非公开发行股票方面，2020年再融资新规对2017年的规则进行了大幅的调整，很多关键要素上予以“大松绑”（见表1－4）：

表 1－4　新旧规定对比

<table>
<tr><th rowspan="2">条款</th><th colspan="2">旧规</th><th colspan="2">新规</th></tr>
<tr><th>锁价发行</th><th>询价发行</th><th>锁价发行</th><th>询价发行</th></tr>
<tr><td>发行股票数量</td><td colspan="2">不超过发行前总股本的20%</td><td colspan="2">原则上不超过发行前总股本的30%</td></tr>
<tr><td>发行对象数量</td><td colspan="2">不超过10人</td><td colspan="2">不超过35人</td></tr>
</table>

[1] 参见《发行监管问答——关于引导规范上市公司融资行为的监管要求（2020年2月14日）（修订版）》。

续表

条款	旧规		新规	
	锁价发行	询价发行	锁价发行	询价发行
定价基准日	发行期首日		发行期首日、董事会决议公告日、股东大会决议公告日	发行期首日
发行底价	定价基准日前20个交易日均价的9折		定价基准日前20个交易日均价的8折	
锁定期	36个月	18个月	18个月	6个月
批文有效期	6个月		12个月	
减持规定	适用减持规定		不适用减持规定[1]	

1. 发行股份数量限制。再融资新规放宽发行股份数量的上线，由“拟发行的股份数量不得超过本次发行前总股本的20%”改为“原则上不得超过本次发行前总股本的30%”。主要是两点变化：一是提升比例到30%；二是增加豁免空间，新增“原则上”，存在突破30%上线的可能性。

2. 发行对象数量限制。再融资新规将发行对象数量上线从不超过10个人提升至不超过35个人，参与定增主体数量的增加有利于提升上市公司在非公开发行股票项目中的议价能力。

3. 定价机制。定价机制方面，一是发行底价从定价基准日前20个交易日均价的9折调整至定价基准日前20个交易日均价的8折；二是锁价发行的定价基准日恢复至发行期首日、董事会决议公告日、股东大会决议公告日，提升了定价机制的灵活性，降低了市价发行失败的风险。

4. 锁定期。再融资新规大幅降低了锁定期，锁价发行从36个月降低到18个月，询价发行从18个月降低至6个月，促进了认购主体的资金流动性，对提高市场认购的积极性有积极意义。

5. 批文的有效期。批文有效期从6个月延长至12个月。

6. 减持方面。再融资新规规定，非公开发行股票不适用减持规定，意味着定增股东在锁定期后可以随时出售持有的股份，促进了机构投资者参与非公开发行股

〔1〕《关于修改〈上市公司证券发行管理办法〉的决定》（证监会令第163号，2020年2月14日）增加第75条规定：“依据本办法通过非公开发行股票取得的上市公司股份，其减持不适用《上市公司股东、董监高减持股份的若干规定》的有关规定。”

票项目的积极性。

（二）收紧的要素

1. 保底定增

受融资主体限制，非公开发行股票项目的认购主体数量较少，而能够参与认购的投资者的实力比较好。为了吸引这些高质量的投资者，上市公司或其实际控制人、大股东会给投资者作出承诺，保证投资者资金的安全和收益，市场上称之为定增保底承诺。上市公司或其实际控制人、大股东给出的承诺一般体现为保证投资者在锁定期满后在二级市场出售股票获得的收益不低于一定比例，或者直接由上市公司实际控制人、大股东按照一定的价格回购股票。定增保底承诺实质上将投资者浮动的股权投资转成固定收益的类似于债权性质的投资。而上市公司或其实际控制人、大股东承担了支付固定收益的责任后，往往会通过掌握的内幕交易操控股票市值，最终侵害了广大投资者的利益并破坏了金融市场的秩序。

因此，证监会于2020年2月14日发布的《上市公司非公开发行股票实施细则》（证监会公告〔2020〕11号）新增第29条，“上市公司及其控股股东、实际控制人、主要股东不得向发行对象作出保底保收益或变相保底保收益承诺，且不得直接或通过利益相关方向发行对象提供财务资助或者补偿”，即定增保底承诺明确被禁止。

证监会发布的《再融资业务若干问题解答》（2020年6月）进一步明确：“关于非公开发行股票中董事会决议确定认购对象的（即锁价发行），发行人应当披露各认购对象的认购资金来源，是否为自有资金，是否存在对外募集、代持、结构化安排或者直接间接使用发行人及其关联方资金用于本次认购的情形，是否存在发行人及其控股股东或实际控制人直接或通过其利益相关方向认购对象提供财务资助、补偿、承诺收益或其他协议安排的情形。以竞价方式确定认购对象的（即询价发行），发行人应当在发行情况报告书中披露是否存在发行人及其控股股东或实际控制人直接或通过其利益相关方向认购对象提供财务资助、补偿、承诺收益或其他协议安排的情形。”

《民法典》第153条规定：“违反法律、行政法规的强制性规定的民事法律行为无效。但是，该强制性规定不导致该民事法律行为无效的除外。”根据该规定，违反效力强制性规定的民事行为被认定为无效，但效力强制性规定仅限于“法律、行政法规”这两个层级的法律。《上市公司非公开发行股票实施细则》（证监会公告〔2020〕11号，2020年2月14日）、《再融资业务若干问题解答》（2020年6月）均不属于“法律、行政法规”这两个层级。不过《九民纪要》第30条规定：“违反规章一般情况下不影响合同效力，但该规章的内容涉及金融安全、市场秩序、国家宏观政策等公序良俗的,应当认定合同无效。人民法院在认定规章是否涉及公序良俗时,要在考察规范对象基础上,兼顾监管强度、交易安全保护以及社会影响等方面进行慎重考量,并在裁判文书中进行充分说理。”因此,在《上市公司非公开发行股票实施细则》(证监会公告〔2020〕11 号,2020 年 2 月 14 日)施行之后,上市公司定增保底承诺的效力有可能会被司法层面认定为无效。

2. 战略投资者

2020 年 3 月 20 日,证监会发布了《发行监管问答——关于上市公司非公开发行股票引入战略投资者有关事项的监管要求》(以下简称《战略投资者监管要求》),对《上市公司非公开发行股票实施细则》(证监会公告〔2020〕11 号,2020 年 2 月 14 日)第 7 条所称的“战略投资者”进行了定义,这是自 2006 年非公开发行股票出现以来监管机构首次对“战略投资者”进行的明确定义。

《战略投资者监管要求》明确,战略投资者除了具有同行业或相关行业较强的重要战略性资源的“硬性”指标外,上市公司还需对引进战略投资者事项单独审议并规范决策程序。伴随战略投资者门槛的提高,市场上的定增热度有所下降。

第一,战略投资者的硬性指标。《战略投资者监管要求》指出战略投资者需满足五个方面的硬性考核要求:(1)具有同行业或相关行业较强的重要战略性资源,与上市公司谋求双方协调互补的长期共同战略利益。(2)愿意长期持有上市公司较大比例股份。(3)愿意并且有能力认真履行相应职责,委派董事实际参与公司治理,提升上市公司治理水平,帮助上市公司显著提高公司质量和内在价值。(4)具有良好诚信记录,最近 3 年未受到证监会行政处罚或被追究刑事责任的投资者。(5)战略投资者还应当符合下列情形之一:能够给上市公司带来国际国内领先的核心技术资源,显著增强上市公司的核心竞争力和创新能力,带动上市公司的产业技术升级,显著提升上市公司的盈利能力;或者能够给上市公司带来国际国内领先的市场、渠道、品牌等战略性资源,大幅促进上市公司市场拓展,推动实现上市公司销售业绩大幅提升。其中第五点,简言之,即战略投资者要么带来领先的技术支持,要么带来重要的客户资源。

第二,引入战略投资者的决策程序。《战略投资者监管要求》对上市公司引入战略投资者的决策程序进行了规范。

一方面要签订战略合作协议。上市公司拟引入战略投资者的,应当按照《公司法》《证券法》《上市公司证券发行管理办法》《创业板上市公司证券发行注册管理办法(试行)》和公司章程的规定,履行相应的决策程序。上市公司应当与战略投资者签订具有法律约束力的战略合作协议,作出切实可行的战略合作安排,战略合作协议的主要内容应当包括:战略投资者具备的优势及其与上市公司的协同效应,双方的合作方式、合作领域、合作目标、合作期限、战略投资者拟认购股份的数量、定价依据、参与上市公司经营管理的安排、持股期限及未来退出安排、未履行相关义务的违约责任等。

另一方面,要经过严格的审议环节。《战略投资者监管要求》规定,上市公司董事会应当将引入战略投资者的事项作为单独议案审议,并提交股东大会审议。独立董事、监事会应当对议案是否有利于保护上市公司和中小股东合法权益发表明确意见。若上市公司股东大会对引入战略投资者议案作出决议,应当就每名战略投资者单独表决,且必须经出席会议的股东所持表决权2/3以上通过,中小投资者的表决情况应当单独计票并披露。

第三,充分披露要求。《战略投资者监管要求》要求上市公司应当按照《上市公司证券发行管理办法》、《创业板上市公司证券发行注册管理办法(试行)》和《上市公司非公开发行股票实施细则》的有关规定,充分履行信息披露义务,包括:(1)董事会议案应当充分披露公司引入战略投资者的目的,商业合理性,募集资金使用安排,战略投资者的基本情况、穿透披露股权或投资者结构、战略合作协议的主要内容等。(2)非公开发行股票完成后,上市公司应当在年报、半年报中披露战略投资者参与战略合作的具体情况及效果。

第四,强化中介职责。《战略投资者监管要求》进一步强化了中介的职责:(1)保荐机构和发行人律师应当勤勉尽责履行核查义务,并对下列事项发表明确意见:投资者是否符合战略投资者的要求,上市公司利益和中小投资者合法权益是否得到有效保护;上市公司是否存在借战略投资者入股名义损害中小投资者合法权益的情形;上市公司及其控股股东、实际控制人、主要股东是否存在向发行对象作出保底保收益或变相保底保收益承诺,或者直接或通过利益相关方向发行对象提供财务资助或者补偿的情形。(2)持续督导期间,保荐机构应当履行职责,持续关注战略投资者与上市公司战略合作情况,督促上市公司及战略投资者认真履行战略合作协议的相关义务,切实发挥战略投资者的作用;发现上市公司及战略投资者未履行相关义务的,应当及时向监管机构报告。

七、发行条件

与配股、公开发行股票同时规定了积极条件和消极条件不同,《创业板上市公司证券发行注册管理办法(试行)》(证监会令第164号,2020年2月14日)、《科创板上市公司证券发行注册管理办法(试行)》(证监会令第171号,2020年7月3日)仅规定了非公开发行股票的消极条件。

上市公司存在下列情形之一的,不得向特定对象发行股票:(1)擅自改变前次募集资金用途未作纠正,或者未经股东大会认可。(2)最近1年财务报表的编制和披露在重大方面不符合企业会计准则或者相关信息披露规则的规定;最近1年财务会计报告被出具否定意见或者无法表示意见的审计报告;最近1年财务会计报告被出具保留意见的审计报告,且保留意见所涉及事项对上市公司的重大不利影响尚未消除。本次发行涉及重大资产重组的除外。(3)现任董事、监事和高级管理人员最近3年受到证监会行政处罚,或者最近1年受到证券交易所公开谴责。(4)上市公司及其现任董事、监事和高级管理人员因涉嫌犯罪正在被司法机关立案侦查或者涉嫌违法违规正在被证监会立案调查。(5)控股股东、实际控制人最近3年存在严重损害上市公司利益或者投资者合法权益的重大违法行为。(6)最近3年存在严重损害投资者合法权益或者社会公共利益的重大违法行为。

同时,非公开发行股票的募集资金使用也应当符合下列规定,创业板、科创板稍有区别。(见表1-5)

表1-5 创业板与科创板募集资金使用条件对照

创业板	科创板
/	1.应当投资于科技创新领域的业务
1.符合国家产业政策和有关环境保护、土地管理等法律、行政法规规定	2.符合国家产业政策和有关环境保护、土地管理等法律、行政法规规定
2.除金融类企业外,本次募集资金使用不得为持有财务性投资,不得直接或者间接投资于以买卖有价证券为主要业务的公司[1]	/
3.募集资金项目实施后,不会与控股股东、实际控制人及其控制的其他企业新增构成重大不利影响的同业竞争、显失公平的关联交易,或者严重影响公司生产经营的独立性	3.募集资金项目实施后,不会与控股股东、实际控制人及其控制的其他企业新增构成重大不利影响的同业竞争、显失平的关联交易,或者严重影响公司生产经营的独立性

[1] 尽管科创板未明确规定"除金融类企业外,本次募集资金使用不得为持有财务性投资,不得直接或者间接投资于以买卖有价证券为主要业务的公司",实践中对于财务投资的监管要求也与创业板一致。

此外，非公开发行股票同样要受《发行监管问答——关于引导规范上市公司融资行为的监管要求》（2020 年 2 月 14 日）的约束，申请公开增发、配股、非公开发行的，本次发行董事会决议日距离前次募集资金到位日原则上不得少于 18 个月。前次募集资金基本使用完毕或募集资金投向未发生变更且按计划投入的，可不受上述限制，但相应间隔原则上不得少于 6 个月。前次募集资金包括首发、增发、配股、非公开发行股票。

八、非公开发行股票的发行流程

以科创板为例[1]，非公开发行股票的主要流程为：

1. 董事会决议确定全部发行对象的，董事会决议中应当同时确定具体发行对象及其认购数量或金额、认购价格或者定价原则，并经股东大会作出决议。

2. 董事会决议确定部分发行对象的，上市公司和主承销商应当向符合条件的特定对象提供认购邀请书，并通过竞价方式确定发行价格和其他发行对象。股东大会应当就上述事项作出决议。董事会决议确定的发行对象不得参与本次发行的竞价，且应当接受竞价结果。董事会决议应当明确在通过竞价方式未能产生发行价格的情况下，前述发行对象是否继续参与认购、价格确定原则及认购数量。

3. 董事会决议确定具体发行对象的，上市公司应当在召开董事会的当日或者前 1 日与相应发行对象签订附生效条件的股份认购合同。本条所述认购合同应当载明该发行对象拟认购股份的数量或数量区间或者金额或金额区间、认购价格或定价原则、限售期及违约情形处置安排，同时约定本次发行一经上市公司董事会、股东大会批准并经证监会注册，该合同即应生效。

4. 董事会决议未确定发行对象的，通过竞价方式确定发行价格和发行对象，董事会决议应当明确本次发行对象的范围、资格和依据，以及定价原则，并经股东大会作出决议。

5. 上市公司向特定对象发行股票经董事会决议公告后，符合条件的特定对象可以向上市公司和主承销商提交认购意向书。

6. 在启动发行前，上市公司和主承销商应当及时向交易所报备发行与承销方

---

〔1〕 详见《上海证券交易所科创板上市公司证券发行承销实施细则》（上证发〔2020〕51 号，2020 年 7 月 3 日），创业板参考《深圳证券交易所创业板上市公司证券发行与承销业务实施细则》（深证上〔2020〕485 号，2020 年 6 月 12 日）

案，交易所3个工作日内表示无异议的，上市公司和主承销商可以启动发行工作。上市公司根据《科创板再融资办法》的规定自行销售的，由上市公司向交易所报备发行与承销方案。向交易所报备的发行与承销方案及认购邀请书，应当明确中止发行情形和相应处置安排，可以约定认购不足或者缴款不足时追加认购的操作程序、对象要求等。根据认购邀请书的约定启动追加认购的，应当在10个工作日内完成。

7. 上市公司和主承销商应当按照公正、透明的原则，在认购邀请书中事先约定选择发行对象、收取认购保证金及投资者违约时保证金的处理方式、确定认购价格、分配认购数量等事项的操作规则，主承销商向发行对象收取的认购保证金不得超过拟认购金额的20%。

8. 在发行期首日前1个工作日，上市公司和主承销商可以向符合条件的特定对象提供认购邀请书。认购邀请书发送对象除应当包含董事会决议公告后已经提交认购意向书的投资者、公司前20名股东外，还应当包括符合《承销办法》规定条件的下列投资者：(1)不少于20家证券投资基金管理公司；(2)不少于10家证券公司；(3)不少于5家保险机构投资者。上述发送认购邀请书的对象应当同时符合交易所相关规定。上市公司和主承销商应当根据本条规定及认购邀请书中事先约定的原则，协商确定发送认购邀请书的对象。

9. 认购邀请书发出后，上市公司和主承销商应当在认购邀请书约定的时间内收集投资者签署的申购报价表。在申购报价期间，上市公司和主承销商及相关人员应当确保不以任何方式泄露发行对象的申购报价情况，申购报价过程应当由发行人律师现场见证。无有效报价时，上市公司和主承销商可以中止发行。

10. 申购报价结束后，上市公司和主承销商应当对有效申购按照报价高低进行累计统计，按照价格优先及董事会决议确定的其他原则合理确定发行价格和发行对象。董事会决议确定的原则应当公平、公正，符合上市公司及全体股东的利益。

11. 发行结果确定后，上市公司应当与发行对象签订正式股份认购合同，发行对象应当按照合同约定缴款。发行对象的认购资金应当先划入主承销商为本次发行专门开立的账户，验资完毕后，扣除相关费用再划入上市公司募集资金专项存储账户。

12. 上市公司和主承销商应当在本次发行验资完成后的3个工作日内，向交易所报送股份认购合同、发行情况报告书、发行过程和认购对象合规性审核报告、专项法律意见书和验资报告等文件。发行情况报告书应当根据证监会关于信息披露内容与格式的相关规定编制。上市公司应当及时办理股份登记，登记完成后，上市公司向交易所申请办理股份上市事宜。

九、非公开发行股票的优劣势

（一）非公开发行股票的优势

1. 募集资金用途方面相对灵活。非公开发行股票的募集资金除了用于具体募投项目外，询价方式进行的非公开发行的还可有不超过30%的部分用于补充流动资金或偿还贷款；锁价方式发行的可100%用于补充流动资金或偿还贷款（允许补流或还贷的金额上限要符合窗口指导的计算原则）。

2. 认购对象上可以选择。尤其是锁价发行，上市公司可以通过条款设计，选择发行对象，以维持原大股东的控制权。

（二）非公开发行股票的劣势

1. 融资规模受限。再融资新规规定，非公开发行股票拟发行的股份数量不得超过本次发行前总股本的30%，30%股本计算的基数包括A股、B股、H股合并计算。融资规模不受限制曾经是非公开股票发行最大的优势，尽管再融资新规已将发行股份数量占本次发行前总股本的比例上线从2017年的20%提升至30%，但融资规模的限制对市场的影响仍不可小觑。

2. 融资间隔时间要求较长。《发行监管问答——关于引导规范上市公司融资行为的监管要求（修订版）》（2020年2月14日）规定："上市公司申请增发、配股、非公开发行股票的，本次发行董事会决议日距离前次募集资金到位日原则上不得少于18个月。前次募集资金基本使用完毕或募集资金投向未发生变更且按计划投入的，可不受上述限制，但相应间隔原则上不得少于6个月。前次募集资金包括首发、增发、配股、非公开发行股票。"

3. 锁定期较长。根据发行模式及认购对象类型需要锁定18个月或6个月。锁价发行的所有投资者均需要锁定18个月；询价发行的投资者需要锁定6个月，如果控股股东、实际控制人及其控制的企业认购，锁定18个月。

十、案例评析

案例1-5

广州市昊志机电股份有限公司（300503. SZ，以下简称昊志机电）于2020年12月28日收到证监会出具的《关于同意广州市昊志机电股份有限公司向特定对象发行股票注册的批复》（证监许可〔2020〕3609号）。本次非公开发行股票的主要要素如下：

1. 定价基准日

本次发行的定价基准日为发行期首日（2021年4月14日），发行价格不低于定价基准日前20个交易日公司股票交易均价的80%，即不低于10.03元/股（定价基准日前20个交易日公司股票交易均价=定价基准日前20个交易日股票交易总额/定价基准日前20个交易日股票交易总量），本次发行底价为10.03元/股。

公司和主承销商根据投资者申购报价情况，并严格按照认购邀请书中确定的发行价格、获配对象和获配金额的确定程序和规则，确定本次发行价格为10.03元/股，不低于定价基准日前20个交易日股票交易均价的80%，发行价格与发行期首日前20个交易日均价的比率为80%。

2. 发行对象

第一，根据投资者申购报价情况，并严格按照认购邀请书中确定的发行价格、发行对象及获配股份数量的程序和规则，确定本次发行价格为10.03元/股，发行股数为22,083,747股，募集资金总额为221,499,982.41元。本次发行对象最终确定为3家，本次发行配售结果为：

序号	投资者名称	获配股数（股）	获配金额（元）	锁定期（月）
1	安吉和泽管理咨询合伙企业（有限合伙）	9,970,089	99,999,992.67	6
2	广东展富资产管理有限公司—展富长和一号私募证券投资基金	7,128,614	71,499,998.42	6
3	安吉镁华经济咨询合伙企业（有限合伙）	4,985,044	49,999,991.32	6
合计		22,083,747	221,499,982.41	

第二，发行对象与发行人关联关系。

本次发行对象与发行人和保荐机构（主承销商）的控股股东、实际控制人、董事、监事、高级管理人员及其控制或者施加重大影响的关联方均不存在关联关系。

第三，发行对象及其关联方与发行人最近一年的重大交易情况以及未来交易安排的说明。

公司与本次发行对象及其关联方最近一年不存在重大交易的情形。截至本报告出具日，公司与发行对象及其关联方不存在未来交易安排。对于未来可能发生的交易，公司将严格按照公司章程及相关法律法规的要求，履行相应的决策程序，并作充分的信息披露。

第四,关于发行对象履行私募投资基金备案的核查。

根据询价结果,保荐机构(主承销商)对本次向特定对象发行股票获配发行对象是否属于《中华人民共和国证券投资基金法》、《私募投资基金监督管理暂行办法》和《私募投资基金管理人登记和基金备案办法(试行)》等法律法规、规范性文件及自律规则所规定的私募投资基金情况进行了核查,相关核查情况如下:

安吉和泽管理咨询合伙企业(有限合伙)、安吉镁华经济咨询合伙企业(有限合伙)以其自有资金参与本次发行认购,不存在以非公开方式向投资者募集资金的情形,不属于《中华人民共和国证券投资基金法》、《私募投资基金监督管理暂行办法》和《私募投资基金管理人登记和基金备案办法(试行)》规范的私募投资基金,无须履行私募投资基金备案程序。

广东展富资产管理有限公司以其管理的"广东展富资产管理有限公司—展富长和一号私募证券投资基金"参与本次发行认购,广东展富资产管理有限公司已在中国证券投资基金业协会完成私募投资基金管理人登记(登记编号为 P1064841),其管理的展富长和一号私募证券投资基金已在中国证券投资基金业协会完成私募基金备案(基金编号:SGR381),并已提交了相关登记备案证明。

经核查,本次发行对象涉及的私募投资基金已按照《中华人民共和国证券投资基金法》、《私募投资基金监督管理暂行办法》以及《私募投资基金管理人登记和基金备案办法(试行)》等相关法律法规的要求在中国证券投资基金业协会完成登记备案。

评析:

1. 昊志机电的非公开发行股票采取的是询价发行,其定价基准日为发行期首日,实际发行价格不低于定价基准日的80%。

2. 发行对象上,昊志机电对三个发行对象本身进行了披露,未再进行穿透,其中广东展富资产管理有限公司以其管理的基金参与认购,核查了基金已进行了备案,同时披露另外两个发行对象安吉和泽管理咨询合伙企业(有限合伙)、安吉镁华经济咨询合伙企业(有限合伙)不属于私募投资基金,无须履行私募投资基金备案程序。

3. 对三个发行对象与昊志机电的关联关系进行了核查和披露,确认控股股东、实际控制人、董事、监事、高级管理人员及其控制或者施加重大影响的关联方未通过三个发行对象参与本次非公开发行股票的认购。

十一、法律法规

非公开发行股票涉及的主法律法规主要有:(1)《创业板上市公司证券发行注册管理办法(试行)》(证监会令第168号,2020年6月12日);(2)《科创板上市公司证券发行注册管理办法(试行)》(证监会令第171号,2020年7月3日);(3)《上市公司非公开发行股票实施细则》(证监会公告〔2020〕11号,2020年2月14日);(4)《发行监管问答——关于引导规范上市公司融资行为的监管要求(修订版)》(2020年2月14日);(5)《发行监管问答——关于上市公司非公开发行股票引入战略投资者有关事项的监管要求》(2020年3月20日);(6)《上海证券交易所科创板上市公司证券发行承销实施细则》(上证发〔2020〕51号,2020年7月3日);(7)《深圳证券交易所创业板上市公司证券发行与承销业务实施细则》(深证上〔2020〕485号,2020年6月12日)。

优　先　股

一、优先股的定义

优先股是指区别于普通股份之外的其他股份,优先股的持有人优先于普通股股东分配公司利润和剩余财产,但参与公司决策管理等权利受到限制,其本质是股东通过牺牲投票表决权换取优先的分红权和剩余财产索取权。

优先股与普通股的区别在于:(1)风险不同。一是普通股的股息既取决于公司当年盈利状况,还要看当年具体的分配政策,很有可能公司决定当年不分配,而优先股根据事先确定的股息率分配股息,与公司的盈利状况无关;二是优先股股东可以在普通股股东之前优先取得股息;三是公司解散时优先股股东可以在普通股股东之前优先得到分配的剩余资产。简言之,相对于普通股,优先股风险低、收益性稳定。(2)权利不同。普通股享有广泛的经营管理决策权,而优先股的表决权受到限制,除特定情形外,优先股股东不参与公司的管理决策,不参与股东大会,所持股份没有表决权。从优先股与普通股的不同点可以看出,优先股是介于股票与债券之间的一种股债混合投融资工具。

二、优先股的类型

根据不同的股息分配方式,优先股可以分为多个种类:

第一,固定股息率优先股和浮动股息率优先股。优先股存续期内股息率不作调整的,称为固定股息率优先股;而根据约定的计算方法进行调整的,称为浮动股息率优先股。

第二,强制分红优先股和非强制分红优先股。公司可以在章程中规定,在有可分配税后利润时必须向优先股股东分配利润的,是强制分红优先股,否则即为非强制分红优先股。

第三,可累积优先股和非累积优先股。根据公司因当年可分配利润不足而未向优先股股东足额派发股息，差额部分是否累计到下一会计年度，分为累积优先股和非累积优先股。累积优先股是指公司在某一时期所获盈利不足，导致当年可分配利润不足以支付优先股股息时，则将应付股息累积到次年或以后某一年盈利时，在普通股的股息发放之前，连同本年优先股股息一并发放。非累积优先股则是指公司不足以支付优先股的全部股息时，对所欠股息部分，优先股股东不能要求公司在以后年度补发。

第四，参与优先股和非参与优先股。根据优先股股东按照确定的股息率分配股息后，是否有权同普通股股东一起参加剩余税后利润分配，分为参与优先股和非参与优先股。优先股持有人只能获取一定股息但不能参加公司额外分红的优先股，称为非参与优先股。持有人除可按规定的股息率优先获得股息外，还可与普通股股东分享公司的剩余收益的优先股，称为参与优先股。

第五，可转换优先股和不可转换优先股。根据优先股是否可以转换成普通股，分为可转换优先股和不可转换优先股。可转换优先股是指在规定的时间内，优先股股东可以按照一定的转换比率把优先股换成该公司普通股，否则是不可转换优先股。

第六，可回购优先股和不可回购优先股。根据优先股股东是否享有要求公司回购优先股的权利，分为可回购优先股和不可回购优先股。可回购优先股是指允许发行公司按发行价加上一定比例的补偿收益回购优先股。公司通常在认为可以用较低股息率发行新的优先股时，就可用此方法回购已发行的优先股股票。发行人回购优先股包括发行人要求赎回优先股和投资者要求回售优先股两种情况。不附有回购条款的优先股则被称为不可回购优先股。

三、优先股的发行方式及发行条件

根据《关于开展优先股试点的指导意见》（国发〔2013〕46 号，2013 年 11 月 30 日）、《优先股试点管理办法》（证监会令第 97 号，2014 年 3 月 21 日），上市公司发行优先股可采取公开发行、非公开发行两种方式。上市公司（本篇仅限于 A 股上市公司，暂不讨论新三板、商业银行）的公开发行和非公开发行优先股的条件如下：

（一）共同条件

1. 独立性。上市公司应当与控股股东或实际控制人的人员、资产、财务分开，机构、业务独立。

2. 内控健全。上市公司内部控制制度健全，能够有效保证公司运行效率、合法合规和财务报告的可靠性,内部控制的有效性应当不存在重大缺陷。

3. 可分配利润。上市公司发行优先股,最近 3 个会计年度实现的年均可分配利润应当不少于优先股 1 年的股息。

4. 现金分红。上市公司最近 3 年现金分红情况应当符合公司章程及证监会的有关监管规定。

5. 报告期不存在重大会计违规事项。(1)公开发行优先股,最近 3 年财务报表被注册会计师出具的审计报告应当为标准审计报告或带强调事项段的无保留意见的审计报告;(2)非公开发行优先股,最近 1 年财务报表被注册会计师出具的审计报告为非标准审计报告的,所涉及事项对公司无重大不利影响或者在发行前重大不利影响已经消除。

6. 募集资金合规。(1)上市公司发行优先股募集资金应有明确用途,与公司业务范围、经营规模相匹配,募集资金用途符合国家产业政策和有关环境保护、土地管理等法律和行政法规的规定;(2)除金融类企业外,本次募集资金使用项目不得为持有交易性金融资产和可供出售的金融资产、借予他人等财务性投资,不得直接或间接投资于以买卖有价证券为主要业务的公司。

7. 规模限制。上市公司已发行的优先股不得超过公司普通股股份总数的 50%,且筹资金额不得超过发行前净资产的 50%,已回购、转换的优先股不纳入计算。

8. 不得发行优先股的情形:(1)本次发行申请文件有虚假记载、误导性陈述或重大遗漏;(2)最近 12 个月内受到过证监会的行政处罚;(3)因涉嫌犯罪正被司法机关立案侦查或涉嫌违法违规正被证监会立案调查;(4)上市公司的权益被控股股东或实际控制人严重损害且尚未消除;(5)上市公司及其附属公司违规对外提供担保且尚未解除;(6)存在可能严重影响公司持续经营的担保、诉讼、仲裁、市场重大质疑或其他重大事项;(7)其董事和高级管理人员不符合法律、行政法规和规章规定的任职资格;(8)严重损害投资者合法权益和社会公共利益的其他情形。

9. 转换限制。上市公司不得发行可转换为普通股的优先股。但商业银行可根据商业银行资本监管规定,非公开发行触发事件发生时强制转换为普通股的优先股,并遵守有关规定。

（二）不同条件（见表 1 –6）

表 1 –6 上市公司优先股公开发行与非公开发行不同条件

公开发行				非公开发行	
上市公司公开发行优先股，当符合以下情形之一： 1. 其普通股为上证 50 指数成份股； 2. 以公开发行优先股作为支付手段收购或吸收合并其他上市公司； 3. 以减少注册资本为目的回购普通股的，可以公开发行优先股作为支付手段，或者在回购方案实施完毕后，可公开发行不超过回购减资总额的优先股。 证监会核准公开发行优先股后不再符合本条第 1 项情形的，上市公司仍可实施本次发行	上市公司最近 3 个会计年度应当连续盈利。扣除非经常性损益后的净利润与扣除前的净利润相比，以孰低者作为计算依据	上市公司公开发行优先股应当在公司章程中规定以下事项： 1. 采取固定股息率； 2. 在有可分配税后利润的情况下必须向优先股股东分配股息； 3. 未向优先股股东足额派发股息的差额部分应当累积到下一会计年度； 4. 优先股股东按照约定的股息率分配股息后，不再同普通股股东一起参加剩余利润分配	公司及其控股股东或实际控制人最近 12 个月内应当不存在违反向投资者作出的公开承诺的行为	非公开发行优先股的票面股息率不得高于最近 2 个会计年度的年均加权平均净资产收益率（无扣非前后孰低之说）	上市公司非公开发行优先股仅向本办法规定的合格投资者发行，每次发行对象不得超过 200 人，且相同条款优先股的发行对象累计不得超过 200 人

从表 1 –6 中可以看出，在当前试点阶段，上市公司公开发行只能限于表 1 –6 所列的三种情形：要么是大型公司（上证 50 指数成份股），要么是作为并购支付手段，要么为以减少注册资本为目的发行的融资工具。同时，公开发行优先股的财务指标上要求上市公司最近 3 个会计年度持续盈利。此外，按照现有制度，公开发行优先股只能是固定股息率优先股、强制分红优先股、可累积优先股、非参与优先股、

不可转换优先股[1]。苛刻的条件加上多方面的限制，上市公司不愿意以公开发行方式发行优先股，因此至今未发生一例上市公司公开发行优先股的案例，均为非公开发行优先股。

除共同的条件之外，商业银行之外的上市公司非公开发行优先股的特殊条件主要为票面股息率的上线限制以及发行对象资质、数量的限制。非公开发行优先股可以选择固定股息率优先股或浮动股息率优先股、强制分红优先股或非强制分红优先股、可累积优先股或非累积优先股、参与优先股或非参与优先股，但是只能是不可转换优先股[2]。

此外，《优先股试点管理办法》（证监会令第97号，2014年3月21日）第6条规定："试点期间不允许发行在股息分配和剩余财产分配上具有不同优先顺序的优先股，但允许发行在其他条款上具有不同设置的优先股。同一公司既发行强制分红优先股，又发行不含强制分红条款优先股的，不属于发行在股息分配上具有不同优先顺序的优先股。"

（三）优先股表决权限制的除外情形、恢复情形

1. 表决权限制的除外情形

优先股股东的表决权不是绝对受到限制的，针对某些特定事项，优先股股东也享有表决权。《优先股试点管理办法》（证监会令第97号，2014年3月21日）第10条规定，出现以下情况之一的，公司召开股东大会会议应通知优先股股东，并遵循《公司法》及公司章程通知普通股股东的规定程序。优先股股东有权出席股东大会会议，就以下事项与普通股股东分类表决，其所持每一优先股有一表决权，但公司持有的本公司优先股没有表决权：（1）修改公司章程中与优先股相关的内容；（2）一次或累计减少公司注册资本超过10%；（3）公司合并、分立、解散或变更公司形式；（4）发行优先股；（5）公司章程规定的其他情形。

2. 表决权的恢复

同时，为了保护优先股股东利益，如果公司在约定的时间内未按规定支付股息，优先股股东按约定恢复表决权；如果公司支付了所欠股息，已恢复的优先股表

---

[1] 《优先股试点管理办法》（证监会令第97号，2014年3月21日）第33条规定："上市公司不得发行可转换为普通股的优先股。但商业银行可根据商业银行资本监管规定，非公开发行触发事件发生时强制转换为普通股的优先股，并遵守有关规定。"

[2] 《优先股试点管理办法》（证监会令第97号，2014年3月21日）第33条规定："上市公司不得发行可转换为普通股的优先股。但商业银行可根据商业银行资本监管规定，非公开发行触发事件发生时强制转换为普通股的优先股，并遵守有关规定。"

决权终止。《优先股试点管理办法》(证监会令第97号,2014年3月21日)第10条规定:"公司累计3个会计年度或连续2个会计年度未按约定支付优先股股息的,股东大会批准当年不按约定分配利润的方案次日起,优先股股东有权出席股东大会与普通股股东共同表决,每股优先股股份享有公司章程规定的一定比例表决权。对于股息可累积到下一会计年度的优先股,表决权恢复直至公司全额支付所欠股息。对于股息不可累积的优先股,表决权恢复直至公司全额支付当年股息。公司章程可规定优先股表决权恢复的其他情形。"

四、优先股的发行流程

发行优先股的流程基本参考公开增发、非公开发行股票的流程。需要注意的是,上市公司股东大会就发行优先股进行审议,就下列事项逐项进行表决时须经出席会议的普通股股东(含表决权恢复的优先股股东)所持表决权的2/3以上通过。已发行优先股的,还须经出席会议的优先股股东(不含表决权恢复的优先股股东)所持表决权的2/3以上通过。上市公司向公司特定股东及其关联人发行优先股的,股东大会就发行方案进行表决时,关联股东应当回避:(1)本次发行优先股的种类和数量;(2)发行方式、发行对象及向原股东配售的安排;(3)票面金额、发行价格或其确定原则;(4)优先股股东参与分配利润的方式,包括:票面股息率或其确定原则、股息发放的条件、股息支付方式、股息是否累积、是否可以参与剩余利润分配等;(5)回购条款,包括回购的条件、期间、价格及其确定原则、回购选择权的行使主体等(如有);(6)募集资金用途;(7)公司与发行对象签订的附条件生效的优先股认购合同(如有);(8)决议的有效期;(9)公司章程关于优先股股东和普通股股东利润分配、剩余财产分配、优先股表决权恢复等相关政策条款的修订方案;(10)对董事会办理本次发行具体事宜的授权。

此外,《优先股试点管理办法》(证监会令第97号,2014年3月21日)第40条规定:"上市公司发行优先股,可以申请一次核准,分次发行,不同次发行的优先股除票面股息率外,其他条款应当相同。自证监会核准发行之日起,公司应在6个月内实施首次发行,剩余数量应当在24个月内发行完毕。超过核准文件时限的,须申请证监会重新核准。首次发行数量应当不少于总发行数量的50%,剩余各次发行的数量由公司自行确定,每次发行完毕后5个工作日内报证监会备案。"

五、优先股的优劣势

(一)优先股的优势

从上市公司的角度来看,发行优先股有以下优势:首先是不存在还本压力。其次,优先股的发行不稀释原股东的权益。除了特定情况,优先股并没有表决权,不影响原有股东结构,这对股权较为分散的上市公司来讲,是个获取长期资本的合理途径。再次,发行优先股距离上次再融资没有时间间隔。优先股不受再融资18个月的时间间隔(指前次再融资募集资金到位日距离本次再融资的董事会决议日)。这包括两个方面:其一,前次再融资无论是什么产品,本次发行优先股均不受18个月间隔时间限制。其二,本次发行优先股的,下次再融资无论发行什么品种,均不受18个月间隔时间限制。最后,募集资金列明用途即可,可以选择的余地大,除了投入具体项目,还可以用于偿还银行贷款与补充流动资金。

从投资人的角度来看,购买优先股而不是债券,最主要的原因是优先股的票面股息往往较高。如果企业本身资质过硬,经营不善可能性较小,那么优先股是一个稳妥且高息的投资品种。此外,优先股没有限售期,且上市后即可挂牌转让,流动性上具有优势,只是非公开发行优先股转让后的投资者人数不得超过200人[1]。

(二)优先股的劣势

公开发行优先股的要求较高,只能限于三种情形方可发行,且财务指标上要求最近3个会计年度持续盈利。而无论是否公开发行,发行优先股还存在两大劣势:

一是股息不能税前扣除。发行公司债券时,上市公司支付债券的利息作为财务费用于税前扣除,发行优先股虽然支付的也是固定的成本,但要从税后支付。因此与发行一般公司债券相比,优先股融资成本更高。

二是鉴于目前优先股不能转换为普通股,因此投资者会将优先股的股利与普通公司债券的收益率进行对比。若受发行期市场利率环境影响,优先股的股利不能满足投资者的预期收益率时,优先股发行失败的风险较大。

---

〔1〕《优先股试点管理办法》(证监会令第97号,2014年3月21日)第47条规定:“优先股发行后可以申请上市交易或转让,不设限售期。公开发行的优先股可以在证券交易所上市交易。上市公司非公开发行的优先股可以在证券交易所转让,非上市公众公司非公开发行的优先股可以在全国中小企业股份转让系统转让,转让范围仅限合格投资者。交易或转让的具体办法由证券交易所或全国中小企业股份转让系统另行制定。”第48条规定:“优先股交易或转让环节的投资者适当性标准应当与发行环节保持一致;非公开发行的相同条款优先股经交易或转让后,投资者不得超过200人。即优先股发行上市后即可进行挂牌转让,而其中非公开发行的优先股需满足在投资者部不超过200人的前提,若转让导致投资者200人就不能转让。”

因此,对于一般能够通过普通公司债券进行债务融资的公司(不包括商业银行)来说,发行普通公司债券优于发行优先股。除非,基于以下两种特殊情况[1]:

其一,因为自身财务情况实际需要,利用优先股混合融资工具的特性将其计入公司资本从而改善自身的资产负债结构。

其二,因为债券发行额度等因素限制,无法通过相对低成本的普通公司债券融资,只能选择优先股。

六、案例评析

案例 1-6

2020年4月8日,九州通医药集团股份有限公司(600998. SH,以下简称九州通)收到证监会出具的《关于核准九州通医药集团股份有限公司非公开发行优先股的批复》(证监许可〔2020〕589号),核准公司非公开发行不超过2000万股优先股。本次优先股采用分次发行方式,首次发行不少于1000万股,自核准发行之日起6个月内完成;其余各次发行自核准发行之日起24个月内完成。该批复自核准发行之日起24个月内有效。

2020年7月17日,九州通已完成首期募集资金1.2亿元募集资金的到账。其《非公开发行优先股发行情况报告书》(第一期)披露显示:

本次发行方案要点		
1	面值	壹佰元人民币
2	发行价格	按票面金额平价发行
3	发行数量和规模	本次非公开发行不超过2000万股优先股,募集资金总额为20亿元人民币。其中,本期发行优先股总数1200万股优先股,募集资金总额为12亿元人民币
4	发行对象及向原股东配售的安排	本期发行的优先股向《优先股试点管理办法》规定的合格投资者发行,发行对象累计不超过二百人; 本期非公开发行不安排向原股东优先配售
5	发行方式	本期优先股发行将采取非公开发行的方式

〔1〕 沈春晖:《上市公司再融资漫谈:"断了一条腿"的优先股难堪大用》,载微信公众号"春晖投行在线"2017年11月28日,https://mp.weixin.qq.com/s/WoV1Br4Mb21-FLHAh1LHKA。

续表

6	是否累积	是
7	是否参与	否
8	是否调息	是
9	股息支付方式	本公司以现金形式支付优先股股息，计息本金为届时已发行且存续的本期优先股票面总金额。本期发行的优先股采用每会计年度付息一次的付息方式，计息起始日为本期优先股发行缴款截止日(2020年7月17日)。 优先股股东所获得股息收入的应付税项由优先股股东根据相关法律法规承担
10	票面股息率的确定原则	本期发行的优先股采用附单次跳息安排的固定股息率。第1—3个计息年度优先股的票面股息率由股东大会授权董事会结合发行时的国家政策、市场状况、公司具体情况以及投资者要求等因素，通过询价方式或监管机构认可的其他方式经公司与保荐机构(主承销商)按照有关规定协商确定并保持不变。 自第4个计息年度起，如果公司不行使全部赎回权，每股票面股息率在第1—3个计息年度股息率基础上增加2个百分点，第4个计息年度股息率调整之后保持不变。 本期优先股的票面股息率通过市场询价确定为6.02%。本期优先股票面股息率不高于发行前本公司最近两个会计年度的年均加权平均净资产收益率
11	股息发放条件	按照《公司章程》规定，公司在依法弥补亏损、提取公积金后有可供分配利润的情况下，可以向本期优先股股东派发按照相应股息率计算的固定股息。股东大会授权董事会，在本次涉及优先股事项经股东大会审议通过的框架和原则下，依照发行文件的约定，宣派和支付全部优先股股息。但若取消支付部分或全部优先股当年股息，仍需提交公司股东大会审议批准，且公司应在股息支付日前至少10个工作日按照相关部门的规定通知优先股股东。不同次发行的优先股在股息分配上具有相同的优先顺序。优先股股东分配股息的顺序在普通股股东之前，在确保完全派发优先股约定的股息前，公司不得向普通股股东分配利润。 除非发生强制付息事件，公司股东大会有权决定取消支付部分或全部优先股当年股息，且不构成公司违约。强制付息事件指在股息支付日前12个月内发生以下情形之一：1)公司向普通股股东支付股利(包括现金、股票、现金与股票相结合及其他符合法律法规规定的方式)；2)减少注册资本(因实施股权激励而需要注销股份的，或通过发行优先股赎回并注销普通股股份的除外)
12	转换安排	不可转换

续表

13	回购安排	1. 回购选择权的行使主体 本期发行的优先股的赎回选择权为公司所有,即公司拥有赎回权。本期发行的优先股不设置投资者回售条款,优先股股东无权向公司回售其所持有的优先股。 2. 赎回条件及赎回期 在符合相关法律、法规、规范性文件的前提下,公司可根据经营情况于优先股股息发放日全部或部分赎回注销本次发行的优先股,赎回期至本期非公开发行的优先股全部赎回之日止。赎回权具体安排由公司董事会根据股东大会的授权最终确定。 3. 赎回价格及其确定原则 本期发行的优先股的赎回价格为优先股票面金额加已决议支付但尚未支付优先股股息。 4. 有条件赎回事项的授权股东大会授权董事会,在股东大会审议通过的框架和原则下,根据相关法律法规要求、批准以及市场情况,全权办理与赎回相关的所有事宜
14	评级安排	本期优先股无评级安排
15	担保安排	本期优先股无担保安排
16	转让安排	本期发行的优先股不设限售期。本期发行完成后,所发行优先股将按相关规定在上海证券交易所进行交易转让,但转让范围仅限《优先股试点管理办法》规定的合格投资者。优先股转让环节的投资者适当性标准应当与发行环节保持一致,且相同条款优先股经转让后,投资者不得超过二百人
17	表决权恢复的安排	(1)表决权恢复条款 公司累计三个会计年度或连续两个会计年度未按约定支付优先股股息的,自股东大会批准当年取消优先股股息支付的次日或当年不按约定支付优先股股息之次日起,优先股股东有权出席股东大会与普通股股东共同表决。每股优先股股份享有的普通股表决权计算公式如下:$N = V/Pn$ 其中:V 为优先股股东持有的优先股票面总金额;模拟转股价格 Pn 为审议通过本次优先股发行方案的董事会决议公告日前二十个交易日 A 股普通股股票交易均价。其中:本次优先股发行方案的董事会决议公告日前二十个交易日股票交易均价 = 本次优先股发行方案的董事会决议公告日前二十个交易日股票交易总额 + 本次优先股发行方案的董事会决议公告日前二十个交易日股票交易总量,即 13.06 元/股。恢复的表决权份额以去尾法取一的整数倍。 (2)表决权恢复时模拟转股价格调整方式 在公司董事会通过本次优先股发行方案之日起,当公司因派送股票股利、转增股本、增发新股(不包括因公司发行的带有可转为普通股条款的融资工具转股而增加的股本)或配股等情况使公司普通股股份发生变化时,将按下述公式进行表决权恢复时模拟转股价格的调整:送红股或转增股本:$P1 = P0/(1 + n)$

续表

		增发新股或配股：$P1 = P0 \times (N + Qx(A/M))/(N + Q)$ 其中：P0为调整前有效的模拟转股价格，n为该次送股率或转增股本率，Q为该次增发新股或配股的数量，N为该次增发新股或配股前公司普通股总股本数，A为该次增发新股价或配股价，M为增发新股或配股新增股份上市前一交易日A股普通股收盘价，P1为调整后有效的模拟转股价格。 公司出现上述普通股股份变化的情况时，将对表决权恢复时的模拟转股价格进行相应的调整，并按照规定进行相应信息披露。当公司发生普通股股份回购、公司合并、分立或任何其他情形使公司股份及股东权益发生变化从而可能影响本次优先股股东的权益时，公司将按照公平、公正、公允的原则，充分保护及平衡本次发行优先股股东和普通股股东权益的原则，视具体情况调整表决权恢复时的模拟转股价格，有关表决权恢复时的模拟转股价格调整内容及操作办法将依据国家有关法律法规制定。 本次优先股表决权恢复时的模拟转股价格不因公司派发普通股现金股利的行为而进行调整。 (3)恢复条款的解除 表决权恢复后，当公司已全额支付所欠应付股息，则自全额付息之日起，优先股股东根据表决权恢复条款取得的表决权即终止，但法律法规、《公司章程》另有规定的除外。后续如再次触发表决权恢复条款的，优先股股东的表决权可以重新恢复
18	募集资金用途	本期非公开发行优先股募集资金总额为人民币120,000万元，扣除发行费用后的净额中不超过6亿元用于偿还银行贷款及其他有息负债，其余不超过6亿元的部分用于补充流动资金
19	其他特别条款的说明	无

评析：

九州通发行的非公开优先股具有可累积、可回购、不可参与、不可转换的特性，且采用附单次跳息安排的固定股息率，同时对表决权的恢复情形进行了细化。

2020年8月18日，九州通发布了《非公开发行优先股（第一期）挂牌转让公告》，之后于2020年11月完成了第二期优先股的非公开发行和挂牌转让。可见在股息相对合理的情形下，市场对九州通优先股的认可度比较高。

七、法律法规

优先股发行涉及的法律法规主要有：(1)《国务院关于开展优先股试点的指导意见》（国发〔2013〕46号，2013年11月30日）；(2)《优先股试点管理办法》（证监会令第97号，2014年3月21日）。

可转债

一、可转债的概念

可转换公司债券，简称“可转债”，是指在一定期间内依据约定的条件可以转换成股份的公司债券。可转债兼顾债和股的性质，转换条件未成就前投资者持有的是发行人发行的债券，转换条件成就后投资者可以将债券转换成发行人的股份，市场称之为正股的股份。简言之，可转债给为投资者设置了一个转股期权，允许投资者未来在一定条件下将发行人的债券转换成发行人的股份。

这个转股期权的设置让投资者、上市公司在投融资品种的选择上都有进有退，满足了双方的投融资需求：

从投资者的角度看，转股前可转债为一种保本保息的公司债券，加之转股期权的存在，理论上可转债的价格跌到一定程度后便跌无可跌。即便跌破面值，上市公司在债券到期后依旧要承担还本付息责任，在上市公司不违约的情况下，投资者至少可以收回本金和少许的利息。在转股条件成就后，投资人还可以选择转成正股，从债券持有人变身为公司的股东，通过二级市场交易获得远高于持有债券的利息收益。基于此，可转债的价格走势与正股的价格基本是正相关的，投资者也可以在二级市场交易可转债获得价差收益。

从上市公司的角度看，在转股前，由于转股期权的附加价值，相对于一般的债券，可转债的利率较低，上市公司可以以较低的成本达到融资的目的。若实现了转股，上市公司不再承担还本付息的责任，相当于变相延迟的公开增发或定向增发，且折价效应小于公开增发、定向增发。若未能转股，上市公司的融资成本也远远小于一般的债券。

二、可转债的基本要素

（一）与一般公司债券相同的基本要素

可转债在转股前为公司债券，故其具有一般公司债券的基本要素，包括面值、利率、期限、规模。

1. 面值。我国可转债的面值是 100 元/张,最小交易单位 10 张。普通的散户投资者即可投资。

2. 利率。可转债的利率有以下几个特点:第一,利率比一般公司债券利率低。这是由于可转债附有转股期权,相当于投资者让渡了一部分利息收入,换取了转股期权。第二,可转债的利率一般采取逐年递增的方式。主要考虑可转债的期限较长,给予投资者一点补偿,但增长幅度不会大。第三,最后一期设定补偿利率。上市公司一般会在最后一期给与投资者比前期高的利率,补偿持有到期的投资者。

案例 1-7

深圳康泰生物制品股份有限公司(300601. SZ,以下简称康泰生物)于 2021 年 7 月发行的可转债的利率:

(1)第一年为 0.30%、第二年为 0.50%、第三年为 1.00%、第四年为 1.50%、第五年为 1.80%、第六年为 2.00%。

(2)本次发行的可转债到期后五个交易日内,发行人将按债券面值的 112%(含最后一期利息)的价格赎回未转股的可转债。

3. 期限。上市公司证券发行管理办法(证监会令第 163 号,2020 年 2 月 14 日)规定:"可转换公司债券的期限最短为一年,最长为六年。"大部分可转债的期限在 5—6 年,主要是考虑给与投资者、上市公司足够长的转股期限。《可转换公司债券管理办法》(证监会令第 178 号,2021 年 1 月 31 日)规定:"可转债自发行结束之日起不少于六个月后方可转换为公司股票,转股期限由公司根据可转债的存续期限及公司财务状况确定。"

4. 担保。创业板、科创板没有要求提供担保。主板和中小板要求提供担保,但最近一期未经审计的净资产不低于人民币 15 亿元的公司除外。实践中能够发行可转债的上市公司一般资质都比较好,净资产一般都超过 15 亿元,加上在政策的支持下,可转债发行失败的风险很小,所以发行人一般都不会提供担保。

5. 评级。创业板、科创板均要求"可转债应当具有期限、面值、利率、评级、债券持有人权利、转股价格及调整原则、赎回及回售、转股价格向下修正等要素",可见发行可转债必须要委托资信评级机构进行信用评级。《可转换公司债券管理办法》(证监会令第 178 号,2021 年 1 月 31 日)进一步规定:"公开发行可转换公司债券,应当委托具有资格的资信评级机构进行信用评级和跟踪评级。资信评级机构每年至少公告一次跟踪评级报告。”

6. 优先配售。可转债转股后可能会稀释原股东的股权比例，为维护原股东利益，可转债可以全部或者部分向原股东优先配售，优先配售比例应当在发行公告中披露。原股东放弃配售的部分，向市场公开发行。

（二）区别于一般公司债券的基本要素

在进一步了解可转债之前，我们先行了解下一般债券不具有而可转债涉及的基本概念，也即与可转债特有的转股期权相关的基本概念：

1. 初始转股价格。可转债转换成正股时一股对应的价格，上市公司会在募集说明书中明确初始的转股价格。上市公司向不特定对象发行可转债的转股价格应当不低于募集说明书公告日前20个交易日发行人股票交易均价和前1个交易日均价，向特定对象发行可转债的转股价格应当不低于认购邀请书发出前20个交易日发行人股票交易均价和前1个交易日均价。

2. 初始转股比例。一张面值100元的可转债可转换成的正股的数量，即100元除以初始转股价格计算得出的数量。

3. 转股价格调整原则。正股价格会因为分红派息、送股配股等事项而产生除权、除息等变化，因而可转债对应的正股价值也会发生变化，这会间接影响到可转债持有人的利益。因此在正股因除权、除息等原因导致价格下降时，上市公司也会相应下调转股价格，提高转股比例，让投资者可以换取更多的股份数量，从而确保投资者持有的可转债的价值没有发生变化。若发生转股价格调整事项，投资者将按照调整后的转股价格进行转股。

投资者愿不愿意转股，首先比较的是转股价格与正股价格。比如转股价格为20元，一张面值100元的可转债可转换的正股数量为5股。若此时正股价格为25元，那么投资者转股后获得的正股价值为125元，高出面值25元，对于投资者是划算的，转股的积极性就比较高。若此时正股价格为15元，那么那么投资者转股后获得的正股价值为75元，低于面值25元，投资者就不愿意转股了。

案例1-8

康泰生物于2021年7月发行的可转债的转股价格、调整原则、转股数量：

（1）初始转股价格的确定依据

本次发行的可转债的初始转股价格为145.63元/股，不低于募集说明书公告日前二十个交易日公司A股股票交易均价和前一个交易日公司A股股票交易均价。

前二十个交易日公司股票交易均价＝前二十个交易日公司股票交易总额/该二十个交易日公司股票交易总量。

前一个交易日公司股票交易均价＝前一个交易日公司股票交易总额/该日公司股票交易总量。

(2)转股价格的调整方式及计算公式

在本次发行之后，当公司发生派送股票股利、转增股本、增发新股(不包括因本次发行的可转债转股而增加的股本)、配股以及派发现金股利等情况时，公司将按上述条件出现的先后顺序，依次对转股价格进行累积调整，具体调整办法如下：

派送股票股利或转增股本：$P1 = P0/(1+n)$；

增发新股或配股：$P1 = (P0 + A \times k)/(1+k)$；

上述两项同时进行：$P1 = (P0 + A \times k)/(1+n+k)$；

派发现金股利：$P1 = P0 - D$；

上述三项同时进行：$P1 = (P0 - D + A \times k)/(1+n+k)$。

其中：P0为调整前有效的转股价，n为该次送股率或转增股本率，k为该次增发新股率或配股率，A为该次增发新股价或配股价，D为该次每股派送现金股利，P1为调整后有效的转股价。

当公司出现上述股份和/或股东权益变化时，将依次进行转股价格调整，并在符合条件的上市公司信息披露媒体上刊登公告，并于公告中载明转股价格调整日、调整办法及暂停转股期间(如需)。当转股价格调整日为本次发行的可转债持有人转股申请日或之后，转换股份登记日之前，则该持有人的转股申请按公司调整后的转股价格执行。

当公司可能发生股份回购、公司合并、分立或任何其他情形使公司股份类别、数量和/或股东权益发生变化从而可能影响本次发行的可转债持有人的债权利益或转股衍生权益时，公司将视具体情况按照公平、公正、公允的原则以及充分保护持有人权益的原则调整转股价格。有关转股价格调整内容及操作办法将依据当时国家有关法律法规及证券监管部门的相关规定来制定。

(3)转股股数确定方式以及转股时不足一股金额的处理方法

本次发行的可转债持有人在转股期内申请转股时，转股数量的计算方式为：$Q = V/P$，并以去尾法取一股的整数倍。

其中：Q为可转债的转股数量；V为可转债持有人申请转股的可转债票面总金

额;P 为申请转股当日有效的转股价格。

本次发行可转债的债券持有人申请转换成的股份须为整数股。转股时不足转换为一股的可转债余额,公司将按照深圳证券交易所等部门的有关规定,在可转债持有人转股当日后的五个交易日内以现金兑付该可转债余额及该余额所对应的当期应计利息。

三、可转债的重要条款

可转债最终可能以转股的方式退出,也可能以上市公司还本付息的方式退出。可转债以转股的方式退出,对投、融资方是双赢的:上市公司希望以转股方式退出,这样可以不用承担还本义务;投资人也希望以转股方式退出,因为顺利转股的收益远远大于持有到期的收益。

然而市场毕竟有风险,在最初发行可转债时,投、融资方对未来股市行情走向都不确定。若遇到熊市,正股价格下跌不止,投资者转股是亏损的;若遇到牛市,正股价格上涨强劲,投资者握着可转债不动也非融资方乐意见到的。为平衡双方的利益,发行可转债时,上市公司就会设计好下修条款、赎回条款、回售条款这三大核心条款。

(一)下修条款

当正股价格跌破了转股价格时,投资者的转股积极性就非常低了,要么二级市场卖出,要么持有到期,上市公司在债券到期时就要面对偿付本金的压力。为避免拿出一大笔现金偿付本金,上市公司会下调转股价格,提高转股比例,提升投资者转股的积极性。

案例 1-9

康泰生物 2021 年 7 月发行的可转债的向下修正条款:

(1)修正权限与修正幅度

在本次发行的可转债存续期间,当公司股票在任意连续 30 个交易日中至少 15 个交易日的收盘价格低于当期转股价格 85% 时,公司董事会有权提出转股价格向下修正方案并提交公司股东大会表决,该方案须经出席会议的股东所持表决权的 2/3 以上通过方可实施。股东大会进行表决时,持有公司本次发行可转债的股东应当回避;修正后的转股价格应不低于该次股东大会召开日前 20 个交易日公司股票交易均价和前 1 个交易日的公司股票交易均价之间的较高者。

若在前述 30 个交易日内发生过转股价格调整的情形,则在转股价格调整日前的交易日按调整前的转股价格和收盘价格计算，在转股价格调整日及以后的交易日按调整后的转股价格和收盘价格计算。

(2)修正程序

公司向下修正转股价格时，须在符合条件的上市公司信息披露媒体上刊登股东大会决议公告，公告修正幅度、股权登记日及暂停转股期间。从股权登记日后的第1个交易日(转股价格修正日)起，开始恢复转股申请并执行修正后的转股价格。

若转股价格修正日为转股申请日或之后，转换股份登记日之前，该类转股申请应按修正后的转股价格执行。

应当注意到以下几点：(1)触发下修条款的条件是任意连续30个交易日中至少有15个交易日的收盘价低于当期转股价格的85%时，而不是连续有15个交易日的收盘价低于当期转股价格的85%时；(2)当正股价格下跌的幅度和时间达到触发下修条款的条件后，也不代表下修条款可以直接实施，而是赋予董事会提出转股价格下修方案的权利；(3)即便董事会提出转股价格下修方案，该方案也需要提交股东大会表决，即最终的决定权在股东大会，而不是上市公司。

将最终决定权放在股东大会，是因为一旦实施这样的方案，可转债持有人有权换取更多的新发股份，可能会稀释原股东的股份，因此要征得原股东的同意。

2021年1月31日起施行的《可转换公司债券管理办法》(证监会令第178号)规定："上市公司可转债募集说明书约定转股价格向下修正条款的，应当同时约定：(一)转股价格修正方案须提交发行人股东大会表决，且须经出席会议的股东所持表决权的2/3以上同意，持有发行人可转债的股东应当回避；(二)修正后的转股价格不低于前项通过修正方案的股东大会召开日前二十个交易日该发行人股票交易均价和前一个交易日价。"

可见，可转债方案需要经过出席会议的所持表决权的2/3以上股东的同意方可实施，且持有可转债的股东要回避。大部分情况下，上市公司的大股东往往会为了公司的发展愿意下调转股价格，促进转股，从而不用掏出大量现金偿还本金，影响公司现金流。因此在股权集中、大股东持股比例较高的情形下，转股价格下修方案通过的可能性比较高。甚至有些上市公司的大股东会在召开股东大会前让他人代持可转债，从而避免回避的义务，以提高投赞成票的比例。

然而小股东未必会有大股东对公司的情怀，更看重的是自身股权是否被稀释、自身的利益是否受损，若上市公司的股权比较分散，下调转股价格方案由于小股东的阻力未能过会的情形也是有可能的。比较著名的例子是2013年民生银行股份有限公司发行的民生转债，在2014年年初时正股价格已触发下修条款，民生银行董事会发布公告，拟向下修正转股价格，然后在临时股东大会上，针对转股价格下修方案，46%投赞成票，40%投反对票，14%弃权，未达到出席会议股东所持表决权的2/3以上通过的要求。该下修方案以失败告终，主要原因在于民生股份的股权比较分散，出席会议的股东的意见难以统一。

对于下修后的转股价格，《可转换公司债券管理办法》（证监会令第178号，2021年1月31日）第10条规定："修正后的转股价格不低于前项通过修正方案的股东大会召开日前二十个交易日该发行人股票交易均价和前一个交易日均价。"

此外，《可转换公司债券管理办法》（证监会令第178号，2021年1月31日）第9条规定："上市公司向不特定对象发行可转债的转股价格应当不低于募集说明书公告日前二十个交易日发行人股票交易均价和前一个交易日均价，且不得向上修正。上市公司向特定对象发行可转债的转股价格应当不低于认购邀请书发出前二十个交易日发行人股票交易均价和前一个交易日均价，且不得向下修正。"简言之，向不特定对象发行可转债的转股价格只能向下修正，向特定对象发行可转债的转股价格不允许向下修正。

（二）赎回条款

赎回条款包括到期赎回条款、强制赎回条款。到期赎回指投资者持有到期后上市公司还本付息。强制赎回条款一般包括以下两种情形：一种情形是正股股价高出转股价一定比例后，上市公司有权要求按照一定的价格从投资者手中赎回可转债。这里的赎回价格虽然高于票面价格，但是相对于转股后投资者获得的收益微乎其微，上市公司可通过强制赎回条款倒逼投资者尽快转股，尽早实现可转债的退出。另一种情形是剩余未转股的可转债金额低于一定金额后，上市公司要求按照较低的价格从投资者中赎回可转债，也是为了尽快完成可转债的全部退出。

案例 1-10

康泰生物于2021年7月发行的可转债的赎回条款：

(1)到期赎回条款

本次发行的可转债到期后5个交易日内，发行人将按债券面值的112%（含最后一期利息）的价格赎回未转股的可转债。

(2)有条件赎回条款

在转股期内,当下述情形的任意一种出现时,公司有权决定按照债券面值加当期应计利息的价格赎回全部或部分未转股的可转债:

①在转股期内,如果公司股票在任意连续30个交易日中至少15个交易日的收盘价格不低于当期转股价格的130%(含130%)。

②当本次发行的可转债未转股余额不足3000万元时。

当期应计利息的计算公式为:$IA = B \times i \times t/365$

IA:指当期应计利息;

B:指本次发行的可转债持有人持有的将赎回的可转债票面总金额;

i:指可转债当年票面利率;

t:指计息天数,即从上一个付息日起至本计息年度赎回日止的实际日历天数(算头不算尾)。

若在前述30个交易日内发生过转股价格调整的情形,则在转股价格调整日前的交易日按调整前的转股价格和收盘价格计算,在转股价格调整日及以后的交易日按调整后的转股价格和收盘价格计算。应当注意到以下几点:

(1)触发有条件赎回条款的情形之一是正股股价连续30个交易日中至少有15个交易日的收盘价格不低于当期转股价格的130%,而不是15日正股股价不低于当期转股价的130%;

(2)条款中约定是“公司有权决定”而非“公司有义务”,因此该条款的主动权在上市公司。一般情况下,可转债一旦触发赎回条款,上市公司会启动该条款,倒逼投资者尽快转股,从而不用承担还本付息的财务成本。

(三)回售条款

回售条款是指在一定条件下,投资者有权将可转债按照一定的价格回售给上市公司。这个条款的目的主要在于保护投资者的利益。出现回售的条件一般为两种:一种是正股股价持续低迷;另一种是改变了募集资金用途。

关于正股股价持续低迷。正股股价持续低于转股价格时,投资者转股是亏损的。此时上市公司回售可转债实际是给予了投资者一定的利率补偿后,提前结束了可转债的期限。这种补偿机制的约定,相当于在债券到期日前给予投资者保本承诺并附加一定的利息,也是为了进一步吸引投资者认购可转债。但是有些可转债案例中没有设置回售条款,主要是因为发行人比较强势,如中行转债、石化转债等。

关于改变募集资金用途。《可转换公司债券管理办法》(证监会令第178号,

2021年1月31日)第11条第2款规定:"募集说明书可以约定回售条款,规定可转债持有人可按事先约定的条件和价格将所持可转债回售给发行人。募集说明书应当约定,发行人改变募集资金用途的,赋予可转债持有人一次回售的权利。"可见改变募集资金用途,上市公司必须赋予投资人一次回售的权利。

根据《上市公司规范运作指引》《交易所股票上市规则》等法规要求,上市公司存在下列情形的,视为募集资金用途变更:(1)取消原募集资金项目,实施新项目;(2)变更募集资金投资项目实施主体(实施主体由上市公司变为全资子公司或者全资子公司变为上市公司的除外);(3)变更募集资金投资项目实施方式;(4)本所认定为募集资金用途变更的其他情形。[1]

案例 1-11

康泰生物于2021年7月发行的可转债的回售条款:

(1)有条件回售条款

本次发行的可转债最后两个计息年度,如果公司股票在任意连续30个交易日的收盘价格低于当期转股价格的70%时,可转债持有人有权将其持有的可转债全部或部分按债券面值加上当期应计利息的价格回售给公司。

若在上述交易日内发生过转股价格因发生派送股票股利、转增股本、增发新股(不包括因本次发行的可转债转股而增加的股本)、配股以及派发现金股利等情况而调整的情形,则在转股价格调整日前的交易日按调整前的转股价格和收盘价格计算,在转股价格调整日及以后的交易日按调整后的转股价格和收盘价格计算。如果出现转股价格向下修正的情况,则上述连续30个交易日须从转股价格调整之后的第1个交易日起重新计算。

本次发行的可转债最后两个计息年度,可转债持有人在每年回售条件首次满足后可按上述约定条件行使回售权一次,若在首次满足回售条件而可转债持有人未在公司届时公告的回售申报期内申报并实施回售的,该计息年度不应再行使回售权,可转债持有人不能多次行使部分回售权。

(2)附加回售条款

若公司本次发行的可转债募集资金投资项目的实施情况与公司在募集说明书中的承诺情况相比出现重大变化,根据中国证监会或深圳证券交易所的相关规定

---

〔1〕 投行小兵:《【干货】经典案例! 募集资金用途变更的关注要点和解决思路》,载微信公众号"尚普咨询"2018年8月9日,https://mp.weixin.qq.com/s/CTqoDdTRs4-7hyWCOq7Imw。

被视作改变募集资金用途或被中国证监会或深圳证券交易所认定为改变募集资金用途的，可转债持有人享有一次回售的权利。可转债持有人有权将其持有的可转债全部或部分按债券面值加当期应计利息的价格回售给公司。持有人在附加回售条件满足后，可以在公司公告后的附加回售申报期内进行回售，本次附加回售申报期内不实施回售的，不应再行使附加回售权。

上述当期应计利息的计算公式为：$IA = B \times i \times t/365$

IA：指当期应计利息；

B：指本次发行的可转债持有人持有的将回售的可转债票面总金额；

i：指可转债当年票面利率；

t：指计息天数，即从上一个付息日起至本计息年度回售日止的实际日历天数（算头不算尾）。

应当注意到以下几点：

（1）触发有条件回售条款的条件是正股股价连续30个交易日的收盘价格低于当期转股价格的70%时；

（2）有条件回售条款一旦触发后，上市公司必须要承担回售的义务，没有选择的权利；

（3）有条件回售条款的期限是最后两个计息年度内，一般回售期限越长，对投资者越有利；

（4）有条件回售条款项下，若投资者未行使每年的首次回售权，则该计息年度内便无权再行使；

（5）对于改变募集资金用途的回售，在上市公司发布改变募集资金用途的公告后，给予了投资者一个选择权，但必须在一定时间内行使，过期后便不可再行使选择权了。

在实际操作中，上市公司一般不希望触发回售条款，因为这样会影响公司现金流，为此上市公司会在触发回售条款前使用下修条款（触发下修条款时股价的下跌程度低于触发回售条款的股价下跌程度），刺激投资者转股，避免投资者行使回售权利。然而，如果股东大会不同意转股价格下修方案或者已下修至无可下修地步，例如，国有上市公司的转股价格已逼近每股净资产，而募集说明书中约定转股价格不得低于净资产时，便不能再下修时，上市公司只能履行回售的义务。

需要补充说明的一点是，可转债转股后，债券持有人变成公司股东，公司的股份会直接增加，而不需要另外发行股份用于可转债的转换。

案例 1-12

天津凯发电气股份有限公司(300407.SZ,以下简称凯发电气)于2018年7月27日公开发行了3,498,948张可转债,每张面值100元,发行总额34,989.48万元,期限5年。

凯发电气发布了《2021年第二季度可转换公司债券转股情况公告》,称2021年第二季度,"凯发转债"因转股减少12,000元人民币(120张),共计转换成"凯发电气"股票1481股;截至2021年6月30日,"凯发转债"余额为116,119,500元人民币(1,161,195张)。

本公司2021年第二季度股份变动情况如下:

	本次变动前		本次变动后		
	数量(股)	比例	可转债转股	数量(股)	比例
一、有限售条件股份	94,204,834	30.88%	0	94,204,834	30.88%
二、无限售条件股份	210,887,458	69.12%	1,481	210,888,939	69.12%
三、股份总数	305,092,292	100%	1,481	305,093,773	100.00%

四、可转债的发行条件

创业板、科创板发行可转债的条件有共同条件与不同条件两类。

1. 共同条件

第一,公司治理。上市公司具备健全且运行良好的组织机构。

第二,财务指标。最近3年平均可分配利润足以支付公司债券1年的利息。

第三,资产负债要求。具有合理的资产负债结构和正常的现金流量。

第四,不得发行的情形。上市公司存在下列情形之一的,不得发行可转债:(1)对已公开发行的公司债券或者其他债务有违约或者延迟支付本息的事实,仍处于继续状态;(2)违反《证券法》规定,改变公开发行公司债券所募资金用途。

第五,募集资金用途合规。(1)募集资金不得用于弥补亏损和非生产性支出;(2)符合国家产业政策和有关环境保护、土地管理等法律、行政法规规定;(3)除金融类企业外,本次募集资金使用不得为持有财务性投资,不得直接或者间接投资于以买卖有价证券为主要业务的公司;(4)募集资金项目实施后,不会与控股股东、实际控制人及其控制的其他企业新增构成重大不利影响的同业竞争、显失公平的关联交易,或者严重影响公司生产经营的独立性。

2. 不同条件

表1－7　公开发行与非公开发行的不同条件

	公开发行[1]	非公开发行
特殊条件	1. 现任董事、监事和高级管理人员符合法律、行政法规规定的任职要求; 2. 具有完整的业务体系和直接面向市场独立经营的能力,不存在对持续经营有重大不利影响的情形; 3. 会计基础工作规范,内部控制制度健全且有效执行,财务报表的编制和披露符合企业会计准则和相关信息披露规则的规定,在所有重大方面公允反映了上市公司的财务状况、经营成果和现金流量,最近3年财务会计报告被出具无保留意见审计报告; 4. 最近2年盈利,净利润以扣除非经常性损益前后孰低者为计算依据[2]; 5. 除金融类企业外,最近一期末不存在金额较大的财务性投资	—
不得发行的情形	1. 擅自改变前次募集资金用途未作纠正,或者未经股东大会认可; 2. 上市公司及其现任董事、监事和高级管理人员最近3年受到证监会行政处罚,或者最近1年受到证券交易所公开谴责,或者因涉嫌犯罪正在被司法机关立案侦查或者涉嫌违法违规正在被证监会立案调查; 3. 上市公司及其控股股东、实际控制人最近1年存在未履行向投资者作出的公开承诺的情形; 4. 上市公司及其控股股东、实际控制人最近3年存在贪污、贿赂、侵占财产、挪用财产或者破坏社会主义市场经济秩序的刑事犯罪,或者存在严重损害上市公司利益、投资者合法权益、社会公共利益的重大违法行为	1. 擅自改变前次募集资金用途未作纠正,或者未经股东大会认可; 2. 最近1年财务报表的编制和披露在重大方面不符合企业会计准则或者相关信息披露规则的规定;最近1年财务会计报告被出具否定意见或者无法表示意见的审计报告;最近1年财务会计报告被出具保留意见的审计报告,且保留意见所涉及事项对上市公司的重大不利影响尚未消除。本次发行涉及重大资产重组的除外;

[1] 除发行条件不同之外,向特定对象发行的可转债还有限售期。《可转换公司债券管理办法》(证监会令第178号,2021年1月31日)第4条规定:“发行人向特定对象发行的可转债不得采用公开的集中交易方式转让。上市公司向特定对象发行的可转债转股的,所转换股票自可转债发行结束之日起十八个月内不得转让。”而向不特定对象发行的可转债没有限售期,上市后即可在二级市场交易。

[2] 《科创板上市公司证券发行注册管理办法(试行)》发行可转债的条件中不包含该条件。

续表

	公开发行	非公开发行
		3. 现任董事、监事和高级管理人员最近3年受到证监会行政处罚,或者最近1年受到证券交易所公开谴责; 4. 上市公司及其现任董事、监事和高级管理人员因涉嫌犯罪正在被司法机关立案侦查或者涉嫌违法违规正在被证监会立案调查; 5. 控股股东、实际控制人最近3年存在严重损害上市公司利益或者投资者合法权益的重大违法行为; 6. 最近3年存在严重损害投资者合法权益或者社会公共利益的重大违法行为

可以看出,向特定对象发行与不特定对发行的主要区别是两点:一是向不特定对象发行要求最近2年盈利,净利润以扣除非经常性损益前后孰低者为计算依据,而向特定对象发行没有这个要求;二是向不特定对象发行,要求最近3年财务会计报告被出具无保留意见审计报告,而向特定对象发行要求最近1年财务会计报告不存在被出具保留意见的审计报告,且保留意见所涉及事项对上市公司的重大不利影响尚未消除的情况。

近几年来,创业板、科创板可转债的发行条件逐步放宽。2020年3月1日起实施的新《证券法》已取消"公司债发行后累计债余额不超过公司净资产的40%"的限制,创业板、科创板可以突破40%的上线,而主板、中小板因适用《上市公司证券发行管理办法》,公开发行可转债还要符合"本次发行后累计债券余额不超过最近一期末净资产的40%"的要求。此外,2021年的再融资新规进一步取消"创业板公开发行证券最近一年期末资产负债率高于45%"的条件,且主板、中小板公开发行可转债要求"最近三个会计年度加权平均净资产收益率平均不低于6%"的要求,而创业板、科创板则没有这方面的要求,包容性更高。

五、可转债的发行、赎回、回售流程

下文以创业板向不特定对象发行可转换公司债券的相关流程为例[1]：

(一)发行

上市公司向不特定对象发行可转债发行上市参考流程(见表1-8)：

表1-8　可转债发行上市流程

序号	阶段	时间
1	发行安排	取得证监会可转债同意注册决定后至披露《可转债募集说明书》前3个交易日
2	披露《可转债募集说明书》准备	T-3日前(披露《可转债募集说明书》前1个交易日及之前)
3	披露《可转债募集说明书》	T-2日
4	网上申购准备	T-1日股权登记日(如有)
5	网上申购	T日
6	摇号	T+1日
7	网上申购中签缴款	T+2日
8	不存在二次配售情形	确定发行结果T+3日
		发行结束T+4日
9	存在二次配售情形	进行二次配售准备T+3日
		进行二次配售T+4日
		发行结束T+5日
10	登记准备	T+6日前(存在二次配售的在T+7日前)
11	上市准备	登记业务完成后两个交易日内
12	披露上市公告	L-1日
13	上市	L日

[1] 创业板向特定对象发行可转换公司债券的流程详见《创业板上市公司业务办理指南第12号——向特定对象发行可转换公司债券》。

(二)赎回

1. 触发强赎条款时,可转债赎回流程见表1-9(赎回日与停止交易日为同一天)

表1-9 触发强赎时可转债赎回流程

日期	主要工作	是否停止交易
S-10日前	1. 可转债达到赎回条件后,公司应召开董事会确定是否进行赎回及其他相关事宜,披露董事会决议公告; 2. 提交可转债赎回业务申请以及赎回公告	否
S-10日前	披露《可转债赎回公告》(第1次)	否
S-10日前	披露《可转债赎回提示性公告》(第2次)	否
S-10日前	披露《可转债赎回提示性公告》(第3次)	否
S-5日前	上市公司应当及时联系并提醒可转债持有人该转债即将停止交易、停止转股并被强制赎回,不及时申请转股可能遭受损失〔1〕	否
S-1日前	披露《可转债赎回提示性公告》(第4次) 提交《可转债停止交易公告》	否
S日	披露《可转债停止交易公告》	是
S+1日	将赎回可转债所需全部资金划入中国结算深圳分公司指定的账户	是
S+5日	提交《可转债赎回结果公告》 提交《可转债摘牌的公告》	如果是全部赎回,需要摘牌,否则不需要

注:S日为可转债赎回日。

〔1〕《可转换公司债券管理办法》第13条规定:"在可转债存续期内,发行人应当持续关注赎回条件是否满足,预计可能满足赎回条件的,应当在赎回条件满足的五个交易日前及时披露,向市场充分提示风险。"

2. 到期赎回时，可转债赎回流程（见表1－10）（赎回日前十个交易日停止交易）

表1－10　到期赎回时可转债赎回流程

日期	主要工作	是否停止交易
S－25日前	1. 可转债达到赎回条件后，公司应召开董事会确定是否进行赎回及其他相关事宜，披露董事会决议公告； 2. 提交可转债赎回业务申请以及赎回公告	否
S－24日前	披露《可转债赎回公告》（第1次）	否
S－23日前	披露《可转债赎回提示性公告》（第2次）	否
S－22日前	披露《可转债赎回提示性公告》（第3次）	否
S－13日前	提交可转债停止交易业务申请以及停止交易公告	否
S－13日	披露《可转债停止交易的公告》	是
S－5日前	上市公司应当及时联系并提醒可转债持有人该转债即将停止交易、停止转股并被强制赎回，不及时申请转股可能遭受损失	是
S－1日前	披露《可转债赎回提示性公告》（第4次） 提交《可转债停止交易公告》	是
S＋1日	将赎回可转债所需全部资金划入中国结算深圳分公司指定的账户	是
S＋5日	提交《可转债赎回结果公告》 提交《可转债摘牌的公告》	如果是全部赎回，需要摘牌，否则不需要

注：S日为可转债赎回日。

（三）回售流程（见表1－11）

表1－11　回售流程

阶段	时间	主要工作
首次披露《可转换公司债券回售公告》	H－3日前	上市公司改变公告的募集资金用途的，应在股东大会审议相关事项的决议公告后4个交易日内，首次满足其他约定回售条件后2个交易日内向创业板公司管理部提交可转换公司债券回售电子申请，同时提交《可转换公司债券回售公告》信息披露申请
	H－3日	披露《可转换公司债券回售公告》

续表

阶段	时间	主要工作
首次披露回售公告后至回售申报结束日	H－2 日至 K 日	经股东大会批准变更募集资金投资项目的,上市公司应在回售实施期间至少再发布一次回售公告; 触发可转换公司债券募集说明书中约定的回售条款而进行回购的,除首次可转换公司债券回售公告外,上市公司应当在满足回售条件后的 5 个交易日内至少发布 2 次回售公告; H 日－K 日期间,可转换公司债券回售申报期间,相关系统进行回售申报的处理
披露回售结果	K＋1 日	上市公司收到结算出具的回售结果表,将回售所需资金划拨至中国结算深圳分公司的指定账户,上市公司向创业板公司管理部提交《可转换公司债券回售结果公告》

注:H 日为回售申报开始日,K 日为回售申报结束日。

六、可转债的优、劣势

(一)可转债的优势

1. 发行时间无间隔期限制。与优先股相同,可转债不受再融资 18 个月时间间隔(指前次再融资募集资金到位日距离本次再融资的董事会决议日)的限制。这包括两个方面:(1)前次再融资无论是什么产品,本次发行可转债均不受 18 个月间隔时间限制。(2)本次发行可转债的,下次再融资无论发行什么品种,均不受 18 个月间隔时间限制。

2. 融资成本小。在转股前,可转债即为公司债券,由于转股期权的存在,利率远低于一般公司债券,上市公司以较低的融资成本获得融资。

3. 摊薄效应小。公开增发、定增发行完成后,上市公司的股本即刻被稀释。而可转债的周期较长,不会立即稀释股本,且转股是逐步进行的,对净资产收益率、每股收益这两大指标的摊薄效应较小。

4. 发行风险小。可转债设置的转股期权兼顾了上市公司与投资者的诉求,既满足了上市公司以较低成本融资的需求,又赋予投资者股价上涨后获取无限收益的可能性,深受投融资双方欢迎,发行风险极小。

5. 可转债条款设计空间较大。相较于其他再融资品种而言,上市公司在可转债的条款设计上有更大的灵活性,可通过下修条款、赎回条款、回售条款平衡投融资双方的利益。

(二)可转债的劣势

1. 发行条件较高。可转债对发行人的资质和业绩的要求较高,很多上市公司被排除在外,适用范围较小。

2. 仍存在还本付息的可能性。上市公司发行可转债后通常都希望可转债最终以转股方式退出,但若遇到股价持续低迷、转股无望时,上市公司仍要面对还本付息的财务压力。

七、法律法规

可转债发行涉及的法律法规主要有:(1)《可转换公司债券管理办法》(证监会令第178号,2021年1月31日);(2)《创业板上市公司证券发行注册管理办法(试行)》(证监会令第168号,2020年06月12日);(3)《科创板上市公司证券发行注册管理办法(试行)》(证监会令第171号,2020年7月3日);(4)《创业板上市公司业务办理指南第8号——向不特定对象发行可转换公司债券》(2020年6月21日);(5)《创业板上市公司业务办理指南第12号——向特定对象发行可转换公司债券》(2020年6月21日);(6)《深圳证券交易所可转换公司债券业务实施细则》(2018年12月修订);(7)《深圳证券交易所上市公司可转换公司债券发行上市业务办理指南》(2018年12月修订);(8)《上海证券交易所上市公司可转换公司债券发行实施细则》(2018年修订)。

募集资金用途问题

《再融资业务若干问题解答》(2020 年 6 月修订)涉及的问题有 31 个,其中涉及募集资金用途的问题达 10 个,可见监管机构对募集资金用途非常重视。秉着"钱尽其用"之理念,合规性、合理性是募集资金用途审查最核心的关注点。合规性方面要求符合国家产业政策要求,合理性上则关注融资的必要性。而在必要性上,既要回溯过往,考虑上市公司现金或者类现金持有情况、上次募集资金的使用情况,避免过度融资,也要展望未来,审查本次融资目的的合理性、项目预期收益,确保投资者的钱用在刀刃上。

针对募集资金用途的合规性、合理性,2018 年证监会向券商下发的《再融资审核财务知识问答》、2020 年 6 月修订的《再融资业务若干问题解答》均有相关规定。

一、融资的合规性

合规的基本原则为符合国家产业政策要求:

第一,募投项目应当符合国家产业政策,并进行审批、核准或备案。

第二,原则上不得新增过剩产能或投资于限制类、淘汰类项目。原则上不得使用募集资金投资于产能过剩行业[1]。如涉及特殊政策允许投资上述行业的,应当提供有权机关的核准或备案文件,以及有权机关对相关项目是否符合特殊政策的说明。但鉴于对过剩产能行业实施控制总量、淘汰落后产能、防止重复建设、推动结构调整的政策,对偿还银行贷款或补充流动资金、境外实施、境内收购等不涉及新增境内过剩产能的项目,以及投资其他转型发展的项目,不受上述限制。

第三,募集资金应支持实体经济的基本要求。募集资金主要投向主营业务,原则上不得跨界投资影视或游戏。

---

〔1〕 过剩行业的认定以国务院主管部门的规定为准或投资于《产业结构调整指导目录》中规定的限制类、淘汰类行业。

第四,关于境外投资。根据2017年8月国家发展改革委、商务部、人民银行、外交部发布《关于进一步引导和规范境外投资方向的指导意见》(国办发〔2017〕74号)规定,下列为境外投资限制类或禁止类的对外投资:(1)房地产;(2)酒店、影城、娱乐业、体育俱乐部等境外投资;(3)在境外设立无具体实业项目的股权投资基金或投资平台;(4)使用不符合投资目的国技术标准要求的落后生产设备开展境外投资;(5)赌博业、色情业等境外投资。募投项目涉及境外投资的,应当根据《企业境外投资管理办法》等相关规定取得发改部门的核准或备案文件,完成商务部门核准或备案并取得其颁发的企业境外投资证书。

二、融资的合理性

(一)现金及类现金持有情况

为避免过度融资,《再融资业务若干问题解答》(2020年6月修订)规定:"除金融类企业外,募集资金不得用于持有交易性金融资产和可供出售金融资产、借予他人、委托理财等财务性投资和类金融业务。"很容易理解,因为当上市公司持有这些易变现资产时,再另外融资,大有过度融资之嫌,也与国家遏制金融脱实向虚的政策相违背。

1. 财务性投资

财务性投资的类型包括不限于:类金融;投资产业基金、并购基金;拆借资金;委托贷款;以超过集团持股比例向集团财务公司出资或增资;购买收益波动大且风险较高的金融产品;非金融企业投资金融业务等。

但是,围绕产业链上下游以获取技术、原料或渠道为目的的产业投资;以收购或整合为目的的并购投资;以拓展客户、渠道为目的的委托贷款,如符合公司主营业务及战略发展方向,不界定为财务性投资。

2020年2月证监会发布的《发行监管问答——关于引导规范上市公司融资行为的监管要求(修订版)》明确规定:"上市公司申请再融资时,除金融类企业外,原则上最近一期末不得存在持有金额较大、期限较长的交易性金融资产和可供出售的金融资产、借予他人款项、委托理财等财务性投资的情形。"金额较大指的是,公司已持有和拟持有的财务性投资金额超过公司合并报表归属于母公司净资产的30%(不包括对类金融业务的投资金额)。期限较长指的是,投资期限或预计投资期限超过1年,以及虽未超过1年但长期滚存。

此外,《再融资业务若干问题解答》(2020年6月修订)规定:"本次发行董事会决议日前六个月至本次发行前新投入和拟投入的财务性投资金额应从本次募集资金总额中扣除”，从而遏制发行人通过提前进行财务性投资后再发行融资工具，变相将募集资金用作财务性投资的行为。

2. 类金融业务

除人民银行、银保监会、证监会批准从事金融业务的持牌机构为金融机构外，其他从事金融活动的机构均为类金融机构。类金融业务包括但不限于融资租赁、商业保理和小贷业务等。

发行人不得将募集资金直接或变相用于类金融业务，但是对于虽包括类金融业务，但类金融业务收入、利润占比均低于30%，且符合下列条件后可推进审核工作：(1)本次发行董事会决议日前6个月至本次发行前新投入和拟投入类金融业务的金额（包含增资、借款等各种形式的资金投入）应从本次募集资金总额中扣除；(2)公司承诺在本次募集资金使用完毕前或募集资金到位36个月内，不再新增对类金融业务的资金投入（包含增资、借款等各种形式的资金投入）。

与公司主营业务发展密切相关，符合业态所需、行业发展惯例及产业政策的融资租赁、商业保理及供应链金融，暂不纳入类金融计算口径。发行人应结合融资租赁、商业保理以及供应链金融的具体经营内容、服务对象、盈利来源，以及上述业务与公司主营业务或主要产品之间的关系，论证说明该业务是否有利于服务实体经济，是否属于行业发展所需或符合行业惯例。

案例 1-13

在张家港广大特材股份有限公司（688186. SH，以下简称广大特材）2020年非公开发行股票的申请中，上海证券交易所就财务性投资问题关注到广大特材前期披露和东方电气集团东方汽轮机有限公司（以下简称东汽公司）签署《铸锻产业战略重组合作框架协议》，公司拟与东汽公司共同出资新设一家合资公司，发行人以现金出资3.5亿元人民币，持有合资公司67%股权。

上海证券交易所要求广大特材说明：(1)该合作事项的进展情况；现金出资的资金来源、出资是否到位。(2)本次补流资金是否计划用于该合作事项，如有，具体分析计划投入的金额及具体使用安排。(3)与东汽公司共同出资设立合资公司的行为是否构成财务性投资。(4)报告期至今，公司实施或拟实施的财务性投资及类金融业务的具体情况；最近一期末是否持有金额较大、期限较长的财务性投资；本次董事会前6个月内发行人新投入和拟投入的财务性投资金额。(5)结合前述情况,分析相关财务性投资是否已从本次募集资金总额中扣除。

广大特材就与东汽公司共同出资设立合资公司的行为是否构成财务性投资这一问题时,回复如下:“作为中央混改试点企业之一,东汽公司计划将其旗下的铸锻产业(铸锻事业部)作为混改标的,寻找优质、高效灵活的社会资本进行合作,以实现管理协作、产业协同和资源共享。东汽公司锻造事业部主要分为铸钢、铸铁、锻热三个业务板块,涵盖熔炼、成型、热处理、精加工等一系列完善产业链。公司主要从事齿轮钢、模具钢、特殊合金、特种不锈钢等特钢材料及精密机械部件制品的研发、生产和销售业务,本次与东汽公司拟共同出资设立的合资公司以高端铸锻件制造为主营业务。因此,公司与东汽公司共同出资设立合资公司属于围绕产业链上下游以获取技术、原料或渠道为目的的产业投资,符合公司主营业务及战略发展方向,不构成财务性投资。”

(二)集团财务公司

为遏制上市公司通过集团财务公司进行财务投资以规避监管的现象,《再融资审核财务知识问答》(2018 年)要求对集团财务公司进行充分披露并提出一系列监管要求:

第一,上市公司募集资金应当专户存储,不得存放于集团财务公司。

第二,如果上市公司在集团财务公司存在存款等业务的,发行人应结合以下事项进行分析说明。(1)集团财务公司设立的合法性、审批设立情况及历史沿革,报告期内经营及资金使用是否合规,是否存在经营风险。(2)集团财务公司的股权结构以及在集团体系内的职能划分;集团财务公司的存款是否主要来自上市公司,如是,披露存款的投向。(3)是否存在将上市公司闲置资金自动划入集团财务公司的要求和行为。(4)报告期内上市公司存放在集团财务公司的资金是否存在无法及时调拨、划转或收回的情形。(5)上市公司与集团财务公司有关金融服务协议的具体内容,上市公司在集团财务公司存贷款的金额限额、期限、存贷款利率、资金管理、资金调拨权限等方面的约定。(6)上市公司是否通过集团财务公司发放委托贷款,是否履行相关程序。(7)上市公司存放在集团财务公司资金的风险防范措施。原则上日均存款余额不得高于日均贷款余额,若存在上述情况,是否存在对资金安全性的特别安排。(8)存贷款利率定价的合理性、公允性及相关的关联交易决策程序和信息披露是否合法合规。

第三,控股股东还应对上市公司的资金安全作出承诺并披露。

可以看出,监管机构允许集团财务公司的存在,但是要求集团财务公司的资金不得主要来源于上市公司,基本逻辑在于上市公司募集的资金应当用于实体投资而非财务投资。监管机构还要求上市公司存放于集团财务公司的日均存款余额原则上不得高于日均贷款余额,原因在于如果上市公司存在集团公司的钱多于贷出的钱,就已经说明上市公司不缺钱,就无再募集资金之需要了。

(三)出具前次募集资金使用情况报告的要求

监管机构要求上市公司披露前次募集资金使用情况,一方面避免过度融资和重复融资,另一方面可以向投资者披露上市公司的资金使用效益,为投资者的投资提供参考。《再融资审核财务知识问答》(2018 年)规定:

1. 上市公司申请发行证券,且前次募集资金到账时间距今未满五个会计年度的,董事会应按照《关于前次募集资金使用情况报告的规定》(证监发行字〔2007〕500 号)编制《前次募集资金使用情况报告》,对发行申请文件最近一期财务报告截止日的最近一次募集资金实际使用情况进行详细说明,并就前次募集资金使用情况报告作出决议后提请股东大会批准。

2. 会计师事务所出具的鉴证报告均为上市公司证券发行申请文件的必备内容。原则上,再融资申报文件需提供截至年度末的经会计师鉴证的《前次募集资金使用情况报告》。如上年度末前次募集资金尚未到位或募投项目尚未达产并产生效益,会计师可以出具截至最新一期的鉴证意见。

3. 前次募集资金包含发行股份购买资产,无论其是否募集配套资金,公司董事会应在《前次募集资金使用情况报告》中全面披露发行股份购买资产及配套募集资金(如有)的情况,包括但不限于资产的内容、作价和效益。前次募集资金不包括发行公司债券募集资金。

4.《关于前次募集资金使用情况报告的规定》(证监发行字〔2007〕500 号)中的承诺业绩包含项目的预计效益,预计效益既包括披露的预计利润数,也包括推导项目内部收益率或其他财务指标时未披露的利润数。如果前次募集资金为收购资产,而标的资产进行过收益法评估,即使最终评估结果未参考收益法评估结果,但只要交易价格不显著低于收益法评估结果,还应披露标的资产收益法评估测算时的预计效益。如果涉及业绩承诺的,应披露业绩承诺的实现情况及补偿情况(如有补偿)。

5. 前次募集资金使用进度和效果的披露要求:(1)前次募集资金使用情况报告应就实际使用情况与首次披露的预计使用情况进行比较,不得就实际使用情况与变更后的使用情况进行比较。(2)创业板再融资公司前次募集资金已使用的金额不应低于募集资金总额的70%,使用效益原则上不应低于累计预计效益的50%。(3)创业板再融资公司前次募集资金已使用的金额不低于募集资金总额的70%,但使用效益未达到累计预计效益50%的,募集资金到位后年均合并报表归母净利润的平均值不得低于募集资金到位前一年的合并报表归母净利润。前次募集资金未披露预计效益的创业板再融资公司,募集资金到位后年均合并报表归母净利润的平均值不得低于募集资金到位前一年的合并报表归母净利润。(4)前次募集资金距再融资申报日超过五个完整会计年度的,原则上不再考察前次募集资金使用情况,创业板再融资公司不适用"前次募集资金基本使用完毕,且使用进度和效果与披露情况基本一致"的条款。(5)前次募投项目的效益与上市公司整体效益差异较大的,或者前次募投项目效益与上市公司同类项目差异较大的,公司应量化分析披露原因,并说明是否通过调节募投项目的收入、成本、费用来增厚募投项目的效益。

(四)本次融资用途的合理性

1. 整体而言,监管机构要求募集资金以支持项目融资为主,补充流动资金为辅。

第一,用于补流还贷等规模限制。《发行监管问答——关于引导规范上市公司融资行为的监管要求(修订版)》(2020年2月14日)明确通过配股、发行优先股或董事会确定发行对象的非公开发行股票方式募集资金的,可以将募集资金全部用于补充流动资金和偿还债务。通过其他方式募集资金的,用于补充流动资金和偿还债务的比例不得超过募集资金总额的30%;对于具有轻资产、高研发投入特点的企业,补充流动资金和偿还债务超过上述比例的,应充分论证其合理性。

第二,不得变相使用募集资金。《再融资审核财务知识问答》(2018年)规定,上市公司应按照实际用途披露募集资金投向,根据现有资产负债结构、经营规模及变动趋势、未来流动资金需求量等合理确定补充流动资金和偿还银行借款的规模。不得以补充流动资金和偿还银行借款为名,变相将募集资金用于其他用途。上市公司在本次董事会决议前6个月内实施或者拟实施重大资产收购的,应说明用于收购的资金来源及还款来源(如涉及银行借款),是否存在将本次募集资金变相用于收购的情形。此外,上市公司召开董事会审议再融资时,已经投入的资金不得列入募集资金投资构成。

第三,视同补流的情形。《再融资业务若干问题解答》(2020年6月修订)规定:"募集资金用于支付人员工资、货款、铺底流动资金等非资本性支出的,视同补充流动资金。资本化阶段的研发支出不计入补充流动资金。"即支付人员工资、货款、铺底流动资金等非资本性支出均须遵循按照上述补流规模限制要求。一般而言,支付人员工资、货款、铺底流动资金一般都认定为非资本化支出,但对于研发费用,有些上市公司具有轻资产、高研发型的特点,以医药制造行业为典型,研发费用是其主要投资。但这类企业倾向于将研发费用进行资本化,以避免受补流规模限制。研发费用资本化的前提是符合《企业会计准则》。根据《企业会计准则第 6 号——无形资产》第 7 条的规定,企业内部研究开发项目的支出,应当区分研究阶段支出和开发阶段支出。其中,研究阶段主要指为获取新的科学或技术知识并理解它们而进行的独创性的有计划调查,该阶段因其探索性和成果的不确定性,企业不能合理预计该项研究能带来的未来经济利益。因而,研究阶段的有关支出应在发生当期予以费用化,直接计入当期损益;开发阶段,是指进行商业性生产或使用前,将研究成果或其他知识应用于某项计划或设计,以生产出新的或具有实质性改进的材料、装置或产品等。该阶段因其形成研发成果的可能性较大,对于该阶段的支出符合资本化条件的,可以进入无形资产开发成本,予以摊销,不符合资本化条件的则直接计入当期损益。因此在很多案例中,证监会、交易所都问询发行人研发费用资本化的依据、合理性。

案例 1-14

在沈阳兴齐眼药股份有限公司(300573. SZ,以下简称兴齐眼药)2020 年非公开发行股票的问询函中,深圳证券交易所要求兴齐眼药补充说明或披露:

①说明本次募投项目投资数额的测算依据和测算过程,各项投资是否为资本性支出,是否以募集资金投入,补充流动资金比例是否符合《发行监管问答——关于引导规范上市公司融资行为的监管要求》的有关规定……④结合报告期内研发费用投入及资本化情况、同行业公司同期研发投入资本化情况等说明募投项目研发投入的必要性、合理性及是否符合资本化条件……

第四,论证补流资金量必要性的考虑因素。《再融资业务若干问题解答》(2020 年 6 月修订)规定,应结合公司业务规模、业务增长情况、现金流状况、资产构成及资金占用情况,论证说明本次补充流动资金的原因及规模的合理性。募集资金用于收购资产的,如本次发行董事会前已完成资产过户登记的,本次募集资金用途应视为补充流动资金;如本次发行董事会前尚未完成资产过户登记的,本次募集资金用途应视为收购资产。

2. 融资项目的进展情况披露要求：

第一，充分披露要求。发行人应当充分披露募集资金投资项目的准备和进展情况、实施募投项目的能力储备情况、预计实施时间、整体进度计划以及募投项目的实施障碍或风险等。

第二，项目确定性要求。《再融资审核财务知识问答》（2018 年）规定，募集资金投资项目应具有确定性，不得为初步意向性项目或仅披露投资方向的资金池项目。募集资金投资项目还应具备必要的实施基础：涉及政府采购的，需履行必要的政府决策程序；涉及与他方合作的，需明确合作对象和合作方式；涉及行业准入的，需取得必要的经营资质；用于网点建设的，需明确建设地点；用于影视剧拍摄的，相关剧本需按规定完成相关备案程序；用于购买资产的，需明确拟购买资产的具体内容。上市公司使用募集资金开设店铺的，需明确本次拟新建的店铺具体地址，并至少签署意向性合同。如果店铺开设在商场内，考虑到商场店铺的流动性，可以暂不明确商场内的具体店铺，但需要与商场签署意向性合同并明确商场名称。同时，上市公司需明确本次开设店铺在城市、地区、数量及密度选择等方面的必要性，是否经过充分的市场调研及可行性研究，并结合已有品牌店铺的经营情况，说明项目建成后的效益测算情况是否谨慎合理。

第三，项目预计效益披露的要求。《再融资审核财务知识问答》（2018 年）规定，再融资审核密切关注本次募投项目预计效益披露的合理性及谨慎性。上市公司使用募集资金用于项目建设的，应详细披露可研报告中的项目建设进度和效益，并对可研报告编制的假设条件合理性进行说明。可研报告超过半年的，应对假设条件、市场环境、产品及原材料价格等是否发生变化进行分析。申请文件中应明确募集资金的预计使用进度和项目建设的预计进度，并明确项目是先期投入，还是募集资金到位后投入。同时，发行人需按年度量化列示项目的达产期、投产期的产能利用率、预计收入、成本、利润，并对比分析产品价格预计的谨慎性，发行人披露的效益指标为内部收益率或投资回收期的，应明确测算内部收益率或投资回收期采用的项目进度、收入、利润等数据；募集资金用于建设研发中心的，应量化分析其对公司未来经营业绩的影响。发行人原固定资产投资和研发支出较少、本次募集资金将大规模增加固定资产投资或研发支出的，应充分说明固定资产变化与产能变动的匹配关系，并充分披露新增固定资产折旧、研发支出对公司未来经营业绩的影响。

(五)募集资金用于收购企业股权的特殊监管要求

《再融资业务若干问题解答》(2020 年 6 月修订)规定:

1. 信息披露

公司应全文披露本次募集资金拟收购资产的评估报告及评估说明书。资产出让方存在业绩承诺的,应同时披露承诺业绩的具体金额、期限、承诺金额的合理性,以及业绩补偿的具体方式及保障措施。

募集资金用于重大资产购买的,可以提供拟购买资产截至本会计年度末的盈利预测数据。

2. 审核关注要点

第一,法律关注要点。审核中重点关注收购资产或股权权属是否清晰且不存在争议,是否存在抵押、质押、所有权保留、查封、扣押、冻结、监管等限制转让的情形;如果标的公司对外担保数额较大,申请人应当结合相关被担保人的偿债能力分析风险,并说明评估作价时是否考虑该担保因素;其他股东是否放弃优先受让权。对于收购以下类型股权,审核中关注:(1)募集资金收购国有企业产权。申请人应当披露国有产权转让是否履行相关审批程序,是否获得国资主管部门的批准,是否履行了资产评估及相关的核准或备案程序,定价依据是否符合相关监管规定,是否应当通过产权交易场所公开进行,完成收购是否存在法律障碍,是否存在不能完成收购的风险。(2)收购资产涉及矿业权。原则上上市公司不得使用募集资金收购探矿权。如收购采矿权,申请人应当披露采矿权转让是否符合《探矿权采矿权转让管理办法》规定的转让条件;是否已按照国家有关规定缴纳采矿权使用费、采矿权价款、矿产资源补偿费和资源税等;国有矿产企业在申请转让采矿权前,是否已征得地质矿产主管部门的同意,是否签订转让合同,转让合同是否经过地质矿产主管部门审批等。

第二,财务关注要点。(1)关注是否构成重组上市。存在下列情形时,将重点关注是否属于类重组上市的情形:发行完成后公司实际控制人发生变更;标的资产的资产总额、净资产、收入超过最近一个会计年度末上市公司相应指标的 100%,且标的资产的原股东通过本次发行持有上市公司股权;重组办法中规定的其他情形。原则上,上市公司不得通过再融资变相实现业务重组上市。(2)关注收购资产整合。拟收购资产业务与公司现有业务差异较大的,审核中将关注本次收购的考虑,整合、控制、管理资产的能力,以及收购后资产的稳定运营情况等。(3)关注收购资产定价。收购价格与标的资产盈利情况或账面净资产额存在较大差异的,审核中将关注本次收购的目的及溢价收购是否符合上市公司全体股东利益，同时关注评估方法、评估参数选取的合理性，及与市场可比案例的对比情况。(4)关注标的资产效益情况。标的资产最近一期实际效益与预计效益存在较大差异的，审核中将关注公司差异说明的合理性、评估或定价基础是否发生变化以及风险揭示的充分性。(5)关注标的资产最终权益享有人。保荐机构及律师应核查标的资产的出售方及出售方控股股东或实际控制人与发行人及大股东、实际控制人是否存在关联关系，是否存在通过本次收购变相输送利益的情形。(6)关注收购大股东资产。资产出让方为控股股东、实际控制人或其控制的关联方，且本次收购以资产未来收益作为估值参考依据的，资产出让方应出具业绩承诺，并说明履约保障措施。保荐机构应核查业绩承诺方是否具备补偿业绩的履约能力，相关保障措施是否充分。

三、募投项目实施主体要求

《再融资业务若干问题解答》(2020年6月修订)规定：

为了保证发行人能够对募投项目实施进行有效控制，原则上要求实施主体为母公司或其拥有控制权的子公司，但国家法律法规或政策另有规定的除外。

拟通过参股公司实施募投项目的，需同时满足下列要求：(1)上市公司基于历史原因一直通过该参股公司开展主营业务；(2)上市公司能够对募集资金进行有效监管；(3)上市公司能够参与该参股公司的重大事项经营决策；(4)该参股公司有切实可行的分红方案。

通过新设非全资控股子公司或参股公司实施募投项目的，应当关注与其他股东合作原因、其他股东实力及商业合理性，并就其他股东是否属于关联方、双方出资比例、子公司法人治理结构、设立后发行人是否拥有控制权等。

通过非全资控股子公司或参股公司实施募投项目的，应当说明中小股东或其他股东是否同比例增资或提供贷款，同时需明确增资价格和借款的主要条款(贷款利率)，并应当结合上述情况核查是否存在损害上市公司利益的情形。

发行人通过与控股股东、实际控制人、董事、监事、高级管理人员及其亲属共同出资设立的公司实施募投项目的，发行人和中介机构应当披露或核查以下事项：(1)发行人应当披露该公司的基本情况，共同设立公司的原因、背景、必要性和合规性、相关利益冲突的防范措施；通过该公司实施募投项目的原因、必要性和合理性；(2)共同投资行为是否履行了关联交易的相关程序及其合法合规性；(3)保荐机构及发行人律师应当核查并对上述事项及公司是否符合《公司法》第 148 条的规定、相关防范措施的有效性发表意见。

四、法律法规

募集资金用途问题涉及的法律法规主要有:(1)《再融资审核财务知识问答》(2018 年);(2)《再融资业务若干问题解答》(2020 年 6 月修订)。

同业竞争和关联交易

配股、公开增发、非公开增发等再融资工具的发行条件均要求“募集资金项目实施后，不会与控股股东、实际控制人及其控制的其他企业新增构成重大不利影响的同业竞争、显失公平的关联交易，或者严重影响公司生产经营的独立性”。同业竞争、关联交易为监管机构日常监管关注重点，也是所有再融资审核中特别注意事项，原因是在同业竞争、关联交易中，控股股东往往会利用表决权等优势作出倾向于非上市公司事项的决议，侵蚀上市公司的技术、资产、采购与销售渠道等资源，造成上市公司利益的输出，损害中小股东的利益。

一、同业竞争

（一）同业竞争的含义

同业竞争包括实施主体和实施内容两方面，当两个方面均满足后方构成“同业竞争”。《再融资业务若干问题解答》规定“同业竞争认定标准参照首发业务若干问题解答相关要求”。下文也主要参考首发的案例对同业竞争进行分析。

《首发业务若干问题解答（一）》中对同业竞争核查应注意的事项予以规定：

1. 实施主体

《首发业务若干问题解答（一）》对实施主体进行了不同的分类，且针对不同主体确定了基本的原则和例外情况（见表1－12）：

表1－12　不同实施主体的认定结果

序号	实施主体	认定结果
1	发行人控股股东（或实际控制人）全资或控股的企业	与发行人存在竞争关系的，应认定为构成同业竞争
2	发行人控股股东或实际控制人是自然人，其夫妻双方直系亲属（包括配偶、父母、子女）控制的企业	与发行人存在竞争关系的，应认定为构成同业竞争

续表

序号	实施主体	认定结果
3	发行人控股股东、实际控制人的其他近亲属（即兄弟姐妹、祖父母、外祖父母、孙子女、外孙子女）及其控制的企业	与发行人存在竞争关系的，原则上认定为构成同业竞争
		但发行人能够充分证明与前述相关企业在历史沿革、资产、人员、业务、技术、财务等方面基本独立且报告期内较少交易或资金往来，销售渠道、主要客户及供应商较少重叠的除外
4	发行人控股股东、实际控制人的其他亲属及其控制的企业	与发行人存在竞争关系的，一般不认定为构成同业竞争
		但对于利用其他亲属关系，或通过解除婚姻关系规避同业竞争认定的，以及在资产、人员、业务、技术、财务等方面有较强的关联，且报告期内有较多交易或资金往来，或者销售渠道、主要客户及供应商有较多重叠的，中介机构在核查时应审慎判断

从表1－12中可以看出，证监会根据与发行人控股股东（或实际控制人）的亲属关系的近远，在认定上采取递减的一个评判标准，即关系越近越容易被认定为同业竞争，同时也考虑到实际情况，根据实质性要求，规定了一些例外情况。

然而除了上述实施主体之外，监管机构还要求对下列两类主体进行调查：一是对公司董事、监事、高级管理人员直接或间接控制的企业的经营业务进行调查，还需对其是否在其他与上市公司经营同类业务的企业担任职位进行调查，从而避免其利用职务之便做出损害公司及股东利益的行为；二是对公司主要股东考察（一般持股5%以上都被认定为主要股东），但5%也不是一个绝对的标准，实际操作中应结合公司的股份分散程度进行具体认定公司的主要股东〔1〕。

2. 实施内容

除了满足实施主体条件，在实施内容上也需要满足“同业”。比如上市公司的主营业务为制造业的，同时实际控制人还有一家企业从事畜牧业的，显然不构成同业竞争关系。

对于何为“同业”，《首发业务若干问题解答（一）》规定：同业竞争的“同业”是指竞争方从事与发行人主营业务相同或相似业务。“相同业务”比较好理解，比如

〔1〕 投行小兵（李红雨）：《【洞见干货】IPO同业竞争问题全面解析！》，载雪球网2019年10月19日，https://xueqiu.com/4513918363/133790094。

华为和小米均是手机制造商，协鑫与阿特斯均是光伏行业。而对于“相似业务”，由于企业生产经营的复杂性，监管机构也未能作出详尽完备的解释，但下述证监会的文件中，可以找出在认定是否构成同业竞争时需要考虑的一些因素：(1)《保荐人尽职调查工作准则》规定，保荐人通过调查发行人控股股东或实际控制人及其控制的企业实际业务范围、业务性质、客户对象、与发行人产品的可替代性等情况，判断是否构成同业竞争。(2)2016 年保代培训(发行专题)第一期中指出，与控股股东经营相同或类似业务的不能以地域或产品档次(如发行人生产普通圆珠笔，控股股东生产高端签字笔)划分认定不存在同业竞争。(3)2017 年 11 月保代培训中指出，具有可替代性的业务应被认定为相同或类似业务；即使不具有替代性，但如果共用采购、销售渠道，仍然构成同业竞争。举个较为典型的例子，比如控股股东做女装，上市主体做婴幼儿服装，尽管没有替代性，但采购及销售渠道是相同的，仍然应当认定为构成同业竞争。(4)《首发审核非财务知识问答》第 14 条第 2 项指出，同业竞争的“同业”是指竞争方从事与发行人相同或相似业务，发行人不能简单以产品销售地域不同、产品的档次不同等认定不构成“同业”，应结合相关企业历史沿革、资产、人员、主营业务(包括但不限于产品服务的具体特点、技术、商标商号、客户、供应商等)等方面与发行人的关系，以及业务是否有替代性、竞争性、是否有利益冲突等确定充分合理的是否同业的划分标准；保荐机构和发行人律师应核查上述认定是否有充足的理由和依据。(5)《首发业务若干问题解答(一)》中规定，核查认定“竞争”时，应结合相关企业历史沿革、资产、人员、主营业务(包括但不限于产品服务的具体特点、技术、商标商号、客户、供应商等)等方面与发行人的关系，以及业务是否有替代性、竞争性、是否有利益冲突等，判断是否对发行人构成竞争。发行人不能简单以产品销售地域不同、产品的档次不同等认定不构成“同业”。

从上述规定可以看出，监管机构从以下方面考量是否构成“同业”：

第一，主营业务是否相同或相似。

若两家公司的营业执照上登记的营业范围有重合且占比较高，那自然认定为“同业”，但很多时候公司的实际经营内容与营业执照上登记的不一致，则要考察实际经营内容是否有重合的地方。占比达到何种程度构成“同业”，《上海证券交易所科创板股票发行上市审核问答》进一步进行了量化：“竞争方的同类收入或毛利占发行人该类业务收入或毛利的比例达 30% 以上的，如无充分相反证据，原则上应认定为构成重大不利影响。”

在认定两家公司的经营内容上是否有重合的地方时，监管机构一方面看营业执照和实际经营的产品或服务，另一方面会从行业分类上考量。《上市公司行业分类指引》(2012 年修订)和《国民经济行业分类》(GB/T 47542017)为主要的行业参考标准。《上市公司行业分类指引》(2012 年修订)将上市公司的经济活动分为门类、大类两级，门类项下细化不同的大类，而《国民经济行业分类》(GB/T 47542017)分为门类、大类、中类和小类四级。以《国民经济行业分类》(GB/T 47542017)为例，属于不同门类的，自然不认定为“同业”，例如“A 农林牧渔业”与“B 采矿业”；属于同一门类项下的不同大类的，例如“C18 纺织服装、服饰业”与“C22 造纸和纸制品业”，一般情况下不认定为“同业”；属于同一大类中的不同中类或不同小类，很有可能认定为“同业”。

在产品或服务相似度的认定上，监管机构采取“宜粗不宜细”的态度，即产品或服务的分类上应当尽量从大的分类上认定。

案例 1－15

在 2019 年终止上市的和舰芯片制造(苏州)股份有限公司(以下简称和舰芯片)的问询中，上交所就和舰芯片与与最终控股股东联华电子股份有限公司(以下简称联华电子)及其控制的部分企业的同业竞争问题进行了三轮询问。

针对关于“竞争方的同类收入或毛利占发行人该类业务收入或毛利的比例达 30% 以上”问题中 30% 的计算方式，在首轮申报和反馈时和舰芯片将 30% 划定在 8 英寸和 12 英寸圆晶层面。

在上交所第二轮问询下，和舰芯片无法将产品继续划定在 8 英寸和 12 英寸圆晶上来计算占比，按照反馈的要求计算了圆晶收入、毛利的配比，但还是剔除联华电子 65nm、0.5μm 以上等相对于和舰芯片没有的制程或产品收入，得出联华电子相应制程或工艺晶圆收入、毛利率占和舰芯片的比例为 27.80%，未超过 30%。

然而这样不断细化产品的做法未得到上交所的认可，在第三轮问询时仍追问和舰芯片用这种细分产品方式否定同业竞争的合理性。

如果产品或者服务具有可替代性，那么也很有可能认定为“同业”。因为若上市公司的产品或服务容易被关联公司替代，那么很可能上市公司的销售渠道将由关联公司占用。如果上市公司生产普通圆珠笔，控股股东生产高端签字笔，那么控股股东可能会利用上市公司的销售渠道销售其生产的高端签字笔，挤占了上市公司的市场份额。

第二,供应链渠道是否共享。

供应链渠道包括采购渠道、销售渠道。即便两家公司的主营业务在大类上分类不同,如果采购渠道、销售渠道存在重叠,也有可能被认定为“同业”。2017 年 11 月保代培训中就举例指出,比如控股股东做女装,上市主体做婴幼儿服装,尽管没有替代性,但采购及销售渠道是相同的,仍然应当认定为构成同业竞争。

案例 1-16

2018 年,安徽万朗磁塑股份有限公司(以下简称万朗磁塑)IPO 被否,其中一个问题就是同业竞争问题。万朗磁塑主要从事冰箱塑料部件的研发、生产和销售,主要产品包括冰箱门封、吸塑产品和组件部装产品等,而实际控制人配偶控制的长城制冷等企业主要从事家用电器制冷配件的生产、销售,主要产品为冷藏蒸发器、冷冻蒸发器、翅片蒸发器等,万朗磁塑与长城制冷等企业存在共同客户、共同供应商,可能存在利益输送和其他利益安排。

在销售渠道上,监管机构不接受通过市场划分的方式论证证明不构成“竞争”,其背后的逻辑在于,如今物流、信息流的发达程度已经不能阻断产品或服务在不同市场之间的流入流出。和舰芯片在问询回复函中称,和舰芯片将中国大陆市场划分给和舰芯片,而将中国台湾地区、日本、韩国、北美洲、新加坡、欧洲市场划分给联华电子,但是深交所对这种通过市场区分方式论证不构成竞争关系的有效性和可行性表示怀疑,甚至提出这种市场划分对和舰芯片自主拓展市场、持续经营是否会产生重大不利影响的问询。

第三,其他因素。

除了产品或服务、供应链渠道之外,还要考虑相关企业历史沿革、资产、人员,比如生产技术、生产设备、研发过程、商标商号等方面与上市公司的关系。而且随着市场的不断变化,监管机构考虑的因素可能会更多、更复杂。

(二)同业竞争的解决办法

同业竞争问题是上市公司的红线问题,必须予以解决。针对同业竞争问题,一般采取“关”“并”“转”三种方式。“关”指注销同业竞争公司,“并”指同业竞争公司吸收合并至上市公司,“转”指将同业竞争公司转让给非关联第三方。监管机构比较容易接受“关”“并”两种方式,因为这从根本上消灭了竞争关系,而针对“转”这种方式,监管机构往往会对转让的真实性追根溯源,这是出于担心如果转让只是表面动作，那么同业竞争问题将被故意地隐藏起来，上市公司的利益将更会容易被侵害。

值得注意的是，监管机构对于采取出具承诺未来通过各种方式解决同业竞争的承诺函已渐渐不再认可。和舰芯片为解决同业竞争问题，控股股东联华电子于2019年5月22日出具承诺函，联华电子将采取合法措施保证在2020年12月31日前在和舰芯片的市场区域内联华电子的同类收入占和舰芯片该类业务收入的比例降至30%以下；在厦门联芯连续盈利年度的次年起，在和舰芯片的市场区域内联华电子的同类业务毛利占和舰芯片该类业务毛利的比例降至30%以下。然而，这样的承诺函的有效性和合法性仍受到深交所的质疑。

（三）再融资中同业竞争的关注重点

《再融资业务若干问题解答》（2020年6月修订）规定了再融资中信息披露和核查的重点：

1. 关于同业竞争的核查

保荐机构及发行人律师应当核查发行人与控股股东、实际控制人及其控制的企业是否存在同业竞争，已存在的同业竞争是否已制订解决方案并明确未来整合时间安排，已作出的关于避免或解决同业竞争承诺的履行情况及是否存在违反承诺的情形，是否损害上市公司利益，并发表核查意见。

保荐机构及发行人律师应当核查募投项目实施后是否新增同业竞争。如募投项目实施前已存在同业竞争，该同业竞争首发上市时已存在或为上市后基于特殊原因（如国有股权划转、资产重组、为把握商业机会由控股股东先行收购或培育后择机注入上市公司等）产生，上市公司及竞争方针对同业竞争已制定明确可行的整合措施并公开承诺，募集资金继续投向上市公司原有业务的，可视为未新增同业竞争。

2. 关于同业竞争的信息披露要求

发行人应当在募集说明书中披露下列事项：（1）发行人是否存在与控股股东、实际控制人及其控制的企业从事相同、相似业务的情况。对存在相同、相似业务的，发行人应当对是否存在同业竞争作出合理解释。（2）对于已存在或可能存在的同业竞争，发行人应当披露解决同业竞争的具体措施。（3）发行人应当披露独立董事对发行人是否存在同业竞争和避免同业竞争措施的有效性所发表的意见。

从上述规定可以看出，再融资项目中，监管机构对同业竞争的态度与首发基本一致，即按照全面核查、全面披露、有效解决的要求核查和解决同业竞争问题。

案例 1－17

南京药石科技股份有限公司(300725.SZ,以下简称药石科技)2020年的定向增发中,深交所注意到实际控制人杨民民直接或间接出资南京药智生物科技合伙企业、南京易格诺思生物科技合伙企业、南京易康达生物科技合伙企业、南京博必达生物科技合伙企业、南京晶捷生物科技有限公司等企业。其中,南京晶捷生物科技有限公司(以下简称晶捷生物)主要从事医疗诊断技术研发,生产检测设备或试剂。

深交所要求药石科技补充说明或披露:(1)结合经营地域、产品或服务的定位等内容,说明实际控制人杨民民控制的企业与药石科技是否构成同业竞争,是否遵守了同业竞争等相关承诺;(2)对照《创业板上市公司证券发行上市审核问答》第1问相关内容,进一步说明本次募投项目实施后是否新增同业竞争,是否构成重大不利影响,发行人应当结合目前经营情况、未来发展战略等,在募集说明书中充分披露未来对构成同业竞争的资产、业务的安排,以及避免出现重大不利影响同业竞争的措施。

药石科技从以下三个方面论述晶捷生物与药石科技不构成同业竞争:

1.双方的业务及产品不构成同业竞争:

(1)双方主营业务不同。晶捷生物的主营业务为血气生化分析仪器设备、电解质分析仪器设备及其配套的检测卡研发,相关检测分析试剂的研发、销售及相关技术服务。药石科技的主营业务包括药物分子砌块的设计、合成和销售,关键中间体的工艺开发、中试、商业化生产和销售,药物分子砌块的研发和工艺生产相关的技术服务。因此,晶捷生物与药石科技的主营业务存在显著差别,并非同业。

(2)双方产品和服务内容不同。晶捷生物的血气生化分析仪器设备及相关检测卡、检测分析试剂,主要用于医疗机构或患者进行血糖、血酮等指标的检测分析;电解质分析仪器设备及相关检测卡、检测分析试剂,主要用于高等院校、科研院所和研发类企业进行钾离子、钙离子、镁离子等阳离子及碳酸根离子等阴离子的检测分析。基于上述设备、产品,晶捷生物也对外提供部分检测分析服务。药石科技的药物分子砌块产品,主要为新药研发企业在药物发现阶段快速获得大量候选化合物用于筛选和评估,并高效发现化合物结构和活性关系,最终确定临床候选物。随着客户药物研发项目的顺利推进,公司将在后续的临床试验、新药上市及商业化生产和销售阶段中为客户提供成量级增长的药物分子砌块产品及相关中间体,该产品是新药研发企业研发、生产过程中的重要原材料。因此,晶捷生物与药石科技的产品和服务内容及其所实现功能不同,不构成竞争关系。

2.双方经营地域及服务的客户不同。晶捷生物的主要经营地域在江苏南京,报告期内服务的客户主要包括江苏南创化学与生命健康研究院有限公司、南方科技大学、南京安纳康生物科技有限公司、南京大学、中国科学院烟台海岸带研究所等高等院校、科研院所和国内研发类企业。药石科技的经营地域面向全球,报告期内服务的客户包括 AMPAC Fine Chemicals、石药集团欧意药业有限公司、Merck、ACADIA Pharmaceuticals Inc. 等位于北美、欧洲等发达国家或地区的跨国制药公司和生物制药公司以及药明康德、康龙化成等国内大型 CRO/CDMO 企业。因此,晶捷生物与药石科技的经营地域及服务的客户不同,不构成竞争关系。

3. 资产、技术、人员等方面相互独立。药石科技拥有独立完整的采购、研发、生产和销售设施及配套设备系统,对与研发生产、营销服务相关的设备、房屋、土地以及商标、专利、非专利技术等资产均拥有合法的所有权或使用权。晶捷生物所使用的房产及所拥有的与生产经营活动有关的机器设备、商标等资产由晶捷生物独立享有或使用,药石科技未向晶捷生物提供过担保,亦不存在影响药石科技资产独立性的情形。药石科技与晶捷生物所拥有专利均系分别自主申请,药石科技与晶捷生物不存在相互转让专利技术或授权使用的情况,药石科技与晶捷生物不存在关于专利、技术方面的互相依赖的情形。药石科技与晶捷生物均分别独立聘用员工,并拥有独立的管理、研发、生产及销售人员等,不存在人员混同的情形。综上所述,结合药石科技与晶捷生物主营业务、产品服务定位、客户渠道、独立运行等方面的分析,晶捷生物与药石科技不构成同业竞争。

对于本次募投项目实施后是否新增同业竞争的问题,药石科技回复称:

本次发行之后,药石科技新增了基于现有药物分子砌块的药物发现服务和包含药物临床和上市阶段的制剂开发和生产的一站式 CDMO 服务,该板块业务与药石科技控股股东、实际控制人及其控制的其他企业报告期内的业务范围均不重合,药石科技控股股东、实际控制人及其控制的其他企业未来发展规划中也不涉及与本次募投项目相关的业务。本次发行前后,实际控制人及其控制的其他企业与药石科技的经营地域、产品及服务的定位均不相同,实际控制人及其控制的其他企业与药石科技均拥有独立的经营场所,拥有独立完整的采购、研发、生产和销售配套设施及资产,对与研发生产、营销服务相关的设备、房屋、土地以及商标、专利、非专利技术等资产均拥有合法的所有权或使用权。因此,本次募投项目实施后不会新增同业竞争,也不存在因同业竞争而导致药石科技与竞争方之间的非公平竞争、导致药石科技与竞争方之间存在利益输送或导致药石科技与竞争方之间相互或者单方让渡商业机会等情形,对药石科技未来的发展不构成潜在不利影响。

评析：

药石科技从主营业务不同、经营地域及服务的客户不同、资产、技术、人员等相互独立三个方面论证药石科技和关联公司晶捷生物不构成同业竞争，但其中最核心的是主营业务的不同，晶捷生物从事的是检测仪器的研发、生产和销售，而药石科技从事的是药物的研发、生产和销售，且两者在资产、技术、人员等方面相互独立。虽然药石科技也说了双方经营地域及服务的客户不同，但这应该不是交易所关注的重点。药石科技拟用本次募投资金用于新增基于现有药物分子砌块的药物发现服务和包含药物临床和上市阶段的制剂开发和生产的一站式CDMO服务，而其他关联方没有相关的业务和规划，故不会对药石科技未来的发展构成潜在不利影响。

二、关联交易

《深圳证券交易所创业板股票上市规则（2020年修订）》（以下简称《创业板上市规则》）、《上海证券交易所科创板股票上市规则（2020年修订）》（以下简称《科创板上市规则》）对关联交易的定义及关联交易的决策、披露程序进行了详细的规定。

（一）关联交易的定义

上市公司的关联交易，是指上市公司或者其控股子公司与上市公司关联人之间发生的转移资源或者义务的事项，包括：(1)前述交易事项；(2)购买原材料、燃料、动力；(3)销售产品、商品；(4)提供或者接受劳务；(5)委托或者受托销售；(6)关联双方共同投资；(7)其他通过约定可能造成资源或者义务转移的事项。

其中，前述交易事项是指[1]：(1)购买或者出售资产；(2)对外投资（含委托理财、对子公司投资等，设立或者增资全资子公司除外）；(3)提供财务资助（含委托贷款）；(4)提供担保（指上市公司为他人提供的担保，含对控股子公司的担保）；(5)租入或者租出资产；(6)签订管理方面的合同（含委托经营、受托经营等）；(7)赠与或者受赠资产；(8)债权或者债务重组；(9)研究与开发项目的转移；(10)签订许可协议；(11)放弃权利（含放弃优先购买权、优先认缴出资权利等）；(12)本所认定的其他交易。

---

〔1〕《创业板上市规则》《科创板上市规则》对交易、关联交易均分别定义，交易不包括购买与日常经营相关的原材料、燃料和动力、出售产品、商品等与日常经营相关的资产等属于公司的主营业务活动，而关联交易包含了所有日常经营范围内发生的可能引致资源或者义务转移的事项，而不局限于重大日常经营行为，原因在于关联交易存在不公平交易的可能性更大，因此披露、审议程序的要求上也有所不同。

可见,关联交易除了包含前述交易事项外,还包含了所有日常经营范围内发生的可能引致资源或者义务转移的事项,而不局限于重大日常经营行为,其原因在于上市公司与关联方的交易价格不公允的可能性远远大于与非关联方交易的价格,上市公司很容易利用关联交易调节财务指标,损害上市公司的独立性和利益,因而关联交易的范围要大于交易的范围。

(二)关联方的定义

上市公司的关联方(见图 1-1)包括关联法人和关联自然人。

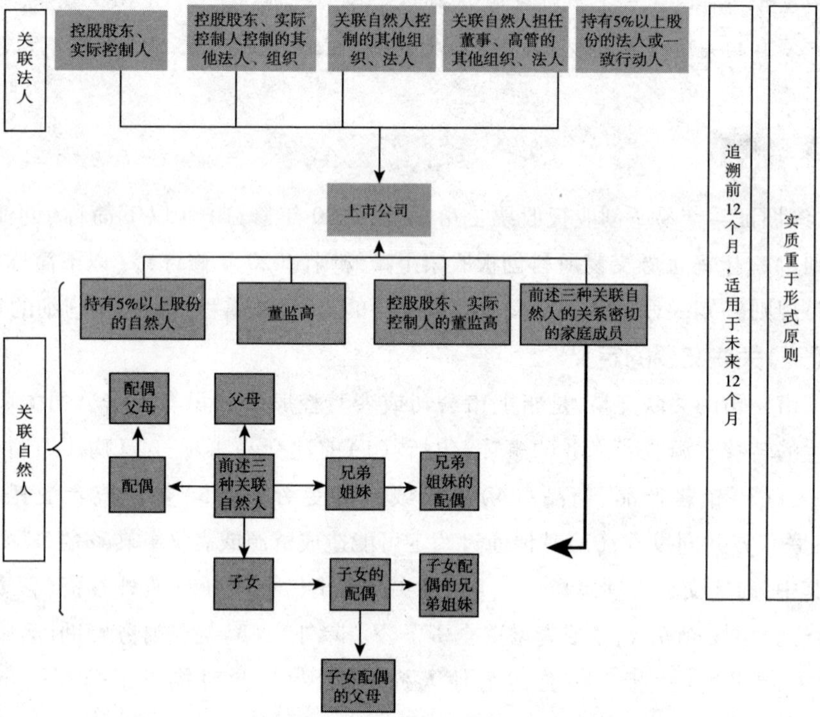

图 1-1 上市公司关联方

1. 关联法人

《创业板上市规则》规定具有下列情形之一的法人或者其他组织,为上市公司的关联法人:(1)直接或者间接控制上市公司的法人或者其他组织;(2)由前项所述法人直接或者间接控制的除上市公司及其控股子公司以外的法人或者其他组织;(3)由上市公司的关联自然人直接或者间接控制的,或者担任董事(独立董事除外)、高级管理人员的,除上市公司及其控股子公司以外的法人或者其他组织;

(4)持有上市公司5%以上股份的法人或者一致行动人;(5)根据实质重于形式的原则认定的其他与上市公司有特殊关系,可能造成上市公司对其利益倾斜的法人或者其他组织。

2. 关联自然人

具有下列情形之一的自然人,为上市公司的关联自然人:(1)直接或者间接持有上市公司5%以上股份的自然人;(2)上市公司董事、监事及高级管理人员;(3)直接或者间接控制上市公司的法人或者其他组织的董事、监事及高级管理人员;(4)上述第(1)、(2)、(3)项所述人士的关系密切的家庭成员,包括配偶、父母、配偶的父母、兄弟姐妹及其配偶、年满18周岁的子女及其配偶、配偶的兄弟姐妹和子女配偶的父母;(5)根据实质重于形式的原则认定的其他与上市公司有特殊关系,可能造成上市公司对其利益倾斜的自然人。

3. 视同为上市公司的关联人

其一,因与上市公司或者其关联人签署协议或者作出安排,在协议或者安排生效后,或者在未来12个月内,具有前述关联法人、关联自然人规定情形之一的。

其二,过去12个月内,曾经具有前述关联法人、关联自然人规定情形之一的。

4. 其他

上市公司与法人受同一国有资产管理机构控制而形成前述"关联法人"第(2)项情形的,不因此构成关联关系,但该法人的董事长、经理或者半数以上的董事属于上述所列关联自然人情形者除外。

(三)关联交易的披露、审议标准

《创业板上市规则》《科创板上市规则》规定了关联交易披露、审议的规则:

1. 关联交易披露、审议的基本规则(见表1-13):

表1-13　关联交易披露、审议基本规则

<table>
<tr><th rowspan="2">序号</th><th colspan="2">涉及事项</th><th colspan="2">披露标准</th><th colspan="2">提交股东大会审议标准</th></tr>
<tr><th>分子指标</th><th>分母指标</th><th>最低金额</th><th>最低比例</th><th>最低金额</th><th>最低比例</th></tr>
<tr><td>关联自然人</td><td>成交金额</td><td>-</td><td>30万元</td><td>-</td><td rowspan="2">3000万元</td><td rowspan="2">5%</td></tr>
<tr><td>关联法人</td><td>成交金额</td><td>最近一期经审计净资产绝对值(科创板为最近一期经审计总资产或市值1%以上)</td><td>300万元</td><td>0.50%(科创板为1%)</td></tr>
</table>

需要注意的是:(1)上述披露标准为最低金额且最低比例同时达到,提交股东大会审议标准亦同。(2)关联交易为提供担保的,即使超过 3000 万元且占公司最近一期经审计净资产绝对值 0.5% 以上,也不需要提交股东大会审议。(3)提交股东大会审议的关联交易还需要披露评估或者审计报告;但与日常经营相关的关联交易可免于审计或者评估。(4)关联交易虽未达到本条第 1 款规定的标准,但交易所认为有必要的,公司应当按照基本规则披露审计或者评估报告。

2. 补充规则

即累计计算原则。上市公司在连续 12 个月内发生的以下关联交易,按照累计计算原则计算是否达到披露、审议的标准,而不看单个交易的金额和占比:(1)与同一关联人进行的交易。(2)与不同关联人进行的与同一交易标的相关的交易。上述同一关联人包括与该关联人受同一主体控制或者相互存在股权控制关系的其他关联人。(3)已按照规定进行了披露或者提交股东大会审议的,不再纳入相关的累计计算范围。

3. 财务资助、委托理财的特殊规定

上市公司不得为董事、监事、高级管理人员、控股股东、实际控制人及其控股子公司等关联人提供资金等财务资助。

上市公司应当审慎向关联方提供财务资助或者委托理财。

上市公司向关联方委托理财的,应当以发生额作为披露的计算标准,按交易类型连续 12 个月内累计计算,按照前述"交易"的累计计算原则。

4. 日常关联交易的年度预计披露制度

为了提高效率,《创业板上市规则》《科创板上市规则》规定,上市公司与关联人进行日常关联交易时,可以按照下列规定披露和履行审议程序:(1)上市公司可以按类别合理预计日常关联交易年度金额,履行审议程序并披露;实际执行超出预计金额,应当根据超出金额重新履行相关审议程序和披露义务。(2)上市公司年度报告和半年度报告应当分类汇总披露日常关联交易。(3)上市公司与关联人签订的日常关联交易协议期限超过 3 年的,应当每 3 年重新履行相关审议程序和披露义务。

日常关联交易协议至少应当包括交易价格、定价原则和依据、交易总量或者其确定方法、付款方式等主要条款。

(四)关联交易的审议程序

1. 董事会的审议程序

上市公司董事会审议关联交易事项时,关联董事应当回避表决,也不得代理其他董事行使表决权。

关联董事(见图1－2)指:(1)交易对方;(2)在交易对方任职,或者在能直接或者间接控制该交易对方的法人或者其他组织、该交易对方直接或者间接控制的法人或者其他组织任职;(3)拥有交易对方的直接或者间接控制权的;(4)交易对方或者其直接或者间接控制人的关系密切的家庭成员(具体范围参见"关联自然人"定义第四项的规定);(5)交易对方或者其直接或者间接控制人的董事、监事和高级管理人员的关系密切的家庭成员(具体范围参见"关联自然人"第四项的规定);(6)证监会、本所或者上市公司认定的因其他原因使其独立的商业判断可能受到影响的人士。

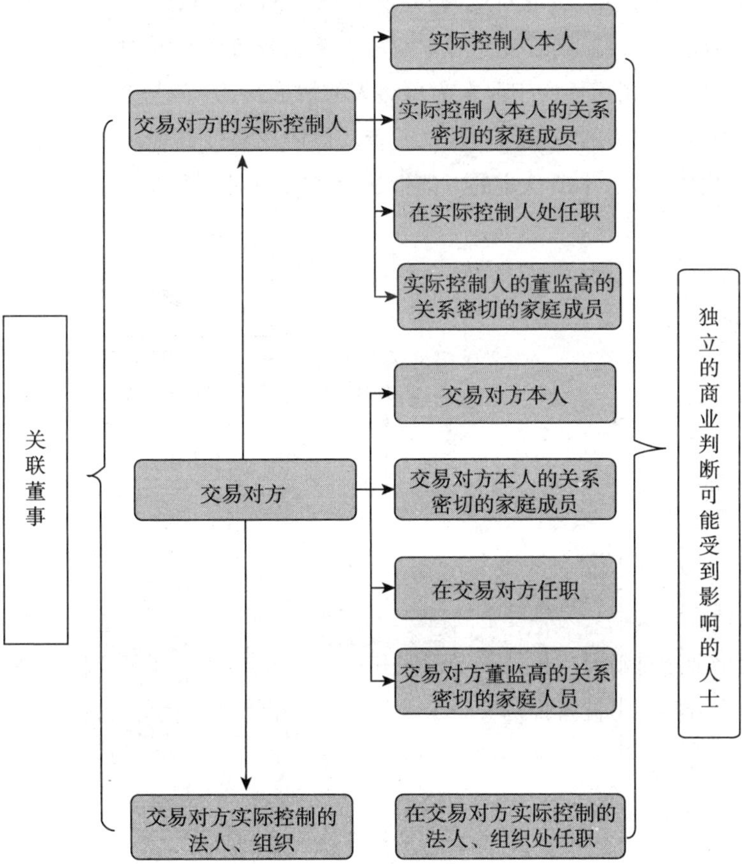

图1－2　关联董事定义参考

关于出席和表决人数要求。该董事会会议由过半数的非关联董事出席即可举行,董事会会议所做决议须经非关联董事过半数通过。出席董事会的非关联董事人数不足3人的,公司应当将该交易提交股东大会审议。

2. 股东会的审议程序

上市公司股东大会审议关联交易事项时,关联股东应当回避表决,并且不得代理其他股东行使表决权。

关联股东(见图1-3)是指:(1)交易对方;(2)拥有交易对方直接或者间接控制权的;(3)被交易对方直接或者间接控制的;(4)与交易对方受同一法人或者自然人直接或者间接控制的;(5)交易对方或者其直接或者间接控制人的关系密切的家庭成员(具体范围参见"关联自然人"定义第四项的规定);(6)在交易对方任职,或者在能直接或者间接控制该交易对方的法人单位或者该交易对方直接或者间接控制的法人单位任职的(适用于股东为自然人的情形);(7)因与交易对方或者其关联人存在尚未履行完毕的股权转让协议或者其他协议而使其表决权受到限制或者影响的;(8)证监会或者本所认定的可能造成上市公司对其利益倾斜的法人或者自然人。

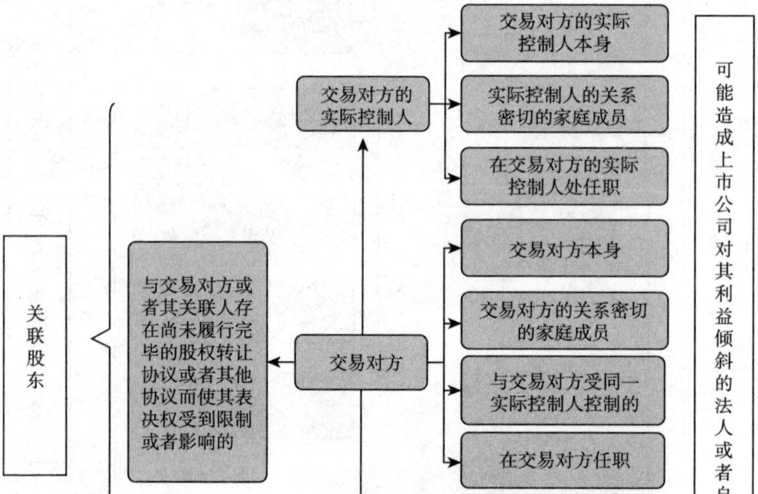

图1-3 关联股东定义参考

3. 独立董事意见

上市公司拟进行须提交股东大会审议的关联交易，应当在提交董事会审议前，取得独立董事事前认可意见。独立董事事前认可意见应当取得全体独立董事半数以上同意，并在关联交易公告中披露。

（五）豁免条件

1. 豁免提交股东大会审议的关联交易类型

主要有：(1)上市公司参与面向不特定对象的公开招标、公开拍卖的（不含邀标等受限方式）；(2)上市公司单方面获得利益的交易，包括受赠现金资产、获得债务减免、接受担保和资助等；(3)关联交易定价为国家规定的；(4)关联人向上市公司提供资金，利率不高于中国人民银行规定的同期贷款利率标准；(5)上市公司按与非关联人同等交易条件，向董事、监事、高级管理人员提供产品和服务的。

2. 豁免履行披露及审议义务的关联交易类型

主要有：(1)一方以现金方式认购另一方公开发行的股票、公司债券或者企业债券、可转换公司债券或者其他衍生品种；(2)一方作为承销团成员承销另一方公开发行的股票、公司债券或者企业债券、可转换公司债券或者其他衍生品种；(3)一方依据另一方股东大会决议领取股息、红利或者薪酬；(4)本所认定的其他交易。

（六）再融资新规中关联交易的关注重点

《再融资业务若干问题解答》（2020年6月修订）对关联交易的信息披露要求、核查要求作了如下规定：

1. 关于关联交易的信息披露要求

公开发行证券的，发行人应当在募集说明书中披露关联方及关联关系，按经常性关联交易和偶发性关联交易披露最近3年及一期关联交易情况，关联交易对公司主要业务的影响，以及减少和规范关联交易的措施等。

2. 关于关联交易的核查

保荐机构及发行人律师应当对关联交易存在的必要性、合理性、决策程序的合法性、信息披露的规范性、关联交易价格的公允性、是否存在关联交易非关联化的情况，以及关联交易对发行人独立经营能力的影响等进行核查并发表意见。如存在违规决策、违规披露等情形的，保荐机构及发行人律师应当核查整改情况并就上述问题是否影响发行条件发表意见。

对于募投项目新增关联交易的，保荐机构、发行人律师、会计师应当结合新增关联交易的性质、定价依据，总体关联交易对应的收入、成本费用或利润总额占发行人相应指标的比例等论证是否对发行人的独立经营能力构成重大不利影响。

案例 1-18

在浙江南都电源动力股份有限公司(300068.SZ,以下简称南都电源)2020 年非公开发行股票的申请中,深圳证券交易所就关联交易事项要求南都电源就以下问题进行回复:

报告期内,南都电源从关联方采购金额分别为 3696.33 万元、24,101.80 万元、82,278.97 万元,0 万元,占营业成本的 0.50%、3.48%、10.56%、0;向关联方销售金额分别为 25,269.92 万元、76,420.08 万元、62,817.42 万元,4011.67 万元,占营业收入的 2.93%、9.48%、6.97%、2.72%,以上主要系南都电源与关联方昆兰新能源、骏马科技、九丰贸易和快点科技的交易形成,后通过转让股权、辞职等方式,不再认定存在关联关系。快点科技 2018 年亏损 2038.77 万元,2019 年亏损 8050.57 万元。

请南都电源补充说明或披露:(1)披露报告期内关联交易的必要性及公允性,对同一关联方同时存在采购和销售的原因及合理性;(2)披露昆兰新能源、骏马科技、九丰贸易的关联关系解除后与南都电源的交易情况,相关交易的公允性,是否存在关联关系非关联化或者利益输送等情形;(3)说明 2019 年 6 月后与快点科技合作模式变化后,通过快点科技撮合的交易情况,相关交易价格是否公允,是否属于刻意规避关联交易的情形;说明公司与快点科技交易增长趋势是否和快点科技业务增长趋势相匹配;快点科技 2018 年、2019 年亏损的原因,是否存在通过不公允的关联交易调节利润的情形;(4)说明公司对快点科技的采购和销售价格、信用政策是否和对非关联方同类交易一致,报告期回款情况是否正常,并解释说明差异或异常的原因。

为此,南都电源的保荐机构、会计师进行了以下核查程序:(1)查阅了公司与关联方之间的销售采购合同,销售采购明细;(2)查阅了快点科技、九丰贸易各期财务报表;(3)对比关联交易价格与市场公允价格、公司与其他无关联方价格;(4)访谈公司与主要关联方发生交易往来的各子公司业务人员、财务人员;(5)实地走访主要关联方,访谈主要关联方相关人员;(6)查阅了《深圳证券交易所创业板股票上市规则(2020 年修订)》等相关法律法规;(7)查阅了骏马科技、南都电源已经披露的相关公告;(8)查阅了计文清股权合同、九丰贸易工商登记资料。

经过上述核查程序之后，保荐机构、会计师确认：

(1)公司报告期内关联交易具备必要性及公允性，对同一关联方同时存在采购和销售具备合理性；

(2)昆兰新能源、骏马科技、九丰贸易的关联关系解除后，公司仍与上述公司存在部分交易，相关关联交易价格公允，昆兰新能源、骏马科技、九丰贸易均不存在关联交易非关联化或者利益输送的情形；

(3)2019年6月后公司通过快点科技平台撮合形成的交易相关价格公允，不属于刻意规避关联交易的情形；公司与快点科技交易增长快于快点科技自身业务增长，主要系快点科技成为公司参股子公司后扩大了与公司的业务合作；快点科技2018年、2019年亏损主要与自身业务模式、市场竞争格局以及自身业务发展阶段相关，不存在通过不公允的关联交易调节利润的情形；

(4)公司对快点科技的信用政策较其他电池经销商宽松，主要系快点科技自身业务模式与其他电池经销商不同，加之快点科技采购量较大；报告期内快点科技存在逾期还款的情形，主要原因系快点科技连续亏损导致现金流紧张。

评析：

同业竞争是不可触碰的红线问题，但对于关联交易，交易所允许关联交易的存在，毕竟上市公司的交易是必然存在的，既然能与别人家做生意，与自己家人做生意未尝不可。交易所关注更多的是关联交易的合理性和公允性，合理性就要调查交易主体及交易背景，公允性就要了解市场上的公允价格，这就是南都电源的保荐机构、会计师履行上述核查程序的原因。

三、法律法规

同业竞争、关联交易涉及的法律法规主要有：(1)《再融资业务若干问题解答》(2020年6月修订)；(2)《首发业务若干问题解答(一)》(2019年3月25日)；(3)《深圳证券交易所创业板股票上市规则(2020年修订)》；(4)《上海证券交易所科创板股票上市规则(2020年修订)》。

第二篇

上市公司收购

上市公司控制权争夺，是世界各国公司治理演变中的一个共同话题。号称“门口野蛮人”的敌意收购及其背后的资本力量，在创造财富转移之际也带来新的问题与挑战。

就国内来看，从1993年第一起公司控制权争夺“宝延风波”到近几年的“宝万之争”“浙民投收购双林生物”，中国本土的敌意收购已走过了二十八年的历史。本篇试图从敌意收购的路径、敌意收购的法律规制、反收购措施及其合法性等方面，同读者一道探寻敌意收购的“中国之道”。

敌意收购综述

我国经济历经改革开放四十余年波澜壮阔的建设历程,经济总量跃居世界第二,产业结构渐具全球配置及输出级规模,国内资本市场已然成为全球第二大投资市场。

从1993年第一起公司控制权争夺"宝延风波"到近几年的"宝万之争""浙民投收购双林生物",中国本土的敌意收购已走过了二十八年的历史。二十八年的发展历程中,国内资本市场逐渐形成了自身对敌意收购的独特理解及操作路径;监管角度,近年来,从2018年《公司法》修订探索逐步放开公司股份回购[1]到2020年新

---

[1] 2018年10月22日第十三届全国人民代表大会常委会第六次会议决定将《公司法》第142条修改为:"公司不得收购本公司股份。但是,有下列情形之一的除外:(一)减少公司注册资本;(二)与持有本公司股份的其他公司合并;(三)将股份用于员工持股计划或者股权激励;(四)股东因对股东大会作出的公司合并、分立决议持异议,要求公司收购其股份;(五)将股份用于转换上市公司发行的可转换为股票的公司债券;(六)上市公司为维护公司价值及股东权益所必需。

公司因前款第(一)项、第(二)项规定的情形收购本公司股份的,应当经股东大会决议;公司因前款第(三)项、第(五)项、第(六)项规定的情形收购本公司股份的,可以依照公司章程的规定或者股东大会的授权,经三分之二以上董事出席的董事会会议决议。

公司依照本条第一款规定收购本公司股份后,属于第(一)项情形的,应当自收购之日起十日内注销;属于第(二)项、第(四)项情形的,应当在六个月内转让或者注销;属于第(三)项、第(五)项、第(六)项情形的,公司合计持有的本公司股份数不得超过本公司已发行股份总额的百分之十,并应当在三年内转让或者注销。

上市公司收购本公司股份的,应当依照《中华人民共和国证券法》的规定履行信息披露义务。上市公司因本条第一款第(三)项、第(五)项、第(六)项规定的情形收购本公司股份的,应当通过公开的集中交易方式进行。

公司不得接受本公司的股票作为质押权的标的。"

《证券法》第63条明确限制违规买入股份相应表决权的行使[1]，监管层对资本市场敌意收购及上市公司反收购的监管态度也在悄然变化。本篇试图从敌意收购的概念及实施背景、价值分析及主要路径入手，以窥国内资本市场敌意收购之现况。

案例2-1

国内敌意收购第一案

1993年，深圳宝安集团通过二级市场举牌上海延中实业，打响了新中国上市公司收购兼并第一枪，史称"宝延风波"。

1993年9月13日，深圳宝安旗下宝安上海、宝安华东保健品公司和深圳龙岗宝灵电子灯饰公司在二级市场上悄悄收购延中实业的股票。9月29日，上述3家公司已经分别持有延中实业4.56%、4.52%和1.657%的股份，合计持有10.6%。9月30日，宝安继续增持延中实业的股票，持股比例达到15.98%。至此宝安才发布举牌公告宣称持有延中5%以上的股票，在一切准备就绪的情况下，向延中实业公开宣战。自此，中国上市公司第一例收购战打响。

时任延中实业总经理的秦国梁第一反应就是抵触，"我们把一个街道小厂弄上市，吃了多少苦，流了多少汗，这不是下山摘桃吗？"国庆节的3天假期，对于延中实业管理层来说度日如年。为了保住延中实业不被易帜，延中实业找到施罗德集团香港宝源投资作顾问，希望实行反收购。但反收购之路非常艰难，收购资金就是一大问题，几家兄弟公司的资助只是杯水车薪；而到10月22日宝安已经持有延中19.8%的股票。同时，双方在各自智囊团的支持下通过新闻媒体唇枪舌剑。延中实

[1] 2019年12月28日修订的《证券法》第63条规定："通过证券交易所的证券交易，投资者持有或者通过协议、其他安排与他人共同持有一个上市公司已发行的有表决权股份达到百分之五时，应当在该事实发生之日起三日内，向国务院证券监督管理机构、证券交易所作出书面报告，通知该上市公司，并予公告，在上述期限内不得再行买卖该上市公司的股票，但国务院证券监督管理机构规定的情形除外。

投资者持有或者通过协议、其他安排与他人共同持有一个上市公司已发行的有表决权股份达到百分之五后，其所持该上市公司已发行的有表决权股份比例每增加或者减少百分之五，应当依照前款规定进行报告和公告，在该事实发生之日起至公告后三日内，不得再行买卖该上市公司的股票，但国务院证券监督管理机构规定的情形除外。

投资者持有或者通过协议、其他安排与他人共同持有一个上市公司已发行的有表决权股份达到百分之五后，其所持该上市公司已发行的有表决权股份比例每增加或者减少百分之一，应当在该事实发生的次日通知该上市公司，并予公告。

违反第一款、第二款规定买入上市公司有表决权的股份的，在买入后的三十六个月内，对该超过规定比例部分的股份不得行使表决权。"

业也将宝安的违规操作上报证监会，希望能得到支持。

最后在证监会的协调下，宝延风波才得以平息。1993 年 10 月 22 日，证监会肯定宝安购入延中股票是市场行为，持股有效；但对宝安信息披露不及时处以 100 万元罚款。至此，宝安得以顺利进入延中实业。

一、敌意收购的概念

敌意收购(Hostile Takeover)是与善意收购相对的概念，是指收购方在目标公司控股股东(大股东、实控人)或管理层不知情或不配合的情况下，通过要约收购、二级市场举牌等渠道，对目标公司强行进行并购，当事双方(或多方)之间强烈的对抗性是其基本特点，各方通常会采用各种攻防策略完成收购和反收购。

就其性质而言，公司敌意收购是公司控制权交易的一种形式，一般以目标公司有表决权股份的买卖〔1〕为法律关系的客体，成为收购客体的公司股份必须具有可流通性和有表决权两大特征。我国《证券法》对收购客体未作任何限制，目前，收购的客体仅限于“发行在外的普通股”。境外相关立法都有规定，附有可取得有表决权股份的其他有价证券亦属于公司收购的客体，如可转换公司债券、认股权证、优先认股权证、附有新股认股权的公司债券等。在我国，上市公司发行的股票绝大多数为享有表决权的普通股〔2〕，所以从这一点上讲，都可以成为某次收购的标的。而在实践中，由于我国已有大量上市公司发行可转换(转股)债券和认股权证的实际，我们有必要将这些权益证券纳入公司收购的客体范围在收购路径设计及反收购措施中进行考虑。

二、敌意收购的实施背景

收购上市公司，其最根本的目的无非获取利益：上市公司是中国优质资产的汇聚地，同时作为公众公司，信息披露的规范性要求也使上市公司业绩披露的真实性相对具有保障。因此，一旦上市公司的市值低于内在价值，就容易成为资本竞逐的目标。具体来讲，敌意收购展开的背景通常包括：

第一，目标公司股票在二级市场整体处于价值低位，目标公司价值被低估。由

〔1〕 近年来在实践中也演变出了“表决权委托”的收购形式。

〔2〕 尽管在 2013 年《国务院关于开展优先股试点的指导意见》(国发〔2013〕46 号)发布以来，陆续有部分公司开始发行限制表决权的优先股股份，然而由于对优先股合格投资者的认定门槛较高等原因，其并没有与普通股在同平台进行交易，在此处，我们暂不讨论其对敌意收购的影响。

于敌意收购中当事双方(或多方)的强烈对抗性,对于收购方而言其本身具有收购成本偏高的特征。只有当上市公司价值被严重低估的情况下,高溢价的收购才具备利润空间,也才对收购方形成足够的吸引力。也正是在这样的逻辑之下,我们看到2015年A股暴跌之后才掀起了新一轮的并购浪潮,出现了更多可供分析和反向滋养监管规范的实证案例。

第二,目标公司股权结构分散。同样出于敌意收购中当事双方(或多方)的强烈对抗性,只有当目标公司股权足够分散,原实控人或管理团队手中股权相对薄弱的情况下,收购人才有可能从众多小股东手中收集到足够多的筹码,用以对抗公司管理层或原实控人。

第三,目标公司管理层履职不利。这往往是目标公司价值被低估的后一层原因,也是股权分散的一个相对结果。通常情况下,敌意收购的成功也往往会后续伴随着新的管理团队接管,公司业务重整等,以提振公司士气,显现公司价值,提高其在资本市场上的价值认可,从而收购方实现获利。

三、敌意收购的价值分析

根据代理理论[1]、控制权理论[2]和惩戒理论[3],敌意收购是一种有效的外部公司治理监督机制,能够监督和促进经营效率低下、经营业绩不佳的上市公司的管理层改善经营管理和提高经营业绩。但是,根据利益相关者理论[4]和财富转移

〔1〕 代理理论(Agency Theory)全称叫委托代理理论(Principal - agent Theory):20世纪30年代,美国经济学家伯利和米恩斯因为洞悉企业所有者兼具经营者的做法存在极大的弊端,于是提出"委托代理理论",倡导所有权和经营权分离,企业所有者保留剩余索取权,而将经营权利让渡。目前,"委托代理理论"已成为现代公司治理的逻辑起点。

〔2〕 控制权理论(Theory of Control Right)全称资本结构控制权理论(Theory of Control Right of Capital Structure),是詹森和麦克林提出的资本结构契约理论的重要组成方面。它以融资契约的不完全性为研究起点,以公司控制权的最优配置为研究目的,分析资本结构如何通过影响公司控制权安排来影响公司价值。

〔3〕 惩戒理论:Fama和Jensen对公司控制权理论进行了发展,提出了惩戒理论,该理论认为由于公司控制权的替代作用和促进作用的存在,如果公司现任管理层或者董事会没有尽到勤勉义务和忠实义务,那么由于控制权的转移使其被解雇等后果其实是对现任管理层或董事会的惩戒。

〔4〕 利益相关者理论:企业是由所有利益相关者之间的一系列多变契约联结而成,公司的利益相关者是指能够影响公司目标的实现,或者受到公司目标实现的影响的自然人、法人或者其他社会团体,这些利益相关者主要包括公司的债权人、股东、员工、消费者和国家监管机构等。每一利益相关者都是契约的主体,应当根据契约的规定维护公司所有利益相关者的利益,而不能只维护企业股东的利益。虽然敌意收购可能使目标公司股东获得收购溢价,维护目标公司股东的利益,但是这很可能是以损害公司其他利益相关者的利益为代价的。

理论，在敌意收购中，股东获得的收购溢价实际上是从上市公司的债权人、管理层、员工、消费者等其他利益相关者转移而来的。因此，敌意收购会损害上市公司其他利益相关者的利益。

在实践中，大多数人以"野蛮人"的形象开始认识敌意收购行为：1989 年《华尔街日报》记者布莱恩·伯勒（Bryan Buffough）、约翰·希利亚尔（John Helyar）的著名报道《门口的野蛮人：史上最强悍的资本收购》使"野蛮人"一词成为敌意收购人的代名词。国际资本市场中被称作野蛮人的敌意收购人通常采用杠杆收购的操作方式，利用从垃圾债券中撬动来的强大资金流猎取上市公司来完成私有化，而后在短时间内采取削减经营成本、改变市场战略、处理不良资产等若干伤筋动骨的手段对目标公司进行整改；最后通过将整改后的标的重新包装再次上市或者整体直接出售的方式完成退出，通常而言，赚得盆满钵满。这种资本反客为主的控制实体经济的模式并不能促进经济发展，也完全不能看作技术或者经济运行模式的创新，这样的模式仅仅是利用财务上的杠杆操作追逐暴利而已。[1]

而在我国，由于监管层较强的干预倾向，敌意收购彻底成功的案例并不多见[2]，因此"野蛮人"对目标公司的伤害性影响也未见于表。反倒是在近几年的"浙民投收购双林生物"一案中，更多地体现了敌意收购行为作为有效的外部公司治理监督机制，对经营效率低下、经营业绩不佳的上市公司的管理层改善经营管理和提高经营业绩的监督促进作用，同时也表现出敌意收购者并非均是对收购标的暴力拆解以图短期之利的"野蛮人"。

四、敌意收购的主要路径分析

从监管规则上看，敌意收购并没有在路径上受到明确的监管规制，无论是通过二级市场举牌的方式进行控制权收购、还是要约收购、协议收购，都是合规的收购路径。

然而，基于敌意收购本身的特性分析：由于敌意收购的交易架构具有较强的对抗性，而协议收购的交易对象通常比较集中而特定（根据《上市公司流通股协议转让业务办理暂行规则》只有当股份转让的份额占总股本的 5% 以上时方可通过协议

[1] 参见苏启运等：《万科控制权之争——律师视角》，法律出版社 2020 年版，第 48 页。

[2] 无论是 1993 年的"宝延之争"还是近年的"宝万之争"、沃尔核材收购长园集团，最后都以监管层或明或暗的介入，双方握手言和告终。

转让的方式进行），因此现实中通过协议转让的方式来实现敌意收购的场景并不多见。

作为相对市场化的收购方式——要约收购，收购方需要向目标公司全体股东发出购买其所持有该公司股份的要约，并按照要约收购书上约定的价格、时间以及条件等履行收购行为。

根据投资者拟收购上市公司的全部股份或是部分股份，要约收购可分为全面要约收购和部分要约收购，根据《上市公司收购管理办法》的规定，部分要约收购的下限是该上市公司已发行股份的5%。无论是全面要约收购还是部分要约收购，要约的对象都是公司的所有股东，都应当一视同仁地向所有股东发出要约，不得只向部分股东发出，而不向另一部分股东发出，因而能够更好地保护好中小股东的利益，确保交易的公开和公平。

相比而言，二级市场收购是最直接的收购方式，指投资人通过在二级市场上收购一定数量目标公司流通股以达到控制上市公司的目的，交易方式包含竞价交易与大宗交易。

"举牌"是指投资人在证券二级市场上收购或通过协议、其他安排与他人共同持有一个上市公司已发行的有表决权的股份达到5%时，根据我国《证券法》及《上市公司收购管理办法》的规定，应当在该事实发生之日起3日内向国务院证券监督管理机构、证券交易所作出书面报告，通知该上市公司并进行公告且履行相关法律规定的披露义务的行为，同时，按照规定在上述期间内不得再行买卖该上市公司的股票。

比如，一个投资人若要买入上市公司20%的股份，需要分别在其所购入股份达到上市公司已发行股份的5%、10%、15%、20%时四次举牌。当然，"举牌"不等同于"举牌收购"，举牌可以是以获得上市公司控制权为目的，也可以仅为获得财务投资收益为目的。

相比于要约收购而言，二级市场举牌具有渐进性、灵活性、(相对)隐蔽性[1]等特点，因此以往的恶意收购，常常通过"举牌"的方式进行：收购者经过对目标公司

---

〔1〕 尽管法律规定了收购人对收购行为进行公告和信息披露的义务，然而却难以强制要求收购人对其是否具备以谋取控制权为目的作主观意愿的披露，也无法强制收购人对下一步的增持计划作强制承诺。在宝能系收购万科的案例中，宝能系多次以"本次权益变动主要是因为对上市公司未来发展前景的看好""未来不排除进一步增持上市公司股份的可能性""暂无计划改变上市公司现任董事会或高级管理人员的组成"等模糊表述来"掩盖"其对万科控制权的意图，而由于该案在监管干预后的偃旗息鼓，其上述表述究竟是"欲盖弥彰"还是"真心诚意"亦无从考据。

的经营状况、股票价格、股权结构、收购的成功概率作了大量的分析研究后，在二级市场上进行举牌、大量购入上市公司股份，当上市公司原控制人不能采取有效防御措施，收购人便顺利入主上市公司，开展自己的重整战略，实现投资收益。

从"宝延风波"到"宝万之争"、从"沃尔核材收购长园集团"到"浙民投收购双林生物"，敌意收购在我国经济发展的不同阶段表现出不同的历史特征，监管层及相关立法对于反收购的规范与限制也随着历史的车轮而起伏波动，"宝万之争"中宝能集团的黯然离场与浙民投成功入主双林生物便是收购策略不同导致结果幡然不同的鲜明案例，值得挖掘、值得深思、值得探讨。

要约收购

要约收购是指收购方向目标公司全体股东发出购买其所持该公司股份的要约,并按照要约收购书上确定的价格时间以及条件等实现收购行为的一种收购方式。

其最大的特点是所有股东平等获取信息的基础上由股东自主作出选择,因此有观点认为其是完全市场化的规范的收购模式,有利于防止各种内幕交易,保障全体股东尤其中小股东的利益。

同一般其他的收购相似,收购方发起要约收购意在获取目标公司的控制权,或者取得目标公司的相对控股权,而要约收购区别于一般收购的地方在于其必须以书面报告的形式,向目标公司的全体股东说明清楚其意向收购的特定价格和购买数量等收购要求。

关于要约收购的具体分类,可以按以下三种方式进行划分:(1)从收购方发出的要约收购是否事先征得目标公司管理层的同意,可将其分为敌意要约收购、善意要约收购;(2)是收购方主动发起的自愿要约收购,还是受法律法规的约束被动触发的强制要约收购;(3)按公开要约的股票数量覆盖比率来分,收购其中一部分为部分要约,全部收购为全面要约。

我国证券法规定,收购方累计持有目标公司30%以上的股权,或者意向一次性收购股权占比超30%,则无条件要按要约收购的形式对目标公司全体股东发出书面公告。

从要约收购规定的细节上看,其实质是为了保护上市公司的原股东,尤其是中小股东,因为要约收购具备的公开性和公平性,可以使收购信息和收购过程更具透明性,保证了中小股东能自主决定是否接受公开要约,从而保证获得要约收购带来的股票溢价收入,防止收购方抛开中小股东,暗自与大股东勾结进行溢价交易。

从另一方面看,根据《上市公司收购管理办法》第33条、第34条规定:收购人作出提示性公告后至要约收购完成前,被收购公司除继续从事正常的经营活动或者执行股东大会已经作出的决议外,未经股东大会批准,被收购公司董事会不得通过处置公司资产、对外投资、调整公司主要业务、担保、贷款等方式,对公司的资产、负债、权益或者经营成果造成重大影响。在要约收购期间,被收购公司董事不得辞职。这也限制了被收购公司原实际控制人通过"焦土""毒丸"策略等方式对上市公司进行"自毁式保护",从另一个侧面保护了中小股东的利益。

一、我国要约收购制度的演变

自 1990 年上海证券交易所正式成立到如今多层次资本市场的日益成熟,我国证券市场制度实现了从无到有、从简到繁、从股权分置到全流通、从发行审批制到发行注册制的跨越式发展。与此同时,我国上市公司要约收购制度也随之不断变迁和完善。基于股权分置改革对要约收购类别、性质以及审批程序的直接影响,我们将关于我国要约收购制度的法律文件按照股权分置改革前后两个阶段进行了划分(见表 2 - 1):

表 2 - 1　我国要约收购制度的相关法律条款

阶段	时间	条款	对要约收购的影响
股权分置改革前	1993.4	《股票发行与交易暂行条例》第 48 条	第一次立法确立要约收购制度
	1997.7	《证券法》第 81 条	取消部分收购和预受要约,确立全面要约收购制度
	2002.12	《上市公司收购管理办法》第 34 条	实行分类要约
股权分置改革后	2006.1	《证券法》第 88 条第 1 款、第 96 条第 1 款;《上市公司收购管理办法》第 23 条	引入自愿性要约收购和部分要约收购制度
	2014.11	《证券法》第 89 条、第 91 条	取消证监会对收购报告书的提前备案、审批制度
	2020.3	《证券法》第 63 条第 2 款、第 75 条	强化要约收购信息披露、提高违法成本

(一)我国要约收购制度法律体系的确立

我国最初实行的要约收购制度直接照搬了我国香港特区的规则,从而间接继承了英国要约收购制度的核心即强制性要约收购。英国的该制度虽强调维护中小投资者的利益，但其最初创设目的是保护机构投资者而非中小股东，是英国在特定的历史条件下设置的。要约收购制度经过不断修改完善，如今已经被世界大多数国家普遍认可和实施。

我国关于要约收购的最早立法是1993年4月由国务院颁布的《股票发行与交易暂行条例》，该条例第48条确定的要约收购制度属于强制性全面要约收购制度。1999年7月1日首次实施的《证券法》第四章对上市公司要约收购制度作出了规范。随后考虑到我国股权分置和并购市场欠发达的情况，我国对该制度进行了多次修改完善，逐步形成了具有中国特色的多层次法律体系（见图2-1）：

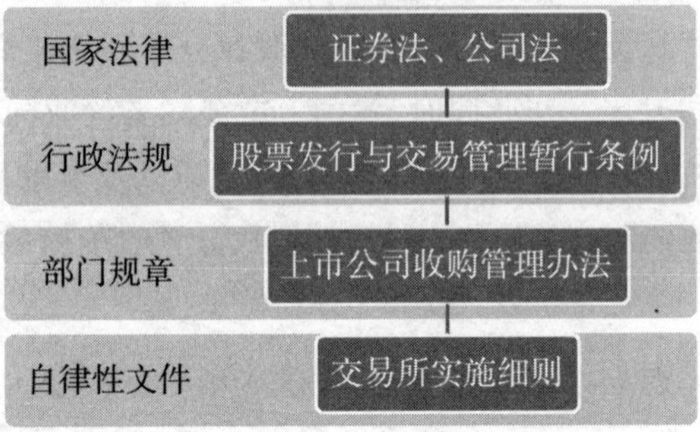

图2-1　我国要约收购制度的法律体系

这些法律法规一方面规范了上市公司要约收购的交易行为，能够对收购双方进行有效的监督。另一方面，由于是对过去发生的收购行为进行的规定，对未来的收购行为的指导具有时滞性，可操作性差，存在法律真空地带，这就需要政策制定者不断更新和总结收购实践经验并借鉴国外先进的要约收购制度，助力要约收购在我国并购交易市场上的健康发展。

（二）要约收购制度法律法规的修正

与英国的产权市场相比，我国最初实行的要约收购制度没有针对内地市场特殊的股权分置格局作出相应的制度安排，因此，未能取得预期的收购效果。自2005年以来，得益于股权分置改革的推行，我国要约收购制度的发展也迎来了新的契机，这一阶段的整改使市场上流通股与非流通股之间的差距不断缩小，股权结构逐渐得到分散，上市公司的收购价格可以由市场来决定。

（三）新《证券法》对我国上市公司要约收购制度的修订

新《证券法》在原来的12章的基础上增设了信息披露和投资者保护专章，条文总数由过去的240条简化为226条。其中，新《证券法》第四章关于上市公司收购制度的法律条文共计16条，有9条作出了修订，我们将其归纳为以下五个方面：

1. 持有股份的性质规范发生变化

新《证券法》第65条规定，要约收购触发线从“持有上市公司已发行的股份达30%”修订为“持有上市公司已发行的有表决权股份达到30%”。“有表决权”这四个字为新增，明确股份性质以“有表决权股份”为基础。在上市公司收购案例中，上市公司原股东选择委托协议或者放弃表决权的方式将手中的表决权转让给他人，股东名义上持有的“股份”比例并未改变，但这些股份表决权的转移实际上已经削弱了原股东对公司的控制权。在该种情况下，由于收购方未达到原规定30%的指标，无须履行“要约收购”的法定程序，这就使原先证券法中只关注收购人取得的“股份”比例存在制度漏洞。新《证券法》中对股份性质的约束可以在一定程度上避免实践中存在限售承诺、限售义务的实际控制人、控股股东转移控制权，扼制上市公司股东企图隐瞒一致行动关系、滥用表决权委托、规避信息披露义务等损害中小股东利益的违规行为。

另外，新增“有表决权”的修改与新《证券法》第69条所作出的“表决权差异安排”以及科创板同股不同权制度亦相呼应。

2. 加强对于大额持股信息披露的要求

相比2014年修正版《证券法》第86条对大额持股信息披露制度的规定，新《证券法》第63条在已有的“举牌”和“慢走”规则下，将持股人的报告与公告义务规定得更为严格，我们将该条修订分为以下两类：(1)调整的披露要求：一是明确监管对象是有表决权的股份；二是对于收购方5%持股以后变动5%的，延长了1天的限制交易期间，禁止买卖的时间由2日延长至3日。(2)新增的披露要求：一是收购方触及5%的临界点以后，增加了对于持股增减变化达到1%的通知和公告；二是公告的内容增加了对增持股份的资金来源、持股变动的时间以及方式的披露；三是对违规购买股份增加3年的表决权限制，使这部分股票丧失表决权。这一系列的修改意在增加信息供给，保证中小股东在敏感期间及时获得知情权并尽快作出行情判断，特别是新《证券法》新增公告义务的持股变动仅为1%，使信息披露更加敏感，方便阻止妄图利用制度漏洞威胁中小股东的恶意收购行为。

3. 取消豁免要约义务的审批程序

新《证券法》第73条对协议收购达到30%以上触及强制要约的规定进行了修改。将旧法第96条中的“经国务院证券监督管理机构免除发出要约的除外”修改为“按照国务院证券监督管理机构的规定免除发出要约的除外”。这两种规定都要具备一定的条件才能免除,不同之处在于新法不再需要证监会的行政许可。

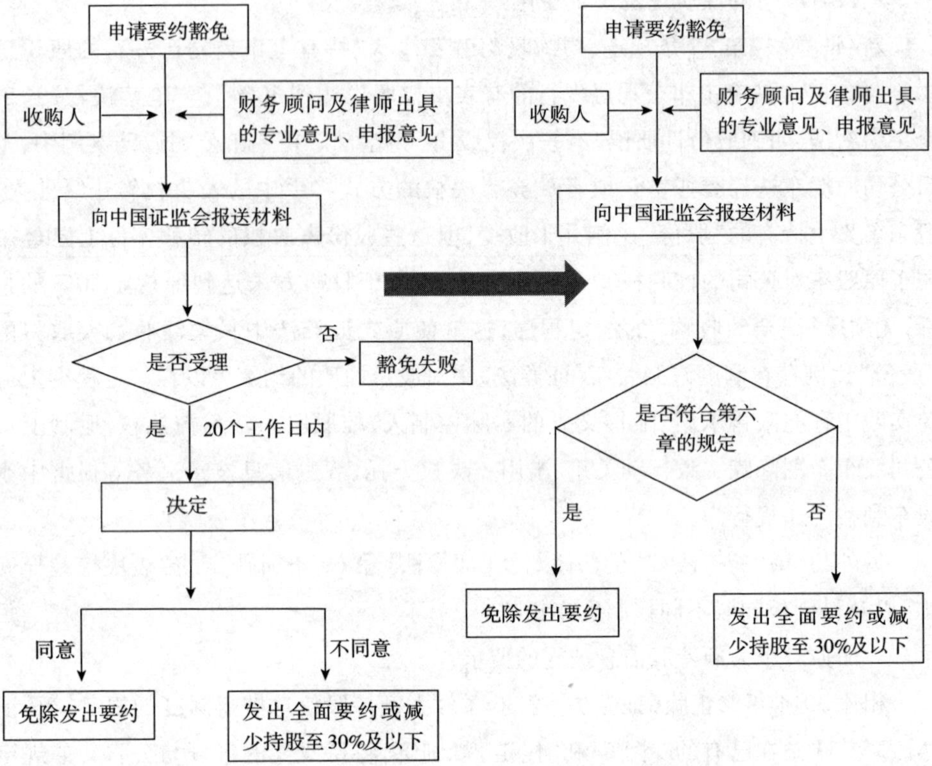

图2-2 要约义务豁免程序对比情况

由图2-2可以看出,审批程序的简化使上市公司豁免要约义务的效率获得极大的提高,减少了并购的时间成本和资金成本,修订后豁免要约义务的范围也在扩大,体现了证监会简政放权的市场化要求。譬如,最近发生的秦川机床触及的要约收购义务豁免事件,在该事件中属于"五项申请豁免"之一的"国有股份无偿划转"适用于新法免于行政审批。相比过去"国有股份无偿划转"的豁免案例,收购人需等待1—2个月的行政审批,新法的"提速效应"肉眼可见。

4. 及时增加表决权差异化安排

鉴于我国科创板市场上已经发行具有表决权差异安排的A类和B类股份,新《证券法》第69条规定,"上市公司发行不同种类股份的,收购人可以针对不同种类股份提出不同的收购条件"。有了科创板的试点和经验总结,最近发布的《表决权差异安排指引》推进了这一制度在新三板正式落地。科创板关于表决权差异化安排的实施细则如表 2－2 所示。

表 2－2 科创板表决权差异化实施细则

种类	表决权利	适用范围	具体限制
A 类股份	10 倍于 B 类股份	公司生产经营管理方面	1. 不可增发 2. 不能在二级市场交易，转让后为普通股 3. 特定情况下的强制转换 4. 普遍表决权比例不得低于 10%
	普通表决权	章程规定范围外的其他重大事项	
B 类股份	普通表决权	普遍适用	无

新《证券法》第 69 条新增规定与科创板上市公司的双重股权架构制度有异曲同工之处，但由于上交所已明确规定科创板具有特别表决权的股票不得在二级市场交易，再考虑到美国关于特别表决权的股票也没有上市的情况，所以第 69 条新增规定无法适用于主动要约收购特别表决权股的情况。此外，新《证券法》第 68 条出于保护被收购一方的中小股东不受随意改变的要约条款的侵害，特别对变更要约收购条件的要约方添加了新的禁止性规定，要约方在收购期间不得在要约价格、数量、期限等方面作出不利于潜在受要约方的调整。

5. 加大要约收购违法违规处罚力度

本次修订，针对收购方未按规定履行信息披露、发出公开要约义务、违规购入股票以及短线交易等行为采取了更加严厉的惩罚方式，我们将这些惩罚方式具体划分为行政罚款和行为限制两大类。

第一类，行政罚款方面。

新《证券法》第 196 条以及第 197 条分别对收购人未按规定发出公告、信息披露过程中存在的违法行为显著提高了违法违规成本（见表 2－3）。

表 2－3 修订前后关于要约收购违法行为的处罚对比

违法行为	法律条款	处罚
收购人未按规定履行上市公司收购的公告、发出收购要约的义务	2014 年《证券法》第 213 条、第 214 条	对收购人/信息披露义务人处 10 万元以上 30 万元以下罚款；对直接负责的主管人员和其他直接责任人处 3 万元以上 30 万元以下罚款。
	2020 年《证券法》第 196 条	对收购人/信息披露义务人处 50 万元以上 500 万元以下罚款；对直接负责的主管人员和其他直接责任人处 20 万元以上 200 万元以下罚款。

续表

违法行为	法律条款	处罚
信息披露义务人未按规定报送有关报告或履行信息披露义务	2014年《证券法》第193条	对收购人/信息披露义务人处30万元以上60万元以下罚款;对直接负责的主管人员和其他直接责任人处3万元以上30万元以下罚款。
	2020年《证券法》第197条	对收购人/信息披露义务人处50万元以上500万元以下罚款;对直接负责的主管人员和其他直接责任人处20万元以上200万元以下罚款。
信息披露义务人报送的报告或披露的信息有虚假记载、误导性陈述或重大遗漏	2014年《证券法》第193条	对收购人/信息披露义务人处30万元以上60万元以下罚款;对直接负责的主管人员和其他直接责任人处3万元以上30万元以下罚款。
	2020年《证券法》第197条	对收购人/信息披露义务人处100万元以上1000万元以下罚款;对直接负责的主管人员和其他直接责任人处50万元以上500万元以下罚款。

从表2-3中可以看出,新《证券法》第196条规定,从旧法最高可处30万元罚款,提高到500万元;新《证券法》第197条规定,从旧法最高可处以60万元罚款,提高至1000万元,显著提高了要约收购的违法违规成本,能够有效发挥法律的威慑力。

第二类,行为限制方面。

对于已经购入股份的,新《证券法》第63条、第75条分别从限制表决权和锁定期等方面对上市公司要约收购制度进行了行为限制:第63条对于增违规购入超出规定比例的股票在3年内不得行使表决权。这样既在法律上认可了收购行为相应财产权利的有效性,保证了市场交易的效率;又堵住了收购方通过恶意违规的收购措施实施夺取目标控制权的制度漏洞。第75条则将收购完成的限制转让期限由"12个月"延长至"18个月"。

由此可见,在二十多年的变迁中,立法者一贯着眼于对中小投资者利益的保护,这样的态度不仅没有松懈,反而随着新证券法及收购管理办法的颁布,采取了更严苛的罚款和行为限制强化对收购人的约束和监管。

二、要约收购的触发

投资者可以自愿选择以要约方式收购上市公司股份,以要约方式收购一个上市公司股份的，其预定收购的股份比例均不得低于该上市公司已发行股份的5%。

另外，《上市公司收购管理办法》第24条规定：通过证券交易所的证券交易，收购人持有一个上市公司的股份达到该公司已发行股份的30%时，继续增持股份的，应当采取要约方式进行，发出全面要约或者部分要约。我们称之为强制要约收购，或名"要约收购的触发"：当收购方购入标的公司股份不足30%时，完全不触发要约收购；当收购方购入标的公司股份达到30%，如果不再继续增持停留在30%的持股状态时，亦不触发要约收购；如果继续增持，则触发（全面或部分）要约收购；而当收购人通过某笔交易一次性持股超过30%时，则触发全面要约收购，豁免情形除外。

由于全面要约收购的触发将极大地增加收购人的收购风险，我们特将强制全面要约收购的触发条件集中整理如下：

第一，全面要约的触发点在30%且要继续增持；如果到30%而不继续增持，也不触发强制要约收购义务。

第二，无论收购是要约收购还是协议收购、间接收购还是法院裁决，只要投资者从持股30%以下跨过30%，都触发强制要约收购义务，且是全面要约义务，即"一笔过30%，触发全面要约收购义务"。但是，如果收购到30%以内停下来，发出部分要约，因为部分要约的实施而过了30%，就不存在再触发全面要约义务的问题（第47条第2款规定，收购人拥有权益的股份达到该公司已发行股份的30%时，继续进行收购的，应当依法向该上市公司的股东发出全面要约或者部分要约）。

第三，触发要约收购义务可以依法定程序和条件履行豁免要约收购义务的申请，如果没有取得豁免，就触发强制要约收购义务，且是全面要约，除非30天之内减持到30%或以下。

包括协议方式在内的受让股份的方式，能够一笔直接过30%，但是要对此笔之外的全部剩余股份发出全面要约。例如，A不持有上市公司B的任何股份，A要通过协议转让的方式受让B公司原大股东持有的39%的股份，其可以在协议受让或竞拍后，立即发出收购上市公司B剩余的61%股份的全面要约。

三、要约收购的流程

根据收购管理办法及相关规定，要约收购从程序上主要有以下流程：

1. 收购人聘请财务顾问，编制要约收购报告书，通知被收购公司，同时对要约收购报告书作出提示性公告。

《要约收购报告书》应当载明的主要事项主要包括：

（一）收购人的姓名、住所；收购人为法人的，其名称、注册地及法定代表人，与其控股股东、实际控制人之间的股权控制关系结构图；

（二）收购人关于收购的决定及收购目的，是否拟在未来12个月内继续增持；

（三）上市公司的名称、收购股份的种类；

（四）预定收购股份的数量和比例；

（五）收购价格；

（六）收购所需资金金额、资金来源及资金保证，或者其他支付安排；

（七）收购要约约定的条件；

（八）收购期限；

（九）公告收购报告书时持有被收购公司的股份数量、比例；

（十）本次收购对上市公司的影响分析，包括收购人及其关联方所从事的业务与上市公司的业务是否存在同业竞争或者潜在的同业竞争，是否存在持续关联交易；存在同业竞争或者持续关联交易的，收购人是否已作出相应的安排，确保收购人及其关联方与上市公司之间避免同业竞争以及保持上市公司的独立性；

（十一）未来12个月内对上市公司资产、业务、人员、组织结构、公司章程等进行调整的后续计划；

（十二）前24个月内收购人及其关联方与上市公司之间的重大交易；

（十三）前6个月内通过证券交易所的证券交易买卖被收购公司股票的情况；

（十四）中国证监会要求披露的其他内容。

收购人发出全面要约的，应当在要约收购报告书中充分披露终止上市的风险、终止上市后收购行为完成的时间及仍持有上市公司股份的剩余股东出售其股票的其他后续安排；收购人发出以终止公司上市地位为目的的全面要约，无须披露前款第10项规定的内容。

在实际操作中，需要在编制要约收购报告书之前做好全面的背景调查并制定完备的收购战略：包括确认适当的收购份额、找到最恰当的收购价格，使收购人能够在成本最优的情况下实现收购并完成获得标的企业的控制权。

2. 收购人自作出要约收购提示性公告起60日内，未公告要约收购报告书的，收购人应当在期满后次一个工作日通知被收购公司，并予以公告；此后每30日应当公告一次，直至公告要约收购报告书。收购人作出要约收购提示性公告后，在公告要约收购报告书前,拟自行取消收购计划的,应当公告原因;自公告之日起12个月内,该收购人不得再次对同一上市公司进行收购。

3. 被收购公司应当对收购人的主体资格、资信情况及收购意图进行调查,对要约条件进行分析,对股东是否接受要约提出建议,并聘请独立财务顾问提出专业意见。在收购人公告要约收购报告书后20日内,被收购公司董事会应当公告被收购公司董事会报告书与独立财务顾问的专业意见。收购人对收购要约条件做出重大变更的,被收购公司董事会应当在3个工作日内公告董事会及独立财务顾问就要约条件的变更情况所出具的补充意见。

4. 要约收购期限届满前15日内,收购人不得变更收购要约;但是出现竞争要约的除外。

5. 出现竞争要约时,发出初始要约的收购人变更收购要约距离初始要约收购期限届满不足15日的,应当延长收购期限,延长后的要约期限应当不少于15日,不得超过最后一个竞争要约的期满日,并按规定追加履约保证。发出竞争要约的收购人最迟不得晚于初始要约收购期限届满前15日发出要约收购的提示性公告,并应当根据本办法第28条和第29条的规定履行公告义务。

6. 同意接受收购要约的股东(以下简称预受股东),应当委托证券公司办理预受要约的相关手续。收购人应当委托证券公司向证券登记结算机构申请办理预受要约股票的临时保管。证券登记结算机构临时保管的预受要约的股票,在要约收购期间不得转让。此处所称预受,是指被收购公司股东同意接受要约的初步意思表示,在要约收购期限内不可撤回之前不构成承诺。在要约收购期限届满3个交易日前,预受股东可以委托证券公司办理撤回预受要约的手续,证券登记结算机构根据预受要约股东的撤回申请解除对预受要约股票的临时保管。在要约收购期限届满前3个交易日内,预受股东不得撤回其对要约的接受。在要约收购期限内,收购人应当每日在证券交易所网站上公告已预受收购要约的股份数量。出现竞争要约时,接受初始要约的预受股东撤回全部或者部分预受的股份,并将撤回的股份售予竞争要约人的,应当委托证券公司办理撤回预受初始要约的手续和预受竞争要约的相关手续。

7. 收购期限届满,发出部分要约的收购人应当按照收购要约约定的条件购买被收购公司股东预受的股份,预受要约股份的数量超过预定收购数量时,收购人应当按照同等比例收购预受要约的股份;以终止被收购公司上市地位为目的的,收购人应当按照收购要约约定的条件购买被收购公司股东预受的全部股份;因不符合本办法第六章的规定而发出全面要约的收购人应当购买被收购公司股东预受的全部股份。

8. 收购期限届满后3个交易日内,接受委托的证券公司应当向证券登记结算机构申请办理股份转让结算、过户登记手续,解除对超过预定收购比例的股票的临时保管;收购人应当公告本次要约收购的结果。

9. 收购期限届满后15日内,收购人应当向证券交易所提交关于收购情况的书面报告,并予以公告。

四、要约收购的其他要点

(一)要约收购的价格

《上市公司收购管理办法》第35条规定,收购人依照本办法规定进行要约收购的,对同一种股票的要约价格,不得低于要约收购提示性公告日前6个月内收购人取得该种股票所支付的最高价格。

要约价格低于提示性公告日前30个交易日该种股票的每日加权平均价格的算术平均值的,收购人聘请的财务顾问应当就该种股票前6个月的交易情况进行分析,说明是否存在股价被操纵、收购人是否有未披露的一致行动人、收购人前6个月取得公司股份是否存在其他支付安排、要约价格的合理性等。

(二)履约保证

根据《上市公司收购管理办法》第36条的规定:收购人聘请的财务顾问应当对收购人支付收购价款的能力和资金来源进行充分的尽职调查,详细披露核查的过程和依据,说明收购人是否具备要约收购的能力。

收购人应当在作出要约收购提示性公告的同时,提供以下至少一项安排保证其具备履约能力:(1)以现金支付收购价款的,将不少于收购价款总额的20%作为履约保证金存入证券登记结算机构指定的银行;收购人以在证券交易所上市交易的证券支付收购价款的,将用于支付的全部证券交由证券登记结算机构保管,但上市公司发行新股的除外;(2)银行对要约收购所需价款出具保函;(3)财务顾问出具承担连带保证责任的书面承诺,明确如要约期满收购人不支付收购价款,财务顾问进行支付。

(三)要约收购期间的行为限制

要约生效前未取得前置审批的,应取消收购计划;收购人自行取消收购的,12个月内不得再收购同一家企业。

要约承诺期限内收购人不得撤销要约；不得减持或要约外增持。

要约收购期间被收购公司董事不得辞职。

被收购公司不得通过处置资产、对外投资、调整业务、担保贷款等方式对公司资产或者经营产生重大影响。

要约收购的典范案例

——2017 年浙民投收购双林生物

一、收购背景(敌意收购各方简介)

(一)收购方——浙江大佬

本案例的收购方为设立于2017年6月的浙民投天弘投资合伙企业(有限合伙,以下简称浙民投天弘),注册地位于浙江杭州,主要涉及的是投资业务,包括实业投资、股票投资及投资咨询及管理顾问等。其出资人为杭州浙民投管理咨询有限公司和西藏浙民投企业管理有限公司,而作为出资人的两个公司最终实际控制人都是浙江民营企业联合投资股份有限公司[1](以下简称浙民投)。故,本次敌意收购的实际具体行动方是浙民投天弘,但为其提供敌意收购资金来源的实际控制方为浙民投,浙民投通过杭州浙民投以及杭州浙民投实业对西藏浙民投的控制来实现对浙民投天弘的控制,并最终为本次收购提供资金,所以将浙民投认定为浙民投天弘的一致行动人。后文案例分析涉及的收购方默认简称为浙民投,意指浙民投所有一致行动人:包括西藏浙民投、浙民投、浙民投天弘等。

---

[1] 浙民投成立于2015年4月,一系列的出资人一共出资注缴50亿元作为资本。出资人与浙民投的控股和股权所属关系如图2-3所示,从图2-3中可以看出浙民投的公司股权结构相对分散,9个出资人都没有绝的控股权。

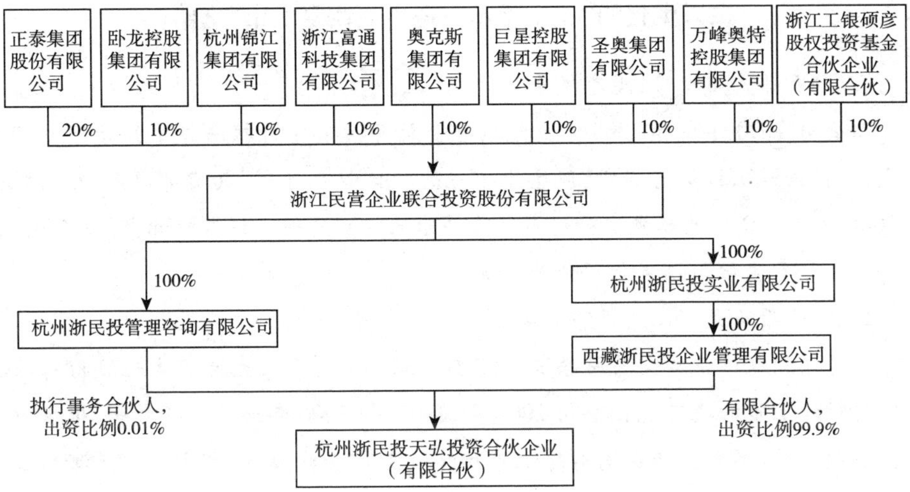

图 2－3 浙民投的控股结构

资料来源：浙民投天弘《要约收购报告书》。

（二）目标公司——振兴生化枯木逢春

振兴生化股份有限公司（证券代码：000403），以下简称振兴生化，本次敌意收购发生时目标公司正被交易所实施“ST”（其他风险警示），因此本篇将目标公司简称为 ST 生化。ST 生化最早的前身是成立于 1969 年的宜春工程机械厂，后采取定向募集方式改组后于 1996 年 6 月在深交所挂牌上市。其上市发展后，主要业务为医疗生物行业的血液制品的采集生产、研究开发和销售。

在上市一段时期内，ST 生化的大股东一直为三九医药，直到 2005 年，三九医药以协议转让的方式向来自山西的振兴集团交出占比约 29% 的股票，由此，振兴集团成为 ST 生化最大的股东，振兴集团在入主 ST 生化以后，先是承诺将其集团的主营产业（煤炭、电子等产业）相关的资产注入 ST 生化。而在后续发展过程中，振兴集团注入的煤炭、电力等产业受到国家政策影响，行业前景衰减，ST 生化连续多年亏损，在 2007 年被迫中止上市，直到 2013 年才又取得复牌资格，重新恢复上市。但由于大股东振兴集团治理水平低下，且参与违规担保，结果振兴生化一直戴着“ST 警示”的帽子。

振兴生化的“退市警示—退市—恢复上市”之路

1. 2006年5月9日，退市风险警示

因公司在2004年和2005年连续两个会计年度的审计报告结果显示净利润均为负值，根据深圳证券交易所《股票上市规则》中“特别处理”的有关规定，公司股票于2006年5月9日开始被实行退市风险警示的特别处理。证券简称由“三九生化”变更为“＊ST生化”，证券代码仍为“000403”。

2. 2007年4月27日，暂停上市

公司接到深圳证券交易所深证上〔2007〕68号《关于三九宜工生化股份有限公司股票暂停上市的决定》，因公司2004年、2005年、2006年连续三年亏损，根据中国证监会颁布的《亏损上市公司暂停上市和终止上市实施办法(修订)》及《深圳证券交易所股票上市规则》第14.1.1、14.1.2条规定，决定公司股票自2007年4月27日起暂停上市。

3. 2013年2月8日，恢复上市

通过持续提升经营管理，公司恢复盈利能力，2012年12月31日，公司收到深圳证券交易所《关于同意振兴生化股份有限公司股票恢复上市的决定》(深证上〔2012〕475号)，公司股票被核准恢复上市。自2013年2月8日起，公司股票恢复上市，公司证券简称为“＊ST生化”，证券代码为“000403”。

4. 2014年11月7日，撤销退市风险警示并实施其他风险警示

由于公司控股子公司山西振兴集团电业有限公司(以下简称“振兴电业”)对当时的公司控股股东振兴集团的担保尚未解除，故公司于2014年10月28日向深圳证券交易所递交了撤销退市风险警示并实施其他风险警示的申请。经深圳证券交易所审核批准，公司股票交易自2014年11月7日起撤销退市风险警示并实施其他风险警示。公司证券简称由“＊ST生化”变更为“ST生化”。

然而时至2017年，在老股东的拼接腾挪之下，这家看似千疮百孔的企业却内生出市场尚未察觉的勃勃生机：

1. 扭亏

在2004年、2005年、2006年连续三年亏损被暂停上市之后，上市公司通过置换昆明白马股权、转让上海唯科股权、剥离宜工业务资产、拍卖四川长药股份等措施

剥离亏损包袱,减轻债务负担。

2007年12月28日,三九生化与振兴集团签署债务豁免协议,振兴集团单方面、无条件豁免三九生化子公司振兴电业所欠振兴集团人民币10,696万元的长期应付款。通过实施上述债务豁免,使上市公司2007年度得以扭亏为盈,实现归属于母公司所有者的净利润为3460.81万元(避免了公司股票直接退市)。另外,依靠广东双林血液制品的经营利润,公司实现了2008年度至2011年度持续盈利:2011年度,公司实现归属母公司所有者净利润为4070.65万元,且天健正信出具了标准无保留意见的《审计报告》。公司生物制药业务已经具备了持续经营能力和稳定盈利能力。[1]

2.债务剥离、不良资产剥离、违规担保剥离

公司分别于2009年4月13日、2009年4月17日与振兴集团签订《协议书》,约定由振兴集团承接公司对三九集团昆明白马制药有限公司(以下简称昆明白马)、上海唯科生物制药有限公司(以下简称上海唯科)的全部银行借款担保责任,因未能承接对昆明白马、上海唯科的担保而给公司造成损失的,由振兴集团赔偿。后因转接担保工作未能顺利完成,2011年公司因承担上海唯科、昆明白马担保责任共计产生损失1.1亿元。

2011年11月28日,公司向运城市中级人民法院提起诉讼,要求振兴集团进行赔偿,并申请诉前财产保全强制措施,请求法院查封、冻结了振兴集团拥有的"山西金兴大酒店"资产。2012年2月28日,公司收到运城市中级人民法院民事判决书,判令由振兴集团向公司分别赔偿7958万元和3092万元。2012年11月30日,公司与振兴集团签订《执行和解协议》。2012年12月17日,公司2012年第二次临时股东大会审议通过了振兴集团通过"以资抵债"方式偿还对公司非经营性欠款1.1亿元的执行和解议案。2012年12月19日,公司与振兴集团办理了移交手续。[2]

2016年9月,公司与振兴集团签署了《振兴生化股份有限公司与振兴集团有限

---

〔1〕 振兴生化股份有限公司《股票恢复上市公告书》(2013年1月31日)

〔2〕 后经公司了解,2012年4月23日,因山西阳煤丰喜肥业(集团)有限责任公司诉振兴有限确认合同权利纠纷一案,运城市中级人民法院作出(2011)运中商初字第53号《民事判决书》判决:原告山西阳煤丰喜肥业(集团)有限责任公司与被告振兴有限签定《关于合作建设经营现"山西金兴大酒店"的合同书》之转让协议,载明的归被告振兴有限所有的权利归原告山西阳煤丰喜肥业(集团)有限责任公司所有。但在该判决之前,山西金兴大酒店的所有权归振兴集团所有,并不归振兴有限所有。

公司关于山西金兴大酒店之附条件生效的转让协议》(以下简称《转让协议》)。约定:以115,770,500元的价格将公司所持山西金兴大酒店转让给振兴集团。该《转让协议》已经公司第七届董事会第十二次会议及2016年第一次临时股东大会审议通过。

2016年12月,公司与信达深分签订《债权转让合同》。约定:公司将《转让协议》下公司对振兴集团享有的全部债权(115,770,500元)转让给信达深分。该《债权转让合同》已经公司第七届董事会第十六次临时会议和2016年第二次临时股东大会审议通过。

2016年12月23日,公司收到信达深分债权转让款115,770,500元。自此,公司与信达深分关于转让因出售山西金兴大酒店而对振兴集团形成的债权而签订的《债权转让合同》履行完毕。至此,该事项对公司的影响已经消除。

2016年振兴集团宣布回购其旗下电力业务,除此之外,ST生化旗下拥有两个子公司,湖南唯康药业有限公司及广东双林生物制药有限公司(以下简称广东双林),其中子公司广东双林是ST生化的"现金奶牛"业务板块,主要生产制造具有稀缺性的血液制品,是ST生化的核心竞争力所在,一直具有良好的盈利能力,长期以来为母公司贡献了比例超过90%的营业收入占比。本案中敌意收购方浙民投正是看重了其子公司广东双林的良好发展能力和血液制品市场的占有率,是本次敌意收购争夺的核心资产。

3. 即将摘帽

振兴生化当时最后的"帽子——其他风险警视"是缘于上市公司的违规担保行为:

2006年6月20日,由山西振兴集团电业有限公司(以下简称振兴电业)的股东本公司、振兴集团有限公司(以下简称振兴集团)、史跃武签署通过《股东会决议》,同意用振兴电业的部分固定资产534,025,200元(其中建筑物评估价值234,704,200元,及其设备评估价值299,321,000元,)为振兴集团在中国银行股份有限公司运城市分行2006年6月29日至2009年6月29日所办理授信进行担保,最高额不超过贰亿元。

2006年6月29日,振兴电业与中行运城分行签订了2006年振兴抵字03号《最高额抵押合同》,合同第三条第一款约定的担保范围为:"自2006年06月29日至2009年06月29日止债权人与债务人之间[依据授信协议]所产生的全部债务,本金金额不超过贰亿元。"

2016年11月29日，公司与振兴集团签署《关于山西振兴集团电业有限公司之附条件生效的股权转让协议》(以下简称《附条件股权转让协议》)，约定公司向振兴集团转让持有的振兴电业65.216%的股权，交易价格为4612.82万元，另振兴电业欠上市公司8678.04万元，两项合计，振兴集团向公司支付的全部交易价款为13,290.86万元。该《附条件股权转让协议》已经公司第七届董事会第十五次会议和2016年第二次临时股东大会审议通过。2017年6月，振兴集团已全部支付完上述股权转让款。2017年9月4日，振兴集团向公司出具《指令函》，指令公司将振兴电业65.216%股权过户至史跃朋名下，同时《指令函》中明示《附条件股权转让协议》所涉及的振兴电业65.216%的股权与公司无关，因振兴电业65.216%股权引起的纠纷均由振兴集团承担。2017年9月4日，振兴电业召开股东会，全体股东一致同意史跃朋受让振兴电业65.216%的股权，公司与史跃朋签订《股权转让协议》，将公司持有的振兴电业65.216%的股权转让给史跃朋。

2017年9月5日，振兴电业就上述股权变更向河津市工商和质量监督管理局办理了变更登记。振兴电业的股东由史跃武(10%)、振兴集团(24.784%)、振兴生化股份有限公司(65.216%)变更为史跃武(10%)、振兴集团(24.784%)、史跃朋(65.216%)。

山西国晋律师事务所已针对上述事项于2018年2月出具了法律意见书[1]认为："截止本法律意见书出具之日，上市公司已将持有的山西振兴集团电业有限公司的65.216%股权转让给史跃朋，且在河津市工商和质量监督管理局办理完毕股权变更登记，上市公司不再持有山西振兴集团电业有限公司的股权，山西振兴集团电业有限公司签订的2006年振兴抵字03号《最高额抵押合同》对上市公司的影响已经消除。"

至此，公司已将持有的振兴电业的65.216%股权转让给史跃朋，已收到转让对价款，已在河津市工商和质量监督管理局办理完毕股权变更登记，公司不再持有振兴电业的股权，振兴电业签订的2006年振兴抵字03号《最高额抵押合同》对公司的影响已经消除。故公司不存在"公司向控股股东或者其关联人违反规定程序对外提供担保且情形严重的"的情形。

4. 股价尚未启动

我们来看ST生化(现名：派林生物)自2013年恢复上市至2017年的股价波动

---

〔1〕 国晋意字〔2018〕010号《法律意见书》。

(周K图),可以看到,自2013年2月复牌之后,公司股价就一直在10元至20元的区间徘徊,并没有因公司经营状况的改善而在股价上有所体现。

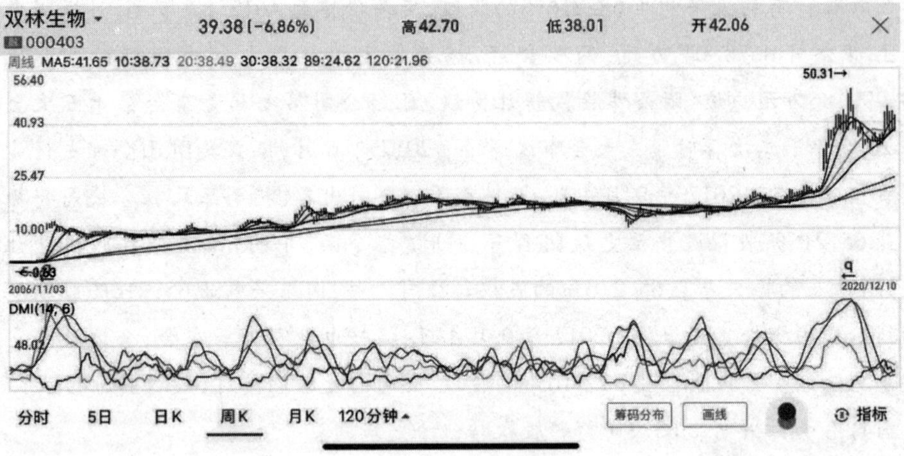

图2-4 双林生物股价走势

(三)目标公司原控股股东——振兴集团债务缠身、自顾不暇

2005年,振兴集团通过与三九医药的股权协议受让完成对ST生化的重大资产重组,取得对ST生化的控股权,成功入主上市公司,背后的实际控制人为史珉志。(控股关系见图2-5)。

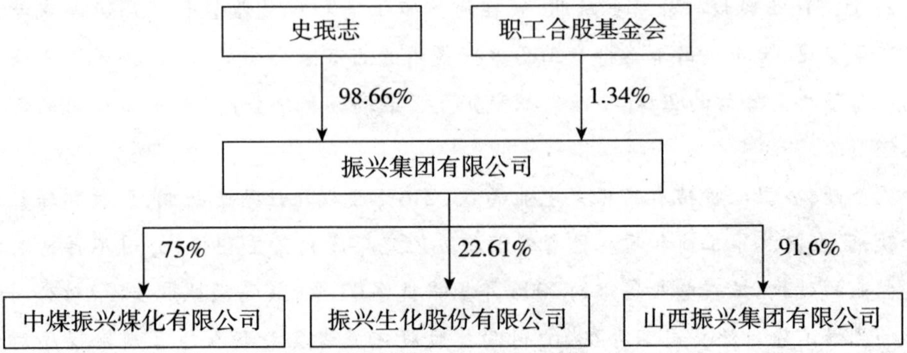

图2-5 振兴集团控股结构

资料来源:ST生化2013年1月31日披露的《股票恢复上市公告书》。

振兴集团实控人史珉志[1]与史跃武父子发家于煤炭及煤电业务，经过多年的创业积累后，振兴集团实现了煤、电、铝三大项目联产、多元化经营的山西大型民营企业集团的宏图远景，渴望进一步发展。于是在2005年6月，史家的振兴集团将价值2亿多元的振兴电业65.2%股权置入上市公司，并置换出三九生化持有的三九集团2.06亿元的部分应收款和昆明白马90%的股权。

史家接手三九生化后，本想煤炭资产注入医药行业，但是煤炭行业毕竟不同于医疗行业。

一方面，煤炭行业危机，随着大环境的问题，2008年振兴集团所掌控的多个煤矿因为种种原因被关停，而振兴集团对应的振兴电业2009年也因环保问题停产，从2008年至2015年期间，振兴电业每年亏损数千万元，累计计提资产减值就超过1.6亿元。原本用于提升上市公司业绩的煤电资产注入反倒成为上市公司的最大负担。

另一方面，控股股东振兴集团本身又债务环伺，据上市公司2013年1月31日披露的《股票恢复上市公告书》显示：2012年12月7日，受上海市高级人民法院委托，上海捷利拍卖有限公司发布《联合拍卖公告》，定于2012年12月27日下午3点拍卖振兴集团持有的振兴生化61,621,064股的股权。经控股股东振兴集团与上海市第二中级人民法院及主拍单位上海捷利拍卖有限公司沟通，对原定于12月27日下午3点举行的拍卖会暂缓举行。虽据上市公司向振兴集团方面了解，涉及此次拍卖的大部分债务已经得到偿还，此次大股东持股被拍卖的风险已经解除。然而截至当时，振兴集团依旧面临众多可能导致持其有上市公司股权被拍卖的司法轮候冻结情况：

表2-4　股权拍卖司法轮候冻结一览表

原告	案号	轮候数量	委托日期	轮候期限
工行乐山分行、农行乐山分行、东方资产成都办事处	四川省乐山市中级人民法院2010乐执字第32-34、36-37号	61,621,064	2010-11-02	24
山西恒源煤业有限公司	山西省运城市中级人民法院2011运中立保字9号	61,621,064	2011-10-26	24

[1] 史珉志，男，58岁，中国国籍，大专学历，1971年前在山西省河津市上学，此后历任教师、校办企业厂长等职，1980年后自筹资金创办民营企业，至2017年交棒给其子史跃武。

续表

原告	案号	轮候数量	委托日期	轮候期限
西安飞机工业铝业有限责任公司深圳分公司	山西省高级人民法院 2012 晋执字第 1 号	61,621,064	2012－03－06	24
山西省电力公司运城供电分公司	山西运城市中级人民法院 2010 运中执字第 124－3 号	61,621,064	2012－07－20	24
	山西运城市中级人民法院 2010 运中执字第 125－3 号	61,621,064	2012－07－20	24

此外,上市公司还面临着核心资产被拍卖的风险。公司暂停上市期间,为了达到恢复上市的条件,公司控股股东及公司管理层在债务减免、债务剥离及逾期债务偿还等方面做了很多的努力,降低了公司的负债水平。但由于公司的资金紧张,截至 2012 年 11 月 30 日,公司仍存在本金约 1.8 亿元逾期 3 年债务尚未偿还。其中对于信达资产的本金约 1.65 亿元债务(截至 2012 年 6 月 20 日,利息约为 1.35 亿元)达成重组方式如下:振兴生化恢复上市后,自筹现金 1 亿元偿还信达资产的债务;另外,以定向增发的方式向信达资产增发 1,500 万股振兴生化的股票,用以偿付剩余债务。公司必须在 2013 年 12 月 30 日前将前述义务履行完毕,即在 2013 年 12 月 30 日前,现金和股票均须到达信达资产的指定账户。并且,公司确认按照重组前的债权文件对信达资产负有的相应债务并不因签署《债务重组合同》而免除。公司与信达资产签订的《债务重组合同》涉及公司增加注册资本事项,根据《公司章程》第 22 条和第 41 条的规定,公司增加注册资本须经公司股东大会的批准。因此,上述《债务重组合同》的签署生效需经过公司股东大会的审议确认。根据《债务重组合同》的规定,如果公司没有按照约定的债务重组方式按时、足额向信达资产支付相应款项及实现债转股,信达资产将不豁免公司应向其偿还的任何债务,按照重组前的债权文件来计算公司应偿还的债务本息余额,并向执行法院申请恢复执行。据此,如果《债务重组合同》未通过公司股东大会审议批准,则公司需要按照重组前的债权文件向信达资产偿还相关债务及逾期利息;若公司不能按时、足额偿还相关债务及逾期利息,则信达资产通过法院申请查封的公司持有的广东双林 100% 的股权将存在被拍卖的风险。

于是,一场“蓄谋已久”、惊心动魄的教科书式上市公司控制权争夺战拉开了帷幕。

二、事件经过

（一）上半场　二级市场博民心

2017年6月21日，浙民投天弘向ST生化发出《振兴生化股份有限公司要约收购报告书摘要》，此时，ST生化（及其背后的控股股东振兴集团）向深交所提交将停牌为期7天的申请，以争取时间应对浙民投的要约收购。6月28日ST生化公告了浙民投天弘的要约收购提示性公告，同时宣布需要停牌时长1个月进行重组事宜（后续证明ST生化停牌长达3个月之久）。

2017年7月6日，ST生化宣布进行停牌后的第一次重组，对象是山西康宝生物制品股份有限公司，ST生化计划用现金支付加发行股票的形式相结合，决定通过支付现金和发行股份的形式购买康宝生物42.2%的股票。

由于浙民投发起的是敌意收购，所以应深交所的规定，浙民投要对此次敌意收购补充更多详尽资料给上市公司ST生化，但网传ST生化认为自己无义务公告浙民投提供的补充资料，拒绝发布公告。

2017年7月7日，处于信息劣势方的浙民投在研究了证券市场规则以后，找到了信息披露的新通道，浙民投利用手中持有ST生化的少量股份获得的股东权益，在股东业务专区自己公告了敌意收购的补充文件和深交所的关注函回函等。相反，ST生化拒绝公告的行为受到了深交所的强烈谴责。

另外，振兴集团于同日向有关监管部门举报，其表示敌意收购方浙民投要约收购前故意隐瞒相关一致行动人持有ST生化的股票，这种行为违反了证券市场对于收购方面的相关规定，要求收购方停止敌意收购行为。

2017年8月28日，浙民投天弘公告了《杭州浙民投天弘投资合伙企业（有限合伙）关于要约收购提示性公告期满60日的说明》[1]：(1)2017年6月29日，浙民投天弘已向中国证券登记结算有限责任公司深圳分公司指定账户存入539,426,592元作为本次收购的履约保证金；(2)2017年7月7日，本企业就《关注函》相关问题提交回复并公告《振兴生化股份有限公司要约收购报告书摘要（修订稿）》；(3)本企业已完成内幕信息知情人的自查工作并根据上市公司的反馈要求，将内幕信息知情人登记表提交上市公司董事会。

---

〔1〕 根据《上市公司收购管理办法》第31条收购人作出要约收购提示性公告起60日内，未公告要约收购报告书的，收购人应当在期满后次一个工作日通知被收购公司，并予公告；此后每30日应当公告一次，直至公告要约收购报告书。

2017年9月14日,ST生化发布公告,其控股股东振兴集团对上市公司及收购方浙民投天弘发起诉讼,声称:(1)浙民投天弘在收购过程中信息披露存在重大遗漏及虚假记载;(2)用于收购的资金来源不明;(3)在本次收购中存在内幕交易及利益输送行为。希望通过法院的判决来终止浙民投的敌意收购行为,并要求其支付1.57亿元的赔偿。

2017年9月20日,振兴集团由于与后来接触的内蒙古维克(第二个重组对象)未达成统一意见,公告为期3个月的资产重组失败,且上市公司股票将于公告的第二天起复牌。

2017年10月11日,深交所向浙民投天弘下发关注函,要求其对被诉事项进行说明并结合诉讼事项说明是否存在《上市公司收购管理办法》第6条规定的不得收购上市公司等情形,本次要约收购是否存在实质性法律障碍,以及是否继续推进本次要约收购。

2017年11月1日,浙民投天弘公告了《杭州浙民投天弘投资合伙企业(有限合伙)关于深圳证券交易所〈关于对杭州浙民投天弘投资合伙企业(有限合伙)的关注函〉的回复》[1],表示其不存在振兴集团诉讼理由中所涉相关情形,其具备收购主体资格并将继续推进本次要约收购。

同日,浙民投天弘作为敌意收购的发起方,正式向ST生化的全体股东发布《要约收购报告书》,要约期限为11月3日至12月5日,历时一个月,预期要约股票数量为7492万股,预计收购成功后股本占比27.49%,若最终要约股票数量占比低于22.50%,则此次敌意收购失败,浙民投天弘及其一致行动人将不能再持有ST生化股份。

2017年11月29日,振兴集团面对浙民投11月2日正式发布的要约收购,拟引入白衣骑士来阻止浙民投敌意收购的推进:以协议转让的方式将ST生化的占比18.57%的股票转移给佳兆业集团的子公司航运健康,同时将占比为4.04%的股票受让给中国信达的深圳分公司(以下简称深圳信达)。如果这次振兴集团的转让成功的话,佳兆业将按43.2元每股的价格收购ST生化的股票,这远远高于浙民投要约收购的每股36元的股票价格,深圳信达也会取代振兴集团拥有ST生化占比18.57%的股份,以及占比22.61%的投票权。

振兴集团引进白衣骑士的反敌意收购策略还是起到了明显作用,引入白衣骑士事件发生后,中小股东对浙民投抛出的要约收购接受率从预售的24.3%的比例,

---

[1] 同时公告了《长城证券股份有限公司关于深圳证券交易所〈关于对杭州浙民投天弘投资合伙企业(有限合伙)的关注函〉的核查意见》(财务顾问核查意见)及《北京市金杜律师事务所关于〈关于对杭州浙民投天弘投资合伙企业(有限合伙)的关注函〉的专项法律意见书》。

下滑到8%左右。

同日，浙民投紧急发布了《杭州浙民投天弘投资合伙企业（有限合伙）要约收购振兴生化股份有限公司股份之第二次提示性公告》，提醒投资者注意：（1）浙民投本次要约收购的收购价格（36元/股）不变[1]；（2）振兴集团与航运健康之间《股份转让协议》执行的可行性具有重大不确定性、《债务重组三方协议》《股份转让协议》《投票权委托协议》亦有可能因协议中的终止条款及变更及解除条款而无法实施。

2017年12月4日，ST生化的中小股东，接受要约的预售比例回升到24.56%，当天ST生化股票收盘价34.28元，低于浙民抛出的要约收购价36元每股，中小股东接受浙民投的要约有利可图。

2017年12月14日，ST生化公告了本次要约收购结果：根据深圳证券交易所公告的数据统计，2017年11月3日至2017年12月5日要约收购期间，最终有3870个账户共计146,549,753股股份接受了收购人发出的要约，预受要约股份的数量超过预定收购的股份数量。收购人根据本次要约收购方案，按照同等比例从每个预受要约的股东处接受预受要约的股份，合计收购预定收购的股份数量74,920,360股。本次要约收购股份的过户手续已于2017年12月12日办理完毕，浙民投天弘及一致行动人合计持有ST生化81,773,180股股份，占ST生化股份总数的29.9%，为公司第一大股东。

至此，浙民投在股权层面已完成对ST生化的收购，法律意义上其已是上市公司的第一大股东，焦灼的股权争夺战暂告一段落，各方展开了更为精彩的上市公司及其核心资产的实控权争夺。

（二）下半场 会议室内外夺实权

2017年12月16日，深圳市航运健康科技有限公司公告了《详式权益变动报告书》[2]：本次权益变动完成后，信息披露义务人将取得上市公司50,621,064股股份，占上市公司总股本的18.57%；同时取得上市公司11,000,000股股份的委托投票权（委托人为振兴集团、信达资产）。截至本报告书签署日，信息披露义务人共取得上市公司61,621,064股股份对应的投票权，占上市公司总表决权的22.61%。航运健康成为上市公司第二大股东。

2018年4月13日，上市公司公告其原董事会成员（非独立董事史曜瑜先生、闫治仲先生、杨曦先生、史顺民先生、李伟勇先生和独立董事武世民先生、张林江先生、

[1] 根据要约收购管理办法，收购要约期限届满前15日内，收购人不得变更收购要约。

[2] 后因收到深交所关注函，于2018年1月13日补充公告《详式权益变动报告书》更新版本。

王丽珠女士)于近日“悉数辞职。”[1]

浙民投天弘提名补选张晟杰、余俊仙为公司独立董事,航运健康提名补选刘书锦为公司独立董事;浙民投天弘提名补选陈耿、袁华刚为公司非独立董事,航运健康提名补选郑毅、罗军为公司非独立董事,董事会决议一致通过。

张晟杰,男,1970年生,中国国籍,无境外永久居留权。1992年本科毕业于中南财经政法大学经济法专业,2008年硕士毕业于西南政法大学法学专业。曾任万向集团法务秘书、浙江新世纪律师事务所(现浙江长川律师事务所)专职律师、副主任、浙江钱塘律师事务所执行合伙人、浙江君安世纪律师事务所主任、上海锦天城(杭州)律师事务所高级合伙人,2017年5月至今任北京中伦(杭州)律师事务所主任。截至本公告日,张晟杰先生未持有振兴生化股份,其与持有公司5%以上股份的股东、实际控制人、其他董事、监事、高级管理人员不存在关联关系,未曾受过中国证监会及其他有关部门的处罚和证券交易所惩戒,不存在《深圳证券交易所主板上市公司规范运作指引》《公司法》《公司章程》所规定的禁止担任公司董事、监事、高级管理人员的情形,不属于失信被执行人。

余俊仙,女,1965年3月生,中国国籍,无境外永久居留权,博士学历,教授级高级会计师、注册会计师、注册资产评估师、注册税务师,现任浙江天平投资咨询有限公司董事长,1988年8月至1998年12月,浙江财经学院任教。1999年1月至今任浙江天平会计师事务所合伙人。2013年7月至2018年4月任宁波海天精工股份有限公司独立董事。2015年1月至今任甘肃上峰水泥股份有限公司独立董事。2017年1月至今任杭州新坐标科技股份有限公司独立董事。截至本公告日(2018年12月18日),余俊仙女士未持有振兴生化股份,其与持有公司5%以上股份的股东、实际控制人、其他董事、监事、高级管理人员不存在关联关系,未曾受过中国证监会及其他有关部门的处罚和证券交易所惩戒,不存在《深圳证券交易所主板上市公司规范运作指引》《公司法》《公司章程》所规定的禁止担任公司董事、监事、高级管理人员的情形,不属于失信被执行人。

刘书锦,男,1969年生,中国国籍,无境外永久居留权。会计学硕士、注册会计

[1] 值得注意的是,根据ST生化随后的公告显示,这时上市公司原董事会看似“放手”的背后,是在2018年1月3日,时任上市公司董事长的史曜瑜已经“擅自”出具上市公司之股东决定,将上市公司的核心资产广东双林生物制药有限公司董事会成员悉数撤换(并在2018年12月突然罢免双林生物总经理朱光祖并任命罗军接任),企图“偷梁换柱”将上市公司“卖椟留珠”。

师、注册资产评估师。历任甘肃会计师事务所项目经理;甘肃证券公司投资银行部高级经理;海通证券有限公司投资银行总部融资八部部门经理;长城证券有限责任公司投资银行事业部总经理助理、杭州营业部总经理;联合证券有限责任公司销售交易部副总经理;第一创业证券有限责任公司质量控制部执行董事、副总经理;太平洋证券股份有限公司投资银行总部(深圳)执行总经理;新时代证券股份有限公司投资银行总部董事、总经理。现任华林证券股份有限公司投资银行事业部董事总经理,兼任陕西金叶科教集团股份有限公司(000812)独立董事、惠州中京电子科技股份有限公司(002579)独立董事、吉林成城集团股份有限公司(600247)及振兴生化独立董事。刘书锦先生未持有振兴生化股份,其与持有公司5%以上股份的股东、实际控制人、其他董事、监事、高级管理人员不存在关联关系,未曾受过中国证监会及其他有关部门的处罚和证券交易所惩戒,不存在《深圳证券交易所主板上市公司规范运作指引》《公司法》《公司章程》所规定的禁止担任公司董事、监事、高级管理人员的情形,不属于失信被执行人。

陈耿,男,1968年生,中国国籍,无境外永久居留权。1990年本科毕业于深圳大学国际金融专业法律专业,1999年博士毕业于中南财经政法大学政治经济学专业。历任深圳证券交易所上市部经理、君安证券有限公司董事兼副总裁、国泰君安证券股份有限公司总裁、副董事长,2015年5月至今任浙江民营企业联合投资股份有限公司董事、总裁、投委会主席。截至本公告日,陈耿先生未持有ST生化股份,陈耿先生为浙江民营企业联合投资股份有限公司董事、总裁、投委会主席,浙江民营企业联合投资股份有限公司、其全资出资企业杭州浙民投实业有限公司以及浙民投天弘合计持有ST生化29.99%股份,除此之外陈耿先生与持有ST生化5%以上股份的其他股东及实际控制人不存在关联关系,与ST生化其他董事、监事和高级管理人员不存在关联关系。陈耿先生未曾受过中国证监会及其他有关部门的处罚和证券交易所惩戒,不存在《深圳证券交易所主板上市公司规范运作指引》《公司法》《公司章程》所规定的禁止担任公司董事、监事、高级管理人员的情形,不属于失信被执行人。

袁华刚,男,1973年生,中国国籍,无境外永久居留权。1997年本科毕业于浙江大学经济学专业,1999年取得澳门大学银行和金融专业工商管理硕士学位。历任国泰君安证券股份有限公司投资银行部执行董事、董事总经理、副总经理职务、保荐代表人,2015年6月至今任浙江民营企业联合投资股份有限公司投委会成员、管理合伙人。截至本公告日,袁华刚先生未持有振兴生化股份,袁华刚先生为浙江民营企业联合投资股份有限公司投委会成员、管理合伙人;浙江民营企业联合投资股份有限公司、其全资出资企业杭州浙民投实业有限公司以及杭州浙民投天弘投资合伙企业(有限合伙)合计持有振兴生化29.99%股份,除此之外,袁华刚先生与持有振兴生化5%以上股份的其他股东及实际控制人不存在关联关系,与振兴生化其他董事、监事和高级管理人员不存在关联关系。袁华刚先生未曾受过中国证监会及其他有关部门的处罚和证券交易所惩戒,不存在《深圳证券交易所主板上市公司规范运作指引》《公司法》《公司章程》所规定的禁止担任公司董事、监事、高级管理人员的情形,不属于失信被执行人。

郑毅,男,1980年生,中国国籍,无境外永久居留权。2003年毕业于中南财经政法大学。先后就职于深圳市光进实业发展有限公司、深圳市土地房产交易中心,现任佳兆业集团控股有限公司执行董事、广东明家联合移动科技股份有限公司董事长。截至本公告日,郑毅先生未持有振兴生化股份,郑毅先生为佳兆业集团控股有限公司执行董事,佳兆业集团控股有限公司系深圳市航运健康科技有限公司关联方,深圳市航运健康科技有限公司拟受让振兴集团有限公司持有的振兴生化18.57%股份,目前拥有振兴生化22.61%股份比例的投票权,振兴集团有限公司持有振兴生化22.61%股份;除此之外,郑毅先生与持有公司5%以上股份的股东、实际控制人、其他董事、监事、高级管理人员不存在关联关系,未曾受过中国证监会及其他有关部门的处罚和证券交易所惩戒,不存在《深圳证券交易所主板上市公司规范运作指引》《公司法》《公司章程》所规定的禁止担任公司董事、监事、高级管理人员的情形,不属于失信被执行人。

罗军,男,1980年生,中国国籍,无境外永久居留权。2003年本科毕业于南京财经大学。曾先后担任世联地产顾问(深圳)有限公司营销部高级策划师、深圳市英联国际不动产有限公司营销部策划总监、佳兆业地产(深圳)有限公司营销总监、佳兆业集团控股有限公司总监、佳兆业地产(深圳)有限公司广州分公司董事长兼总经理、佳兆业集团控股有限公司副总裁,现任佳兆业健康集团控股有限公司(00876.HK)董事会主席及执行董事、振兴生化(000403)总经理。罗军先生已获委任为佳兆业健康集团控股有限公司董事会联席副主席及行政总裁,自二零一九年二月二十六日起生效。

2018年5月2日,上市公司召开2018年度第一次临时股东大会,通过上述议案。

2018年7月14日,第七届董事会第三十六次会议(临时会议)决议,聘任杨成成女士为公司财务总监。

杨成成,女,1974 年生,中国国籍,无境外永久居留权。1997 年本科毕业于深圳大学国际会计审计专业,2003 年取得浙江大学工商管理硕士学位。曾任普华永道高级审计师,杭州西子奥的斯电梯有限公司合同管理部部长、助理财务总监,西子电梯集团财务总监及百大集团股份有限公司(600865)财务总监、董事、投资总监,浙江民营企业联合投资股份有限公司董事、总经理、财务部总经理、风控及投后负责人等职务。截至本公告日,杨成成女士未持有 ST 生化股份,杨成成女士曾任浙江民营企业联合投资股份有限公司董事、总经理、财务部总经理、风控及投后负责人等职务,浙江民营企业联合投资股份有限公司、其全资出资企业杭州浙民投实业有限公司以及浙民投天弘投资合伙企业(有限合伙)合计持有 ST 生化 29.99% 股份,除此之外杨成成女士与持有 ST 生化 5% 以上股份的其他股东及实际控制人不存在关联关系,与 ST 生化其他董事、监事和高级管理人员不存在关联关系。杨成成女士未曾受过中国证监会及其他有关部门的处罚和证券交易所惩戒,不存在《深圳证券交易所主板上市公司规范运作指引》《公司法》《公司章程》所规定的禁止担任公司董事、监事、高级管理人员的情形,不属于失信被执行人。

2018 年 11 月 21 日,上市公司发布了《关于股票交易撤销其他风险警示的公告》,公司摘帽成功。

2018 年 11 月 30 日,上市公司召开第七届董事会第 44 次会议,提名黄灵谋、袁华刚、郑毅、罗军为公司第八届董事会非独立董事候选人;提名张晟杰、余俊仙、刘书锦为公司第八届董事会独立董事。

2018 年 12 月 14 日,振兴生化董事会以通信方式召开临时紧急会议,讨论纠正前董事长史曜瑜对于双林生物董事会成员任命、章程修改及高管任命的一系列错误决定[1]。在该会议上,航运健康委派及提名的董事郑毅、罗军、刘书锦对会议的

---

[1] 会议召集人和主持人陈耿先生对于要求召开紧急董事会作出了说明如下:广东双林生物制药有限公司系本公司重要子公司和主要资产业务所在,关系上市公司全体股东特别是中小股东的合法利益。2018 年 12 月 14 日,广东双林生物制药有限公司董事会(该董事会成员并不包括公司控股股东委派的代表)未报本公司作任何批准或提前告知,无正当理由擅自罢免该公司现任总经理朱光祖,严重影响广东双林生物制药有限公司正常的生产运营,涉嫌严重违法违规。此外,该行为还将对广东双林生物制药有限公司目前正在进行的 GMP 证年检产生重大不利影响。根据《药品生产监督管理办法》第 41 条的规定,企业组织机构和质量主要管理人员以及生产、检验条件的变动及审批情况将作为企业 GMP 证年检的重要事项之一。因此,为处置这一紧急情况,确保广东双林生物制药有限公司主要管理人员稳定,顺利完成广东双林生物制药有限公司 GMP 证年检,需立即召开董事会审议相关事项。

召开及相关议案提出了强烈反对，但奈何浙民投掌握董事会四个席位，按照多数决定的董事会议事规则，并不能阻止相关议案的通过并生效。

相关议案：

《关于撤销广东双林生物制药有限公司股东决定（关于改选广东双林生物制药有限公司董事会及修订广东双林生物制药有限公司章程事宜）的议案》

《关于审议〈广东双林生物制药有限公司章程修正案〉的议案》

《关于撤销史跃武、郑毅、罗军、翟晓平、张广东广东双林生物制药有限公司董事职务的议案》

《关于任命杨成成女士为广东双林生物制药有限公司执行董事和法定代表人的议案》

《关于同意杨成成女士免去罗军广东双林生物制药有限公司总经理职务的议案》

《关于同意杨成成女士任命朱光祖为广东双林生物制药有限公司总经理职务的议案》

《关于聘请嘉源律师事务所担任振兴生化股份有限公司2018年第四次临时股东大会的专项见证律师的议案》

根据披露：2018年1月3日，上市公司原董事长史曜瑜擅自出具上市公司股东决定，免去朱光祖、杨曦、刘仁金、陈洁林的广东双林生物制药有限公司董事职务，并任命史跃武、郑毅、罗军、翟晓平、张广东为广东双林生物制药有限公司董事；2018年1月5日，上市公司原董事长史曜瑜擅自签署广东双林生物制药有限公司章程修正案，根据修订后的广东双林生物制药有限公司章程（以下简称“2018年1月双林公司章程”），股东选择和更换公司董事及改选董事会、修改公司章程属于特殊决议事项，须提交股东单位股东大会作为特殊决议事项进行审议（须经股东单位出席股东大会的股东所持表决权的2/3以上通过）。

由此可见，在浙民投完成要约收购之后，振兴集团及史家便开始谋划利用浙民投从控股到掌权的时间差，以及自身暂时尚且维系的“实际控制权”，通过改选董事会成员及在章程中启用“驱鲨剂条款”等策略，企图保持对于上市公司核心资产双林生物的实际控制。

而后在2018年年底，可能是出于对于双林生物总经理朱光祖的不满，这一届权力来源并不稳固的“董事会”作出了罢免朱光祖的决议，使原本“相安无事”的上市公司董事会权力派系间出现了第一次的正面交锋，而显然，在上市公司的权力层面，控股股东还是具有相对优势的。

2018 年 12 月 17 日，上市公司召开 2018 年第四次临时股东大会，换届选举了公司第八届董事会，原董事会成员中除了独立董事刘书锦未当选，其他 6 名董事（黄灵谋、袁华刚、郑毅、罗军、张晟杰、余俊仙）悉数当选。

同日，上市公司召开第八届董事会第一次（临时）会议，选举黄灵谋先生为第八届董事会董事长，并暂代行董事会秘书职责；修订董事会各专门委员会议事规则；聘任朱光祖担任公司总经理、聘任杨成成担任公司财务总监、聘任王志波担任公司副总经理兼证券事务代表；并要求离任人员办理职务交接事宜。制定《振兴生化股份有限公司印章及证照管理办法》并决定更换公司公章及合同章。

黄灵谋，男，1963 年生，中国国籍，无境外永久居留权。1983 年高中专科毕业于浙江贸易学校统计与会计专业，1990 年大学专科毕业于浙江行政学院经济管理专业，2003 年在职研究生毕业于云南大学经济学院国际金融与贸易专业。历任浙江象山粮食局会计主管、浙江象山西周区粮油食品厂支部书记兼厂长、中国建设银行台州分行信托办事处业务主管、国泰证券有限公司台州营业部副总经理、总经理、国泰君安证券股份有限公司昆明营业部总经理、国泰君安证券股份有限公司杭州营业部总经理、国泰君安证券股份有限公司浙江营销总部/浙江分公司总经理、国泰君安证券股份有限公司总裁助理、国泰君安证券股份有限公司营运总监。

截至本公告日（2018 年 11 月 30 日），黄灵谋先生未持有振兴生化股份，其与持有振兴生化 5% 以上股份的股东、实际控制人、其他董事、监事、高级管理人员不存在关联关系，未曾受过中国证监会及其他有关部门的处罚和证券交易所惩戒，不存在《深圳证券交易所主板上市公司规范运作指引》《公司法》《公司章程》所规定的禁止担任公司董事、监事、高级管理人员的情形，不属于失信被执行人。

2019 年 1 月 4 日，ST 生化原实控人史家的史跃武作为广东双林原任董事长向法院提起了案号为（2019）粤 0891 民初 98 号的“公司决议效力确认纠纷”诉讼，湛江经开区法院于 2019 年 1 月 7 日作出“（2019）粤 0891 民初 98 号”《民事裁定书》以行为保全的方式颁布了有关工商变更的禁令。

而浙民投则一方面积极应诉，另一方面采取了更为激进的应对策略：根据媒体报道：2019 年 1 月 12 日，振兴生化监事会主席、广东双林副总经理王卫征被公安机关带走协助调查，而后于 13 日凌晨返回公司。但王卫征随身携带的包括广东双林公章在内的公司物品被公安扣留，该公章随后被浙民投一方取走。[1]

2019 年 1 月 14 日，公司及子公司完成工商变更登记并启用新公章。

1 月 14 日，也就是王卫征获释后仅一天，根据公开的工商登记信息，广东双林的工商变更登记办理完成：

法定代表人由原实控人煤老板史家的史跃武变更为敲门人浙民投委派的杨成成；公司董事由煤老板史家和白衣骑士佳兆业的翟晓平、罗军、史跃武、张广东、郑毅五人变更为浙民投委派的杨成成。

同时，广东双林的章程也进行了变更，振兴集团史家团队在广东双林的公司章程里设定的驱鲨剂条款被废除。

2019 年 2 月 26 日，原实际控制人振兴集团的史跃武向湛江经开区法院递交了撤诉申请，就 2018 年 1 月 4 日提起的案号为（2019）粤 0891 民初 98 号的“公司决议效力确认纠纷”诉讼，向法院提起了撤回诉讼请求，而法院也作出了准许原告史跃武撤诉裁定书。

至此，原实际控制人山西振兴集团史家彻底出局，浙民投最终掌控了上市公司 ST 生化和核心资产广东双林。

三、基于本案例的敌意收购策略分析

对比宝能系大举收购万科地产最后悄然离场，浙民投对于 ST 生化的这次敌意收购行为可以说是教科书般的操作指引了。我们也试图通过对本次敌意收购中使用的收购策略涉及的具体方式、时机把握及关键因素进行进一步分析以飨读者。

（一）收购主体的层面

首先，收购主体足够强大。收购人之执行事务合伙人为浙民投咨询，浙民投咨询的单一股东为浙民投。

浙民投成立于 2015 年 4 月，由多家浙江民营龙头企业共同发起设立，由正泰集团、富通集团、巨星控股集团、卧龙控股集团、万丰奥特控股集团、奥克斯集团、圣奥集团、杭州锦江集团八家民营企业共同发起，联合国内最大的基金公司之一的工银瑞信共同组建。实缴注册资本 50 亿元，其中正泰集团出资 10 亿元，占股 20%；其他八家股东各出资 5 亿元，各占股 10%。截至 2016 年 12 月 31 日，浙民投合并财务报

〔1〕 双林生物佳兆业、浙民投再爆“血”战：副总经理被抓 73 亿企业何时终局？_SZ000403_乌龟量化（androidinvest. com）最后访问于 2020 年 12 月 2 日。

表中货币资金、短期理财产品及可供出售金融资产余额约29亿元。

其次,资金准备充足。基于对ST生化36.00元/股的要约价格前提,且占ST生化股份总数的22.50%的要约总数,这次浙民投强行敲门所需要付出的最高资金总额约为26.97亿元(¥2,697,132,960.00)。因此,浙民投在2017年6月21日披露要约收购报告书摘要后的两个交易日内,将最高资金总额的26.97亿元的20%(5.39亿元),作为履约保证金,从敲门开始便存入了交易所指定账户。剩余80%的资金,浙民投及代表浙民投背后的正泰等八家集团进行了担保,可以说志在必得。

再次,合法的资金来源。浙民投在要约收购报告书中,就其收购资金来源明确为浙民投的"自有资金"和"自筹资金"。同时浙民投承诺对全部收购资金拥有完全、有效的处分权,且资金没有直接或间接来源于上市公司,亦未直接或间接来源于上市公司的董事、监事、高级管理人员及其他关联方。

最后,专业的第三方支持。浙民投为了完成本次要约收购,聘请了长城证券股份有限公司作为其财务顾问,同时聘请了北京市金杜律师事务所作为其法律顾问。借助这两家实力雄厚的专业机构的财务经验和法律背景,协助其完成本次要约收购。

(二)敌意收购的时机把握

在本次收购前,浙民投就对目标公司ST生化的资产构成和利润构成进行了详尽分析,而且在收购资金的筹措和敌意收购采取的策略选择上都表现出了长时间的精心准备,同时选择在目标公司原控股股东同中小股东在公司治理上产生分歧的时候,按照证券市场相关规定要求发起要约收购,按时按要求递交和补充所需文件、资料,还积极研究市场监管的新规则,克服敌意收购方在收购过程中的信息不对称弱势地位,在保证中小股东利益的前提条件下积极开展敌意收购,在收购过程中适时发布公告信息,促进敌意收购的顺利进行,这样的收购准备工作和对收购各个时机的把握值得之后意向采用敌意收购方式进行收购的企业借鉴。

(三)策略分析

首先,此次敌意收购取得成功的关键因素之一在于采用成功率较高的要约收购策略。浙民投采用的要约收购方式是取得上市公司控制权的主要途径之一。对中小投资者来说,也是最为公平、公正、公开的完全市场化的买卖交易行为。它为中小投资人提供了制约控股股东实际可行的方案,因此在本次收购中,浙民投取得了中小股东的支持,最终要约收购的结果也是大获全胜。并且具体到要约收购中股票的合理定价和要约股票数量占比的合理把握，股票价格定得太低，对中小股东没有足够的吸引力，可能面临要约收购不能按期完成的风险，造成敌意收购失败，股票价格太高又面临过多股东选择接受要约，推高敌意收购成本。要约数量的把握也十分关键，要约数量过多，收购方可能面临收购资金不足的问题，此次最终接受要约数量的股票为1.46亿股几乎是要约发出时预期目标7,492股的两倍，此时，收购方拥有充足的收购资金也显得更为关键。

其次，在敌意收购过程中要及时掌握信息和市场规则，合理利用市场规则，适时为自己创造条件。作为敌意收购方的浙民投本来就处于信息弱势地位，在遭到目标公司拒绝披露公告的情况下，敌意收购的进行就显得更加困难，幸亏浙民投在收购过程中积极研究资本市场的规则，通过申请“股东业务专区”得以进行相关文件和资料的披露，弥补了信息弱势的缺陷。

最后，浙民投还充分利用市场规则及时公告收购的相关信息，找准立场与中小股东产生共鸣，发掘和团结中小股东的力量。要约收购过程中，浙民投共发布了三次要约收购提示性公告，三次说明，充分阐述了要约收购的相关事项、存在的风险，并强调了要约收购的决心，积极推动要约收购进行的相关事项，既严格执行了市场的相关规定，又加强了中小股东对此次要约收购的理解，充分调动中小股东共同参与决策的积极性，敌意收购结束时中小股东的参与率达到了75%。

二级市场收购及权益披露（举牌）

一、引例：#宝万之争

案例2－2

【导火索】

2015年7月10日，前海人寿保险股份有限公司（以下简称前海人寿）增持万科A股522,727,926股，占万科总股本5%，触及“举牌”。这次举牌引起了万科管理层的重视，万科管理层正式开始了与宝能集团对万科控制权的争夺。

【事件经过】

2015年7月24日，前海人寿继续增持万科A股102,945,738股，占万科总股本的0.93%。至此，前海人寿和钜盛华作为一致行动人共持有万科1,105,288,724股，占万科总股本10%。2015年8月26日，前海人寿买入万科A股80,203,781股，占万科当时总股本的0.73%；钜盛华通过融资融券买入万科A股9,316,800股，占万科总股本的0.08%，以收益互换的形式持有467,138,612股万科A股股票收益权，占万科总股本的4.23%。本次增持后，宝能集团持有万科的股份增加至15.04%，超过万科原第一大股东。华润集团在2015年8月31日至2015年11月17日增持万科A股股票比例至15.29%，重新夺回了第一大股东的位置。

2015年12月7日，安邦保险集团股份有限公司（以下简称安邦保险）买入万科A股552,526,304股，占万科总股本的5.0000005%。安邦保险也成功晋升为万科的前十大股东。

2015年12月7日至18日，钜盛华买入万科A股470,356,806股，占万科总股本的4.256%。截至2015年12月18日，钜盛华与前海人寿合计共持有万科24.26%的股份。为了防止控制权落入宝能集团手中，万科管理层向深交所申请并于2015年12月18日下午13:00起开始停牌。2016年3月12日，万科管理层与深圳市地铁集团有限公司（以下简称深圳地铁）签署《发行股份购买资产协议》。若发行成功，深圳地铁将持有万科A股2,872,355,163股，占本次交易完成后的万科总股本的20.65%，而钜盛华和前海人寿共持有的股份占本次交易完成后的万科总股本的19.27%。2016年6月24日，钜盛华提请万科董事会召开临时股东大会，并提出了罢免王石、乔世波、郁亮等人的董事职务的议案，但议案未通过。2016年7月4日，万科复牌。2016年7月5日至2016年7月6日，钜盛华通过资管计划增持万科A股78,392,300股，占公司总股份的0.710%。至此，钜盛华和前海人寿共持有万科A股2,759,788,024股，占万科总股份的比例为25%。

2016年7月25日至8月8日，中国恒大地产集团有限公司（以下简称恒大集团）买进万科A股551,959,870股，占万科总股本的5%。2016年8月16日至2016年11月9日，恒大集团继续增持万科161,932,084股。截至2016年11月9日，恒大集团共持有914,595,375股万科A股股份，占总股本的8.285%。而后继续不断增持至2016年11月18日9.452%、2016年11月22日10.00%、2016年11月29日14.07%。

2016年12月12日，万科管理层向深圳地铁发行股份购买资产的议案遭到了万科的第一大股东宝能集团和第二大股东华润集团的共同反对。因此，该协议作废。2017年1月24日，华润集团协议转让给深圳地铁1,689,599,817股万科股票。至此，华润集团不再持有万科股份，深圳地铁持有万科A股的股票数为1,689,599,817股，持股比例约为15.31%。

【不是结果的结果】

2016年年底，证监会主席刘士余“怒打妖精”，指险资操纵资本市场，扰乱实业，形势发生逆转。12月5日晚间，保监会突然发布信息，停止前海人寿（宝能系旗下）万能险的新业务。宝能对万科的增持收手。

2017年3月28日，万科董事会届满，但是万科并未进行新一任董事会的换届选举，并将董事会换届选举进行了延期。

2017年6月9日晚间，中国恒大发布公告称，公司以292亿元将手中持有万科A股的1,553,210,974股股份转让给深圳地铁，持股比例为14.07%。至此，恒大彻底退出备受关注的“宝万之争”。在本次交易完成后，深圳地铁正式成为万科第一大股东。深圳地铁此前已经从华润手中买下万科A的15.31%股的股份，加上此次从恒大手中买下的万科股份之后，持股比例为29.38%，而宝能则以25.4%的持股比例退居为万科的第二大股东，安邦为第三大股东，持股比例为6.73%。

2017年6月30日，万科进行董事会选举，郁亮顺利接任董事长一职。身居万科第二大股东的宝能此次不但不推荐自己的董事人选，甚至对董事会的人选也保持了沉默。

2018年4月，宝能系开始减持万科股份，首先处置的是旗下九大资管计划，陆续通过大宗交易的方式清仓。而钜盛华及前海人寿直接持股，多采用集中竞价的方式卖出。而后不断加速减持，2019年12月19日晚间，万科A公告，收到钜盛华及其一致行动人前海人寿的《简式权益变动报告书》。11月27日至12月19日，钜盛华、前海人寿通过集中竞价交易方式合计减持万科A股5.65亿股，占总股本的5%。此次减持后，钜盛华和前海人寿对万科的持股比例降至4.9999998%。

二、二级市场收购

二级市场收购是指投资人通过在二级市场上直接购买一定数量的目标公司流通股以达到控制上市公司的目的，交易方式包含竞价交易与大宗交易。

以上交所的交易规则为例，竞价交易方式包括集合竞价和连续竞价，每个交易日的9:15至9:25为开盘集合竞价时间，9:30至11:30、13:00至14:57为连续竞价时间，14:57至15:00为收盘集合竞价时间。集合竞价是指在规定时间内接受的买卖申报一次性集中撮合的竞价方式；连续竞价是指对买卖申报逐笔连续撮合的竞价方式。

大宗交易是指卖出或买入证券的需求量较大的交易方，在竞价交易的市场之外，通过向交易所进行大宗交易申报，由交易所撮合并确认成交的交易方式。同样以上交所的交易规则为例，A股单笔买卖申报数量不低于30万股，或者交易金额不低于200万元人民币的，可以采用大宗交易方式。交易所接受的大宗交易申报方式包括意向申报、成交申报和固定价格申报等。

关于大宗交易的价格尽管大宗交易不在当日竞价交易的框架内进行，但交易所还是对大宗交易的成交价格进行了限制：提出固定价格申报的，买卖双方可按当日竞价交易市场收盘价格或者当日全天成交量加权平均价格进行申报；提出成交申报的，由买方和卖方在当日价格涨跌幅限制范围内确定成交价格[1]。

对于以上市公司控制权为目标的收购行为而言，由于收购者买入股票的数量通常都相当巨大，因此集合竞价交易及大宗交易可能是更加有效和稳妥的交易方

[1] 无价格涨跌幅限制证券的成交申报价格，由买方和卖方在前收盘价格的上下30%或当日已成交的最高、最低价格之间自行协商确定。

式[1]。由于其不在竞价系统中直接进行交易的特点,此类型的交易对股票价格波动的影响要来的间接和温和,从而能够有效地控制收购成本。

由于交易方式与不以获得上市公司控制权为目的的股份(股票)收购没有规范上的区别,收购管理办法对于二级市场收购没有进行专门的规定。除了遵循交易所的交易制度外,二级市场收购主要需要遵循的是《证券法》第 63 条及《收购管理办法》第二章“权益披露”的相关内容,亦即所谓的“举牌[2]制度”及“慢走规则”。

三、权益披露——举牌制度

根据《证券法》第 63 条[3]第 1 款的规定:通过证券交易所的证券交易,投资者持有或者通过协议、其他安排与他人共同持有[4]一个上市公司已发行的有表决权股份达到5%时,应当在该事实发生之日起 3 日内,向中国证监会、证券交易所提交书面报告,通知该上市公司,并予公告。

前述投资者及其一致行动人拥有权益的股份达到一个上市公司已发行股份的5%后,通过证券交易所的证券交易,其拥有权益的股份占该上市公司已发行股份的比例每增加或者减少 5%,应当依照前款规定进行报告和公告。

前述投资者及其一致行动人拥有权益的股份达到一个上市公司已发行股份的5%后,其拥有权益的股份占该上市公司已发行股份的比例每增加或者减少 1%,应当在该事实发生的次日通知该上市公司,并予公告。

违反前述第 1 款、第 2 款的规定买入上市公司有表决权的股份的,在买入后的36 个月内,对该超过规定比例部分的股份不得行使表决权。

---

[1] 例如,在宝能系狙击万科股票一案中,宝能系绝大部分的收购是通过集合竞价交易和大宗交易的方式进行的。

[2] “举牌”原主要用于交易、拍卖之中,指在交易或拍卖以及合作时,报明相关的价格。后被引申用在大额持股权益披露中,是一种业界俗称,具体指投资者单独持有或与其一致行动人共同持有一家上市公司已发行股份或其他权益证券达到一定比例以及之后每增持或减持达到一定比例时,其应在特定时限内向证券监管机构与证券交易所报告、通知上市公司并予以公告的行为。“举牌”是我国资本市场 2014 年年底至 2017 年最受瞩目的现象之一,在本轮“举牌”浪潮中,最抢镜的当属宝能、安邦、恒大等保险系机构投资者。

[3] 《上市公司收购办法》第 13 条亦有极为类似的规定。

[4] 《上市公司收购办法》第 12 条规定,投资者在一个上市公司中拥有的权益,包括登记在其名下的股份和虽未登记在其名下但该投资者可以实际支配表决权的股份。投资者及其一致行动人在一个上市公司中拥有的权益应当合并计算。

这便是人们常说的“举牌制度”，或者称“大额持股权益披露制度”[1]。

四、制度价值

从制度价值分析，大额持股权益披露制度作为大额持股监管制度的重要组成部分，其主要处理的是大额持股的强烈外部性问题，具体来讲体现在以下几个方面：

（一）保护投资者利益

证券法律给予投资者保护的主要方式就是强制性信息披露，通过公开、公平、公正的信息披露，让投资者在充分信息披露的基础上进行投资决策。大额持股将会直接影响公司的股权结构，属于重大信息，而重大信息的披露有助于证券监管目标的实现。

一方面，大额持股信息构成重大信息。一般认为，与控制权相关的大额持股信息，自然构成重大信息。上市公司控股股东以及其他主要股东的身份、背景、投资实力、投资能力、诚信度、持股性质、持股计划以及由此产生的公司控制权变动等信息是影响公司价值评估与公司股票定价的重要变量。通常，股权（表决权）结构决定了谁能控制公司，而公司控制权的分配很大程度上决定了公司的经营策略，盈利状况等。因此，几乎所有国家的证券立法均将公司的股权结构作为应当披露的重大信息，要求发行人在招股说明书中披露。与 IPO 审核中静态的股权结构属于重要信息需要在招股说明书中披露类似，动态的股权结构变化及可能发生的控制权变化，一样属于重大信息，需要持续更新披露。重要股东、重要主体等交易信息的披露，有助于投资者从内部人交易方向的角度，更准确地认知公司是否存在“心口不一”的情况。在潜在控制权争夺的情况下，这种大额持股信息对股价具有至关重要的影响。因此，有必要对大额持股进行必要的管制，要求其在达到一定标准时进行披露，以确保上市公司及其股东以及潜在的投资者能够评估股权变动带来的可能影响。

同时，不谋求控制权的大额持股信息，同样构成重大信息。不同的主要股东，其投资策略不同，这会影响到市场对公司股份供求与流动性的判断与预期。反面来

[1] 大额持股权益披露制度起源于美国 1968 年的《威廉姆斯法案》，后世界各主要国家的资本市场均予以借鉴、发展，形成了自身的大额持股监管制度。我国的大额持股监管制度在权益披露制度外，还发展了与权益披露紧密相关的交易限制规则，也就是俗称的“慢走规则”。

说,重要股东的增持或者减持,容易导致其他投资者的跟风炒作,从而影响到市场对股票价格的预期。

另一方面,重大信息的披露可以提高市场透明度,保护投资者知情权。大额持股信息的披露,可以一定程度上给证券市场上的参与主体提供相对对称的信息,包括主要股东的身份、背景、投资计划、控制权变动的可能性与市场供求关系,从而维护市场秩序。大额持股权益披露制度,在一定程度上降低了证券市场的信息不对称,促进了我国证券市场有效性的提高,促使我国证券市场由弱式有效市场开始向半强式有效市场转化。

(二)维护二级市场的交易秩序

通过竞价交易进行的大额持股过程,或者涉及控制权变更的大额持股交易,具有较强的外部性,极易导致股票交易价格的剧烈波动。将大额持股的股东情况及交易信息对市场公开,有利于市场在信息公平的基础上迅速形成新的价格均衡,防范内幕交易、操纵市场等违法行为;此外,在鼓励有经验的投资者利用投资能力获取投资收益的同时,大额持股监管制度能够避免基于投资能力的信息利用造成的过度实质不公平。

第一,克服大额股份交易对市场秩序的负外部性。

部分大额持股的交易过程本身具有较强的外部性。权益拥有人持有大额股份的方式不同,对市场的影响也不同。通过二级市场交易成为权益拥有人,或者权益拥有人通过二级市场继续增持、减持较大数量的同一上市公司股份,将会导致交易市场价格的大幅度波动,这就是大额持股交易行为的外部性。这种外部性本身是否需要监管,监管到何种程度,各国证券市场规则存在共通之处,也存在区别。

第二,有助于实现信息的公开、公平。

大额持股的信息披露,包括对大额持股的交易信息披露。新《证券法》第 64 条关于大额持股披露的内容,新增了关于股份变动时间及方式的披露要求。股份变动的时间及方式,有助于监管者与目标公司及时知晓谁在购买股票以及基于何种目的而购买,从而有利于监管者掌握证券持有与交易信息进而实施更有效的监管,如督促上市公司通过风险提示等方式,提示投资者股价大幅波动的原因及风险;有利于防止大额持股方利用信息或资金优势进行内幕交易或操纵证券市场,损害其他投资者利益。

第三,有效减少资本市场的违规行为。

从垄断的角度来看，操纵证券市场是垄断的表现形式，具体表现为某些证券交易市场参与主体，凭借信息、技术、资金上的优势，操纵证券交易市场上的股票价格，影响证券交易市场对上市公司股份供求关系与流动性水平的判断与估计。另外，大额持股信息与上市公司收购之间更是有千丝万缕的关系，大额持股权益披露制度可以阻止大额持股人利用非公开信息进行内幕交易，尽管大额持股人不是唯一可能进行内幕交易的主体，但因其与公司可能存在的收购关系，接触到的公司内幕信息使其从事内幕交易的风险更高。以英国为例，英国法学界的共识是，防范内幕交易最有效的方式是要求公司公开披露其股份价值的信息。因此，大额持股权益披露制度可以有效减少这种类似的证券市场垄断行为。

（三）促进上市公司治理

《公司法》对于有限责任公司和股份有限公司的规制程度不同；在股份有限公司中，对于上市公司，与之相关的特别治理规则又往前跨出了一大步。大额持股人作为公司的重要股东，如果其积极行使股东权利，将会对上市公司的公司治理结构产生重大影响。根据“股东积极主义”，外部大额持股人的存在及其对上市公司管理层的监督，可以使上市公司管理层更加负责，从而降低代理成本，提高公司效益。

第一，大额持股“股东积极主义”促进公司治理。

在股权分散的上市公司中，绝大多数公众投资人对公司的经营管理并不关心，因为持股比例太低，关心了也不会给自己带来多少好处，反而要耗费精力、金钱，实在得不偿失，这在公司治理的文献中被称作“股东的冷漠”。于是，考察公司运营、监督内部管理层的担子就只能落在大额持股的外部人身上。相比于其他绝大多数“冷漠的”公众投资者而言，大额持股的机构投资者一直努力有效地作为监督上市公司的管家，他们能够有效地对上市公司的经营与管理层进行监督。

活跃的大额持股人发挥专业化的企业监督作用，大额持股人通过说服公司管理层，从而获得成功提案所需的支持。这样一来，大额持股人就会带动上市公司进行“以市场为导向的管理”。包括英国和欧盟在内的一些司法管辖区认为，外部投资者的管理将促进公众企业的长期成功，促使资本市场繁荣发展。根据法律、经济和金融方面的文献研究，在新兴市场国家，大额持股的公众投资者的存在有利于提升公司的价值与效率。外部大额持股人的存在，特别是愿意参与上市公司监督和管理的大额股份持有者，对上市公司有着极大好处。拥有大量股权的外部持股人因为其持有相较于中小投资者更大的股份，故其有更大的激励用来监督和参与上市公司的管理。这些监督与管理可以使上市公司管理层更加负责，并降低其在代理成本和管理上的懈怠。

第二,大额持股权益披露,有利于促进股东规范参与公司治理。

降低代理成本一直以来是上市公司治理中一个棘手问题。人们普遍认为,控股股东或其他主要股东比小股东更易知晓或掌握内幕信息。因此,他们的交易行为理所当然应遵从严格的披露要求。

对股权集中的上市公司而言,大额持股披露意味着外部监督力量的介入,后者的到来可对控股股东或原来的主要股东从事内幕交易或利益输送等滥用控制权的行为施加潜在影响,有助于防范这些股东从事不正当交易;至于股权分散的上市公司,大额持股披露要求则被认为可促进公司控制权市场的形成,公司管理层将因此受到收购行动的约束或潜在威慑,进而促使他们不断提高公司治理水平。

此外,大额持股权益披露有利于目标公司与投资者了解到大额股份的持有人信息,提高市场透明度。从而客观上使大额股份持有人在公众视野下,更规范地行使股东权利,影响公司各类重大方针政策的制定及实施。尤其是存在名义持有人的情况下,实际大额股份持有人的披露更为重要;大额持股人通过信息优势进行内幕信息、市场操纵等违规行为的难度加大;更容易发现隐藏的关联交易,或者关联交易非关联化,防范公司资产的低价转移。

五、权益披露的具体要求

从收购办法的相关规定来看,权益披露的具体方式主要是简式权益变动报告书和详式权益变动报告书。

投资者在持有某上市公司股票数量低于该上市公司发行在外股票的5%时,该投资者在法律意义上仅被称为“普通投资者”,其买卖上市公司股票的行为只需要遵守我国《证券法》第三章“证券交易”的相关规则及交易所的相关交易规则即可。

投资者及其一致行动人不是上市公司的第一大股东或者实际控制人,其拥有权益的股份达到或者超过该公司已发行股份的5%,但未达到20%的,应当编制简式权益变动报告书,前述投资者及其一致行动人为上市公司第一大股东或者实际控制人,其拥有权益的股份达到或者超过一个上市公司已发行股份的5%,但未达到20%的,则应当披露详式权益变动报告书。

投资者及其一致行动人拥有权益的股份达到或者超过一个上市公司已发行股份的20%但未超过30%的,应当披露详式权益变动报告书。而如果前述投资者及其一致行动人为上市公司第一大股东或者实际控制人的，还应当聘请财务顾问对上述权益变动报告书所披露的内容出具核查意见。[1]

简式权益变动报告书具体包括下列内容：(1)投资者及其一致行动人的姓名、住所；投资者及其一致行动人为法人的，其名称、注册地及法定代表人；(2)持股目的，是否有意在未来12个月内继续增加其在上市公司中拥有的权益；(3)上市公司的名称、股票的种类、数量、比例；(4)在上市公司中拥有权益的股份达到或者超过上市公司已发行股份的5%或者拥有权益的股份增减变化达到5%的时间及方式、增持股份的资金来源；(5)在上市公司中拥有权益的股份变动的时间及方式；(6)权益变动事实发生之日前6个月内通过证券交易所的证券交易买卖该公司股票的简要情况；(7)中国证监会、证券交易所要求披露的其他内容。

详式权益变动报告书，除须披露简式权益变动报告书中的相关信息外，还应当披露以下内容：(1)投资者及其一致行动人的控股股东、实际控制人及其股权控制关系结构图；(2)取得相关股份的价格、所需资金额，或者其他支付安排；(3)投资者、一致行动人及其控股股东、实际控制人所从事的业务与上市公司的业务是否存在同业竞争或者潜在的同业竞争，是否存在持续关联交易；存在同业竞争或者持续关联交易的，是否已做出相应的安排，确保投资者、一致行动人及其关联方与上市公司之间避免同业竞争以及保持上市公司的独立性；(4)未来12个月内对上市公司资产、业务、人员、组织结构、公司章程等进行调整的后续计划；(5)前24个月内投资者及其一致行动人与上市公司之间的重大交易；(6)不存在收购办法第6条规定的情形；(7)能够按照收购办法第50条的规定提供相关文件。

已披露权益变动报告书的投资者及其一致行动人在披露之日起6个月内，因拥有权益的股份变动需要再次报告、公告权益变动报告书的，可以仅就与前次报告书不同的部分作出报告、公告；自前次披露之日起超过6个月的，投资者及其一致行动人应当按照本章的规定编制权益变动报告书，履行报告、公告义务。

六、慢走规则

慢走规则与大额持股权益披露规则一样，源自1993年的《股票条例》，并为后

[1] 但国有股行政划转或者变更、股份转让在同一实际控制人控制的不同主体之间进行、因继承取得股份的除外。投资者及其一致行动人承诺至少3年放弃行使相关股份表决权的，可免于聘请财务顾问和提供前款第（七）项规定的文件。

续的《证券法》所沿袭。查阅主要国家(地区)的证券立法,只有韩国有类似规则,且仅限于谋求控制权的大额持股人。[1] 因此,可以说“慢走规则”系我国所特有,而且其贯穿了我国证券市场和证券法发展的整个过程。

与大额持股信息披露规则一样,慢走规则同样规定在《证券法》第 63 条,该条第 1 款最后一句指出:“在上述期限内,不得再行买卖该上市公司的股票,但中国证监会规定的情形除外。”及第 2 款最后一句指出:“在该事实发生之日起至公告后三日内,不得再行买卖该上市公司的股票,但中国证监会规定的情形除外。”即我们所讲的慢走规则。

可见,我国《证券法》第 63 条设有两种情形下的慢走规则。具体情形及分析如下:

第一,初始持股比例 5% 的慢走规则:通过证券交易所的证券交易,拥有权益的股份比例达到 5% 的,大额持股人应当在该事实发生之日起 3 日内按规定履行报告及公告义务,在上述期限内不得再行买卖该上市公司的股票。值得注意的是:(1)该条不仅针对增持,同样适用于减持达到 5%。其与第 63 条第 2 款规定这两个条款存在竞合关系,实务中,该种情况下,应当在达到 5% 时触发信息披露义务,并适用慢走规则。也就是说,5% 是一个固定点,此时变动比例未达到 5%,也触发相应的披露及交易限制规则;(2)“上述期限”的具体含义:根据《证券法》及《收购办法》第 13 条、第 14 条、第 15 条的文意分析,我们认为《收购办法》对“上述期限”的理解为“作出报告、公告前”,而非“事实发生之日起三日内”。

第二,5% 后持股变动比例每增减 5% 的慢走规则:拥有权益的股份比例达到 5% 后,大额持股人持股比例每增加或者减少 5%,应当在该事实发生之日起 3 日内按规定履行报告及公告义务,在该事实发生之日起至公告后 3 日内,不得再行买卖该上市公司的股票。需要注意的是,根据证监会的监管实务及问答,此处的 5% 是流量而非刻度:每增加或减少 5% 的变动量需要进行披露,而非持股达到 5% 倍数的固定刻度上进行权益披露。

七、权利限制及结语

我国法律除在上市公司收购过程中对收购者的收购方式、节奏、持股比例信息披露等有具体规定外,还规定了收购完成后收购者所持股份对应的“锁定期”,即在

[1] 施金晶:《大额持股监管法律制度研究》,华东政法大学 2020 年学位论文。

收购人完成上市公司收购过程中，其持有的被收购上市公司的股票，在该次收购行为完成后的18个月内不得转让[1]。

而对于收购方违规增持股票后形成的股东权益之限制，过去一直是各方争议的焦点，尽管在1999年版的《证券法》中就已确立“举牌”制度[2]，但由于当时制度对于违规收购部分股份的表决权限制存在明显缺陷，而表决权是公司所有权与公司控制权的连接点[3]。因此，在过去的很多敌意收购案例中，上市公司原股东或管理层对于限制敌意收购方表决权的诉求几乎得不到司法裁判的支持。

直至2019年《证券法》第63条最后一款明确规定：“违反前述第一款、第二款的规定买入上市公司有表决权的股份的，在买入后的三十六个月内，对该超过规定比例部分的股份不得行使表决权。”至此，违规增持有了具体的权利限制，我国资本市场的“举牌”制度和“慢走”制度也最终走向了成熟。

---

〔1〕 在证监会2020年3月修订发布的《上司公司收购管理办法》之前，对于此部分的“锁定期”一度规定在12个月，2020年3月证监会发布《关于修改部分证券期货规章的决定》，对《上市公司收购管理办法》进行修订，新办法第74条规定“在上市公司收购中，收购人持有的被收购公司股份，在收购完成后18个月内不得转让。收购人在被收购公司中拥有权益的股份在同一实际控制人控制的不同主体之间进行转让不受前述18个月限制，但应当遵守本办法第六章的规定。

〔2〕 1999年版《证券法》第79条规定：“通过证券交易所的证券交易，投资者持有一个上市公司已发行的股份的百分之五时，应当在该事实发生之日起三日内，向国务院证券监督管理机构、证券交易所作出书面报告，通知该上市公司，并予以公告；在上述规定的期限内，不得再行买卖该上市公司的股票。投资者持有一个上市公司已发行的股份的百分之五后，通过证券交易所的证券交易，其所持该上市公司已发行的股份比例每增加或者减少百分之五，应当依照前款规定进行报告和公告。在报告期限内和作出报告、公告后二日内，不得再行买卖该上市公司的股票。”

〔3〕 参见梁上上：《论股东表决权——以公司控制权争夺为中心展开》，法律出版社2005年版，第28页。

反收购措施与合法性分析

反收购与收购相对,是收购制度的重要组成部分。广义上的反收购是指目标公司针对收购方的收购行为所采取的一切防御行为。没有收购就没有反收购,收购是反收购的前提,反收购反作用于收购。一般意义上的反收购是指目标公司针对敌意收购行为采取的一切防御措施,包括在未收到收购报价时的预防措施,也包括在敌意收购真正发起后的反击措施。本书采取一般意义上的反收购定义,即目标公司为了目标公司及其股东的利益或其他利益相关方的利益、防止控制权的转移,而进行的一系列防御和反击敌意收购的行为。

一、我国反收购相关请求权的立法现状

目前,我国并没有关于敌意收购和反收购的专门立法,与之相关的法律规定主要散落在除宪法以外各个效力层级的法律文件中:在法律层面主要是《公司法》及《证券法》还有《中华人民共和国反垄断法》(以下简称《反垄断法》);在部门规章层面主要是《上市公司收购管理办法》(以下简称《收购办法》)。

我们具体进行如下梳理:

(一)《公司法》及《证券法》的相关规定

我国现行《公司法》主要是任意性规范,其中关于敌意收购及反收购并没有具体明确的规定,主要体现的是当事人意思自治的民商法原则。如其第4条[1]对股东的权利进行了阐述,表明股东具有参与重大决策和选择管理者的权利;再如其第147条[2]规定了公司的董事、高管对公司的忠实勤勉义务,这一条可以作为上市公司高管是否滥用反收购措施的一个评价标准;以及《公司法》第九章"公司合

---

〔1〕《公司法》第4条规定:公司股东依法享有资产收益、参与重大决策和选择管理者等权利。

〔2〕《公司法》第147条规定:董事、监事、高级管理人员应当遵守法律、行政法规和公司章程,对公司负有忠实义务和勤勉义务。

并、分立、增资、减资”一章中，规定了公司合并与分立的问题，并就股份和股票的转让要求作了相关规定。但是《公司法》对敌意收购及反收购并没有作出任何具体的规定。

我国现行《证券法》第四章专章规定了“上市公司的收购”，但是此部分也没有对敌意收购和反收购作具体的规定。不过作为反收购的逻辑起点，该章对收购的规定也与反收购有着密切的联系。2019 年 12 月 28 日上午，第十三届全国人民代表大会常委会第十五次会议全体会议审议通过了新修订的证券法，并自 2020 年 3 月 1 日起开始实施。修订后的《证券法》第 63 条中规定了收购行为的信息披露义务，该规定明确了收购方在收购股份达到 5% 时的信息披露义务，如果收购方没有进行有效的信息披露，这将为反收购一方提供法律依据。同时，此次修订将之前的“股份”改为了“有表决权的股份”，这一改动，体现了在上市公司的监管中，结合优先股、特殊表决权安排等实践，强调有表决权股份；新增 5% 以上股东所持有表决权股每增加或者减少 1%，就应当在该事实发生的次日通知该上市公司，并予公告的规定；将慢走规则中作出报告、公告后不得再行买卖该上市公司股票的 2 日延长为 3 日；也明确了违规收购的法律后果，买入的 36 个月内，对超过规定比例部分的股份不得行使表决权；此外还授权证监会另行制定豁免情形。同时，《证券法》第 65 条[1]还进一步规定了收购方在收购中的义务以及目标公司进行反收购的可能。

(二)《反垄断法》及《收购办法》相关规定

我国《反垄断法》对反收购的相关规定主要体现在第 28 条[2]对涉嫌垄断的收购行为予以禁止上，然而该条文仅仅适用于通过股权收购获得垄断地位的情形，只有在可能导致垄断引起的反收购时才能适用该规定，对于一般的反收购活动并没有太大的意义。

2006 年我国为了规范上市公司的收购活动，出台了《上市公司收购管理办法》，经 2006 年 5 月 17 日中国证券监督管理委员会第 180 次主席办公会议审议通过；此后又经过了数次修订，现行有效的是 2020 年 3 月 20 日中国证券监督管理委员会

---

[1] 《证券法》第 65 条规定：通过证券交易所的证券交易，投资者持有或者通过协议、其他安排与他人共同持有一个上市公司已发行的有表决权股份达到 30% 时，继续进行收购的，应当依法向该上市公司所有股东发出收购上市公司全部或者部分股份的要约。收购上市公司部分股份的要约应当约定，被收购公司股东承诺出售的股份数额超过预定收购的股份数额的，收购人按比例进行收购。

[2] 《反垄断法》第 28 条规定：经营者集中具有或者可能具有排除、限制竞争效果的，国务院反垄断执法机构应当作出禁止经营者集中的决定。但是，经营者能够证明该集中对竞争产生的有利影响明显大于不利影响，或者符合社会公共利益的，国务院反垄断执法机构可以作出对经营者集中不予禁止的决定。

《关于修改部分证券期货规章的决定》所修订的版本。在《收购办法》中,我国首次对反收购作出了较直接的规定,如第 8 条[1]强调了目标公司管理层的忠实勤勉义务,平等对待收购人,第 33 条[2]规定了不经股东大会的同意,董事会不得作出的决议及采取的措施,第 32 条[3]表明了目标公司董事会在反收购过程中的义务以及部分反收购权限,第 80 条第 2 款[4]规定了上市公司章程中涉及公司控制权条款的合法性原则。尽管如此,《收购办法》共十章 90 条也多为对股东大会、董事会应尽的义务及权限作出的原则性规定,并没有明确对反收购进行规范的条文,在实践中更多地只能作为指导方向和参考。

《收购办法》没有明确提到"敌意收购"或"反收购"等词汇,侧面反映出我国对反收购回避正面肯定或否定的态度。但以上规定显然是适用于敌意收购及反收购的。总体上看,上述规定都明确了董事的忠实勤勉及信义义务,并且通过一定的规定来对董事的行为进行限制进而达到保护公司和股东利益的目的。

(三)其他反收购相关立法

除了以上的法律文件,与反收购相关的法律文件还有《上市公司重大资产重组管理办法》《上市公司信息披露管理办法》《上市公司章程指引》,以及上交所和深交所的行业自律规则《上海证券交易所股票上市规则》《深圳证券交易所股票上市规则》。

《上市公司重大资产重组管理办法》确立了上市公司重大资产重组的定义、标准、原则、程序及信息披露。《上市公司信息披露管理办法》对信息披露主体、内容、程序及监管等内容作出了较详细的规定。《上市公司章程指引》则对股份的发行及

---

[1] 《收购办法》第 8 条规定:被收购公司的董事、监事、高级管理人员对公司负有忠实义务和勤勉义务,应当公平对待收购本公司的所有收购人。被收购公司董事会针对收购所做出的决策及采取的措施,应当有利于维护公司及其股东的利益,不得滥用职权对收购设置不适当的障碍,不得利用公司资源向收购人提供任何形式的财务资助,不得损害公司及其股东的合法权益。

[2] 《收购办法》第 33 条规定:收购人作出提示性公告后至要约收购完成前,被收购公司除继续从事正常的经营活动或者执行股东大会已经作出的决议外,未经股东大会批准,被收购公司董事会不得通过处置公司资产、对外投资、调整公司主要业务、担保、贷款等方式,对公司的资产、负债、权益或者经营成果造成重大影响。

[3] 《收购办法》第 32 条规定:被收购公司董事会应当对收购人的主体资格、资信情况及收购意图进行调查,对要约条件进行分析,对股东是否接受要约提出建议,并聘请独立财务顾问提出专业意见。在收购人公告要约收购报告书后 20 日内,被收购公司董事会应当公告被收购公司董事会报告书与独立财务顾问的专业意见。收购人对收购要约条件作出重大变更的,被收购公司董事会应当在 3 个工作日内公告董事会及独立财务顾问就要约条件的变更情况所出具的补充意见。

[4] 《收购办法》第 80 条第 2 款规定:上市公司章程中涉及公司控制权的条款违反法律、行政法规和本办法规定的,中国证监会责令改正。

转让、股东大会和董事会的职权划分、董事的忠实勤勉义务以及部分章程反收购条款作出了具体的规范指引,使上市公司章程中设置反收购条款时有了较为具体的示范性清单。《上海证券交易所股票上市规则》《深圳证券交易所股票上市规则》作为行业自律规则,主要以股价异动为监管的重点,完善细化了信息披露及市场监管机制。

可以看出上述这些法律文件中关于反收购的规定也多为原则性程序性的规定,并没有明确规制反收购的条文,对于反收购都只具有参考意义。

二、域外比较成熟的反收购措施简介

反收购的具体措施可以根据目标公司采取反收购措施的时间不同而划分为事前反收购和事后反收购,每种分类下又包含多种不同的具体措施。

(一)事前的反收购措施

1. 驱鲨剂条款(Shark Repellan)。目标公司通过对其章程的修改,使其中的部分条款难以被收购方所接受,或提高其收购的成本,从而为敌意收购设置一定的障碍,达到反收购的目的。这些条款主要包括“绝对多数条款”、“公平价格修正条款”、“分级董事会条款”以及“限制大股东表决权条款”。“绝对多数条款”是指在涉及公司的重大事项(如合并、分立、解散等)的决议,必须经过绝大多数有表决权的股东的同意方能通过,这个比例通常大于2/3,极端情况下可能达到90%以上。“公平价格修正条款”是指对具有董事会除外条款的“绝对多数条款”再加上这样的一条,即如果要约者所购买的股份都得到了公平价格,就放弃“绝对多数条款”,通常会将公平价格定义为某一特定期间要约者支付的最高价格。“分级董事会条款”是典型的错列董事会条约规定,比如每位董事任期3年,每年重选1/3,董事会的错列选举延长了收购方想要获得董事会多数席位所需要的等待时间,因而也能提高收购方的成本。“限制大股东表决权条款”则是为了有效保护中小股东,也为了限制收购者拥有过大权力,通过在公司章程中设置限制大股东表决权的条款,可以使收购者在拥有一半以上的股权的情况下也不一定拥有一半以上的表决权。

2. 毒丸计划。目标公司通过发行特殊证券来降低公司在收购方眼中的价值的一种措施,它还有一个名字叫作“股东权益计划”。“毒丸计划”最早是美国著名律师马丁·利普顿(Martin Lipon)于1982年提出的,最初的形式比较简单,就是目标公司向普通股东发行优先股,一旦公司被收购,股东持有的优先股就可以转换为一定数额的普通股票。通过这一方式来稀释收购方的股权来达到最终的反收购效果。如今经过数十载的发展,已经衍化出了多种不同的“毒丸”,但其本质始终未变,都是通过发行认股权或优先股来摊薄或稀释收购方所持目标公司的股权比例,进而达到反收购的目的。

3. 金色降落伞(Golden Parachute)。当目标公司面临着被收购的情况时,公司管理层乃至基层人员都有可能被更换,因此,一方面为了维护他们的利益,另一方面也为了增加收购方的成本,该条款规定:公司被收购后,一旦高级管理人员失去职位,则公司应当向其支付一笔巨额补偿金,从而可以在敌意收购前使用,使目标公司因此丧失一定的吸引力。

4. 双层股权结构。双层股权结构是一种非常规的股权结构,按照每股附着的表决权大小分为 A、B 两类股:A 类普通股遵循着一股一票原则,而 B 类股则有着数倍于 A 类股的表决权,这一股权结构在世界很多国家获得法律的保护和认可,并且十分受上市公司的欢迎。在双层股权结构制度下,两类普通股的差别主要在于表决权的大小以及可转让性,附有超级表决权的 B 类普通股往往由企业创始人及其管理团队持有。通常而言,在封闭公司转为上市公司的过程中,向公众募集大量资金的同时创始人的股权也会被大量稀释,在一股一票的制度下,管理团队对公司的控制权也被大大削弱。因此,双层股权结构不但能解决公司的融资问题,也同时保留了创始团队对公司的控制权,这样就基本杜绝了收购方的敌意收购行为,使收购方无法获得公司控制权。

除了上述预防措施之外,还有“相互持股计划”及“员工持股计划”等反收购措施来对敌意收购进行抵制。

(二)事后的反收购措施

1. 白衣骑士。当一家公司面临着敌意收购或者是存在被收购的风险或威胁时,它可以寻求“白衣骑士”的帮助。“白衣骑士”是另外一家公司,是目标公司更愿意接受的买家。“白衣骑士”会以比敌意收购人更高的价格和更优惠的条件来收购全部或者部分公司股票。这些更有利的条件有可能是更高的价格,但更常见的情形是管理层会选择一个不会解散公司或更换董事会的“白衣骑士”。

2. 起诉防御。目标公司可以选择诉诸法律的方式,根据公司法、证券法、反垄断法等来对收购方进行起诉,一是为了拖延收购方的进度,为反收购争取时间;二是迫使收购方提高收购金额;三是希望借助审判机关的权力来控诉收购行为的违法性进而达到保护公司的目的。

3. 焦土战术(Scorched Earth)。“焦土战术”是指当公司面临敌意收购的风险时，通过各种方式来恶化公司的经营状况和资产的反收购措施。常见的如低价出售优质资产[此种资产往往被称作“皇冠上的明珠”(Crown Jewel)]、购买不良资产、增加负债等，以此来降低自己在收购方眼中的价值，使收购者因此而却步。但这种方式往往也会降低目标公司自身的资产质量和股票价格，因此是一种“自杀式”的防御措施，往往导致两败俱伤的结果。

4. 帕克曼防御(Pac – man Defense)。“帕克曼防御”是指目标公司在面临敌意收购时，以攻为守，反过来收购袭击者的股份，或是以出让本公司的部分利益为条件，联合与目标公司关系密切的相关公司出面收购敌意收购方，从而达到“围魏救赵”的目的。进攻是最好的防御，使目标公司处于一种可进可退的自如地位，但其有着较大的风险，不仅需要公司有着强大的资金实力和外部融资能力，还需要收购方本身有懈可击，否则此种方法很难成功。

三、反收购措施的合法性问题

如上所述，我国目前的反收购立法并不足够完善，更没有关于各种具体反收购措施的合法性规定。然而，事实上我国的上市公司面临着亟待采取反收购措施来应对敌意收购的现实情况，上市公司在面临立法缺失和继续采取反收购措施的两种矛盾情形下，能做的往往也只是根据现有法律规定来采取一切能够有效运用的反收购措施。本书现就事前反收购措施和事后反收购措施在我国现有法律环境下的合法性进行分析。

(一)事前的反收购措施合法性分析

1. “驱鲨剂条款”的合法性分析

“驱鲨剂条款”亦即在公司章程中植入一定的防御性条款以达到对抗敌意收购的目的，按理说是属于公司私法自治的范畴。“公司章程由发起人共同制定，作为公司股东之间订立的契约，可以视为意思自治的产物，可以说，公司章程的本质属性应当是私法性。”[1]但公司法在有着大量任意性规范的同时又有着一定的强制性规范，这就决定了公司章程的修改不一定是合法的。

---

[1] 罗培新:《公司法的合同解释》，北京大学出版社2004年版，第132—143页。

我国《公司法》第103条[1]对超级多数条款作出了规定,该条文将需要经过股东大会同意的事项分为一般事项和特别事项,一般事项需要经股东大会半数以上表决通过,而公司章程修改、企业合并、分立等重大事项则需要2/3以上表决通过。这一规定反映了《公司法》在对反收购措施进行规范时的强制性。但是并没有明确公司章程在设定时是否可以选择大于2/3表决权才能通过重大决议,按照私法自治的原则,如果公司章程的设定需要高于2/3表决权才能通过重大决议,也就是说,高于法律规定的内容,也不应当认定违法。另外,公司如果将特别决议事项的范围在章程中予以扩大,这样的行为是否合法?《公司法》并没有明确规定。

案例2-3

值得注意的是,在浙民投收购ST生化的案例中,上市公司原控股股东就尝试运用驱鲨剂条款守护上市公司核心资产:

2018年1月3日,时任上市公司董事长史曜瑜出具上市公司股东决定,免去朱光祖、杨曦、刘仁金、陈洁林的广东双林生物制药有限公司董事职务,并任命史跃武、郑毅、罗军、翟晓平、张广东为广东双林生物制药有限公司董事。

2018年1月5日,史曜瑜擅自签署广东双林生物制药有限公司章程修正案,根据修订后的广东双林生物制药有限公司章程(以下简称"2018年1月双林公司章程"),股东选择和更换公司董事及改选董事会、修改公司章程属于特殊决议事项,须提交股东单位股东大会作为特殊决议事项进行审议(须经股东单位出席股东大会的股东所持表决权的2/3以上通过)。

而后在2018年年底,可能是出于对于双林生物总经理朱光祖的不满,这一届权力来源并不稳固的"董事会"作出了罢免朱光祖的决议,使原本"相安无事"的上市公司董事会权利派系出现了第一次的正面交锋,而显然,在上市公司的权利层面,控股股东还是具有相对优势的。

至于分级董事会条款,我国法律也没有明确的规定,我国《公司法》只是对股东选举董事的权利、董事的任职期限、董事会的成员人数作出了规定。[2] 关于分级董

[1] 《公司法》第103条规定:股东出席股东大会会议,所持每一股份有一表决权。但是,公司持有的本公司股份没有表决权。股东大会作出决议,必须经出席会议的股东所持表决权过半数通过。但是,股东大会作出修改公司章程、增加或者减少注册资本的决议,以及公司合并、分立、解散或者变更公司形式的决议,必须经出席会议的股东所持表决权的2/3以上通过。

[2] 参见《公司法》第37条、第45条、第108条。

事会条款的合法性,我国学者也存在一定的争议。如“爱使股份”与“方正科技”收购一案中,持肯定观点的学者认为:基于公司章程的性质及法律最低限度的规定,公司章程本属于公开性质的文件,收购方应当在采取收购行为之前仔细阅读目标公司的章程规定,如果仍然采取收购行为,该不利后果应由自己承担。[1] 而持有反对观点的学者则认为,股东大会选举董事,是对全体董事的选举,在现行法律框架下是否允许董事会分期选举是存在疑问的。而且分级董事会条款有个很大的弊端在于限制了股东更换董事的权利,也就是妨碍了股东权利中最基本的选举权。[2]

2.“毒丸计划”的合法性分析

在“宝万之争”之前,国内就有过成功运用“毒丸计划”完成反收购的案例,比如“盛大收购新浪”“北大青鸟收购搜狐”等。但是这些案例中的目标公司均是在美国上市的公司,依据美国相关的法律进行反收购活动。而如万科这类在我国国内上市的公司能否采取“毒丸计划”,则需要按照我国的法律规定。早在万科之前我国也有过多家上市公司尝试通过“毒丸计划”来进行反收购,但最终均以失败告终,这与我国不具备实施”毒丸计划”的法律制度有关。

一方面,我国《公司法》一直都是法定资本制。在 2013 年的《公司法》修改中,虽然废除了法定最低资本的要求,并且将实缴制改为认缴制,但是依然属于法定资本制。这就意味着公司股份在发行时就已经被全部认购,没有库存股的存在,而“毒丸计划”是在目标公司面临收购威胁时,若想以低价出售公司股份给目标公司股东,在不存在库存股的情况下就必须发行新股,也就意味着增加了公司资本。而根据我国《公司法》第 103 条的规定,发行新股必须经过股东大会 2/3 以上同意,董事会是无权自行启动“毒丸计划”的。因此从这一点来讲“毒丸计划”在我国行不通。

另一方面,“毒丸计划”的核心是向收购方以外的其他股东发行股份,并且允许他们在毒丸触发时能够以较低的价格获得股份。而这种做法显然违反了我国《公司法》第 126 条[3]规定的同股同权原则,这与我国当下不健全的类别股制度是有密不可分的关系的。此外,《收购办法》第 7 条、第 8 条规定了目标公司管理层有着应当平等对待公司收购人的义务。

---

〔1〕 王建文:《我国公司章程反收购条款:制度空间与适用方法》,载《法学评论》2007 年第 2 期。

〔2〕 张舫:《上市公司章程中董事选任条款的有效性分析》,载《法学》2009 年第 1 期。

〔3〕 《公司法》第 126 条规定:股份的发行,实行公平、公正的原则,同种类的每一股份应当具有同等权利。同次发行的同种类股票,每股的发行条件和价格应当相同;任何单位或者个人所认购的股份,每股应当支付相同价额。

综上所述,我国目前的法律环境下,我国的法定资本制以及不健全的类别股制度就决定了我国尚不具备“毒丸计划”充分实施的条件。

3.“金色降落伞”的合法性分析

关于“金色降落伞”作为反收购措施在我国的合法性至今并没有统一的定论,在学术界也没有统一的答案。该措施通过拟定高额的离职补偿金来提高收购方的成本,使其不得不考虑收购的预期效果,同时还解决了高管们的后顾之忧,使他们能够更加积极地为公司反收购采取行动。但也正是因为这一点,有部分学者提出了反对意见认为:“金色降落伞计划”是为了保护董事、高管的利益,与《上市公司收购管理办法》的精神不符。但是支持者认为,如果目的正当,程序合法,且经过股东大会的决议,并且没有违反我国法律的强制规定,就应当认为合法。支持的理由还包括有了“金色降落伞”的保护,管理层在收购完成后无论是否离职,都可以更好地、独立地评估收购对公司及股东的影响,进而作出最有利的决定。但是在实践中,管理层完全有可能为了高额的赔偿金,促成对方的收购,存在道德风险,而且如果赔偿金额过高也有可能给股东带来利益损害,这就与反收购的初衷相背离了。因此关于“金色降落伞”的合法性是我国反收购实践中应当考虑的问题。

(二)事后的反收购措施合法性分析

1.“白衣骑士”的合法性分析

“白衣骑士”作为常见的反收购措施在我国并不陌生,比如“君万之争”中,万科就曾引入华润这一“白衣骑士”成功完成了反收购;还有广发证券对中信证券进行的反收购也采取了这一策略。我国目前的反收购立法中并没有对“白衣骑士”作出禁止性规定,故只要符合相关规定,该措施就可以使用。我国《收购办法》第 37 条、第 40 条、第 42 条也通过允许竞争要约的方式对这一反收购措施作出了适用性的规定。但是在实践中,敌意收购方的出价往往比较高,就会造成“白衣骑士”的成本也同样高,这样的“白衣骑士”并不好找。此外,“白衣骑士”往往与“锁定交易”共同使用来达到反收购的目的。“锁定交易”是指目标公司可以将其优良资产(皇冠宝珠)以协议价格出售给友好人士。该“锁定交易”的行为难免会违反《收购办法》第 8 条中规定的“公平对待收购人”这一要求。因此,我国在“白衣骑士”这一反收购措施的规范方面还缺乏一定的限制,应当加以完善。

2.“焦土战术”的合法性分析

“焦土战术”作为一种比较消极的防御措施,是通过降低自身价值的方式来使收购者失去继续收购的兴趣,这种方式往往会带来“杀敌一千自损八百”的后果。

在我国《收购办法》第33条中规定，目标公司的董事不得在没有经过股东大会同意的情况下擅自处置公司资产以致对公司的资产、负债、权益或者经营成果造成重大影响。从这一点来看，我国法律是禁止“焦土战术”的。

3.“帕克曼防御”的合法性分析

“帕克曼防御”也被称为“收购收购者”，它的特点是以攻为守，使收购方处于被动的一方。我国目前的法律并没有规定不允许互相收购的情形，也就是说，“帕克曼防御”这一反收购措施在我国是存在适用的法律空间的，但是鉴于此种方式的风险较大，也很可能给目标公司和股东利益带来极大损害，因此采取该措施应当严格遵守我国《公司法》及《收购办法》，在股东大会同意下才合法有效。同时，也应当遵守我国关于交叉持股的规定。

上市公司收购中的财务顾问

根据《收购办法》第 9 条的规定，收购人进行上市公司的收购，应当聘请符合《证券法》规定的专业机构担任财务顾问。收购人未按照本办法规定聘请财务顾问的，不得收购上市公司。

由此可见，除了收购方（投资人）与标的公司之外，财务顾问也是上市公司收购活动中不可或缺的角色。那么，何谓"财务顾问"，什么人、或者什么机构能够担任财务顾问，财务顾问在上市公司收购活动中又需要履行哪些职责、扮演什么样的角色呢？本书试图一窥究竟。

首先，我们来看何谓"财务顾问"：财务顾问的概念来源于英语中 Financial Advisor，也即大家口中的 FA 业务，别名"新型投资银行业务"，其核心作用是为企业融资提供第三方专业服务。而根据证监会《上市公并购重组财务顾问业务管理办法》，"上市公司并购重组财务顾问业务是指为上市公司的收购、重大资产重组、合并、分立、股份回购等对上市公司股权结构、资产和负债、收入和利润等具有重大影响的并购重组活动提供交易估值、方案设计、出具专业意见等专业服务"。

部分投行从业人员认为，财务顾问能够提供的服务水平是分层级的：

最低要求，是投资银行拥有牌照，企业因为监管要求必须聘请。这样的财务顾问，主要职能就是"做材料"，包括制作申报材料，回复监管审核意见等。

初级要求，是投资银行拥有执行能力，能够"做项目"，包括设计方案、协调其他中介机构等。

中级要求，是投资银行拥有平衡交易的能力，能够"做交易"，包括从行业入手筛选与匹配标的，主导交易进程，提供过桥融资等辅助交易的工具和手段。

高级要求，是投行能够长期"做客户"，而不是仅把这样一个并购重组交易视为一个产品。投资银行能够真正以客户为中心，关注整合效果，提供长期资本运作规划和综合投行服务。

其中"最低要求"，即根据证监会的规定，在上市公司收购活动中必须聘请财务顾问，具体情况又包括收购方财务顾问和上市公司（被收购方）独立财务顾问。

我们主要来看收购方的财务顾问。

一、财务顾问的聘请

《收购办法》第9条对于收购方聘请财务顾问之规定的逻辑起点是收购人对上市公司股份的收购行为构成"上市公司收购"，亦即获得上市公司控制权（或以获得上市公司控制权为目的），然而是否获得上市公司控制权的认定，是一个相对复杂的工作[1]，因此《收购办法》根据收购方式不同，亦对财务顾问的聘请节点作出了分步式及可豁免的具体规定：

（一）要约收购

根据《收购办法》第28条的规定：以要约方式收购上市公司股份的，收购人应当编制要约收购报告书，聘请财务顾问，通知被收购公司，同时对要约收购报告书作出提示性公告。亦即只要是收购方通过要约收购的方式收购上市公司的股份，无论是否以获得上市公司控制权为目的，也无论预定收购的股份比例多少（按照《收购办法》第25条的规定：以要约方式收购一个上市公司股份的，其预定收购的股份比例不得低于该上市公司已发行股份的5%），收购人均应当聘请财务顾问。所以这个问题在要约收购的收购方式中最为清晰。

（二）协议收购

根据《收购办法》第48条的规定：以协议方式收购上市公司股份超过30%并免于触发要约的，收购人应当在收购报告书摘要公告后5日内，公告其收购报告书、财务顾问专业意见和律师出具的法律意见书。

根据《收购办法》第17条的规定：投资者及其一致行动人拥有权益的股份达到或超过一个上市公司已发行股份的20%但未超过30%的，应当编制详式权益变动报告书，前述投资者及其一致行动人为上市公司第一大股东或者实际控制人的，还应当聘请财务顾问对上述权益变动报告书所披露的内容出具核查意见。

另外就是《收购办法》第9条的规定：收购人进行上市公司的收购，应当聘请符

---

[1] 《收购办法》第84条规定：有下列情形之一的，为拥有上市公司控制权：（1）投资者为上市公司持股50%以上的控股股东；（2）投资者可以实际支配上市公司股份表决权超过30%；（3）投资者通过实际支配上市公司股份表决权能够决定公司董事会半数以上成员选任；（4）投资者依其可实际支配的上市公司股份表决权足以对公司股东大会的决议产生重大影响；（5）中国证监会认定的其他情形。

合《证券法》规定的专业机构担任财务顾问。

综上，我们可以总结如下：当收购人以协议收购的方式收购上市公司股份时，如果明确就是以获取上市公司控制权为目的的，那么无论购入的股份比例是多少，都应当聘请财务顾问并出具相关文书；如果收购人暂时没有明确的收购意图，那么如果收购的股份比例不足20%的，则暂时不需要聘请财务顾问（或者暂时不需要财务顾问出面）；达到20%但未超过30%的，财务顾问需要对详式权益变动报告书出具核查意见；超过30%的，应当由财务顾问发表专业意见。

（三）二级市场收购

二级市场收购同样适用《收购办法》第17条的规定：投资者及其一致行动人拥有权益的股份达到或超过一个上市公司已发行股份的20%但未超过30%的，应当编制详式权益变动报告书，前述投资者及其一致行动人为上市公司第一大股东或者实际控制人的，还应当聘请财务顾问对上述权益变动报告书所披露的内容出具核查意见。

而收购方购入股份比例一旦达到30%的，就将触发要约收购，切入要约收购的逻辑及监管规则（必须聘请财务顾问并出具财务顾问报告）。

那么我们再回到《收购办法》第9条对于收购方聘请财务顾问之规定的逻辑起点，之前纷繁复杂的条纹规定就似乎变得豁然开朗了：如果收购人主动披露收购目的，那么无论收购节奏如何，均应当聘请财务顾问；如果收购目的暂时不明确的，那么收购股份达到20%并且构成第一大股东或者实际控制人的，监管推定为具有上市公司收购的目的，应当聘请财务顾问进行核查；如果采取要约收购的方式进行收购，或采取其他方式进行收购比例超过30%的，那么监管认定构成上市公司收购，应当由财务顾问出具专业意见。

二、财务顾问的职责

根据《收购办法》第七章及证监会《上市公司并购重组财务顾问业务管理办法》的规定：财务顾问应当勤勉尽责，遵守行业规范和职业道德，保持独立性，保证其所制作、出具文件的真实性、准确性和完整性。

财务顾问认为收购人利用上市公司的收购损害被收购公司及其股东合法权益的，应当拒绝为收购人提供财务顾问服务。

财务顾问不得教唆、协助或者伙同委托人编制或披露存在虚假记载、误导性陈述或者重大遗漏的报告、公告文件，不得从事不正当竞争，不得利用上市公司的收购谋取不正当利益。

为上市公司收购出具资产评估报告、审计报告、法律意见书的证券服务机构及其从业人员，应当遵守法律、行政法规、证监会的有关规定，以及证券交易所的相关规则，遵循本行业公认的业务标准和道德规范，诚实守信，勤勉尽责，对其所制作、出具文件的真实性、准确性和完整性承担责任。

具体来讲，收购人聘请的财务顾问应当履行以下职责：(1)对收购人的相关情况进行尽职调查；(2)应收购人的要求向收购人提供专业化服务，全面评估被收购公司的财务和经营状况，帮助收购人分析收购所涉及的法律、财务、经营风险，就收购方案所涉及的收购价格、收购方式、支付安排等事项提出对策建议，并指导收购人按照规定的内容与格式制作公告文件；(3)对收购人进行证券市场规范化运作的辅导，使收购人的董事、监事和高级管理人员熟悉有关法律、行政法规和证监会的规定，充分了解其应当承担的义务和责任，督促其依法履行报告、公告和其他法定义务；(4)对收购人是否符合本办法的规定及公告文件内容的真实性、准确性、完整性进行充分核查和验证，对收购事项客观、公正地发表专业意见；(5)与收购人签订协议，在收购完成后12个月内，持续督导收购人遵守法律、行政法规、证监会的规定、证券交易所规则、上市公司章程，依法行使股东权利，切实履行承诺或者相关约定。

三、财顾报告

财务顾问最为核心而直观的工作当属第四项，亦即就当次收购出具财务顾问报告，对以下事项进行说明和分析，并逐项发表明确意见：

1. 收购人编制的上市公司收购报告书或者要约收购报告书所披露的内容是否真实、准确、完整；

2. 本次收购的目的；

3. 收购人是否提供所有必备证明文件，根据对收购人及其控股股东、实际控制人的实力、从事的主要业务、持续经营状况、财务状况和诚信情况的核查，说明收购人是否具备主体资格，是否具备收购的经济实力，是否具备规范运作上市公司的管理能力，是否需要承担其他附加义务及是否具备履行相关义务的能力，是否存在不良诚信记录；

4. 对收购人进行证券市场规范化运作辅导的情况，其董事、监事和高级管理人员是否已经熟悉有关法律、行政法规和证监会的规定，充分了解应承担的义务和责任，督促其依法履行报告、公告和其他法定义务的情况；

5. 收购人的股权控制结构及其控股股东、实际控制人支配收购人的方式；

6. 收购人的收购资金来源及其合法性,是否存在利用本次收购的股份向银行等金融机构质押取得融资的情形;

7. 涉及收购人以证券支付收购价款的,应当说明有关该证券发行人的信息披露是否真实、准确、完整以及该证券交易的便捷性等情况;

8. 收购人是否已经履行了必要的授权和批准程序;

9. 是否已对收购过渡期间保持上市公司稳定经营作出安排,该安排是否符合有关规定;

10. 对收购人提出的后续计划进行分析,收购人所从事的业务与上市公司从事的业务存在同业竞争、关联交易的,对收购人解决与上市公司同业竞争等利益冲突及保持上市公司经营独立性的方案进行分析,说明本次收购对上市公司经营独立性和持续发展可能产生的影响;

11. 在收购标的上是否设定其他权利,是否在收购价款之外还作出其他补偿安排;

12. 收购人及其关联方与被收购公司之间是否存在业务往来,收购人与被收购公司的董事、监事、高级管理人员是否就其未来任职安排达成某种协议或者默契;

13. 上市公司原控股股东、实际控制人及其关联方是否存在未清偿对公司的负债、未解除公司为其负债提供的担保或者损害公司利益的其他情形;存在该等情形的,是否已提出切实可行的解决方案;

14. 涉及收购人拟免于发出要约的,应当说明本次收购是否属于本办法第六章规定的情形,收购人是否作出承诺及是否具备履行相关承诺的实力。

同时,财务顾问还应当在财务顾问报告中作出以下承诺:(1)已按照规定履行尽职调查义务,有充分理由确信所发表的专业意见与收购人公告文件的内容不存在实质性差异;(2)已对收购人公告文件进行核查,确信公告文件的内容与格式符合规定;(3)有充分理由确信本次收购符合法律、行政法规和证监会的规定,有充分理由确信收购人披露的信息真实、准确、完整,不存在虚假记载、误导性陈述和重大遗漏;(4)就本次收购所出具的专业意见已提交其内核机构审查,并获得通过;(5)在担任财务顾问期间,已采取严格的保密措施,严格执行内部防火墙制度;(6)与收购人已订立持续督导协议。

四、财务顾问的持续督导工作

自收购人公告上市公司收购报告书至收购完成后 12 个月内,财务顾问应当通过日常沟通、定期回访等方式,关注上市公司的经营情况,结合被收购公司定期报告和临时公告的披露事宜，对收购人及被收购公司履行持续督导职责：(1)督促收购人及时办理股权过户手续，并依法履行报告和公告义务；(2)督促和检查收购人及被收购公司依法规范运作；(3)督促和检查收购人履行公开承诺的情况；(4)结合被收购公司定期报告，核查收购人落实后续计划的情况，是否达到预期目标，实施效果是否与此前的披露内容存在较大差异，是否实现相关盈利预测或者管理层预计达到的目标；(5)涉及管理层收购的，核查被收购公司定期报告中披露的相关还款计划的落实情况与事实是否一致；(6)督促和检查履行收购中约定的其他义务的情况。

在持续督导期间，财务顾问应当结合上市公司披露的季度报告、半年度报告和年度报告出具持续督导意见，并在前述定期报告披露后的 15 日内向派出机构报告。

在此期间，财务顾问发现收购人在上市公司收购报告书中披露的信息与事实不符的，应当督促收购人如实披露相关信息，并及时向证监会、派出机构、证券交易所报告。财务顾问解除委托合同的，应当及时向证监会、派出机构作出书面报告，说明无法继续履行持续督导职责的理由，并予公告。

最后，无论是在收购过程中和还是持续督导期间，财务顾问应当关注被收购公司是否存在为收购人及其关联方提供担保或者借款等损害上市公司利益的情形，发现有违法或者不当行为的，应当及时向证监会、派出机构和证券交易所报告，以保障广大投资者及中小股民的利益。

上市公司收购中，在哪些情况下应当聘请独立财务顾问？

根据《收购办法》及《公开发行证券的公司信息披露内容与格式准则第 19 号——豁免要约收购申请文件》(以下简称《第 19 号准则》)的规定，在要约收购、管理层收购，以及收购人为挽救出现严重财务困难的上市公司而申请要约豁免等情形中，应当聘请独立财务顾问发表意见，具体要求归纳如下：

第一，《收购办法》第 32 条规定，在要约收购中，被收购公司董事会应当聘请独立财务顾问提出专业意见。

第二，《收购办法》第 51 条规定，上市公司董事、监事、高级管理人员、员工或者其所控制或者委托的法人或者其他组织拟收购上市公司的，独立董事发表意见前，应当聘请独立财务顾问就本次收购出具专业意见，独立董事及独立财务顾问的意见应当一并予以公告。

第三，《第 19 号准则》第 9 条规定，为挽救出现严重财务困难的上市公司而进行收购并申请豁免要约收购义务的申请人，应当提出切实可行的重组方案，并提供上市公司董事会的意见及独立财务顾问对该方案出具的专业意见。

第三篇

上市公司重大资产重组

上市公司的重大资产重组活动向来是资本市场关注的热门话题，是上市公司推陈出新的重要举措。众所周知，企业的发展壮大既离不开依靠自身努力经营的内生式成长路径，同样也离不开以并购重组为代表的外延式发展模式。

企业上市之后，相比过去，最大的优势莫过于融资的能力，当融资的能力大幅度提高之后，就意味着企业可以去做更多的尝试。但反过来，上市公司如何将手中的资源更加高效地转化为企业发展的长期驱动力，又成为了一个全新的挑战。

因为上市公司的公众属性，相比非公众公司，上市公司的并购重组活动所受到的监管约束要多得多，设定这些监管规则的主要目的，是尽可能避免中小投资者的权益受到侵犯。除此之外，和所有并购重组活动一样，上市公司依然需要和交易对手进行博弈，这就意味着，上市公司并购重组的影响因素会更多。

本篇在《上市公司重大资产重组管理办法》为核心的一系列规则基础上，对上市公司重大资产重组的规则体系、构成标准、重组类型、实施程序、争议纠纷等多个方面进行梳理，以帮助读者更好理解上市公司重大资产重组的运行逻辑。

上市公司重大资产重组概述

一、重大资产重组的概念

证监会对国内A股上市公司并购重组的监管政策，可以简单区分为两条路径：一条路径是针对收购上市公司股权的行为，这时，上市公司是被收购的对象，主要依据是证监会制定的《收购办法》；另一条路径是监管上市公司出售资产或收购他人资产的行为，那些金额较大，对上市公司产生深远影响的交易，就被称为重大资产重组，重大资产重组的定义和标准，核心依据来源于证监会制定的《上市公司重大资产重组管理办法》（以下简称《重组办法》）第2条规定，“上市公司重大资产重组指上市公司及其控股或控制的公司在日常经营活动之外购买、出售资产或通过其他方式进行资产交易达到规定比例，导致上市公司的主营业务、资产、收入发生重大变化的资产交易行为”。

《重组办法》是监管机构对上市公司的重大资产重组行为进行监管的核心法律依据，《重组办法》定义了上市公司重大资产的构成标准、明确了实施的流程以及在此过程中各方主体所应尽义务以及能够享有的权利。

二、《重组办法》的演变过程

在中国资本市场的早期阶段，证监会于1998年2月25日发布了《上市公司置换资产变更主管业务若干问题的通知》（证监上字〔1998〕26号），针对上市公司通过资产置换方式导致其主营业务变更，从而导致上市公司上市主体资格发生变化的，规定必须报证监会按新股发行程序重新审批，未经证监会批准，上市公司不得擅自行动。

该文件所表述的内容较为笼统，在操作层面的指导意义有限。

2000年6月26日，证监会发布《关于规范上市公司重大购买或出售资产行为的通知》（证监公司字〔2000〕75号），替代并废止了之前1998年《上市公司置换资产变更主管业务若干问题的通知》。

本次通知，证监会第一次对重大购买或出售资产的行为进行了量化的界定，选取了资产总额、资产净额以及利润三个对比指标，购买或者出售资产达到上市公司这三个指标50%的，就认定为重大购买或出售资产行为。另外，对需要履行的程序以及信息披露要求也进行了规范。

同时，对购买或者出售资产达到上市公司对应指标70%以上的，需要券商进行辅导的内容和报告程序应当参照证监会对公开发行股票公司进行辅导的规定执行。前述上市公司重组效果良好，运作规范的，可以在重组完成1年以后提出配股或增发新股的申请，其重组前的业绩可以模拟计算。经证监会同意，前述重组后申请增发或配股的期限也可以少于1年。对不符合该通知规定的，证监会将不受理其配股或增发新股的申请。

另外还规定，上市公司实施重大购买或出售资产的行为后，应当保证上市公司的持续经营能力，保证上市公司与控股股东在人员、资产、财务上分开。在资产重组完成后6个月内，上市公司应当按照证监会《关于对拟发行上市企业改制情况进行调查的通知》（证监发〔1999〕4号）第（二）至（四）项的要求，向证监会及上市公司所在地派出机构报送规范运作情况的报告。

这一规定，实际上明确了上市公司重大购买或出售资产的行为无须进行事前行政审批，只需要事后进行报告，现在来看，当时的监管理念还是非常市场化的。

2001年12月10日，证监会发布《关于上市公司重大购买、出售、置换资产若干问题的通知》（证监公司字〔2001〕105号），替换并废止了2000年的《关于规范上市公司重大购买或出售资产行为的通知》。

这次通知最核心的变化是，将上市公司重大购买、出售、置换资产的行为，纳入证监会事前行政审批的范畴中，同时规定，达到重组指标70%的重组行为，需要发审委进行审核。

到了2008年，证监会针对上市公司的重大资产重组行为，制定了《重组办法》，相比之前以下发通知的方式进行规范，这次是证监会第一次以部门规章的形式，对上市公司重大资产重组行为进行了系统且全面的规范，而《重组办法》这一规章形式，一直延续至今，成为证监会、交易所对上市公司重大资产重组进行监督管理的核心法律文件。

自2008年《重组办法》诞生以后，证监会分别在2011年、2014年、2016年、2019年、2020年对《重组办法》进行过五次修订，历次修订主要的变化情况，如表3－1所示：

表 3-1　历次修订主要内容

修订年份	《重组办法》修订的主要内容
2011	第一次明确了构成借壳上市的标准； 可以向控股股东、实际控制人或者其控制的关联人之外的特定对象发行股份购买资产； 明确可以募集部分配套资金
2014	明确借壳上市的审核标准与首发上市审核标准一致； 取消不涉及借壳上市、股票发行的重大资产重组的行政许可； 明确创业板上市公司不得借壳上市； 取消盈利预测报告要求； 明确估值应当采取两种以上方式； 除大股东、实际控制人及其控制的关联人外，业绩补偿措施由强制变为自愿协商约定
2016	明确"累计首次原则"计算时间为 60 个月； 认定借壳上市的指标，从原来单一的资产总额指标，增加到资产总额、营业收入、净利润、净资产、发行股份数量等多个指标； 借壳上市不允许配套融资
2019	"累计首次原则"计算时间从 60 个月变更为 36 个月； 取消借壳上市指标中的净利润指标； 创业板有条件放开借壳上市； 重新放开借壳上市配套融资； 明确对违反业绩承诺的交易对方，证监会采取相应监管措施
2020	将原来审计机构、评估机构"具有相关证券业务资格"的表述，统一改为了"符合《证券法》规定"的表述； 增加上市公司控股股东、实际控制人违法行为对应《证券法》处罚的表述

从表 3-1 中我们可以看出，证监会对《重组办法》的历次修订，重点是围绕重组上市（俗称"借壳上市"）和重组过程中的股份发行展开的，监管应该还是朝着更加市场化的大方向走的。

2014 年，随着国务院出台的《关于进一步优化企业兼并重组市场环境的意见》（国发〔2014〕14 号），从以证监会为代表的行政监管系统到以最高人民法院为代表的司法系统，都出台了对应的法律文件来响应国务院支持企业并购重组的号召。

就拿 2014 年证监会所修订的《重组办法》来讲，新规则在不构成借壳上市或不涉及发行股票的情况下，就已经取消了对上市公司重大资产重组行政许可要求，相关的审核职能实际下放到了交易所。

同时，为了让并购重组能够更贴近市场化，除大股东、实际控制人及其控制的关联企业外，不再强制要求被收购方作出业绩补偿承诺。

到了2016年，证监会对借壳上市监管力度算是到达了一个“顶峰”，从认定是否构成借壳上市的指标来看，和原来单一资产总额指标相比，又增加了营业收入、净利润、净资产、发行股份数量等多个指标，从多个维度各个方向来封堵那些试图去规避借壳上市审核的行为。

另外，从募集资金的角度，明确构成借壳上市的情况下，重组不允许进行配套融资，主要目的是保障重组项目的质量，防止大股东空手套白狼。

2019年之后，在资本市场注册制改革的背景下，一方面，企业上市审核门槛降低，市场上炒作上市公司壳资源的热度也随之大大降低；另一方面，考虑到借壳上市对那些陷入困境的上市公司而言，客观上存在积极意义，因此，2019年修订的《重组办法》对借壳上市的监管进行了一定程度的松绑，具体原因，可以从证监会针对本次《重组办法》修订的说明中清楚看到：

第一，取消重组上市认定标准中的“净利润”指标，主要考虑两点：一方面，亏损公司注入任何盈利资产均可能构成重组上市，不利于推动以市场化方式“挽救”公司、维护投资者权益。另一方面，微利公司注入规模相对不大、盈利能力较强的资产，也极易触及净利润指标，不利于公司提高质量。在当前经济形势下，一些公司经营困难、业绩下滑，更需要通过并购重组吐故纳新、提升质量。

第二，缩短“累计首次原则”计算期间。2016年《重组办法》，将按“累计首次原则”计算是否构成重组上市的期间从“无限期”缩减至60个月。考虑到累计期过长不利于引导收购人及其关联人控制公司后加快注入优质资产，本次修改统筹市场需求与抑制“炒壳”、遏制监管套利的一贯要求，将累计期限减至36个月。

第三，推进创业板重组上市改革。考虑创业板市场定位和防范二级市场炒作等因素，2013年1月，证监会发布的《关于在借壳上市审核中严格执行首次公开发行股票上市标准的通知》，禁止创业板公司实施重组上市。前述要求后被《重组办法》吸收并沿用。经过多年发展，创业板公司情况发生了分化，市场各方不断提出允许创业板公司重组上市的意见建议。经研究，为支持深圳建设中国特色社会主义先行示范区，服务科技创新企业发展，本次修改允许符合国家战略的高新技术产业和战略性新兴产业相关资产在创业板重组上市，其他资产不得在创业板重组上市。相关资产应符合《重组办法》规定的重组上市一般条件以及《首次公开发行股票并在创业板上市管理办法》规定的发行条件。

第四，恢复重组上市配套融资。为抑制投机和滥用融资便利，2016年《重组办法》取消了重组上市的配套融资。为多渠道支持上市公司和置入资产改善现金流、发挥协同效应，重点引导社会资金向具有自主创新能力的高科技企业集聚，本次修改结合当前市场环境，以及融资、减持监管体系日益完善的情况，取消前述限制。

第五，加强重组业绩承诺监管。针对重组承诺履行中出现的各种问题，为加强监管，在《重组办法》第59条增加一款，明确：重大资产重组的交易对方作出业绩补偿承诺的，应当严格履行补偿义务。超期未履行或违反业绩补偿承诺的，可以对其采取相应监管措施，从监管谈话直至认定为不适当人选。

2019年年末，《证券法》完成了最近一次修订，2020年《重组办法》的修订，主要是根据《证券法》作了一些细节表述上面的调整，进一步明确了相关人员的法律责任。

除了重大资产重组、发行股票购买资产以及借壳上市，上市公司其他的重要资产交易行为，主要体现在沪深交易所各自制定的《上市规则》之中，以信息披露为主。

三、《公开发行证券的公司信息披露内容与格式准则第26号——上市公司重大资产重组》

于上市公司重大资产重组而言，除了《重组办法》之外，证监会颁布的《公开发行证券的公司信息披露内容与格式准则第26号——上市公司重大资产重组》（以下简称《26号准则》），是最具影响力的监管文件，《26号准则》主要针对上市公司重大资产重组的信息披露标准问题，对于如何实施重大资产重组，具有很强的落地实践指导功能，是《重组办法》监管规则内容的具体展现方式之一，主要对上市公司及中介机构在重大资产重组中所需披露的核心文件格式及内容进行了规范。

下面，我们对《26号准则》中，所涉及的法律文件，进行简要介绍。

（一）重组预案

上市公司重大资产重组过程中，因为对标的公司开展尽职调查、审计评估需要较长的时间周期，在信息披露之前，重组信息必须严格保密，为了不引起股价波动和相关法律风险的出现，就有必要对重组信息及时进行披露，重组预案就是在上市公司就重大资产重组事项召开第一次董事会时所审议及披露的文件，重组预案的主要内容包括：（1）重大事项提示、重大风险提示。（2）本次交易的背景和目的。（3）本次交易的方案概况。（4）上市公司最近60个月的控制权变动情况，最近3年的主营业务发展情况以及因本次交易导致的股权控制结构的预计变化情况。(5)主要交易对方的基本情况。(6)交易标的的基本情况。(7)非现金支付方式情况(如涉及),如上市公司发行股份购买资产,需要披露股份发行的定价及依据。(8)重大不确定因素的披露,如必要的前置行政审批情况等。(9)上市公司的控股股东及其一致行动人对本次重组的原则性意见,及控股股东及其一致行动人、董事、监事、高级管理人员自本次重组复牌之日起至实施完毕期间的股份减持计划。上市公司披露为无控股股东的,应当比照前述要求,披露第一大股东及持股5%以上股东的意见及减持计划。(10)相关证券服务机构对重组预案已披露内容发表的核查意见。

相比重组报告书,重组预案可以暂时省略掉标的公司历史沿革、审计评估等信息。

(二)重组报告书

重组报告书是上市公司重大资产重组中最为核心的资料,是对整个交易事项的完整披露,重组报告书最迟应当与召开股东大会的通知同时公告,重组报告书的主要内容包括:(1)交易概况,包括交易背景、目的,交易的决策过程和批准情况,交易的具体方案,本次重组对上市公司的影响等;(2)交易各方,包括上市公司基本情况和交易对方的基本情况;(3)交易标的的基本情况;(4)对交易标的评估或估值情况;(5)本次交易所签订的主要合同情况;(6)交易的合规性分析;(7)管理层讨论与分析;(8)财务会计信息;(9)同业竞争与关联交易;(10)重组及重组后上市公司的相关风险。

(三)独立财务顾问报告

根据《重组办法》第17条的规定,上市公司进行重大资产重组的,应当聘请符合《证券法》要求的独立财务顾问出具意见,26号准则对独立财务顾问所出具结论性意见范围提出了以下具体要求:(1)说明本次重组是否符合《重组办法》第11条的规定;拟发行股份购买资产的,还应当结合核查的实际情况,逐项说明是否符合《重组办法》第43条的规定;(2)本次交易是否构成重组上市,以及对重组上市条件的验证;(3)对本次交易所涉及的资产定价和股份定价(如涉及)进行全面分析,说明定价是否合理;(4)对交易定价依据及结果发表明确意见;(5)对交易盈利前景进行分析判断;(6)对交易完成后上市公司的市场地位、经营业绩、持续发展能力、公司治理机制进行全面分析;(7)对交易履行风险及控制手段进行分析判断;(8)对是否构成关联交易进行分析判断;(9)对业绩补偿安排发表意见。

（四）法律意见书

上市公司在重大资产重组过程中，应当按照《证券法》及《重组办法》的要求聘请律师，出具法律意见书，律师至少就下列事项发表意见：(1)对交易主体资格发表意见；(2)对是否构成重组上市发表意见；(3)对交易是否履行必要批准或授权程序发表意见；(4)对交易标的权属是否清楚发表意见；(5)对交易所涉及债权债务处理的合法有效及实施是否存在障碍发表意见；(6)对交易主体及相关方信息披露完整性发表意见；(7)对交易是否符合在《重组办法》和相关规范性文件的原则和实质性条件发表意见；(8)对参与的证券服务机构是否具备必要资格发表意见；(9)对交易合规性发表意见。

四、监管规则适用指引——上市类第1号

随着2019年年末修订的新《证券法》实施，为了有效衔接新《证券法》及新修订的《重组办法》等与重大资产重组相关的法律文件，证监会将涉及上市公司日常监管及并购重组审核的监管问答进行了清理，并统一以《证券期货法律适用意见》监管规则适用指引形式发布了《监管规则适用指引——上市类第1号》（以下简称《1号指引》），而原来对上市公司重大资产重组具有重要规范指导意义的文件，如《上市公司监管法律法规常见问题与解答修订汇编》《关于并购重组申报文件相关问题与解答》《关于再融资募投项目达到重大资产重组标准时相关监管要求的问题与解答》《关于上市不满三年进行重大资产重组（构成借壳）信息披露要求的相关问题与解答》《关于重大资产重组中标的资产曾拆除VIE协议控制架构的信息披露要求的相关问题与解答》《关于并购重组业绩奖励有关问题与解答》《关于并购重组业绩补偿相关问题与解答》《关于上市公司监管指引第2号有关财务性投资认定的问答》《关于上市公司业绩补偿承诺的相关问题与解答》《关于上市公司重大资产重组前发生业绩“变脸”或本次重组存在拟置出资产情形的相关问题与解答》《关于强化财务顾问管理层对上市公司并购重组项目签字责任的问题与解答》《关于上市公司指定报刊披露的问题与解答》《关于发行股份购买资产发行价格调整机制的相关问题与解答》《关于〈上市公司重大资产重组管理办法〉第四十三条“经营性资产”的相关问题与解答（2018年修订）》《关于并购重组交易对方为“200人公司”的相关问题与解答》《关于并购重组“小额快速”审核适用情形的相关问题与解答》《关于上市公司发行股份购买资产同时募集配套资金的相关问题与解答（2018年修订）》《关于并购重组审核分道制“豁免/快速通道”产业政策要求的相关问题与解答》《关于

IPO 被否企业作为标的资产参与上市公司重组交易的相关问题与解答》《关于强化上市公司并购重组内幕交易防控相关问题与解答》《关于业绩承诺方质押对价股份的相关问题与解答》在《1 号指引》发布后,同时废止。

《1 号指引》一共涉及 16 项内容,与过去文件相比,没有新增加的内容,仅仅涉及修改和完善,从证监会对《1 号指引》说明来看,与此前相关问答指引的主要差异表现为:

第一,拓宽并购重组“小额快速”审核通道。本次修订取消募集配套资金金额不得超过 5000 万元的要求,同时取消不得构成重大资产重组的要求。拓宽“小额快速”审核通道,为交易金额小、发股数量少的小额并购交易构建更加畅通的审核机制,激发市场活力,提升监管效能。

第二,统一募集配套资金用于补充流动资金的比例。原监管问答对配套募集资金的用途进行了明确,并要求一般重组中,募集配套资金用于补充流动资金、偿债的比例不得超过交易作价的 25%,或不超过配募总金额的 50%。重组上市中,募集配套资金用于补充公司流动资金的比例不应超过交易作价的 25%,或者不超过 30%。本次修订,对重组上市配募资金用于补流、偿债的一并适用不超过配募总金额的 50% 的比例要求,以支持重组上市企业进一步促进资本形成、获得发展壮大所需的资金支持。

第三,明确并购重组中业绩奖励对象范围。《重组办法》允许重组方案中设置业绩奖励,奖励对象可以是标的资产交易对方、管理层或核心技术人员。考虑到大股东对标的资产的操控能力较强,如设置业绩奖励,可能进一步助长大股东操纵业绩的动力,引发道德风险,实践中一般不予支持。为便于市场理解,本次修订明确大股东注资的重组不得对上市公司控股股东、实际控制人及其关联人进行业绩奖励。

第四,明确业绩承诺及奖励适用新会计准则的监管要求。财政部于 2017 年 7 月 5 日发布了最新的《企业会计准则——收入》,要求境内上市公司自 2020 年 1 月 1 日起执行新收入准则,上市公司并购重组实施完成后,标的资产应与上市公司保持一致,自 2020 年起执行新收入准则。对于有业绩补偿承诺及奖励等安排,且相关期间包含新收入准则首次执行日之后期间的,目前交易双方就相关计算基础适用新旧收入准则的问题大多未明确约定,为避免存在争议影响业绩补偿实施,损害上市公司利益,本次修订增加对标的资产业绩承诺、业绩奖励期适用的会计准则发生变更的监管要求。

第五,放宽发行股份购买资产的交易对象数量限制。在新《证券法》下,上市公司发行股份无论发行对象数量多少，均构成公开发行。为便利企业并购，本次修订明确发行股份购买资产的交易对象可以超过 200 人。同时要求发行股份购买资产应在上市公司首次董事会披露预案时有确定的发行对象。以并购新三板公司为例，如首次董事会时标的公司的股东确定且不会发生变化，则可以采用发行股份购买资产的方式；如标的公司股票处于持续交易中、股东在不断变化，则可以采用吸收合并方式。

第六，完善并购重组内幕交易核查相关要求。证监会一直对内幕交易防控非常关注，要求上市公司在披露重组报告书时披露自查报告及中介机构核查报告。实践中上市公司首次披露报告书时，中介机构难以完成核查工作。本次修订分阶段明确要求：上市公司首次披露报告书时，中介机构应对内幕信息知情人登记制度的制定和执行情况发表核查意见；在相关交易方案提交股东大会之前，上市公司完成自查报告，中介机构进行核查并发表意见。

五、科创板、创业板的特别规定

随着国家股票发行注册制改革的深入，科创板、创业板相继进入了一个全新的监管环境，监管细节相比主板存在一定差异，在上市公司重大资产重组领域，具体体现在《科创板上市公司持续监管办法（试行）》《科创板上市公司重大资产重组特别规定》《科创板重大资产重组审核规则》《科创板股票上市规则》《创业板上市公司持续监管办法（试行）》《创业板重大资产重组审核规则》《创业板股票上市规则》等文件中。

科创板、创业板与主板相比，重大资产重组方面最大的规则差异表现在以下几个方面：

第一，审核的机构不同，主板上市公司发行股份购买资产的审核机构是证监会及并购重组委员会，而科创板、创业板的审核机构是交易所，交易所审核通过后，提交给证监会注册。

第二，上市公司发行价格定价要求不同，根据《重组办法》第 45 条的规定，上市公司发行股份的价格不得低于市场参考价的 90%，而科创板、创业板发行股份购买资产的价格不得低于市场参考价的 80%，相比主板，发行价格空间更大。

第三，科创板、创业板对于置入的标的资产，有符合科创属性、创业板定位的要求，主板没有这样的要求。

第四，在认定是否构成重大资产重组指标方面，科创板公司、创业板公司实施重大资产重组,按照《重组办法》第 12 条予以认定,但其中营业收入指标执行下列标准:购买、出售的资产在最近一个会计年度所产生的营业收入占科创公司同期经审计的合并财务会计报告营业收入的比例达到 50% 以上,且超过 5000 万元人民币。相比主板,增加了一个超过 5000 万元的要求,也是考虑到部分科创板、创业板公司自身营业收入较少或尚在研发阶段的特点。

上市公司重大资产重组的构成标准

《重组办法》第2条对重大资产重组给出了这样的定义:“上市公司重大资产重组指上市公司及其控股或控制的公司在日常经营活动之外购买、出售资产或通过其他方式进行资产交易达到规定比例,导致上市公司的主营业务、资产、收入发生重大变化的资产交易行为。”

那么,区分一笔交易是否构成重大资产重组有何意义呢?

不同类型以及不同重要程度的交易,对公司所产生的影响是不同的,区分重大与否的目的在于有针对性地去适用不同的监管规则,从而达到效率与风险相互平衡的效果。

为了方便理解,我们把《重组办法》中对重大资产重组的定义进行拆解,将其中的要素逐一进行解读。

一、关于交易主体

除了上市公司本身的重大交易行为可能被归入重大资产重组监管范围,《重组办法》第2条还将另外两类主体也纳入《重组办法》的监管范围之内,分别是上市公司控股的公司和控制的公司两类主体。

(一)上市公司控股的公司

这类公司的控股股东就是上市公司本身,根据《公司法》第216条对公司控股股东的定义来看,要成为控股股东,满足两个条件之一即可:条件一,持股达到50%以上;条件二,虽然持股不足50%,但是其表决权足以对股东会或股东大会的决议产生重大的影响。

沪深交易所对于控股股东的认定条件与上面《公司法》对控股股东的认定条件并没有差异。

条件一比较容易理解,关键是条件二,什么样的影响才叫重大影响?没有一个具体量化的指标，实务中，通常以是否能够合并报表作为判断依据，那么，合并报表要达到什么样条件？

依据《企业会计准则第 33 号——合并财务报表》，能否合并报表，取决于能否实现控制，除了持股比例超过 50% 以外，根据该准则第 13 条的规定，除非有相反的确凿证据，虽然投资方持有被投资方半数或以下的表决权，但通过与其他表决权持有人之间的协议能够控制半数以上表决权的，也视为控制，这主要体现为双方签订《一致行动人协议》或者《表决权委托协议》等法律文件，一方将其本应拥有的表决权授予另一方行使，从而达到控制目的。除此之外，还需要根据股权分散程度来判断控制力的大小，如果股权比较分散，第一大股东虽然持股不到 50%，但是依然有机会控制并对被投资公司施加重大影响。

（二）上市公司控制的公司

上市公司控制的公司，与上市公司控股的公司只有一字之差，法律关系却完全不同，比较典型的就是上市公司的孙公司，也就是上市公司子公司所控股的公司，虽然上市公司并非其孙公司直接股东，但是可以通过子公司对孙公司进行实质性地控制，按此逻辑推演，当然也包括孙公司控股的公司，子子孙孙可以一直环环相扣地推演下去。

不管是直接控制，还是间接控制，控制的标准与上面讲到的上市公司控股公司没有本质差别，以合并报表作为判断依据。

关于重大资产重组的主体，仔细观察会发现，《重组办法》并没有将非公司形式的主体纳入进去。举个简单例子，如果上市公司的子公司，控制了一个有限合伙企业，通过有限合伙企业对外进行交易，当交易的其他指标都达到了重大资产重组标准的时候，因为交易主体不是公司而是合伙企业，这个时候应该怎么来界定交易是否构成重大资产重组？这个问题目前还没有一个很清晰的结论，但从稳健的角度考虑，在操作中建议还是参照公司的标准，从实质重于形式的角度来对问题作出判断。

二、交易行为

《重组办法》中的交易，是指日常经营活动之外购买、出售资产或通过其他方式进行资产交易的行为。

（一）日常经营活动之外

虽然《重组办法》没有对日常经营活动有一个明确的定义，但根据沪深交易所制定的《上市规则》来看，日常交易可以理解为是围绕公司主营业务所展开的销售产品以及采购原材料等行为，具有相对连续且高频的特点。

与此同时，针对不同行业的公司，判断日常交易行为也有很大的差别。比如，美国股神巴菲特所执掌的伯克希尔·哈撒韦公司，主业就是做投资的，伯克希尔·哈撒韦公司去并购其他企业的行为，就应该理解为是其日常交易，投资收益也应当归入主营业务收入的范畴之中。再如，房地产公司出售房产的行为应该就是日常性交易，但是如果出售的是某一块尚未开发完成的土地的话，通常而言就不应该被认定为是日常性交易，因为房地产公司的主营业务并不包括单独买卖土地的行为。

（二）购买或出售资产导致上市公司的主营业务、资产、收入发生重大变化

《重组办法》第12条选取了三个财务指标，作为判断上市公司是否构成重大资产重组的依据，这三个条件只需要满足其中任何一个，就将构成重大资产重组。

1.资产总额指标

当购买、出售的资产总额占上市公司最近一个会计年度经审计的合并财务会计报告期末资产总额的比例达到50%以上，构成重大资产重组，具体认定标准见表3－2。

表3－2　资产总额指标构成重大资产重组的标准

<table>
<tr><th colspan="2">交易的类型</th><th>标的资产的资产总额指标</th><th>构成标准</th></tr>
<tr><td rowspan="2">购买股权资产</td><td>上市公司不取得控股权</td><td>以被投资企业的资产总额与该项投资所占股权比例的乘积和成交金额二者中的较高者为准</td><td rowspan="6">占上市公司最近一个会计年度经审计的合并财务会计报告期末资产总额比例50%以上</td></tr>
<tr><td>上市公司取得控股权</td><td>以被投资企业的资产总额和成交金额二者中的较高者为准</td></tr>
<tr><td rowspan="2">出售股权资产</td><td>上市公司不失去控股权</td><td>以被投资企业的资产总额与该项投资所占股权比例的乘积为准</td></tr>
<tr><td>上市公司失去控股权</td><td>以被投资企业的资产总额为准</td></tr>
<tr><td colspan="2">购买非股权资产</td><td>以该资产账面值和成交金额二者中的较高者为准</td></tr>
<tr><td colspan="2">出售非股权资产</td><td>以该资产账面值为准</td></tr>
</table>

2.营业收入指标

当购买、出售的资产在最近一个会计年度所产生的营业收入占上市公司同期

经审计的合并财务会计报告营业收入的比例达到50%以上，构成重大资产重组，具体认定标准见表3－3。

表3－3　营业收入指标构成重大资产重组的标准

交易的类型		标的资产的营业收入指标	构成标准
购买股权资产	上市公司不取得控股权	以被投资企业的营业收入与该项投资所占股权比例的乘积为准	占上市公司最近一个会计年度经审计的合并财务会计报告营业收入比例50%以上
	上市公司取得控股权	以被投资企业的营业收入为准	
出售股权资产	上市公司不失去控制权	以被投资企业的营业收入与该项投资所占股权比例的乘积为准	
	上市公司失去控制权	以被投资企业的营业收入为准	
购买或出售非股权资产		不适用	

值得注意的是，考虑到部分科技企业虽然已经上市，但还处于研发阶段，典型的如生物医药企业，可能尚未实现销售或销售规模较小，如果套用一般规则，将极大地阻碍和限制了该部分企业的重组交易活动，因此，根据《科创板上市公司重大资产重组特别规定》《创业板上市公司持续监督办法（试行）》的规定，科创板、创业板上市公司进行重大资产重组时，营业收入指标除了要达到上市公司最近一个会计年度经审计的合并财务会计报告营业收入50%以上外，同时标的资产需要满足营业收入金额超过5000万元的标准。

3.资产净额指标

当购买、出售的资产净额占上市公司最近一个会计年度经审计的合并财务会计报告期末净资产额的比例达到50%以上，且超过5000万元人民币，构成重大资产重组，具体认定标准见表3－4。

表 3－4　资产净额指标构成重大资产重组的标准

<table>
<tr><th colspan="2">交易的类型</th><th>标的资产的资产净额指标</th><th>构成标准</th></tr>
<tr><td rowspan="2">购买股权资产</td><td>上市公司不取得控股权</td><td>以被投资企业的资产净额与该项投资所占股权比例的乘积和成交金额二者中较高者为准</td><td rowspan="6">占上市公司最近一个会计年度经审计的合并财务会计报告期末净资产额的比例 50% 以上，且金额超过 5000 万元人民币</td></tr>
<tr><td>上市公司取得控股权</td><td>以被投资企业的资产净额和成交金额二者中较高者为准</td></tr>
<tr><td rowspan="2">出售股权资产</td><td>上市公司不失去控制权</td><td>以被投资企业的资产净额与该项投资所占股权比例的乘积为准</td></tr>
<tr><td>上市公司失去控制权</td><td>以被投资企业的资产净额为准</td></tr>
<tr><td colspan="2">购买非股权资产</td><td>以相关资产与负债的账面值差额和成交金额二者中较高者为准</td></tr>
<tr><td colspan="2">出售非股权资产</td><td>以相关资产与负债的账面值差额为准
如果所出售的非股权资产不涉及负债的，则不适用资产净额指标</td></tr>
</table>

当上市公司同时进行购买和出售行为时，应当分别计算购买、出售相关资产的比例，以二者中比例较高者为准。

除了资产总额、营业收入、资产净额三个指标的适用标准，为了避免交易双方通过分拆交易的方式来规避《重组办法》的监管，《重组办法》同时规定了上市公司在 12 个月内连续对同一或相关资产进行购买、出售的，应当以累计数额来计算相关的指标。但是已经按照规定编制并披露重大资产重组报告书的交易，无须纳入累计计算的范围。

那么应该如何理解同一或相关资产呢？

《重组办法》所给出的解释是，交易标的资产属于同一交易方所有或者控制，或者属于相同或相近的业务范围，或者证监会认定的其他情形下，可以认定为同一或相关资产。

较为典型的方式就是分步收购标的公司的股权以及打包收购同类型的多家企业资产。

（三）资产重组的其他方式

除了上面讲到的购买和出售资产以外，对于《重组办法》第 2 条中所说的其他方式，《重组办法》第 15 条例举并给出了四种情形，分别是：(1) 与他人新设企业、对已设立的企业增资或减资；(2) 受托经营、租赁其他企业资产或将经营性资产委托他人经营、租赁；(3)接受附义务的资产赠与或对外捐赠资产；(4)证监会根据审慎监管原则认定的其他情形。

虽然上面四种情况并非属于典型的购买和出售行为，但根据实质重于形式的监管理念，如果上述行为产生的实质效果与购买、出售资产没有本质差异的话，同时按照《重组办法》规定的标准计算的相关比例又达到了50%以上的，则应当按重大资产重组履行披露义务和相关程序。

上市公司资产重组的类型

《重组办法》中所规定的上市公司资产重组类型，主要围绕现金类重组、发行股份购买资产、重组上市三类展开，如涉及上市公司的换股吸收合并的重组，股份定价及发行也按照《重组办法》中发行股份购买资产的内容执行。

一、现金类重组

现金类资产重组，由于不涉及股份发行，只要不构成《重组办法》第13条中的重组上市，无论是否构成重大的标准，目前都不需要经过证监会审核，此类交易不属于证监会行政许可的事项。

从监管角度来看，现金类重组交易可以划分为两类，交易规模达到《重组办法》第12条标准的，构成重大资产重组，应当按照《重组办法》等规则的要求对交易进行信息披露和管理。没有达到标准的，则按照上市公司的章程以及所在交易所的相关规则履行内部决策和信息披露义务。

是否构成重大资产重组，两者核心的差异就在于所适用的监管规则和监管力度不同，不构成重大资产重组的现金类交易，按照交易所《上市规则》进行简要信息披露以及履行内部决策程序即可，而重大资产重组交易，即便是不涉及股票发行或重组上市的现金类交易，也要履行聘请中介机构、披露《重组报告书》、中介机构出具专项意见等相对复杂的程序。不同规模和影响力的交易，适用不同监管规则，从而进行有机衔接，目的是兼顾上市公司运营效率和中小投资者权利的保护。

相比于发行股份购买资产，现金类交易的好处在于灵活简便，特别是针对那些转瞬即逝的交易机会或者不接受股票作为支付工具的卖方，现金都是最佳选择，但是现金交易的缺点也同样明显，首当其冲，就会影响上市公司日常现金流，特别是重大资产重组，全部用现金交易是极为罕见的。因此，现金交易本身的局限性决定了此类交易的规模一般都不会太大。

为了弥补现金交易的不足,并购基金等工具开始越来越高频地出现在了上市公司重大资产重组活动中,其本质并不复杂,上市公司通过并购基金,用基金的钱收购资产,然后再向基金以发行股份的方式来购买其手上的资产,让愿意接受现金的卖家拿到现金,让愿意接受上市公司股份的并购基金拿到股份。

上市公司并购重组交易,如果没有达到重大资产重组的标准,同时交易也不涉及发行股票的情况下,上市公司根据所在交易所《上市规则》中的要求,对并购重组交易事项履行信息披露以及召开股东大会进行审议等义务。

以《上海证券交易所股票上市规则》(2020 年 12 月修订)规定内容为例,我们可以通过表 3 - 5 来看一下非重大现金类资产重组的信息披露标准:

表 3 - 5　非重大现金类资产重组的信息披露标准

指标类型	交易信息披露标准
资产总额	交易涉及的资产总额(同时存在账面值和评估值的,以高者为准)占上市公司最近一期经审计总资产的 10% 以上
成交金额	交易的成交金额(包括承担的债务和费用)占上市公司最近一期经审计净资产的 10% 以上,且绝对金额超过 1000 万元
交易利润	交易产生的利润占上市公司最近一个会计年度经审计净利润的 10% 以上,且绝对金额超过 100 万元
营业收入	交易标的(如股权)在最近一个会计年度相关的营业收入占上市公司最近一个会计年度经审计营业收入的 10% 以上,且绝对金额超过 1000 万元
净利润	交易标的(如股权)在最近一个会计年度相关的净利润占上市公司最近一个会计年度经审计净利润的 10% 以上,且绝对金额超过 100 万元

达到上面五类标准的,上市公司应当进行信息披露,而深交所主板和创业板的相关信息披露标准,与上交所主板的标准并没有实质上的差别。

科创板与其他板块存在两个差异点,分别是:(1)在成交金额指标中,对比的不是上市公司的净资产而是市值,是交易的成交金额占上市公司市值的 10% 以上;(2)多出一个资产净额占上市公司市值的指标,即交易标的(如股权)的最近一个会计年度资产净额占上市公司市值的 10% 以上。

除了信息披露的标准要求之外,还有股东大会审议标准,同样先以上交所主板规则为例(见表 3 - 6):

表 3-6　非重大现金类资产重组的股东大会审议标准

指标类型	股东大会审议标准
资产总额	交易涉及的资产总额(同时存在账面值和评估值的,以高者为准)占上市公司最近一期经审计总资产的 50% 以上
成交金额	交易的成交金额(包括承担的债务和费用)占上市公司最近一期经审计净资产的 50% 以上,且绝对金额超过 5000 万元
交易利润	交易产生的利润占上市公司最近一个会计年度经审计净利润的 50% 以上,且绝对金额超过 500 万元
营业收入	交易标的(如股权)在最近一个会计年度相关的营业收入占上市公司最近一个会计年度经审计营业收入的 50% 以上,且绝对金额超过 5000 万元
净利润	交易标的(如股权)在最近一个会计年度相关的净利润占上市公司最近一个会计年度经审计净利润的 50% 以上,且绝对金额超过 500 万元

达到上面五类标准的,上市公司应当就交易事项提交股东大会进行审议,深交所主板和创业板同样与上交所主板的规定是保持一致的。

科创板在这里同样也与其他板块存在两个差异点,分别是:(1)成交金额指标中,对比的不是上市公司的净资产而是市值,是交易的成交金额占上市公司市值的 50% 以上;(2)多出一个资产净额占上市公司市值指标,即交易标的(如股权)的最近一个会计年度资产净额占上市公司市值的 50% 以上。

另外,根据《上市规则》中的相关内容规定:

上市公司发生并购重组交易事项,无论交易标的是否相关,若所涉及的资产总额或者成交金额在连续 12 个月内经累计计算超过公司最近一期经审计总资产 30% 的,应当提交股东大会审议,并经出席会议的股东所持表决权的 2/3 以上通过。

对于达到股东大会审议标准的并购交易事项,如果交易标的为公司股权,上市公司应当提供具有执行证券、期货相关业务资格的会计师事务所,按照企业会计准则对交易标的最近 1 年又一期的财务会计报告出具审计报告,审计截止日距审议该交易事项的股东大会召开日不得超过 6 个月;若交易标的为股权以外的其他非现金资产,公司应当提供具有执行证券、期货相关业务资格的资产评估事务所出具的评估报告,评估基准日距审议该交易事项的股东大会召开日不得超过 1 年。

二、发行股份购买资产

除了《重组办法》第 13 条所规定的构成借壳上市的情形外,上市公司通过发行股份购买资产的方式进行重组,同样也构成证监会行政许可事项,需要按照《重组办法》的相关规定执行,经由证监会审核或注册后方能实施。

上市公司成为并购交易市场中的主力军,一个重要的原因就是上市公司相比非上市公司,其股票的流通性更强和公允价值更容易衡量,因此就决定了上市公司具备了股份支付上的优势。

虽然上市公司发行股份购买资产具备了支付层面的优势,但同时也受到了更为严格的制度约束,发行股份需要经过证监会审核(科创板、创业板为交易所审核,通过后提交证监会进行注册),限制条件较多,很多市场机会稍纵即逝,时间效率又成为了交易的一大挑战。

案例 3-1

2015 年,上市公司金城医药(300233. SZ)并购北京朗依制药有限公司(后更名为"金城泰尔"),当时金城医药在创业板上市不久,正寻求从药物中间体往下游终端制剂转型的机会,朗依制药的实际控制人因为资金需求,想要出售朗依制药股权,朗依制药也正好符合金城医药的要求,因此双方一拍即合,但是受制于朗依制药实际控制人需要收购方在短时间内支付现金对价的要求,而朗依制药估值当时高达 20 亿元,对应所要出售的 80% 股权就是 16 亿元的现金对价,对于金城医药而言,就面临两难,买的话,暂时拿不出那么多现金,犹豫的话,还有其他有意向的买家虎视眈眈,这个时候,发行股票走流程肯定是行不通的,于是就选择了一个折中的方案,通过并购基金过桥的方式来完成这笔收购,也就是让并购基金先用现金购买朗依制药的股份,金城医药再向并购基金发行股份从而实现购买朗依制药股权的目的。

当然其中还有很多技术细节要处理。从这个角度来看,发行股票购买资产的这种支付手段,要平衡效率问题,在实际交易场景中需要结合其他工具来灵活运用。

上面讲到,发行股份购买资产,作为一种支付方式,具备了节约现金流的优势,同时也需要满足一定的条件以及经过一系列特定的程序。

(一)发行股份购买资产的条件

根据《重组办法》第 43 条的规定,上市公司发行股份购买资产,应当符合的条件有:

(一)充分说明并披露本次交易有利于提高上市公司资产质量、改善财务状况和增强持续盈利能力，有利于上市公司减少关联交易、避免同业竞争、增强独立性。

这一条前半句所讲的，实际上就是并购重组通常的商业逻辑，如果收购不能让公司变得更好，收购就不能让投资者理解了，很多被审核部门否决的案例里面，都是卡在被收购标的看上去无法改善上市公司盈利能力这个点上面。现实中并购重组是监管的一个难点，管得太过严格，就背离了商业实际需求，市场容易失去活力，如果管的太松，又会纵容各种利益输送频发，导致并购重组实质上损害中小投资者的利益，成为少数人财富的盛宴。

这一条的后半句，实际上关注的是公司治理问题，因为一些历史原因，早期的中国资本市场更多地服务于国有企业，国有企业上市有一个特点，就是上市的主体往往只是这个国资体系里面的一小部分资产，或者说是在当时比较符合上市要求的资产，先拿去上市，但这又留下了很多问题，最典型的就是同业竞争问题，国资体系里面的其他企业与上市公司经营着同样或类似的业务，存在利益冲突，那如何能保证上市公司的利益不被损害？这些企业在上市的时候往往给出解决这个问题的承诺，解决的典型方案就是所谓的“整体上市”，在条件具备的时候将相关的资产一并注入上市公司，从而从根本上消灭掉同业竞争的问题。资产注入的方式，最通常的做法就是上市公司向自己的大股东或实际控制人发行股份购买这些相关的资产，纳入上市公司报表范畴之中。

民营企业这类问题相对较少，主要的原因是在上市审核环节同业竞争就必须提前解决掉。但是要注意的一点是，如果上市公司本来没有同业竞争问题，因为并购重组增加了新的同业竞争问题出来，那也是不行的，比如上市公司购买了一块与原主业无关的资产，但恰好这块资产与自己控股股东或实际控制人自己的产业有竞争关系，那么就是典型的因为并购重组而产生出了同业竞争问题。

关联交易也是一样，上市公司与自己的控股股东或实际控制人发生交易，有些是因为商业本身的需要，有些是因为利益的缠绕。相比于同业竞争，监管部门对关联交易的容忍度相对较高些，因为只要做到交易条件公允，理论上和非关联方做交易所产生的结果是一样的。但是如果一家上市公司长期存在大量的关联交易的话，市场的评价总体上肯定是负面的，从现实角度上讲，是大概率存在利益输送可能的；从管理上讲，关联交易增加了监管的成本；从结果上讲，上市公司一旦对关联交易形成依赖，就容易失去独立性，从而降低在市场中的竞争力。

所以从公司治理角度来讲，通过并购重组来解决同业竞争和关联交易问题，是监管部门所鼓励的。

（二）上市公司最近一年及一期财务会计报告被注册会计师出具无保留意见审计报告；被出具保留意见、否定意见或者无法表示意见的审计报告的，须经注册会计师专项核查确认，该保留意见、否定意见或者无法表示意见所涉及事项的重大影响已经消除或者将通过本次交易予以消除。

这一条款是对上市公司自身内部控制的要求，逻辑在于：第一，如果上市公司的财报出现问题而无法判断准确性的话，就无法准确判断应该以什么样的条件去发行股份；第二，如果上市公司的内控存在问题，最基础的都管不好，如何去整合别人的资产？监管部门保持怀疑；第三，道德问题，如果上述现象是故意作假导致的，那么上市公司讲的什么故事，大家都不相信，交易就此打住也在情理之中。

何为无保留意见审计报告？何为保留意见、否定意见或者无法表示意见的审计报告？它们各自代表什么含义？见图3－1。

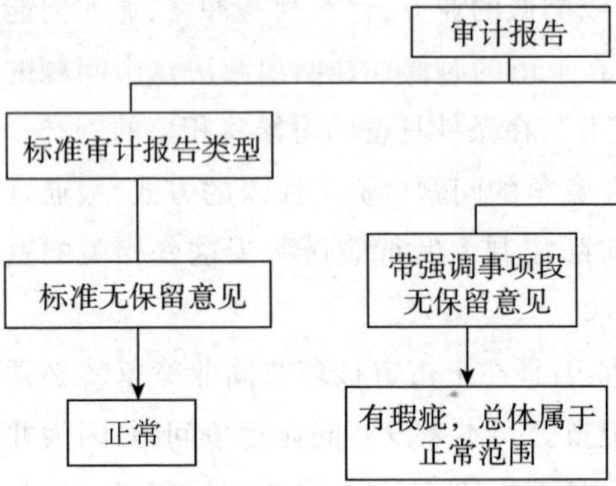

图3－1　审计报告的含义

我们可以简单地用一句话来概括，在资本市场，标准审计报告不能代表肯定没有问题，但非标的审计报告一定是有问题的，区别只是问题大小不同。

我们可以看到，无保留意见的审计报告中分为标准和非标准，如果遇到非标准无保留意见的审计报告，同时也要关注其所带强调事端问题是否已经消除，是否影响发行。

总的来讲，一家上市公司出现非标审计意见的，影响是非常负面的，对于后续再融资、股权激励、入选成分股等均有可能造成较大的障碍。

（三）上市公司及其现任董事、高级管理人员不存在因涉嫌犯罪正被司法机关立案侦查或涉嫌违法违规正被中国证监会立案调查的情形，但是，涉嫌犯罪或违法违规的行为已经终止满3年，交易方案有助于消除该行为可能造成的不良后果，且不影响对相关行为人追究责任的除外。

这一条款是对上市公司及董事、高管合规性的要求，这里面分两种类型的违法，首先是不得触犯国家的刑法，众所周知，刑法是对一个人最底线的要求，一旦触及就意味着严重的后果；其次，不得触犯证券相关的规则，属于在证监会职权范围内的违法事项，这个更有针对性。

这一条后半句给了一个补救的机会，同样也是两个条件：(1)3年的时间要求；(2)有助于消除这个不良后果，不影响追责。

怎么去理解呢？很多时候上市公司因为违法问题，成为一个烂摊子，受害的投资者无数，收拾烂摊子和承担责任有的时候需要政府或者大股东来重新注入一些优质的资产盘活上市公司，所以监管部门才留下了这个口子，主要是从现实角度考虑中小投资者们的利益。

(四)充分说明并披露上市公司发行股份所购买的资产为权属清晰的经营性资产，并能在约定期限内办理完毕权属转移手续。

这是对标的资产的要求，权属清楚是为了不引起后续的法律纠纷，减少后遗症，能在约定期限内办理完毕权属转移手续，是为了便于监管，同样也是交易的基本要求，但这在某种程度上面，给一部分创新交易增加了难度，特别是一些无形资产的交易，权利转移的界限并不清晰或者监管部门难以观察，这个时候就需要能够解释清楚交易标的的特点和原因。

(二)发行股份的定价

说完了发行股份购买资产的条件，另一个重要问题，就是该如何为发行的股份进行定价了。

根据《重组办法》第45条的规定，上市公司发行股份的价格不得低于市场参考价的90%。

什么是市场参考价呢？

这个市场参考价是指发行股份购买资产的董事会决议公告日期之前20个交易日、60个交易日或120个交易日公司股票交易均价之一。至于是选取20个交易日的均价还是60个交易日、120个交易日的均价，这是公司的权利，但是公司董事会应当说明选择的依据。

那么这个股票交易均价应该怎么算出来呢？就拿选取20个交易日均价为例：

计算的公式为：选取的市场参考价=董事会决议公告前20个交易日股票交易总金额÷董事会决议公告前20个交易日股票交易总数量。

那么这个股票发行交易价格确定以后，能不能调整呢？

可以进行调整，但是需要同时满足以下几个条件：(1)调整方案已经在董事会决议中事先设定，并且方案明确、具体、有可操作性；(2)股东大会审议通过调整方案；(3)上市公司股票价格相比最初确定的发行价格发生了重大的变化；(4)在证监会核准之前。

在满足上述几个条件的情况下，执行上述调整方案就不需要再经过证监会的核准了。

值得注意的是，根据《创业板上市公司持续监管办法(试行)》及《科创板上市公司重大资产重组特别规定》的规定，创业板以及科创板上市公司发行股票购买资产，发行股票的价格不低于市场参考价格的80%。相对主板而言，多了10%的价格空间，考虑到注册制下的创业板、科创板交易涨跌幅度限制更宽，股价波动更剧烈，这样的设计安排也有利于市场化改革以及体现出多层次资本市场的制度差异。

(三)限售期

为了对被收购方，也就是股票发行的对象有所制约，避免拿到股票立马套现走人，上市公司发行的股票，在被收购方获得之后，要履行限售义务，自股份发行之日起12个月内不得转让，但是下述几种特殊情形需要锁定36个月：

第一，发行的对象为上市公司控股股东、实际控制人或其控制的关联人。这个容易理解，因为这次发行股份购买资产的交易是关联交易，对公司控股股东、实际控制人或其控制的关联人施加更多的义务是为了防止他们套利。相反，对于纯市场行为下购买非关联人的资产，施加过多的义务就会增加交易的难度和成本，对发行对象也不公平，毕竟不能“有罪推定”，限售12个月，是对发行对象以及其他中小投资者利益的兼顾，也与上市公司再融资规则相衔接。

第二，发行的对象，通过本次发行取得上市公司控制权。如果发行对象一下子成为上市公司的实际控制人，首先说明该笔交易对上市公司产生了一次“翻天覆地”的变化，已经构成了重组上市，限售36个月，为了避免炒作，上市公司新的控制方需要更长的限售期来给中小投资者以信心。

第三，发行的对象取得本次发行股票时，对标的资产所持续拥有权益的时间不足12个月。发行对象在持有资产比较短的情况下就出售给上市公司，不排除有突击炒作的嫌疑，短期行为向来是监管部门比较警惕的，从这个角度，为了减少突击炒作现象的发生，要求限售36个月来进行持续验证，从而逼退投机炒作分子。

除此之外，《重组办法》同时还规定：

上市公司向控股股东、实际控制人或者其控制的关联人发行股份购买资产，或者发行股份购买资产将导致上市公司实际控制权发生变更的，认购股份的特定对象应当在发行股份购买资产报告书中公开承诺：本次交易完成后6个月内如上市公司股票连续20个交易日的收盘价低于发行价，或者交易完成后6个月期末收盘价低于发行价的，其持有公司股票的锁定期自动延长至少6个月。

前款规定的特定对象还应当在发行股份购买资产报告书中公开承诺：如本次交易因涉嫌所提供或披露的信息存在虚假记载、误导性陈述或者重大遗漏，被司法机关立案侦查或者被中国证监会立案调查的，在案件调查结论明确以前，不转让其在该上市公司拥有权益的股份。

简单概括，就是针对关联方和收购者，股票在二级市场表现不佳的话，限售期要延长，如果说了假话也不能卖。这都是为了保护中小投资者的利益，监管部门对于套利行为始终应该保持“深恶痛绝”的姿态。

三、借壳上市

借壳上市也叫重组上市，根据《重组办法》第13条的定义，重组上市指上市公司自实际控制人发生变更之日36个月内，向收购人及其关联人购买资产，导致上市公司的资产总额、营业收入、资产净额、股份发生重大变化的情形。

“借壳”实际上是一种形象的比喻，有个成语，叫作买椟还珠，差不多就是这个意思，只是对于收购上市公司的人来说，上市公司原来的资产或者业务都不值钱，收购上市公司的人要的不是上市公司的资产或业务，要的是上市资格。也许让人感到奇怪的是，企业要上市为什么不直接去申请上市呢？那样似乎更加简单直接。从我国证券市场注册制改革角度来看，未来趋势确实是这样的，不过在过去很长一段时间里面，企业申请上市都要面临非常严苛的审核，而且政策、宏观环境的变化等因素又时常让上市这件事存在非常巨大的不确定性。

首发上市有一套标准，它就像一个框，除了纸面上的显性条件，还有很多其他隐性标准，未必所有的好企业一定都能被框进去，因此企业绕道借壳上市，有一部分原因也确实是不得已。

借壳上市作为上市公司特殊类型的重大资产重组行为，属于证监会行政审批核准的事项，注册制下创业板、科创板上市公司的借壳上市，在需要发行股票的情况下，需要经过交易所审核并报送证监会履行注册程序。

那么借壳上市是怎样认定的呢？根据《重组办法》第13条的规定，借壳上市由两个步骤加上四个条件共同构成。

第一步，先要有收购行为发生，就是原上市公司的实际控制人发生了变化，实际控制人变化的标准需要参照《收购办法》第84条，在下面五种情形下，可以认定收购人控制了上市公司：(1)投资者为上市公司持股50%以上的控股股东；(2)投资者可以实际支配上市公司股份表决权超过30%；(3)投资者通过实际支配上市公司股份表决权能够决定公司董事会半数以上成员选任；(4)投资者依其可实际支配的上市公司股份表决权足以对公司股东大会的决议产生重大影响；(5)证监会认定的其他情形。

《上市公司收购管理办法》界定了上市公司控制权转移的标准，控制权转移是构成借壳的必要前提。

第二步，上市公司有向收购人及其关联人购买资产的行为，购买资产的行为发生在上市公司实际控制人发生变更后的36个月内且符合下述几个条件之一：(1)购买的资产总额占上市公司控制权发生变更的前一个会计年度经审计的合并财务会计报告期末资产总额的比例达到100%以上；(2)购买的资产在最近一个会计年度所产生的营业收入占上市公司控制权发生变更的前一个会计年度经审计的合并财务会计报告营业收入的比例达到100%以上；(3)购买的资产净额占上市公司控制权发生变更的前一个会计年度经审计的合并财务会计报告期末净资产额的比例达到100%以上；(4)为购买资产发行的股份占上市公司首次向收购人及其关联人购买资产的董事会决议前一个交易日的股份的比例达到100%以上；(5)上市公司向收购人及其关联人购买资产虽未达到本款第(1)项至第(4)项标准，但可能导致上市公司主营业务发生根本变化；(6)证监会认定的可能导致上市公司发生根本变化的其他情形。

上市公司大规模从新的控制人处购买资产注入上市公司，实际上是一种主营业务的更替的行为，也是借壳的核心动作。

为了防止规避借壳上市的审核，证监会设定了资产总额、营业收入、资产净额以及股份比例四个维度的指标，来界定上市公司购买收购方资产到底是不是借壳，同时又加上了第(5)项和第(6)项两个兜底条款。在证监会上一版2016年《重组办法》中，标准更为严格，还有一个净利润的指标，因此，只要是上市公司有亏损，那么置入的资产基本上没有任何门槛的将落在借壳上市的审核范围里面,这显然太过严格,因此,新修订的《重组办法》将净利润指标给拿掉了。

对于上市公司向收购人及其关联人处所置入的资产,所需要满足的要求有:(1)符合国家产业政策和有关环境保护、土地管理、反垄断等法律和行政法规的规定;(2)不会导致上市公司不符合股票上市条件;(3)重大资产重组所涉及的资产定价公允,不存在损害上市公司和股东合法权益的情形;(4)重大资产重组所涉及的资产权属清晰,资产过户或者转移不存在法律障碍,相关债权债务处理合法;(5)有利于上市公司增强持续经营能力,不存在可能导致上市公司重组后主要资产为现金或者无具体经营业务的情形;(6)有利于上市公司在业务、资产、财务、人员、机构等方面与实际控制人及其关联人保持独立,符合中国证监会关于上市公司独立性的相关规定;(7)有利于上市公司形成或者保持健全有效的法人治理结构;(8)上市公司购买的资产对应的经营实体应当是股份有限公司或者有限责任公司,且符合《首次公开发行股票并上市管理办法》规定的其他发行条件;(9)上市公司及其最近3年内的控股股东、实际控制人不存在因涉嫌犯罪正被司法机关立案侦查或涉嫌违法违规正被证监会立案调查的情形,但是,涉嫌犯罪或违法违规的行为已经终止满3年,交易方案能够消除该行为可能造成的不良后果,且不影响对相关行为人追究责任的除外;(10)上市公司及其控股股东、实际控制人最近12个月内未受到证券交易所公开谴责,不存在其他重大失信行为;(11)本次重大资产重组不存在证监会认定的可能损害投资者合法权益,或者违背公开、公平、公正原则的其他情形。

值得注意的是,相比之前版本的《重组办法》,在2019年修订的《重组办法》规定下,创业板上市公司借壳上市的窗口随之也打开了,《重组办法》第13条规定:"创业板上市公司自控制权发生变更之日起,向收购人及其关联人购买符合国家战略的高新技术产业和战略性新兴产业资产,导致本条第一款规定任一情形的,所购买资产对应的经营实体应当是股份有限公司或者有限责任公司,且符合《首次公开发行股票并在创业板上市管理办法》规定的其他发行条件。"

就在2019年《重组办法》出台后不久,随着创业板注册制的不断推进,《首次公开发行股票并在创业板上市管理办法》也被《创业板首次公开发行股票注册管理办法(试行)》所取代,创业板上市公司所置入的重组上市标的,应当符合最新创业板上市的交易所审核及证监会注册的要求。

上市公司重大资产重组的程序

考虑到重大资产重组可能给上市公司带来的深远影响，上市公司重大资产行为除了在实体规则层面受到诸多规制外，在程序上同样也有别于其他交易，甚至也可以说，主要的差异体现在了程序上，其意义主要有以下三点：

第一，防止内幕交易，通常情况下，上市公司重大资产重组会使股价产生波动，过去很长一段时间，中小投资者都将上市公司的重组行为视为利好，炒作之风尤盛，为了不让少数内幕信息知情人利用内幕信息炒作获益，从而损害中小投资者的利益，重大资产重组在信息披露方面相比其他交易，有着更加严格的要求。

第二，重大资产重组对上市公司未来发展影响巨大，为了让同样作为股东的中小投资者能够平等的参与到交易决策中来，而不应当由少数股东说了算，需要给中小投资者表态的机会，即便影响不了最终结果，也当充分披露，利于监督。中小投资者如果对交易持有否定态度的话，可以随时选择“用脚”投票。

第三，防止不正当利益输送，市场上有相当比例的重大资产重组交易发生在上市公司与大股东或者实际控制人之间，大股东或实际控制人难免存在利用交易机会为行利益输送之实的动机，因此，严格遵守关联交易的披露和回避程序，有利于防止那些明显有失公允的交易出现。

根据《重组办法》《科创板上市公司重大资产重组审核规则》《创业板上市公司重大资产重组审核规则》等文件，按照时间线，我们尝试将上市公司重大资产重组划分为五个阶段，分别是筹划阶段、董事会阶段、股东大会阶段、审核/注册阶段、持续督导阶段，对每一个阶段所要履行的程序，进行分析解读。

一、筹划阶段

在筹划阶段，上市公司需要开展接洽交易对方、对标的资产进行尽职调查、审计评估、估值谈判、交易方案设计等一系列工作，除了商业层面的博弈之外，如何做好保密工作、防止内幕交易以及准确把握好信息披露时间，是这个阶段的工作重点和难点。

《重组办法》第 16 条规定："上市公司与交易对方就重大资产重组事宜进行初步磋商时，应当立即采取必要且充分的保密措施，制定严格有效的保密制度，限定相关敏感信息的知悉范围。上市公司及交易对方聘请证券服务机构的，应当立即与所聘请的证券服务机构签署保密协议。上市公司关于重大资产重组的董事会决议公告前，相关信息已在媒体上传播或者公司股票交易出现异常波动的，上市公司应当立即将有关计划、方案或者相关事项的现状以及相关进展情况和风险因素等予以公告，并按照有关信息披露规则办理其他相关事宜。"

在正常情况下，重大资产重组的相关信息一般于上市公司召开董事会并审议相关决议之后的次一工作日进行披露，但是如果保密工作没有到位，消息传到市场上引起股价波动，那么就必须提前将相关信息公开披露，目的是防止内幕交易行为的发生，并且保证中小投资者能够尽早公平地获得信息。

《重组办法》第 16 条第 1 款是对于信息保密所提出的要求，第 2 款则规定了信息难以保密之后应当及时披露的义务。同时，《重组办法》第 39 条至第 42 条对重大资产重组整个过程中的信息管理提出了具体要求，总结起来看，在重大资产重组筹划阶段，信息管理的核心主要由保密措施、停牌以及信息管理三个部分共同组成。

（一）保密措施

上市公司重大资产重组中的保密义务，从目的来看，我们可以分为两个维度。

第一是商业维度的保密，也就是我们通常所称的企业商业秘密保护，主要是指交易双方在交易洽谈过程中，所知悉的对方有价值的商业信息，为了防止对方自行使用或对外泄露这些信息而采取的限制保护措施。

这类保密措施，往往是交易双方互为限制，与主体身份是否是上市公司没有太大关系，与交易是否构成重大资产重组也没有关系。

最典型的就是收购方通过尽职调查获得了被收购方的核心财务数据、客户信息、生产工艺流程等有商业价值但尚未公开的信息，如果双方没有最终达成交易的话，那么被收购方因为此前所披露的信息就会限于被动，所以一般情况下，会要求对方先签订保密协议，对保密范围及违反保密义务的责任进行详细约定。

第二是监管维度的保密，这也是上市公司与非上市公司的显著区别，保密的客体是内幕信息，而保密主体并不仅仅限于交易双方，包括任何已经知晓该信息的人员,而保密的目的并不是出于商业利益的保护,而是防止股价波动以及内幕交易行为的发生。

因此,在监管维度看来,所需要进行保密的信息,就是重组交易本身,包括交易的达成、交易的进展、交易的方案等可能对上市公司股价产生重要影响的所有信息,这些需要保密的信息被称为内幕信息。

那么,该如何准确界定内幕信息?

《证券法》第52条规定:"证券交易活动中,涉及发行人的经营、财务或者对该发行人证券的市场价格有重大影响的尚未公开的信息,为内幕信息。本法第八十条第二款、第八十一条第二款所列重大事件属于内幕信息。"

结合《证券法》第80条的规定,公司在1年内购买、出售重大资产超过公司资产总额30%,或者公司营业用主要资产的抵押、质押、出售或者报废一次超过该资产的30%就属于重大事件,同时也属于《证券法》第52条内幕信息范畴。

因此,上市公司重大资产重组信息足以对上市公司的股价产生波动,属于应当披露的重要信息,在披露之前,属于内幕信息的范畴。

但是在筹划之初,交易是否能够达成,存在诸多不确定因素,如果交易双方刚刚接洽就必须硬性披露的话,一来可能大大增加了交易谈判的难度;二来不能排除有人利用或制造一些莫须有的交易消息到市场上进行恶意炒作。所以,在筹划之初,也就是交易意向和方案尚未初步达成之前,信息是不宜直接对外公开的。

内部控制工作做的比较规范的公司,通常会建立适合于该公司的保密制度,用于规范内部人员之间信息的传递行为,这也是对上市公司的基本要求,除此之外,还需要对外部主体进行约束,最简单有效的办法,就是与内幕信息知情人签订保密协议。

那么在重大资产重组中,什么样的人属于内幕信息知情人呢?

《证券法》第51条规定:"证券交易内幕信息的知情人包括:(一)发行人及其董事、监事、高级管理人员;(二)持有公司百分之五以上股份的股东及其董事、监事、高级管理人员,公司的实际控制人及其董事、监事、高级管理人员;(三)发行人控股或者实际控制的公司及其董事、监事、高级管理人员;(四)由于所任公司职务或者因与公司业务往来可以获取公司有关内幕信息的人员;(五)上市公司收购人或者重大资产交易方及其控股股东、实际控制人、董事、监事和高级管理人员;(六)因职务、工作可以获取内幕信息的证券交易场所、证券公司、证券登记结算机构、证券服务机构的有关人员;(七)因职责、工作可以获取内幕信息的证券监督管理机构工作人员；（八）因法定职责对证券的发行、交易或者对上市公司及其收购、重大资产交易进行管理可以获取内幕信息的有关主管部门、监管机构的工作人员；（九）国务院证券监督管理机构规定的可以获取内幕信息的其他人员。”

另外，《重组办法》第 41 条规定：“上市公司及其董事、监事、高级管理人员，重大资产重组的交易对方及其关联方，交易对方及其关联方的董事、监事、高级管理人员或者主要负责人，交易各方聘请的证券服务机构及其从业人员，参与重大资产重组筹划、论证、决策、审批等环节的相关机构和人员，以及因直系亲属关系、提供服务和业务往来等知悉或者可能知悉股价敏感信息的其他相关机构和人员，在重大资产重组的股价敏感信息依法披露前负有保密义务，禁止利用该信息进行内幕交易。”

《证券法》《重组办法》都对内幕信息知情人进行了例举，但是从文义整体来看的话，似乎只要是知道该信息的人，无论其为何等身份，都有义务对信息进行保密，并且禁止利用该信息进行内幕交易。

既然如此，又何必对内幕信息知情人进行例举呢？

例举与否的差别，主要在于举证责任的不同，被例举纳入内幕信息知情人范畴中的角色，与其他外部第三方一样，并不必然能掌握内幕信息，区别在于，在被监管机构追究责任时，证明其知情的要求会有所不同，结合某些具体事项，甚至某些被例举的知情人，需要反过来去证明其不知情，而没有被例举的主体，则需要由监管机构拿出充分的证据来证明其是知情人，两者看似差别不大，实际上对责任判定有着非常现实的影响。

总体来看，上市公司和交易对方，应当建立内部控制措施，保证内部人员履行保密义务，对外部人员，比如参与其中的证券服务机构，就应当与其签订保密协议，否则，就是重大资产重组信息管理工作的失职。

当然，从监管维度来看，保密并非所追求的目的，目的是避免内幕交易行为的发生。

案例 3－2

2016 年至 2017 年，上市公司西部创业（000557. SZ）先后寻求重组项目，2017 年 2 月底，在时任宁夏国资委主任李某华的协调下，时任西部创业董事长的王某林与相关中介见面，中介口头推荐收购唐山境界实业有限公司（以下简称唐山境界）。2017 年 3 月 20 日至 3 月 22 日，西部创业总经理柏某等人前往唐山境界进行实地考察、调研。2017 年 3 月 24 日，为进一步了解唐山境界经营和财务状况，西部创业决定聘请会计事务所对唐山境界开展尽职调查。2017 年 4 月 9 日，西部创业班子成员及相关部门人员听取会计师事务所介绍尽职调查情况。2017 年 5 月 2 日，西部创业发布关于重大资产重组停牌公告。2017 年 5 月 31 日，西部创业发布筹划重组停牌期满申请继续停牌公告，称拟通过发行股份并支付现金的方式购买某标的公司全部或部分股权。2017 年 6 月 30 日，西部创业再次发布筹划重组停牌期满申请继续停牌的公告，称拟通过发行股份并配套募集资金方式购买唐山境界部分股权。

2017 年 3 月 24 日至 5 月 31 日，贾小东与王某林、李某华存在通话联络，特别是在 2017 年 4 月 5 日至 4 月 8 日，贾小东与李某华之间存在 7 次通话联系，与王某林存在 1 次通话联系。

2017 年 3 月 27 日，冯海霞（系贾小东的妻子）开立证券账户。该账户系首次购买"西部创业"，当天买入前新增转入资金 300 万元。2017 年 4 月 11 日至 4 月 20 日，"冯海霞"证券账户累计买入"西部创业"655,100 股，累计成交金额 4,409,226 元，并于 2017 年 9 月 11 日全部卖出，累计亏损 508,526.49 元。2017 年 4 月 11 日至 4 月 28 日，"贾小东"证券账户买入"西部创业"734,500 股，成交金额 4,901,575.84 元，并于 4 月 26 日、9 月 26 日卖出，累计亏损 666,186.40 元。

证监会认为，贾小东与冯海霞系夫妻，2017 年 3 月 24 日至 5 月 31 日内幕信息敏感期内，贾小东与王某林、李某华存在通话联络，贾小东与冯海霞二人证券账户交易"西部创业"且交易行为明显异常。上述行为因违反了 2005 年《证券法》第 73 条、第 76 条第 1 款的规定，构成 2005 年《证券法》第 202 条所述的内幕信息交易行为。证监会根据其违法行为的事实、性质、情节与社会危害程度，决定对贾小东、冯海霞处以 60 万元罚款。

内幕交易行为，是监管机构重点打击的对象，同时也是资本市场顽疾。内幕交易行为的存在，对于建设一个公平、公开、公正的资本市场而言，是绝对不应该被容忍的。做个简单的比喻，如果一项考试可以提前将答案告诉其中一小部分人，那么对于其他人而言，参加这场考试便没有了任何意义，考试本身的目的也落空了。资本市场也是一样，对于影响股价的重要信息，相比于大多数的中小投资者，有一小部分人可以提前获取，利用信息进行投资决策，长期如此，将导致劣币驱逐良币，市场也终将失效。

因此，2019 年《证券法》进行了大幅修订，加大了针对内幕交易在内的违法行为的惩治力度。

新《证券法》第191条规定："证券交易内幕信息的知情人或者非法获取内幕信息的人违反本法第五十三条的规定从事内幕交易的，责令依法处理非法持有的证券，没收违法所得，并处以违法所得一倍以上十倍以下的罚款；没有违法所得或者违法所得不足五十万元的，处以五十万元以上五百万元以下的罚款。单位从事内幕交易的，还应当对直接负责的主管人员和其他直接责任人员给予警告，并处以二十万元以上二百万元以下的罚款。国务院证券监督管理机构工作人员从事内幕交易的，从重处罚。违反本法第五十四条的规定，利用未公开信息进行交易的，依照前款的规定处罚。"

修订前后的《证券法》，针对内幕交易的罚款力度就相差了接近十倍。

（二）停牌

在重大资产重组筹划阶段，除了采取有效保密措施之外，股票停牌是避免股价波动和内幕交易的另一个重要手段。

《重组办法》第42条第2款规定："上市公司预计筹划中的重大资产重组事项难以保密或者已经泄露的，应当及时向证券交易所申请停牌，直至真实、准确、完整地披露相关信息。停牌期间，上市公司应当至少每周发布一次事件进展情况公告。"同时，第42条第3款规定："上市公司股票交易价格因重大资产重组的市场传闻发生异常波动时，上市公司应当及时向证券交易所申请停牌，核实有无影响上市公司股票交易价格的重组事项并予以澄清，不得以相关事项存在不确定性为由不履行信息披露义务。"

在筹划阶段停牌的时机并不难确定，关键在于准备判断交易筹划所需要的时间，因为停牌本身也是有时间限制的，不可能无限期停牌或者随意停牌，这将妨害股票二级市场投资者正常的交易权利，只有在难以保密、信息泄露、因传闻股价异常波动等特殊情形下，方能提前采取停牌措施。

具体停牌应当如何操作呢？

以上交所为例，根据上交所2018年12月28日发布的《上海证券交易所上市公司筹划重大事项停复牌业务指引》（以下简称《停复牌指引》）第8条第1款规定："上市公司筹划发行股份购买资产，可以根据实际情况申请短期停牌，停牌时间不超过10个交易日。停牌期间更换重组标的的，其累计停牌时间也不得超过10个交易日。"

《停复牌指引》第11条又对特殊情况下的最长停牌时间作出了规定："上市公

司应当在停牌期限届满前披露经董事会审议通过的重组预案,并申请复牌;未能按期披露重组预案的,应当终止筹划本次重组并申请复牌。上市公司无法在第8条规定的停牌期限届满前披露重组预案,但国家有关部门对相关事项的停复牌时间另有要求的,公司可以在充分披露筹划事项的进展、继续停牌的原因和预计复牌时间后向本所申请继续停牌,但连续停牌时间原则上不得超过25个交易日。涉及国家重大战略项目、国家军工秘密等事项,对停复牌时间另有要求的,从其要求。”

上交所的《停复牌指引》仅仅规定了发行股份(包括可转债)购买资产可以申请停牌,并没有规定其他类型重大资产重组是否可以停牌。在这一点上面,深交所的答案非常明确,《深圳证券交易所上市公司信息披露指引第2号——停复牌业务》第8条明确规定了上市公司因筹划重大资产重组事项申请停牌的,除了发行股份(包括可转债)购买资产外,筹划其他类型重组的,应当分阶段披露相关情况,不得申请停牌。

如果由此进行推断的话,那么上交所原则上也不会接受其他类型重组的停牌要求。但值得去探讨的是,将不涉及发行股份(可转债)等其他类型重大资产重组排除在可以申请停牌的情形之外,似乎又与证监会《重组办法》有所冲突,《重组办法》并没有强调只有发行股份情形下的重大资产重组,才能申请停牌。

交易所,为什么在股票停牌这件事情上,要对不同重组类型加以区分?可能是因为发行股份交易模式中,股价波动直接会影响交易对价的支付,从而给交易本身带来巨大的不确定性,而如果是现金交易,那么股价波动并不会对交易产生直接影响,而停牌最重要的目的之一,是避免股价大幅震荡。

不管怎么说,现在无论是上交所还是深交所,目前有效的停复牌规则相比过去动辄1个月乃至半年来说,变化非常大,也已经充分表明了交易所不鼓励轻易、长期停牌的态度。

对于目前的上市公司重大资产重组,在筹划阶段,一旦申请停牌,留给上市公司敲定交易基本内容的时间只有10个交易日,最长一般也就25个交易日,因此,就对交易双方在早期接洽以及尽职调查阶段的保密工作提出了非常高的要求,如果不涉及发行股份,那么就需要在信息保密、信息披露工作做好的同时,掌控好股价波动所可能带来的不良影响。

(三)信息管理

《重组办法》第42条第1款规定:“上市公司筹划重大资产重组事项,应当详细记载筹划过程中每一具体环节的进展情况，包括商议相关方案、形成相关意向、签署相关协议或者意向书的具体时间、地点、参与机构和人员、商议和决议内容等，制作书面的交易进程备忘录并予以妥当保存。参与每一具体环节的所有人员应当即时在备忘录上签名确认。”

这一程序性举措的目的，显然是防范内幕交易，因为认定内幕交易，对监管部门举证而言，是一件非常困难的事情。因此在执法过程中，就没有要求对监管部门的证明要求达到排除合理怀疑的程度，就拿前面西部创业的案例来讲，确定了内幕信息知情人，拿到了内幕信息知情人与处罚对象电话沟通的记录（没有披露通话内容），处罚对象购买了西部创业的股票，就可以认定为是内幕交易，显然，其证明的标准只需要达到大概率即可。

正因如此，在程序上《重组办法》对筹划中重大资产重组提出了“留痕”的要求，当未来发生责任追究时，这些书面记录就成为监管部门认定事实的依据，同时也将成为相关人员自证清白的重要证据。如果这些记录存在重大缺失或者瑕疵，而当事人又是《重组办法》第 40 条、第 41 条中所罗列的角色，那么其就很难自证自己不是内幕信息知情人。

因此，对于拟筹划重大资产重组的上市公司或相关人员，应当高度重视并严格执行《重组办法》第 42 条第 1 款的规定。

二、董事会阶段

董事会会议的召开，意味着上市公司重大资产重组事项已经结束了早期的筹划阶段，正式进入交易决策程序之中。

但实际上，董事会的意义还不仅于此，董事会的时间节点，可以说是整个重组交易的关键时间节点。

首先，根据《重组办法》第 45 条第 1 款的规定：“上市公司发行股份的价格不得低于市场参考价的 90%。市场参考价为本次发行股份购买资产的董事会决议公告日前 20 个交易日、60 个交易日或者 120 个交易日的公司股票交易均价之一。本次发行股份购买资产的董事会决议应当说明市场参考价的选择依据。”

在上市公司发行股份购买资产的交易类型下，根据上面的条款，董事会决议公告日，直接决定了上市公司股票发行的价格，对于交易影响巨大。

值得注意的是，证监会 2016 年发布的《关于规范上市公司重大资产重组若干问题》第 3 条第 1 款规定：“发行股份购买资产的首次董事会决议公告后，董事会在

6个月内未发布召开股东大会通知的，上市公司应当重新召开董事会审议发行股份购买资产事项，并以该次董事会决议公告日作为发行股份的定价基准日。”

所以，首次董事会决议公告日并不是绝对的发行股份的定价基准日，如果审议间隔时间过长，就会导致定价基准日失去可参考性，进而通过重新召开董事会的方式来重新确定定价基准日。

其次，董事会的召开，意味着交易方案的确定或者基本确定，除了披露董事会决议之外，还需要披露重大资产重组预案，且本次重组的重大资产重组报告书、独立财务顾问报告、法律意见书以及重组涉及的审计报告、资产评估报告或者估值报告至迟应当与召开股东大会的通知同时公告。

如何来理解上面说到的重组预案以及重组报告书呢？

从《26号准则》对两者所要披露的信息范围来看，相比重组报告书对整个交易的完整披露，重组预案则要简单的多，甚至交易标的公司的主要财务指标都可以是未经审计的，交易标的公司的历史沿革问题也无须进行披露等。很显然，重组预案是为了让上市公司能够尽快对重大资产重组基本情况进行披露而设置的，可以理解为是简化版本的重组报告书。

《重组办法》规定，重大资产重组报告书、独立财务顾问报告、法律意见书以及重组涉及的审计报告、资产评估报告或者估值报告等，在召开股东大会公告时候必须要进行披露，股东大会是由董事会召集的，也就是说，可以有两种情况：一种情况是董事会先对重组预案进行表决并公告，然后等到相关事项落实清楚之后，再召开一次董事会，董事会决议、召开股东大会通知、重组报告书等文件一起进行披露；另一种情况是只开一次董事会，直接一步到位披露重组报告书，这样就不存在披露重组预案的情况了。

三、股东大会阶段

根据《重组办法》的要求，上市公司重大资产重组的最终决策权限在股东大会，那么，股东大会应该如何对重大资产重组进行审议呢？

首先，对重大资产重组所作出的股东大会决议，至少应当包括如下内容：(1)本次重大资产重组的方式、交易标的和交易对方；(2)交易价格或者价格区间；(3)定价方式或者定价依据；(4)相关资产自定价基准日至交割日期间损益的归属；(5)相关资产办理权属转移的合同义务和违约责任；(6)决议的有效期；(7)对董事会办理本次重大资产重组事宜的具体授权；(8)其他需要明确的事项。

上述内容，大部分已经体现在了重组报告书中，包含上述内容的决议，必须经出席会议的股东所持表决权的2/3以上通过。

其次，《重组办法》第24条又规定："上市公司重大资产重组事宜与本公司股东或者其关联人存在关联关系的，股东大会就重大资产重组事项进行表决时，关联股东应当回避表决。交易对方已经与上市公司控股股东就受让上市公司股权或者向上市公司推荐董事达成协议或者默契，可能导致上市公司的实际控制权发生变化的，上市公司控股股东及其关联人应当回避表决。"

这一条规定了两类回避事项：第一类情形比较容易理解，如果重大资产重组涉及关联交易，那么关联方股东在表决时就要进行回避，这与其他关联交易没有差别；第二类情形可以视为潜在关联关系的回避，当上市公司实际控制权因为现有控股股东的让渡，可能落入交易对方手中时，现有控股股东很可能已经成为交易对手的代言人，让其表决权回避，是为了避免因此导致的利益冲突。

最后，上市公司就重大资产重组事宜召开股东大会，应当以现场会议形式召开，并应当提供网络投票和其他合法方式为股东参加股东大会提供便利。除上市公司的董事、监事、高级管理人员、单独或者合计持有上市公司5%以上股份的股东以外，其他股东的投票情况应当单独统计并予以披露。

对中小投资者单独计票结果进行公示，可以更为客观地反映市场对于上市公司重大资产重组的态度和看法，对那些动机不纯的大股东而言应该是一种压力。

那么，如果上市公司没有遵守《重组办法》的规定召开股东大会对重大资产重组进行审议，又会如何？来看一个案例。

案例3-3

2019年10月18日，上市公司天目药业（600671.SH）发布了一份名为《关于收到浙江证监局行政监管措施决定书的公告》。根据公告内容来看，事实部分如下：

2018年4月天目药业全资子公司银川天目山养老养生产业有限公司（以下简称银川天目）与天目药业控股股东长城影视企业文化集团有限公司（以下简称长城集团）签署协议购买长城集团持有的银川长城神秘西夏医药养生基地有限公司（以下简称银川西夏）100%股权，总价款为6000万元，超过天目药业净资产50%，构成重大资产重组，且构成关联交易。该方案未经董事会、股东大会审议及披露。根据长城集团出具的划款委托书，天目药业于2018年4月2日、6月22日分3笔总计划转5414万元股权转让款至杭州文韬股权投资基金合伙企业（以下简称文韬基金）、杭州武略股权投资基金合伙企业(以下简称武略基金)账户,相关股权未办理过户,上述资金于2018年12月29日收回。

2018年12月25日,银川西夏股东由长城集团变更为文韬基金和武略基金。2018年12月30日,银川天目又与文韬基金、武略基金签订协议购买其所持银川西夏100%股权,总价款6000万元,超过天目药业净资产50%,构成重大资产重组。该方案未经过董事会、股东大会审议及披露。天目药业已向文韬基金、武略基金支付股权转让款5414万元,相关股权尚未过户。

基于上述事实,当地证监局对公司下达了行政监管措施,责令天目药业予以改正,并于2019年9月30日之前向证监局提交整改报告,整改报告应当包括具体明确的整改措施、整改责任人等内容,整改工作应于2019年10月31日之前完成。

根据《重组办法》第53条的规定:"未依照本办法的规定履行相关义务或者程序,擅自实施重大资产重组的,由中国证监会责令改正,并可以采取监管谈话、出具警示函等监管措施;情节严重的,可以责令暂停或者终止重组活动,处以警告、罚款,并可以对有关责任人员采取市场禁入的措施。"

之所以案例中的天目药业没有被处以更加严格的处罚,可能是因为交易还没有完全实施,股权还没有过户,还具备整改的可能性。同时,虽然构成了重大资产重组,但是交易所涉金额并不是非常巨大。如果股权已经过户,资产重组全部实施完毕,可能就不具备整改的条件和意义,那么所受到的处罚可能也不会这么轻了。

四、审核/注册阶段

对于重大资产重组,在主板层面,证监会只保留了发行股份购买资产以及重组上市两项行政许可,其他类型的交易都由交易所进行审核管理。

在科创板、创业板层面,由于是实行注册制,除了涉及发行股份的交易需要经过证监会注册程序之外,其余交易均在交易所层面就能完成程序上的闭环。

根据上交所发布的《上海证券交易所科创板上市公司重大资产重组审核规则(2021年修订)》(以下简称《科创板审核规则》)以及深交所发布的《深圳证券交易所创业板上市公司重大资产重组审核规则(2021年修订)》(以下简称《创业板审核规则》),如果不涉及重组上市和发行股份的重大资产重组,那么其实只需要遵守《重组办法》相关规定,以及按照两个交易所各自上市规则来进行内部决策及信息披露即可,不需要再经过外部审核程序。

在重大资产重组类型中，相比于重组上市或者其他类型的交易，发行股份交易模式是更为主流的交易模式，因此，我们现在所讨论的重大资产重组，主要指的是涉及发行股份的重组交易。

以科创板审核为例，我们来看一下具体的要求是什么。

（一）审核方式

根据《科创板审核规则》的规定，重组审核实行电子化审核，申请、受理、问询、回复等事项通过交易所并购重组审核业务系统办理。

交易所的科创板重组审核机构，按照规定对申请文件进行审核，出具审核报告，提出初步审核意见后，提交科创板上市公司并购重组委员会审议，提出审议意见。

交易所结合并购重组委员会审议意见，出具同意发行股份购买资产或者重组上市的审核意见，或者作出终止审核的决定；对上市公司不涉及股份发行的重组上市申请，交易所结合并购重组委员会的审议意见，作出同意重组上市或者终止审核的决定。

也就是说，审核过程包括交易所常设的重组审核机构进行初审，由并购重组委员会进行审议，最终由交易所决定同意或者终止审核。

交易所审核关注的重点，可以归纳为商业合理性、交易合规性以及科创属性三个方面。

审核的具体方式，主要通过提出问题、回答问题等多种方式，来督促上市公司、交易对方、独立财务顾问、证券服务机构完成全面客观的信息披露工作。

（二）申请与受理

重大资产重组审核程序的第一步，就是提交申请，申请提交的时间在上市公司股东大会作出重大资产重组决议后3个工作日内，提交的方式是由上市公司所委托的独立财务顾问，通过交易所并购重组审核业务系统报送申请文件。

向交易所审核系统所报送的申请文件，包括重大资产重组报告书及相关文件、独立财务顾问报告及相关文件、法律意见书、审计报告及资产评估报告或者估值报告等证券服务机构出具的文件等。

交易所在收到申请文件后5个工作日内，对申请文件作形式审查，对材料不齐备、不符合形式要求或者有错误的文件向上市公司及独立财务顾问提出补正要求，上市公司最长须在30个工作日内完成补正。

为了避免不必要的时间及成本的浪费，上市公司在申报文件材料之前，需要对不予受理的可能性进行预估,如果存在下列情形之一的,则申请文件将无法得到交易所的受理:(1)申请文件不齐备的同时,又没有按要求进行补正的;(2)独立财务顾问、证券服务机构及其相关人员因证券违法违规被采取认定为不适当人选、限制业务活动、一定期限内不接受其出具的相关文件等相关措施,尚未解除;(3)独立财务顾问、证券服务机构或者相关签字人员因首次公开发行并上市、上市公司发行证券、并购重组业务涉嫌违法违规,或者其他业务涉嫌违法违规且对市场有重大影响被中国证监会立案调查,或者被司法机关立案侦查,尚未结案;(4)本次交易涉嫌内幕交易被证监会立案调查或者被司法机关立案侦查,尚未结案,但证监会另有规定的除外;(5)证监会及交易所规定的其他情形。

交易所正式受理之后,就进入重大资产重组的审核程序当中,同时还意味着:(1)包括上市公司在内的交易各方、证券服务机构及相关各方开始承担重组交易所可能带来的法律责任;(2)后续对申请文件的内容进行修改、补充都必须经过交易所同意。

最后,交易所受理申请文件后10个工作日内,独立财务顾问应当以电子文档形式报送工作底稿,供监管备查。

(三)审核机构的审核

交易所设并购重组审核机构,审核的主要方式是问询,与注册制下的申请首次公开发行上市审核并无二致。

重组审核机构自受理申请文件之日起10个工作日内,向上市公司、交易对方、独立财务顾问、证券服务机构提出首轮审核问询。

涉及申请重组上市的,则首轮审核问询时间延长至20个工作日内。

值得注意的是,为了避免对审核人员产生先入为主等负面影响,从而影响审核效果及审核公正性,在交易所首轮审核问询发出前,交易相关方及其证券服务机构人员不得就审核事项与审核人员提前接触,这段期间被俗称为“缄默期”。

首轮问询对于整个审核工作来说是起到“定基调”的作用的,往往是范围最广、最为系统的一次问询,因此不受干扰至关重要。

当首轮审核问询发出后,如果存在疑问的,可以通过交易所并购重组审核业务系统进行沟通;确需当面沟通的,可以通过并购重组审核业务系统进行预约。

这样的沟通机制,最大的特点是努力做到过程“留痕”,不管是对于审核人员还是交易各方,都可以说是一种保护。

在首轮问询回复之后,如果交易所审核机构认为有新的发现、回复披露不充分等情形的，还可以继续提出第二轮问询。

在审核过程中，如果涉及标的资产是否符合科创板定位，与上市公司主营业务是否具有协同效应等相关行业技术问题的，审核机构可以向交易所的科技创新咨询委员会进行咨询，咨询意见可以作为审核问询的参考。

回复审核问询的时间，同样也根据交易类型的不同而不同，申请发行股份购买资产的，回复审核问询的时间总计不超过1个月；申请重组上市的，回复审核问询的时间总计不得超过3个月。逾期未回复的，上市公司应当在到期日的次日，披露本次交易的进展情况及未能及时回复的具体原因等事项。难以在前款规定的时限内回复的，可以申请延期一次，但时间不得超过1个月。

回复过程中，涉及中止审核、请示有权机关、实施现场检查、落实并购重组委员会意见、暂缓审议、处理会后事项、要求进行专项核查等情形的时间，可以不计算在前面所限定的回复时间之内。

审核机构问询阶段结束之后，将出具审核报告，然后提交给并购重组委员会审议。

上市公司申请发行股份购买资产的，交易所审核的周期为2个月，自受理申请文件之日开始计算。涉及重组上市的，作出审核结论以及证监会注册的时间合计不超过3个月。

上面的审核时间不包括中止审核、请示有权机关、实施现场检查、落实并购重组委员会意见、暂缓审议、处理会后事项、要求进行专项核查等情形的时间。

审核通过的，交易所出具同意的审核意见，审核不通过的则作出终止审核的决定。

科创板、创业板并购重组审核规则，也延续了主板分道制审核的理念，对不同的主体和不同的交易规模采取差异化的审核理念，针对信誉良好的当事方以及规模相对较小的交易，开通“绿色审核通道”。

交易所根据上市公司的日常信息披露、规范运作和诚信状况以及独立财务顾问、证券服务机构的执业能力和执业质量，结合国家产业政策和重组交易类型，减少审核问询的轮次、问题数量，优化审核内容，提高审核效率。

对于不构成重大资产标准的发行股份购买资产交易，在独立财务顾问根据规定要求出具专项意见以及符合下面条件之一的情况下，可以根据上市公司提交的文件，直接出具审核报告并提交并购重组委员会进行审核。

具体条件包括：(1)最近12个月内累计交易金额不超过人民币5亿元，前面所述的累计交易金额是指以发行股份方式购买资产的交易金额。(2)最近12个月内累计发行的股份不超过本次交易前上市公司股份总数的5%且最近12个月内累计交易金额不超过人民币10亿元,前面所述的累计发行的股份是指用于购买资产而发行的股份。

但是如果出现下面情形之一的,那么就不能够适用“绿色审核通过”机制:(1)同时募集配套资金用于支付本次交易现金对价,或者募集配套资金金额超过人民币5000万元;(2)上市公司或者其控股股东、实际控制人最近12个月内受到证监会行政处罚或者交易所公开谴责,或者存在其他重大失信行为;(3)独立财务顾问、证券服务机构或者其相关人员最近12个月内受到证监会行政处罚或者交易所纪律处分。

(四)并购重组委员会审议

交易所审核机构审核完毕之后,出具审核报告,提交给并购重组委员会进行审议。

交易所并购重组委员会审议的方式,主要是现场问询,由上市公司、交易对方、独立财务顾问、证券服务机构等相关主体代表现场进行回答。

审议会议过程中,如果发现存在法定条件或者信息披露方面的重大事项有待进一步核实,无法形成审议意见的,经会议合议,并购重组委员会可以对该公司的发行股份购买资产或者重组上市申请暂缓审议,暂缓审议时间不超过2个月,对同一次申请,只能暂缓审议一次。

并购重组委员会审议意见同意上市公司发行股份购买资产或者重组上市,但要求补充披露有关信息的,交易所重组审核机构告知独立财务顾问组织落实;重组审核机构对上市公司及其独立财务顾问、证券服务机构的落实情况予以核对,通报参会委员落实情况,无须再次提请并购重组委员会审议。

上市公司应当根据并购重组委员会审议意见,更新申请文件并披露,交易所结合并购重组委员会审议意见,出具同意或者终止审核的结论。

(五)证监会注册

涉及发行股份购买资产的,交易所审核通过之后,报证监会履行注册程序。

证监会在注册程序中,要求交易所进一步问询的,由交易所提出反馈问题。

证监会在注册程序中,决定退回交易所补充审核的,交易所重组审核机构对要求补充审核的事项重新审核,并提交并购重组委员会审议。

审核通过的,重新向证监会报送审核意见、相关审核资料及上市公司申请文件；审核不通过的，作出终止审核的决定。

上市公司应当及时披露证监会反馈问题以及注册结果，并根据需要更新申请文件并披露。

（六）中止审核

中止审核意味着审核工作需要暂停，重大资产重组是否能够继续存在不确定性，需要等待相关事项的发展和结论来对后续工作进行判断，根据《科创板审核规则》，出现中止审查的情形有：(1)本次交易涉嫌内幕交易被证监会立案调查或者被司法机关立案侦查，尚未结案。(2)上市公司因涉嫌违法违规被行政机关调查，或者被司法机关侦查，尚未结案，对本次交易影响重大。(3)上市公司、独立财务顾问、证券服务机构被证监会依法采取限制业务活动、责令停业整顿、指定其他机构托管或者接管等监管措施，尚未解除。(4)独立财务顾问、证券服务机构或者相关签字人员因首次公开发行并上市、上市公司发行证券、并购重组业务涉嫌违法违规，或者其他业务涉嫌违法违规且对市场有重大影响被证监会立案调查，或者被司法机关立案侦查，尚未结案。对于此类情形，独立财务顾问、证券服务机构应当指派与被调查事项无关的人员，对该机构或者有关人员为被中止审核的申请事项制作、出具的申请材料进行复核。按照要求提交复核报告，并对申请事项符合本次交易法定条件、标准，所制作、出具的文件不存在虚假记载、误导性陈述或者重大遗漏发表明确复核意见的，交易所经确认后恢复对申请文件的审核。(5)独立财务顾问、证券服务机构的相关签字人员，被证监会依法采取市场禁入、认定为不适当人选等处理措施，或者被交易所实施一定期限内不接受其出具的相关文件的纪律处分，尚未解除。(6)申请文件中记载的财务资料已过有效期，需要补充提交。(7)证监会根据《重组办法》等规定责令暂停重组活动，或者责令相关主体作出公开说明或者披露专业意见。(8)上市公司、独立财务顾问主动要求中止审核，理由正当并经交易所同意。

上述所列情形消除后，经过交易所经审核确认，恢复对申请文件的审核。审核时限自恢复审核之日起继续计算。

但财务报告期调整达到一个或者一个以上会计年度的，审核时限自恢复审核之日重新起算。存在第1款第1项规定的情形，但符合证监会有关规定的，视为相关情形已消除。

（七）终止审核

终止审核意味着该次重大资产重组无法继续，同样根据《科创板审核规则》的规定，交易所终止审核的情形如下：(1)证监会根据《重组办法》等规定，责令上市公司终止重组活动，主要针对损害上市公司利益、信息披露违法等行为；(2)上市公司更换独立财务顾问、对交易方案进行重大调整或者撤回申请文件；(3)上市公司未在规定时限内回复交易所审核问询或者未对申请文件作出解释说明、补充修改；(4)申请文件内容存在重大缺陷，严重影响交易所正常审核，或者严重影响投资者作出价值判断或者投资决策；(5)申请文件被认定存在虚假记载、误导性陈述或者重大遗漏；(6)上市公司、交易对方、独立财务顾问、证券服务机构等主体阻碍或者拒绝证监会或者交易所依法实施的检查或者核查；(7)上市公司、交易对方、独立财务顾问、证券服务机构等主体以不正当手段严重干扰交易所审核工作；(8)出现上面中止审核第3—8项情形的，未能在2个月内消除；(9)交易所审核不通过。

除了上市公司更换独立财务顾问、对交易方案进行重大调整或者撤回申请文件外，上市公司对交易所作出的不予受理或终止审核的决定存在异议的，可以在收到交易所相关文件后5个工作日内，向交易所申请复审。

经过复审，上市公司申请理由如果成立的，交易所则对申请文件重新审核，审核时限自重新审核之日重新起算；申请理由不成立的，交易所维持原决定。

(八)会后事项

重大资产重组审核的会后事项，可以分为两个部分来看：

第一，并购重组委员会形成审议意见后至证监会作出注册决定前。在此期间，发生影响交易法定条件或信息披露等重大事项的，交易所重组审核机构经审核决定是否重新提交并购重组委员会审议。重新提交并购重组委员会审议的，应当报告证监会。

第二，证监会作出注册决定后至本次交易实施完毕前。在此期间发生重大事项，可能导致上市公司本次交易不符合法定条件或者信息披露要求的，上市公司应当暂停本次交易并告知交易所，交易所经审核认为相关重大事项导致上市公司本次交易不符合法定条件或者信息披露要求的，将出具明确意见并报告证监会。

五、持续督导阶段

《重组办法》要求上市公司开展重大资产重组时需要聘请独立财务顾问，独立财务顾问除了在筹划与审核阶段帮助上市公司规范信息披露、发表独立意见等重要作用以外，另一个重要职能就是在交易完成后扮演持续督导的角色。其目的在于利用独立财务顾问的公信力和专业能力，来监督和避免上市公司因不诚信行为给中小投资者带来的损害。

《重组办法》第 37 条规定，持续督导的期限自重大资产重组实施完毕之日起，应当不少于 1 个会计年度。

涉及重组上市的，持续督导的期限自重大资产重组被核准之日起，不少于 3 个会计年度。

那么，独立财务顾问需要以什么方式在哪些方面进行督导？

《重组办法》第 38 条规定："独立财务顾问应当结合上市公司重大资产重组当年和实施完毕后的第一个会计年度的年报，自年报披露之日起 15 日内，对重大资产重组实施的下列事项出具持续督导意见，并予以公告：(一)交易资产的交付或者过户情况；(二)交易各方当事人承诺的履行情况；(三)已公告的盈利预测或者利润预测的实现情况；(四)管理层讨论与分析部分提及的各项业务的发展现状；(五)公司治理结构与运行情况；(六)与已公布的重组方案存在差异的其他事项。独立财务顾问还应当结合本办法第十三条规定的重大资产重组实施完毕后的第二、三个会计年度的年报，自年报披露之日起 15 日内，对前款第(二)至(六)项事项出具持续督导意见，并予以公告。"

上交所、深交所针对科创板、创业板并购重组独立财务顾问的持续督导职责，制定了更为具体的要求。

在持续督导期间内，独立财务顾问应当勤勉尽职，通过日常沟通、定期回访等方式，结合上市公司信息披露情况，履行下列持续督导职责：(1)督促上市公司按照相关规定实施重组方案，及时办理资产的交付或者过户手续，履行相关信息披露义务；(2)辅导和督促标的资产主要股东、主要管理人员以及核心技术人员知晓并遵守上市公司信息披露、规范运作要求；(3)关注并督促上市公司有效控制、整合、运营标的资产；(4)关注并督促上市公司披露对标的资产持续经营能力、核心竞争力有重大不利影响的风险或者负面事项；(5)关注并督促相关方履行承诺；(6)关注并督促上市公司按照《企业会计准则》的有关规定，对商誉进行确认和计量。

上述所涉事项对上市公司或者标的资产产生重大影响，或者与重大资产重组报告书等申请文件披露或者预测情况存在重大差异的，独立财务顾问应当督促上市公司及时披露，并于公司披露公告时，就披露信息是否真实、准确、完整，是否存在其他未披露重大风险发表意见并披露。

当出现标的资产存在重大财务造假嫌疑、上市公司可能无法有效控制标的资产、标的资产可能存在未披露担保、标的资产股权可能存在重大未披露质押等重大不利因素时，独立财务顾问应当对上市公司或者标的资产进行现场核查，出具核查报告并披露。

独立财务顾问进行现场核查的，应当就核查情况、提请上市公司及投资者关注的问题、本次现场核查结论等事项出具现场核查报告，并在现场核查结束后5个工作日内披露。

上市公司实施重大资产重组、发行股份购买资产或者重组上市，交易对方作出业绩承诺并与上市公司签订补偿协议的，独立财务顾问应当在业绩补偿期间内，持续关注业绩承诺方的资金、所持上市公司股份的质押等履约能力保障情况，督促其及时、足额履行业绩补偿承诺。

相关方丧失履行业绩补偿承诺的能力或者履行业绩补偿承诺存在重大不确定性的，独立财务顾问应当督促上市公司及时披露风险情况，并就披露信息是否真实、准确、完整，是否存在其他未披露重大风险发表意见并披露。

相关方未履行业绩补偿承诺或者履行业绩补偿承诺数额不足的，独立财务顾问应当督促上市公司在前述事项发生的10个工作日内，制订并披露追偿计划，并就追偿计划的可行性以及后续履行情况发表意见并披露。

上市公司重大资产重组争议纠纷

伴随中国经济发展到了新阶段，市场期待更加高效的配置方式，资本市场的不断壮大发展也客观上为企业之间的资源整合提供了开阔的土壤。随着股票发行注册制改革的推进，必然会让更多的企业进入资本市场中，市值维护、产业升级、战略转型成为很多上市公司的常态化需求，因此，并购重组的数量自然也将水涨船高，伴随而来的那些带有资本市场鲜明特征的争议纠纷案件也在同步增加。

那么，上市公司并购重组争议纠纷产生的具体原因是什么呢？

上市公司的并购重组，在过去一直呈现出高业绩预期、高业绩承诺、高估值的“三高”特点。对于标的资产的估值评估方法，绝大部分的交易都采用收益法，收益法是通过标的资产未来年度的净利率折现计算得出估值结果的一种评估方法，但未来的收益是否真的能够达到预期，也仅仅是一种估测，实际上具有非常大的不确定性。

资本市场，有一个与生俱来的特征，这就是押注未来，哪怕事实一次又一次地证明，人们对未来的判断在大部分情况下不是很靠谱，但是这个规律也依然不会改变。

正因如此，对企业未来增长趋势的预期，就决定了企业在资本市场上的价值，传导到重大资产重组也是同样的逻辑，重金买来的标的资产，要合并到上市公司财务报表中去，因此，对于被并购标的资产的估值方式，自然也要与未来预期挂钩。

上市公司购买资产的驱动力十足，不仅是因为他们对未来有着强烈的增长需求，还有一个原因前面也多次提到过，就是相比其他非上市企业，多了一个流通性极强的资产可以作为现金之外的支付工具，那就是上市公司自己的股票。

发行股票购买资产，最大的好处除了节约上市公司现金流之外，还存在一个一二级市场的估值套利空间，二级市场估值水平正常会高于一级市场，甚至高出很多，发行股票购买资产本质是用二级市场估值的上市公司股票去交换一级市场价格水平的资产，这也是为什么很多公司上市之后马上就谋求并购重组的重要原因，趁着市场余热未消，还有投资者追捧，在股价尚处于高位的时候，抓紧布局未来，这样至少财务成本最小。

既然上市公司作为买方的需求源源不断，优质标的资产便逐渐成为稀缺品，估值自然也就慢慢向二级市场靠近，一方面僧多粥少，另一方面需求旺盛，这样就导致市场上的“注水资产”越来越多，估值同样不算低，故事甚至更加精彩，但就是做不了时间的朋友，经不住业绩的长期考验。

也正因如此，很多上市公司把防范估值风险的重任都押宝押在了业绩补偿措施上，《重组办法》第35条第1款规定：“采取收益现值法、假设开发法等基于未来收益预期的方法对拟购买资产进行评估或者估值并作为定价参考依据的，上市公司应当在重大资产重组实施完毕后3年内的年度报告中单独披露相关资产的实际盈利数与利润预测数的差异情况，并由会计师事务所对此出具专项审核意见；交易对方应当与上市公司就相关资产实际盈利数不足利润预测数的情况签订明确可行的补偿协议。”

业绩补偿措施的依据就来源于该条款，主要针对收益法等基于未来收益的估值方式，关注的业绩时间范围是在重组实施完成之后的至少3年。

同时，《重组办法》第35条第3款规定：“上市公司向控股股东、实际控制人或者其控制的关联人之外的特定对象购买资产且未导致控制权发生变更的，不适用本条前二款规定，上市公司与交易对方可以根据市场化原则，自主协商是否采取业绩补偿和每股收益填补措施及相关具体安排。”

该条款对不同交易主体的业绩补偿义务进行了区分，上市公司向控股股东、实际控制人或者其控制的关联人之外的交易对象购买资产时，并没有强制性要求必须设定业绩补偿措施，而是通过市场化的方式进行自主协商。

《重组办法》自2008年制定颁布到2014年修订颁布之前，业绩补偿措施并没有就不同交易主体而有所区分，只要是基于未来收益预期的方法来估值定价的，交易双方都需要约定业绩补偿措施，虽然2014年之后对非关联方就没有强制补偿的要求，但是约定业绩补偿措施的习惯客观上一直延续了下来，因为除了监管部门出于保护中小投资者利益考虑外，业绩补偿措施确实也是很多上市公司防范并购商业风险的现实需求。

案例3-4

信雅达系统工程股份有限公司诉刁建敏等合同纠纷案

2015年，上市公司信雅达(600571. SH)通过现金加发行股份购买资产的方式从刁建敏、王靖、科漾公司等手上获得了上海科匠信息科技有限公司(以下简称科匠公司)75%的股权，因为科匠公司没有完成2015年度、2016年度、2017年度合计的业绩承诺，因此就业绩补偿问题，信雅达公司诉至法院：(1)请求判令刁建敏向信雅达公司交付信雅达公司股份8,036,706股，信雅达公司以1元回购并注销；王靖向信雅达公司交付信雅达公司股份2,098,606股，信雅达公司以1元回购并注销；科漾公司向信雅达公司交付信雅达公司股份1,762,676股，信雅达公司以1元回购并注销。(2)请求判令刁建敏向信雅达公司支付现金补偿91,254,392.67元并支付利息损失，王靖向信雅达公司支付现金补偿31,743,822.11元并支付利息损失，科漾公司向信雅达公司支付现金补偿21,959,341.94元并支付利息损失。(3)请求判令刁建敏向信雅达公司返还分红1,873,472.97元并支付利息损失，王靖向信雅达公司返还分红576,453.22元并支付利息损失；科漾公司向信雅达公司返还分红432,339.92元并支付利息损失。(4)如刁建敏、王靖、科漾公司不能按时足额向信雅达公司交付第一项诉讼请求中应当由信雅达公司回购的股份数，则应将交付不足部分的股份数折算为现金补偿另行支付给信雅达公司(现金补偿=不能交付的股份数量×9.795元/股)，并支付利息损失。(5)请求判令刁建敏、王靖、科漾公司对第1—4项诉讼请求互相承担连带责任。(6)本案诉讼费用、保全费用由刁建敏、王靖、科漾公司承担。

三被告主要抗辩理由为：

一、刁建敏、王靖、科漾公司之所以不能完成业绩承诺，系信雅达公司的行为造成。信雅达公司在本次交割交易所发布的公告内容中，涉及交易目的的陈述及对科匠信息公司作出的承诺，构成发行股份及购买资产协议不可分割的一部分，刁建敏、王靖、科漾公司未能完成盈利协议中的业绩承诺，系信雅达公司违背在本次交易中对科匠公司作出的承诺，具体包括客户协同、技术协同及资金的承诺，信雅达公司不仅未能依约向科匠公司提供客户资源和资金支持，反而强制占用科匠公司的资金，大幅扣减科匠公司推广费用并成立同类型公司，将原来承诺给科匠公司的资源全部给同类型公司，抢占科匠公司的市场，同时，信雅达公司严重干扰科匠公司的经营，导致刁建敏、王靖、科漾公司无法履行业绩承诺，综上，科匠公司未能完成业绩的责任在信雅达公司，不应归责于刁建敏、王靖、科漾公司，刁建敏、王靖、科漾公司不应承担责任。

二、信雅达公司诉请存在计算错误，盈利补偿的金额及订立目的，是在科匠公司盈利预测数未满足利润预测作出的补充，真实目的是弥补信雅达公司的损失，因此应当与盈利预测期间及2015—2017年科匠公司承诺的净利润累计数与净利润的差额为基数依据，依据信雅达公司在科匠公司中的持股比例作为可得分红的补偿上限，即本次交易中向信雅达公司的补偿上限为75,408,826.22元，针对刁建敏的补偿为49,015,737.04元，针对现金分红的返还，信雅达公司提供的证据仅证明派送现金红利为808,353.01元，即便主张返还，也仅有权返还该数目针对盈利预测现金补偿及分红返还所涉及的利息损失，双方签订的交易相关协议中均未约定，因此信雅达公司主张对应的利息损失没有合同依据。针对盈利预测补偿的方式是先还股份数，不足再现金返还，我们认为，在返还股份数的方式上1元回购条款违反公司法及证监会有关上市公司回购股份的法律规定，属于无效条款。

三、信雅达公司的诉请违法。（一）补偿协议中关于股份补偿的约定，违反《公司法》第142条的禁止性规定，损害社会公共利益，应属无效。（二）信雅达公司作为一家上市公司，基于补偿协议向特定对象回购股份在法律上不能履行，进而不能要求刁建敏、王靖、科漾公司履行股权补偿义务。（三）本案股份补偿约定在性质上属于预约，信雅达公司仅享有缔约请求权，而不享有交付请求权。

法院查明相关事实后认为，各方签订的《发行股份及支付现金购买资产协议》、《盈利预测补偿协议》及其补充协议均系签约各方真实意思表示，并不违反法律、行政法规强制性规定，应属有效。

刁建敏抗辩称上述协议违反了《中华人民共和国公司法》第142条之规定，系无效的合同。法院认为，根据公司法相关规定，在减少公司注册资本时，公司可以收购本公司股份。信雅达公司与刁建敏、王靖、科漾公司签订的《盈利预测补偿协议》中明确约定，在信雅达股东大会审议通过该股份回购议案后，信雅达将以人民币1元的总价定向回购当年应补偿股份，并予以注销，且同步履行通知债权人等法律、法规关于减少注册资本的相关程序。现上述协议已经信雅达公司股东大会审议通过，信雅达公司亦明确表示将履行股份注销的相关手续，故上述协议不违反公司法及其相关法律的规定，应属有效，刁建敏的抗辩不成立，本院不予采纳。

科匠公司2017年度经具有证券从业资格的会计师事务所确认的在合并报表范围内扣除非经常性损益的归属于科匠公司的净利润为-52,810,975.19元，未达到承诺的净利润，信雅达公司要求业绩补偿方进行利润补偿有事实和法律依据，法院予以支持。因信雅达公司与刁建敏、王靖、科漾公司签订的合同并未对信雅达公司在业绩目标达成中所负的义务作出约定，且刁建敏、王靖、科漾公司均未能提供证据证明信雅达公司在履约过程中存在其他违约行为，故对刁建敏关于系信雅达公司的违约行为造成科匠公司未能完成业绩目标的抗辩，法院不予采信。刁建敏、王靖、科漾公司应按照《盈利预测补偿协议》及其补充协议的约定，对信雅达公司进行利润补偿。刁建敏认为利润补偿应以信雅达公司在科匠公司中的持股比例可得分红作为补偿上限的主张，无合同依据，法院不予采纳。

信雅达公司与刁建敏、王靖、科漾公司双方签订的《盈利预测补偿协议》及其补充协议约定，利润补偿方对补偿股份数和应补偿现金金额承担连带责任，故对信雅达公司要求刁建敏、王靖、科漾公司承担连带责任的诉请，法院予以支持。另外，信雅达公司已于2018年4月3日要求刁建敏、王靖、科漾公司承担利润补偿的义务，刁建敏、王靖、科漾公司至今未履行该义务，已构成违约，故信雅达公司要求刁建敏、王靖、科漾公司承担从起诉之日起的按银行同期贷款利率计算的利息损失的诉请，法院予以支持。

最终，法院判决结果为：

一、原告信雅达系统工程股份有限公司在本判决生效10日内以1元回购被告刁建敏持有的信雅达系统工程股份有限公司的股票113股；原告信雅达系统工程股份有限公司在本判决生效10日内以1元回购被告王靖持有的信雅达系统工程股份有限公司的股票39,000股；原告信雅达系统工程股份有限公司在本判决生效10日内以1元回购被告上海科漾信息科技有限公司持有的信雅达系统工程股份有限公司的股票362,676股。

二、被告刁建敏向原告信雅达系统工程有限公司支付现金补偿169,972,821.11元；被告王靖向原告信雅达系统工程有限公司支付现金补偿51,917,662.88元；被告上海科漾信息科技有限公司向原告信雅达系统工程有限公司支付现金补偿35,672,341.94元。以上款项在本判决生效10日内付清，并承担从起诉之日（2018年5月31日）起至付清之日按银行同期贷款利率计算的利息损失。

三、被告刁建敏向原告信雅达系统工程有限公司返还现金分红1,849,173.55元；被告王靖向原告信雅达系统工程有限公司返还现金分红561,646.75元；上海科漾信息科技有限公司向原告信雅达系统工程有限公司支付现金补偿471,445.8元。以上款项在判决生效10日内付清，并承担从起诉之日（2018年5月31日）起至付清之日按银行同期贷款利率计算的利息损失。

四、被告刁建敏、王靖、上海科漾信息科技有限公司对判决主文第二、三项的支付义务互负连带清偿责任。

五、驳回原告信雅达系统工程有限公司的其他诉讼请求。

在上述这个案例中，原告胜诉本身没有太多争议，因为被告确实没有拿出充分的证据来支持其抗辩理由，而且被告关于回购违法、赔偿计算方式有误的抗辩理由也是经不起推敲的，唯一逻辑上说的过去的抗辩理由，就是原告没有兑现当初承诺的业务支持，反过来还干预被告们的正常经营管理，但是由于这些事项没有详细明确地列入双方之间的协议，没有成为原告合同义务的一部分，同时也缺少其他证据证明原告存在重大的过错，因此被告的抗辩没有被法院最终采纳。但是，这个案子最终的判决结果与原告诉讼请求所要求返还的股票数量是有较大差异的，最终的判决结果中大部分补偿对价都是现金，而原告诉请主要是要求回购并注销股票，造成此种差异的原因是被告在获得上市公司股票后，大部分已经对外质押了，因此就客观上造成了无法全部回购的事实。

那么，对上市公司而言，到底是按照约定价格回购股份更有利，还是获得现金补偿更为有利呢？

这取决于上市公司的股价表现，如果重组交易后股价是上涨的，那么回购股票要比现金补偿对上市公司更为有利，反之亦然，但是，在重组交易合同签订时，这是很难预见的。

业绩承诺方通过股票质押的方式逃避责任已经成为一个老大难问题，证监会为了避免上面案例中所出现的因股票质押而无法履行业绩承诺的问题，在2020年7月所发布的《1号指引》中规定：

上市公司重大资产重组中，交易对方拟就业绩承诺作出股份补偿安排的，应当确保相关股份能够切实用于履行补偿义务。如业绩承诺方拟在承诺期内质押重组中获得的、约定用于承担业绩补偿义务的股份（以下简称对价股份），重组报告书应当载明业绩承诺方保障业绩补偿实现的具体安排，包括但不限于就以下事项作出承诺：

业绩承诺方保证对价股份优先用于履行业绩补偿承诺，不通过质押股份等方式逃废补偿义务；未来质押对价股份时，将书面告知质权人根据业绩补偿协议上述股份具有潜在业绩承诺补偿义务情况，并在质押协议中就相关股份用于支付业绩补偿事项等与质权人作出明确约定。

上市公司发布股份质押公告时，应当明确披露拟质押股份是否负担业绩补偿义务，质权人知悉相关股份具有潜在业绩补偿义务的情况，以及上市公司与质权人就相关股份在履行业绩补偿义务时处置方式的约定。

独立财务顾问应就前述事项开展专项核查，并在持续督导期间督促履行相关承诺和保障措施。

简单概括就是三道防线，首先，要求对方承诺，不能故意为了逃避补偿责任而去质押；其次，如果确实需要质押，那么和质权人要事前约定清楚，这个股票是要优先用来作为业绩承诺补偿用的；最后，独立财务顾问对这个问题要去持续监督。

因此，就上述这个案例而言，上市公司的风险，主要在于交易对方在获得上市公司股票后至业绩承诺期到期前，如何去控制交易对方手中的股票，不因质押、查封等原因从而让交易对方逃脱掉对应的业绩补偿义务。

下面介绍的另一个案例，与上述案例有相似之处，都是没有完成所承诺的业绩，但是该案件一审法院判决的结果与之前案例存在较大差异，因此，引出了另外一个问题，如果上市公司实际接管了标的资产的经营管理权，那么，是否还能向交易对方主张约定的业绩补偿？

案例3－5

山东新华医疗器械股份有限公司诉隋涌等9名自然人合同纠纷案

上市公司新华医疗(600587.SH)公告显示，2014年4月，新华医疗以发行股份和支付现金的方式购买成都英德生物医药装备技术有限公司(以下简称成都英德)85%的股权，当时成都英德经审计后净资产达9203万元，交易净资产评估值为4.35亿元，评估值增值率达372.79%。在此基础上，本次股权交易价定为3.6975亿元，其中现金支付约1.3亿元，余款股份支付。隋涌等9名原股东承诺2014年至2017年，成都英德承诺业绩不低于3800万元、4280万元、4580万元和4680万元，业绩补偿款为当期业绩承诺与实际扣非净利润之差的2倍。

后成都英德业绩未达到新华医疗及其原有股东的预期，按照双方约定，2014年至2017年，隋涌等9名自然人分别需给予新华医疗的补偿款分别为1273万元、2055万元、1.9亿元、1.9亿元，合计4.13亿元，扣除原股东已支付的2268.39万元，尚欠3.9亿元。

于是,新华医疗以此金额起诉至山东省高级人民法院,要求隋涌等9名自然人支付成都英德2016年度、2017年度业绩补偿额合计38,005.37万元(其中2016年度19,275.66万元,2017年度18,729.72万元)以及延迟支付的利息(按照未付利润补偿款部分每日万分之五的比例支付)。

山东高级人民法院认为,原告实际参与目标公司的经营管理显然并不符合对赌协议的一般做法,也不符合合同法的一般原则。如果九被告不能控制公司而承担因公司业绩下滑所带来的损失赔偿即违反权利义务对等原则。本案中原告作为控股股东参与成都英德的经营管理,在成都英德业绩下滑之时还要求九被告按双倍业绩补偿显然违反公平原则,对九被告关于在原告参与成都英德管理后仍按双倍进行业绩补偿显失公平。

山东高级人民法院同时还认为,英德公司业绩下滑是因所处行业市场竞争加剧、相关行业政策调整、公司经营决策调整、管理层发生变动以及管理方式变化等诸多因素造成,归结起来主要即为外部所处市场竞争的变化及内部管理经营的变化而导致英德公司未完成盈利预测。涉案2016年业绩补偿和2017年业绩补偿,从各方提交的现有证据分析,无法判断市场因素在英德公司业绩下滑中所起到的比重,也无法判断更换不同管理者而对英德公司业绩所产生的后果程度。对于2016年度、2017年度的业绩补偿,因市场风险造成业绩下滑,九被告应承担补偿责任;因内部经营管理原因对业绩下滑,双方均负有责任。考虑到英德公司经营管理的具体情况、股权转让的价值以及已免去九被告双倍补偿的处理,酌定九被告应负担一倍业绩补偿的70%责任。

经山东省高级人民法院审理,最终认为原告要求九被告支付业绩补偿款的请求成立,但因其实际参与管理经营,对业绩下滑负有相应的责任,依据公平合理原则,山东省高级人民法院对九被告所承担的赔偿责任予以酌定,判令隋涌等9名自然人于本判决生效之日起十日内支付原告新华医疗2016年度、2017年度利润补偿款合计13,301.88万元(其中2016年度6746.48万元,2017年度6555.40万元)以及延迟支付的利息(按照未付利润补偿款部分每日万分之五的比例支付)。

新华医疗不服判决,上诉于最高人民法院,该案件目前尚在审理之中。

同样是业绩不达标引发的业绩补偿纠纷,新华医疗的这个案例,与上面信雅达公司案例最大的区别,就在于被告方拿出了充分的证据,证明了新华医疗在重组完成之后,接管了标的公司的经营管理权限,这与业绩补偿之间存在一定的矛盾,目前还没有资料显示,业绩承诺没有达到与新华医疗的接管行为之间是否存在必然的因果关系,但是按照常理推断,影响多少是有的,甚至有可能影响是积极的,只是这样的事实在法律层面对于新华医疗是不利的,因为原告要对此进行举证,甚至证明其接管行为更有利于达成业绩承诺实际是一件很难量化的事情。

因此,从这个案例中,我们又可以看到一处新的风险,就是上市公司买下标的资产之后,要不要介入经营管理的问题,这确实是两难的选择,上市公司并购之后如果两手一摊,仅指望业绩补偿协议控制投资风险,坐等标的资产业绩实现,似乎也并不值得鼓励,因为整合标的资产是并购重组的重要组成部分,弃之不顾,即便短期利益得到了保障,长期来看也存在巨大风险,被收购方出售标的资产的目的通常不是为了“携手到老”,终会有分开的一天,如果基于短期目标的实现,原管理团队在业绩承诺期透支了标的资产的未来发展空间,那对上市公司来说可谓得不偿失。

但是,上市公司一旦深度介入标的资产的运营,那么又会带来案例中的相互扯皮现象,反过来看,也不能排除上市公司利用介入经营的便利条件来故意损害被收购方的利益,从公平角度看,再去要求被收购方履行严苛的业绩补偿承诺,似有不妥。

上市公司如果要解决这个问题,防范住这个风险,那么就需要对交易合同进行细化,而非简单以最终利润结果作为一切是非对错的准绳。

其实,这就要求人们回归到并购估值本来应该有的分析路径上来,被收购方作出未来几年的业绩预估,那么就应该在此等假设基础上充分设置前提条件,其好处在于,未来出现不符合预期的情形发生时,可以判断到底是问题出在了哪个环节,是被收购方的陈述有虚假的成分,还是上市公司没有满足或破坏了业绩实现的前提条件,在现实的并购活动中,这样的考虑恰恰非常缺乏。

同时,上市公司也有义务在交易达成之前与被收购方“约法三章”,明确并购之后的整合接管计划,要求对方在此时就提出不影响最终业绩承诺需要收购方做到的前置条件,这样,即便未来出现争议,裁判机构也有依据可循,避免像新华医疗案件中那样,法官因为缺乏锚定标准,只能发挥想象去自由裁量,从而给这次重组交易带来了巨大的不确定性。

前面两个纠纷本质上都是因为业绩承诺没有实现引发的,我们再看一个案例,因为标的资产的业绩远远超过了上市公司的预期,而产生的一场巨大争议。

案例3-6

彭年才等与上海科华生物工程股份有限公司合同纠纷案

上市公司科华生物(002022. SZ)公告显示,科华生物第七届董事会第十四次会议于2018年5月15日审议通过了《关于投资西安天隆和苏州天隆并签署〈合作备忘录〉的议案》,于2018年5月16日在《证券时报》、《中国证券报》和巨潮资讯网上披露了《关于投资西安天隆和苏州天隆并签署〈合作备忘录〉的公告》。各方在《合作备忘录》的基础上进一步商讨、沟通,就公司投资西安天隆和苏州天隆事项达成一致,公司第七届董事会第十五次会议于2018年6月8日审议通过《关于投资西安天隆和苏州天隆并签署〈投资协议书〉的议案》,同意公司以现金方式对标的公司合计投资553,750,000元,取得本次交易完成后西安天隆和苏州天隆各62%的股权。

双方在协议中,又对标的资产后续38%股权的收购事宜提前进行了约定:

1. 甲方于2021年度内有权要求现有股东将其届时持有的标的公司全部股权出售给甲方。届时标的公司的整体估值以下列两者孰高为准:

(1)120,000万元;或

(2)标的公司2020年度经审计的扣除非经常性损益后的净利润×30倍。

2. 以第二次交割完成为前提,现有股东于2021年度内有权要求甲方受让其届时持有的标的公司全部股权。届时标的公司的整体估值以下列两者孰高为准:

(1)90,000万元;或

(2)标的公司2020年度经审计的扣除非经常性损益后的净利润×25倍。

3. 一方行使前述权利的,应当在2021年度以书面通知的方式向其他各方提出。除另有约定外,甲方应当在前述通知送达之日起20个工作日内按约定向现有股东支付股权转让价款;现有股东应当在前述通知送达之日起30个工作日内办理完成该等股权转让的工商变更登记手续,以及法律要求的其他必要的变更登记、备案手续。各方应当互相配合完成前述转让股权的交割和转让价款的支付,包括但不限于签署、提供必要的法律文件,履行必要的法律行动等。

4. 经各方协商一致,现有股东可选择将进一步投资交易的股权转让款部分或全部在符合并按届时上市公司非公开发行股票的相关规则置换为甲方股票(如选择部分转换的,剩余部分应以现金方式完成交易),相关费用置换前应在股权对价中相应扣除。具体的发行条件和支付、交割安排,根据适用法律的规定,由各方届时协商确定。

为避免歧义，如果甲方发行股份的方案未能通过甲方董事会、股东大会或中国证监会审核批准的，甲方仍应当在前述董事会、股东大会或中国证监会审核决定作出之日起二十个工作日内以现金方式向现有股东支付股权转让价款。

其间，因2019年年末开始的新冠疫情，标的资产公司的相关检测产品收入和利润均出现了爆发式增长，标的公司2020年度经审计的扣除非经常性损益后的净利润金额合计为人民币1,105,719,905.78元，根据《投资协议书》约定，彭年才等四申请人向科华生物发出《关于要求贵公司支付剩余股权转让价款并纠正违约行为的通知函》，要求科华生物按照天隆公司2020年度经审计的扣除非经常性损益后的净利润×25倍的标准向四申请人支付剩余38%天隆公司股权的投资价款共计人民币10,504,339,104.91元。

科华生物认为新冠疫情导致了外部环境发生巨大变化，因情势变更，当时约定如果继续执行是显示公允的，科华生物不接受按照原来估值方式完成剩余股权的购买，因此就引发了这一场仲裁纠纷案件。

值得注意的是，科华生物在收购时，标的公司尚徘徊在盈亏线上，因为疫情原因，2020年的扣非利润直接达到了1,105,719,905.78元，确实出人意料。

截至目前，该案件尚在仲裁审理阶段，结论尚未揭晓。

这个纠纷案例与前面两个案例正好相反，因为标的资产的业绩远远超出预期，而导致上市公司需要按照当时约定的25倍市盈率估值来购买标的资产剩余股权，争议标的超过百亿元，发布仲裁公告时，科华生物的总市值都不到百亿元，这样的风险确实是其无法承受之重。问题的关键是，疫情结束之后，标的资产是否还能够维持这样的盈利水平，答案应该不难猜测。

这个案例所揭示的风险，是双方在交易时，特别是收购方，没有对极端情况进行预估，而且将估值依据锚定在了一个年度的业绩表现上，而一个年度的业绩表现往往又很难反映这家公司真实可持续的盈利能力，虽然站在当时，疫情确实难以预判，但是如果当时能够多考虑几种假设，可能这样“黑天鹅”事件就不会降临到科华生物的头上了。

在目前的上市公司并购重组交易中，大部分的争议焦点主要还停留在业绩承诺是否实现的老问题上，这与上市公司以市值管理为主流需求的大背景是密不可分的。与此同时，我们也同样观察到了一些新的变化，就像上面科华生物的案例，虽然这个案例中的纠纷产生具有极大的偶然因素，但是以科技企业为目标的战略性并购还是呈现出了一种不同以往的风险特征，这与科技企业的内在属性具有高度的一致性，即科技企业的发展可能并非是线性的，在企业巨额盈利与巨额亏损之间，时间和距离都没有我们想象的那么遥远，因此，上市公司在管控此类并购重组的交易风险时，应该主动跳出过去的传统经验，重视对交易条件上下限的控制，从而避免惯性思维所带来的巨大风险。

第四篇
上市公司股权激励

股权激励是上市公司激励董事、高管及其他核心员工的重要手段，在上市公司的经营管理过程中发挥着重要的作用。

上市公司想要实施一次成功的股权激励，除了需要在内部形成良好的企业文化和管理基础外，还离不开对股权激励相关制度规则的系统了解，以确保能够在合规的基础上充分发挥股权激励的效能。

本篇在以《上市公司股权激励管理办法》为核心的一系列规则的基础上，从股权激励的方案、股权激励的实施程序、股权激励的法律风险等多个角度为读者介绍上市公司的股权激励活动是如何开展并运行的。

上市公司股权激励概述

股权激励是指公司通过给予团队成员公司股份，共享收益、共担风险，从而达到提高团队成员工作积极性和主动性的目的。在国内上市公司中，每年有超过10%的上市公司会公布新的股权激励计划，其中很多上市公司曾经还不止一次地实施过股权激励，因此，客观来看，股权激励事实上已经成为上市公司激励员工的标准配置。

股权激励并非上市公司的专利，但上市公司的股权激励与非上市公司的股权激励客观上确实存在一定的差异，而这种差异与上市公司的公众属性及其制度环境有着密切的关系。

第一，上市公司的股票是面向公开市场上不特定投资人自由流通的，作为一项资产，上市公司股票的流动性要显著优于非上市公司的股权。

第二，上市公司股票良好的流动性，使其产生了公开且可对比的市场价格，锚定效应明显，而身处股权公开交易市场之外的非上市公司，因其股权缺少外部第三方连续有效的报价，所以难以形成公认的市场价格。

第三，虽然上市公司和非上市公司都有向其股东披露信息的义务，但是此等信息披露义务的广度和深度差别较大。简言之，上市公司的信息披露义务是标准和公开的，披露的范围更广，受到来自外部的监督约束也更多，因此，相对而言，激励对象更容易对其产生信任感。

第四，相比非上市公司，上市公司股东人数没有限制，对于那些规模较大、被激励对象人数较多的公司而言，无论是有限责任公司50人的股东人数限制还是非上市股份公司200人的股东人数限制，都难以去满足这类股权激励的需求。

综上四个特点，上市公司的股票天然具备了成为激励工具的优势。

作为了解上市公司股权激励的第一步，在这个章节我们先对上市公司的股权激励相关制度、开展条件以及基本模式进行简要介绍。

一、制度演变

前面介绍，相比非上市公司，上市公司开展股权激励具备了更加有利的实施条件，但为了避免上市公司管理层利用股权激励进行利益输送，损害广大公众投资者的利益，需要设置专门的制度来对股权激励进行规范和约束。

2005 年证监会第一次以部门规章的形式对上市公司的股权激励行为进行系统性地规范，制定了《上市公司股权激励管理办法》(试行)，该部门规章于 2006 年 1 月 1 日正式开始实施。

其实，在 2005 年之前，已经有上市公司先行开始了股权激励的尝试。深交所上市公司万科 A(000002. SZ)在 1993 年便开始了中国资本市场股权激励的最早探索。据媒体报道，当时万科邀请了境外律师设计股权激励方案，方案核心是公司与员工事先约定认购股票的价格，约定的时间到期后员工可以按照该价格购买万科股票，并可以在二级市场流通。现在来看，这个方案就是比较典型的股票期权，可惜的是，万科当时的股权激励并没有完全开展下去，可能与当时股权激励监管制度的缺失有关系。

2002 年，国务院办公厅转发《财政部、科技部关于国有高新技术企业开展股权激励试点工作指导意见的通知》(国办发〔2002〕48 号)，股权激励的说法第一次在国家政策文件层面出现，但是从这个文件内容来看，并不是针对上市公司的，仅仅是针对非上市国有高新技术企业的股权激励。随后，在 2004 年，当时国资委办公厅、科技部办公厅下发了《关于高新技术中央企业开展股权激励试点工作的通知》(国资厅发分配〔2004〕23 号)，对开展股权激励中的具体问题进行了细化。

针对上市公司的股权激励制度为什么要等到 2005 年才出现呢？原因也许离不开中国资本市场改革的大背景。

中国上海和深圳两大证券交易所都是在 1990 年先后设立运行的，设立之初，定位还是为当时国有企业融资脱困服务的，因此，从市场角度来看，中国当时的资本市场还存在诸多矛盾冲突的地方。在 2005 年之前，中国上市公司的股票被区分为流通股和非流通股，流通股主要是公司上市时公开发行给公众投资者的股份，非流通股主要就是指国有股和法人股，整个市场的流通股占比不超过 1/3。两类股东利益诉求差别较大。无论上市公司股价在二级市场表现如何，对于把持经营大权的非流通股股东都没有影响，在这样的制度环境之下，股权激励在当时是没有发展土壤的，现在来看也许难以想象，就像可能在多年之后，大家都会认为股票发行注册制是理所当然的，是无须讨论的，但从核准制到注册制这条路，中间走了有多久，有多困难，后来人未必能感同身受。

2005 年 4 月 29 日，随着证监会发布《上市公司股权分置改革试点有关问题的通知》(证监发〔2005〕32 号)，股权分置改革正式启动。2005 年是中国资本市场具有里程碑意义的一年，沿用至今的很多制度框架，都是从 2005 年之后开始建立的，比如上市公司收购、重大资产重组等制度，股权激励也是一样。2005 年 12 月 31 日，《上市公司股权激励管理办法》(试行)正式发布。

《上市公司股权激励管理办法》(试行)规定得相对简单和粗放，证监会直到 2016 年 7 月 13 日才正式颁布了《上市公司股权激励管理办法》(以下简称《管理办法》)，在中间长达十年里，证监会又陆续颁布了《股权激励有关事项备忘录 1 号》《股权激励有关事项备忘录 2 号》《股权激励有关事项备忘录 3 号》作为相关问题的填补，一方面，补充完善了在实践中遇到的具体问题；另一方面，也增加了一些限制，比如公司在有重大事项，如再融资、重大资产重组等动作时，股权激励就无法同时去开展等。

2016 年《管理办法》吸纳了一部分上述备忘录中的规则，同时也去掉了一些限制性规定。从文字数量来看，相比 2005 年试行版，增加了接近 40% 的篇幅；从内容来看，不管是激励对象的条件还是对激励方案的具体要求，都有非常大的变化；从理念层面来看，最主要的变化，还是体现在减少行政管制，往更加尊重企业意思自治和市场化的方向上发展。

2018 年，证监会对 2016 年《管理办法》进行了小幅修正，主要是取消了外籍人士要成为激励对象必须要在境内工作的限制。

2019 年 1 月 23 日，中国人民银行、国家外汇管理局联合颁布了《境内上市公司外籍员工参与股权激励资金管理办法》，对外籍激励对象在股权激励中资金进出的监管要求进行了明确的规定。

2019 年 3 月 1 日，证监会发布的《科创板上市公司持续监管办法》(试行)，针对科创板公司的股权激励，作出了一些特别规定，主要体现在：(1)单独或合计持有科创公司 5% 以上股份的股东或实际控制人及其配偶、父母、子女，作为董事、高级管理人员、核心技术人员或者核心业务人员的，可以成为激励对象。在《管理办法》中，前述的这些人是被禁止成为激励对象的。(2)《管理办法》中，公司全部在有效期内的股权激励计划所涉及的标的股票总数，累计不得超过公司总股本的 10%，而科创板将这个比例调整提高到了 20%。

随着创业板注册制的落地，2020 年 6 月 12 日，证监会发布了《创业板上市公司持续监管办法》(试行),对创业板股权激励的相关规则也进行了差异化的调整,调整的内容与上面提到的科创板内容保持了一致。

针对中央国有控股上市公司这一特殊的公司主体,国资委于2020年4月23日印发了《〈中央企业控股上市公司实施股权激励工作指引〉的通知》(国资考分〔2020〕178号),该指引在《管理办法》的基础上,针对国有资产监督管理的特别要求,对中央企业控股上市公司从公司治理、绩效考核、激励对象、激励股票数量、行权价格等各个方面进行了更为严格细致的规定,而对央企的这些规定,其他国有上市公司相信也会起到参照的作用。

二、股权激励的条件

上市公司与激励对象,是上市公司股权激励这层法律关系中的主体,上市公司开展股权激励的条件设置,也是围绕主体合规性展开的,由此,《管理办法》对上市公司与激励对象均提出了要求。

(一)上市公司的合规性要求

根据《管理办法》第7条的规定,针对上市公司,证监会一共列举了五种不得实行股权激励的情形,分别是:(1)最近一个会计年度财务会计报告被注册会计师出具否定意见或者无法表示意见的审计报告;(2)最近一个会计年度财务报告内部控制被注册会计师出具否定意见或无法表示意见的审计报告;(3)上市后最近36个月内出现过未按法律法规、公司章程、公开承诺进行利润分配的情形;(4)法律法规规定不得实行股权激励的;(5)中国证监会认定的其他情形。

同时,《管理办法》第18条规定,上市公司发生《管理办法》第7条规定的情形之一的,应当终止实施股权激励计划,不得向激励对象继续授予新的权益,激励对象根据股权激励计划已获授但尚未行使的权益应当终止行使。

现行《管理办法》与2005年的《上市公司股权激励管理办法》(试行)相比,除了《管理办法》第7条第一项以及第五项没有发生变化之外,其他部分均有所变化。

现行《管理办法》与2005年《上市公司股权激励管理办法》(试行)相比,一方面,去掉了最近1年内因重大违法违规行为被中国证监会予以行政处罚不得实行股权激励的规定;另一方面,又增加了最近一个会计年度财务报告内部控制被注册会计师出具否定意见或无法表示意见的审计报告、上市后最近36个月内出现过未按法律法规、公司章程、公开承诺进行利润分配的情形两项内容。

为什么财务会计报告及其内部控制被注册会计师出具否定意见或者无法表示

意见的审计报告，会成为上市公司实行股权激励的实质性障碍呢？

否定意见或者无法表示意见的审计报告，意味着上市公司的财务报告是严重失真的，管理是存在巨大漏洞的，财务会计报告是没有办法反映上市公司真实经营状况的，如果信息失真，那么是否实行股权激励的决策就无从谈起，中小投资者的利益也无法得到保证。这就是前面两个条款的基本逻辑。

案例 4－1

根据＊ST 康美（600518. SH）所发布的公告：

2017 年 11 月 15 日，公司召开 2017 年第一次临时股东大会，审议通过了《关于〈第二期限制性股票激励计划（草案）〉及其摘要的议案》《关于制定〈第二期限制性股票激励计划实施考核管理办法〉的议案》《关于提请股东大会授权董事会办理公司第二期限制性股票激励计划有关事宜的议案》等相关议案，公司第二期激励计划获得股东大会批准。

2019 年 8 月 2 日，公司分别召开第八届董事会 2019 年度第三次临时会议和第八届监事会 2019 年度第二次临时会议，审议通过了《关于终止实施第二期限制性股票激励计划的议案》，独立董事发表了同意的独立意见。

2019 年 8 月 3 日，公司公告解释终止的原因为：根据《上市公司股权激励管理办法》第 7 条和第 18 条关于终止股权激励计划的有关规定，因广东正中珠江会计师事务所（特殊普通合伙）对公司 2018 年内部控制出具了否定的审计意见，第二期股权激励应当终止实施，本次涉及需回购注销的限制性股票 2751 万股。

2020 年 5 月 13 日，中国证监会正式对公司及其实际控制人等作出行政处罚，处罚的原因是该公司在 2016 年、2017 年、2018 年存在财务造假的行为。

关于第三项上市后最近 36 个月内出现过未按法律法规、公司章程、公开承诺进行利润分配的情形，应该如何理解呢？

利润分配，俗称分红，是上市公司股东获取投资收益的重要途径，获得分红，特别是现金分红，是股东权利的重要组成部分。

但相比发达国家资本市场，国内资本市场尚处于建设发展阶段。同时，很多中小投资者也都抱着短线投资的观念，注重短期价差，轻视长期投资的价值回报。如此，资本市场就容易陷入投机主义的恶性循环中。

为了改善这种局面，证监会于 2012 年 5 月发布《关于进一步落实上市公司现金分红有关事项的通知》(证监发〔2012〕37 号),对上市公司分红事项,在程序上进行了补充完善。在该通知的基础上,2013 年 11 月证监会公告了《上市公司监管指引第 3 号——上市公司现金分红》(〔2013〕43 号),对上市公司现金分红事项纳入常态化监管。该指引明确了现金分红优先的原则,要求具备现金分红条件的,应当采用现金分红进行利润分配,同时设定了特定前提下现金分红的具体比例标准。

上市公司股权激励对象是公司的管理者和员工,激励对象通常能够以低于二级市场价格获得激励股权,目的是让激励对象作出更多的贡献,但是如果中小投资者连分红权益都无法得到合理保障的话,监管部门理所当然地会认为上市公司不具备实施股权激励的基础。

此外,第四项、第五项所例举的法律法规规定不得实行股权激励及中国证监会认定的其他情形,均属于兜底性质的条款,给了监管机构在认为上市公司明显不适合开展股权激励时解释规则的空间。

(二)激励对象的范围和条件

如果我们相对广义地去理解股权激励,那么激励对象除了包括公司内部的员工之外,还可以包括能够给公司带来资源或提供各种支持的人,我们暂且称之为外部支持者。但是,通常意义上大家所讨论的股权激励,指的都是对公司内部员工的激励。

内部员工和外部支持者,如果作为激励的对象,两者之间有何本质差别呢?

我们认为,这两者最本质的差别,在于交易的属性不同。

公司内部的员工,为公司提供劳动,是公司的人力资源,与公司建立的是长期雇佣关系,是一种反复博弈的关系。

而外部支持者,构成相对复杂,独立且不受公司管理约束,不管为公司提供的支持是特定资源、智慧贡献亦或是资金渠道等,一般都不具有连续性,类似单笔交易,对公司的支持通常也不存在法律层面的义务。

正因为两者之间的交易所体现的内涵属性不同,所以股权激励的定价、约束条件等也存在巨大差异,因此我们不应该简单用一套制度或一种方法去对待这两种不同类型的激励。

回到上市公司的股权激励来看,《管理办法》第 8 条第 1 款已经明确规定,激励对象可以包括上市公司的董事、高级管理人员、核心技术人员或者核心业务人员,以及公司认为应当激励的对公司经营业绩和未来发展有直接影响的其他员工,但不应当包括独立董事和监事。外籍员工任职上市公司董事、高级管理人员、核心技术人员或者核心业务人员的,可以成为激励对象。

在这里,通过正向列举的方式,明确上市公司的董事、高级管理人员、核心技术人员或者核心业务人员、公司认为应当激励的对公司经营业绩和未来发展有直接影响的其他员工,这五类人员属于可以进行股权激励的对象。

在《管理办法》修订之前,外籍员工要成为激励对象,有一个前提,就是必须在中国境内工作。但是,随着中国企业不断践行国家“走出去”的战略,很多上市公司都在境外设有研发基地,或者通过跨境并购等方式买下了很多著名的境外公司,这些境外公司的优秀团队,自然成为上市公司重点激励的对象。在现实需求下,2018年修改的《管理办法》取消了之前的限制,在中国境内或者在境外工作的外籍员工都可以成为股权激励的对象。

另外,上市公司一般都有子公司,而子公司的员工是否可以成为上市公司的激励对象呢?答案是肯定的。虽然《管理办法》并没有明确第8条中所提到的其他员工是否包括子公司的员工,但是,根据监管部门对于上市公司的监管口径,所指上市公司通常都包括了上市公司合并报表范围内的公司。在实践中,很多上市公司公布的激励计划也都包括了其子公司的员工。比如,2021年3月30日,上市公司新华都(SZ.002264)公布的《新华都购物广场股份有限公司领航员计划(二期)股权激励计划(草案)》中,激励对象就包括了上市公司及子公司的员工;2020年9月29日,上市公司盛讯达(SZ.300518)公布的《2020年限制性股票激励计划(草案)》中,激励对象全部为子公司盛讯云商任职的高级管理人员、核心业务人员和核心技术人员。

说完了可以成为激励对象的人,那么哪些人是无法成为上市公司股权激励对象的呢?

首先,激励对象中的董事,并不包括上市公司独立董事,独立董事和监事是明确不能成为激励对象的,因为独立董事和监事在上市公司的公司治理中扮演了一个监督者的角色,而上市公司股权激励方案均需要独立董事单独发表意见,并经过监事会的审议等监督程序,如果独立董事和监事本身被纳入激励对象范围,成为股权激励利益共同体的话,监督机制就将形同虚设。

其次,《管理办法》第8条第2款规定:“单独或合计持有上市公司5%以上股份的股东或实际控制人及其配偶、父母、子女,不得成为激励对象。下列人员也不得成为激励对象:(一)最近12个月内被证券交易所认定为不适当人选;(二)最近12个月内被中国证监会及其派出机构认定为不适当人选;(三)最近12个月内因重大违法违规行为被中国证监会及其派出机构行政处罚或者采取市场禁入措施;(四)具有《公司法》规定的不得担任公司董事、高级管理人员情形的;(五)法律法规规定不得参与上市公司股权激励的;(六)中国证监会认定的其他情形。”

这里,在第8条第1款的基础上,列明了不得进行股权激励的情形。其中,前面两项,被认定为不适当人选属于监管措施范畴,违法程度比行政处罚事项轻一些。

第四项为法定不得担任董事和高管的情形,即《公司法》规定了五种情形:(1)无民事行为能力或者限制民事行为能力;(2)因贪污、贿赂、侵占财产、挪用财产或者破坏社会主义市场经济秩序,被判处刑罚,执行期满未逾5年,或者因犯罪被剥夺政治权利,执行期满未逾5年;(3)担任破产清算的公司、企业的董事或者厂长、经理,对该公司、企业的破产负有个人责任的,自该公司、企业破产清算完结之日起未逾3年;(4)担任因违法被吊销营业执照、责令关闭的公司、企业的法定代表人,并负有个人责任的,自该公司、企业被吊销营业执照之日起未逾3年;(5)个人所负数额较大的债务到期未清偿。存在这五类情形的人员如果被选举、委派为董事、监事或者聘任高级管理人的,那么后果是该选举、委派或者聘任无效。

在《管理办法》第8条基础之上,《管理办法》第38条又规定:“上市公司应当对内幕信息知情人在股权激励计划草案公告前6个月内买卖本公司股票及其衍生品种的情况进行自查,说明是否存在内幕交易行为。知悉内幕信息而买卖本公司股票的,不得成为激励对象,法律、行政法规及相关司法解释规定不属于内幕交易的情形除外。泄露内幕信息而导致内幕交易发生的,不得成为激励对象。”

与主板上市公司所不同的是,在科创板、创业板的上市公司,单独或合计持有上市公司5%以上股份的股东或实际控制人及其配偶、父母、子女,在满足其他合规性要求的情况下,是可以成为激励对象的,但上市公司需要充分说明这些人员成为激励对象的必要性及合理性。这是科创板、创业板在股权激励制度设计上与《管理办法》存在差异的地方。

即便一开始满足了成为激励对象的条件范围,也不代表就可以成为适格的激励对象,被激励资格的认定是一个动态的过程,根据《管理办法》第18条第2款的规定,在股权激励计划实施过程中,出现管理办法第8条规定的不得成为激励对象情形的,上市公司不得继续授予其权益,其已获授但尚未行使的权益应当终止行使。

监管规则对于上市公司股权激励对象的合规性要求还是比较严格的,概言之,激励对象首先要满足身份要求,在此基础上,不得存在受限制的情形,在股权激励过程中,也不得违反相关的规定。

案例4－2

据上市公司中顺洁柔(002511)公告显示：

公司先后于2018年12月18日、2019年1月8日分别召开了第四届董事会第九次会议、2019年度第一次临时股东大会，审议并通过公司《2018年股票期权与限制性股票激励计划(草案)》及其摘要等相关议案。

经公司自查，以及根据中国证券登记结算有限责任公司深圳分公司反馈的信息披露义务人查询结果，在公司首次披露本次激励计划草案前6个月(以下简称核查期间)内，共有425名核查对象买卖了公司股票，其中有63名核查对象是在知悉本次激励计划事项后至公司公开披露本次激励计划期间买卖了公司股票。

为此，公司根据《上市公司股权激励管理办法》相关规定，未将该63名员工作为本次激励计划首次授予的激励对象；其他在核查期间买卖了公司股票的人员并不是知悉公司本次股权激励计划有关信息后利用所知悉本次激励计划有关内幕信息买卖公司股票，其作为本次激励计划的激励对象符合《上市公司股权激励管理办法》的相关规定。

三、股权激励的基本模式

在《管理办法》中，所明确的上市公司股权激励模式只有限制性股票与股票期权两种，广义的股权激励也包括虚拟类的激励模式，如股票增值权等，虚拟模式只是以股权作为一种奖励的参照标准，而并非严格意义上的股权激励。限制性股票和股票期权两种模式是绝大部分上市公司所采取的激励模式，也可以说是真正意义上的股权激励。

与股权激励相似的，还有上市公司的员工持股计划，证监会在2014年另外通过公告形式发布了《关于上市公司实施员工持股计划试点的指导意见》(〔2014〕33号)，对员工持股计划进行规范，员工持股计划的核心在于员工通过持有任职上市公司的股票，展示其对上市公司未来发展趋势的认同度，由于员工持股计划购买的股票与二级市场价格无异，理论上讲，即便不参与员工持股计划，上市公司员工也是可以从二级市场购买上市公司股票的，虽然说，上市公司可以通过提取激励基金来解决员工持股计划购买股票资金来源的问题，但激励基金本身带有奖金性质，只是限定了用途而已。当然，员工持股计划有其自身的优越性，比如在符合条件的情况下参与非公开定增可以不被穿透计算股东人数等，但其依然与传统意义上所讨论的股权激励有比较大的差别,不能够简单放在一起去讨论。

(一)股票期权激励模式

股票期权,是指上市公司授予激励对象在未来一定期限内以预先确定的条件购买本公司一定数量股份的权利。激励对象获授的股票期权不得转让、用于担保或偿还债务。

股票期权并不是上市公司的股票本身,而是一种购买股票的权利,股票期权本身也是一种金融产品,其拥有自身价值,但股票期权作为一种股权激励的工具被引入,还要追溯到20世纪50年代的美国,当时美国的个人所得税税率非常之高,出于避税目的,美国辉瑞制药公司第一次向其员工推出了股票期权计划,作为一种薪酬替代方案。

股票期权的优势在于,激励对象不需要先支付对价,在行权条件满足时,可以根据届时二级市场股价再决定是否行权,因此,股票期权对于激励对象就不存在投资风险,这是股票期权的优点。但是正因为没有风险,不需要前期投入,从绑定的效果来看,股票期权可能就会弱于限制性股票激励模式。

(二)限制性股票激励模式

限制性股票,是指激励对象按照股权激励计划规定的条件,获得的转让等部分权利受到限制的本公司股票。限制性股票在解除限售前不得转让、用于担保或偿还债务。

简单理解,就是先授予激励对象上市公司的股票,激励对象虽然获得了股票登记,但是在限售期内并不能通过转让等方式获利,未来是否能够行权解除限制,是根据股权激励计划所设定的条件是否满足为前提的,而激励对象最终是否能够获利,要根据届时上市公司二级市场股价的表现来确定,存在一定的不确定性。

目前,大部分上市公司在选择股权激励模式的时候,会选择限制性股票,原因何在?很大一部分原因在于限制性股票激励模式的定价优势和绑定效应。

《管理办法》第23条规定:“上市公司在授予激励对象限制性股票时,应当确定授予价格或授予价格的确定方法。授予价格不得低于股票票面金额,且原则上不得低于下列价格较高者:(一)股权激励计划草案公布前1个交易日的公司股票交易均价的50%;(二)股权激励计划草案公布前20个交易日、60个交易日或者120个交易日的公司股票交易均价之一的50%。上市公司采用其他方法确定限制性股票授予价格的,应当在股权激励计划中对定价依据及定价方式作出说明。”

与二级市场价相比,对折的授予价格,是限制性股票定价优势的原因所在,但是也存在缺点:第一,限制性股票在授予时就进行登记,激励对象需要先支付对价,相比股票期权而言,选择上的灵活性差了一些;第二,限制性股票在授予后,如果激励对象无法满足激励要求或失去激励对象资格,那么就存在回购注销的问题,在程序上,增加了上市公司的操作成本和复杂性。

基于传统限制性股票的上述弊端,注册制背景下的科创板,首先对传统限制性股票进行了制度层面的创新。根据《上海证券交易科创板股票上市规则》第 10.5 条的规定,上市公司授予激励对象限制性股票,包括下列类型:(1)激励对象按照股权激励计划规定的条件,获得的转让等部分权利受到限制的本公司股票;(2)符合股权激励计划授予条件的激励对象,在满足相应获益条件后分次获得并登记的本公司股票。

在《科创板上市公司信息披露工作备忘录第四号——股权激励信息披露指引》将上述第二种类型的限制性股票,明确地定义为是"第二类限制性股票",并对相关的定义作了进一步地明确,分别是:

归属:限制性股票激励对象满足获益条件后,上市公司将股票登记至激励对象账户的行为。

归属条件:限制性股票激励计划所设立的,激励对象为获得激励股票所需满足的获益条件。

归属日:限制性股票激励对象满足获益条件后,获授股票完成登记的日期,必须为交易日。

第二类限制性股票与第一类限制性股票(也就是传统限制性股票)在制度设计上最大的差别,体现在股票登记的时间上,第一类限制性股票是在授予时登记的,而第二类限制性股票是在满足获益条件之后方能登记,好处就是前面提到的,解决了授予时激励对象必须马上支付对价以及回购注销股票时程序烦琐等问题。

那么,这样看来,第二类限制性股票与股票期权有何差别呢?第二类限制性股票的限制性又体现在哪里了呢?

《上海证券交易科创板股票上市规则》第 10.7 条规定:"上市公司授予激励对象第 10.5 条第二项所述限制性股票,应当就激励对象分次获益设立条件,并在满足各次获益条件时分批进行股份登记。当次获益条件不满足的,不得进行股份登记。上市公司应当在股权激励计划中明确披露分次授予权益的数量、获益条件、股份授予或者登记时间及相关限售安排。获益条件包含 12 个月以上的任职期限的,实际授予的权益进行登记后，可不再设置限售期。”

可以看出来，第二类限制性股票的限制性，就只体现在“获益条件包含12个月以上的任职期限的，实际授予的权益进行登记后，可不再设置限售期”这句话里面，可问题是，按照《管理办法》的相关规定，不管是传统的第一类限制性股票还是股票期权，授权日与首次可行权日之间都有间隔不少于12个月的规定。而在此期间如果激励对象离职，因为主体不适格，自然无法行权，实质与股票期权没有差别。

那第二类限制性股票与股票期权所剩下的唯一可能的差异点，就是激励对象在满足获益条件之后，是不是还有权利放弃行权归属？可惜的是，目前在制度层面并没有针对这个问题的明确解释，可能需要体现在上市公司与激励对象之间的股权激励协议之中了。

这个问题放到股票期权中是没有任何争议的，股票期权中的激励对象，完全可以根据届时上市公司在二级市场中的股价表现，来决定是否行权。

综上所述，当科创板一经推出之后，从市场的反馈来看，第二类限制性股票激励模式渐趋主流，选择限制性股票激励模式的科创板上市公司，几乎清一色全部选择第二类限制性股票，可见其制度吸引力。

上市公司股权激励计划

《管理办法》对上市公司股权激励计划应当载明的事项进行了详细规定，我们选择其中的要点展开分析。

一、股权激励对象的确定依据和范围

激励对象的确定依据，可分为法律依据和管理依据两个方面。

第一，法律依据。从外部视角来看，《公司法》《证券法》《管理办法》和公司章程等法律依据，本质上只能排除什么人不能成为激励对象，具体谁能够最终成为激励对象，还需要结合管理依据。

第二，管理依据。在符合法律规则的前提下，从内部管理视角看，岗位、绩效、能力等是筛选适格激励对象的重要维度。如果说法律依据具有普适性的话，那么管理依据就体现企业的个性化了。在不同的行业、不同的公司，不同的组织文化以及不同的战略指引下，对岗位、对人才都会存在不同的认识和看法，就像在制造业里，生产制造岗位属于核心，而互联网、消费品行业里，可能产品经理这个岗位的价值会更大一些。

总结一下，在上市公司确定激励对象的时候，首先考虑主体是否合规，其次考虑公司战略和管理上的需求。

二、激励股票的来源

不管是限制性股票还是股票期权，最终兑现的结果都是以上市公司的股票作为载体的，那么股票的来源，是股权激励计划需要首先明确的一个问题。

根据《管理办法》第 12 条的规定："拟实行股权激励的上市公司，可以下列方式作为标的股票来源：(一)向激励对象发行股份；(二)回购本公司股份；(三)法律、行政法规允许的其他方式。"

发行股份方式，是指定向增发，也就是增资，上市公司的股本会因此而增加。而通过回购公司股份的方式实现股票来源，对于上市公司的现金流有较高的要求。

《公司法》在 2018 年进行了一次修改，这次仅仅涉及第 142 条这一个条文的修改，被修改的《公司法》第 142 条，内容正是关于股份公司回购自己股份的。

修改后的《公司法》第 142 条是这样规定的：

公司不得收购本公司股份。但是，有下列情形之一的除外：（一）减少公司注册资本；（二）与持有本公司股份的其他公司合并；（三）将股份用于员工持股计划或者股权激励；（四）股东因对股东大会作出的公司合并、分立决议持异议，要求公司收购其股份；（五）将股份用于转换上市公司发行的可转换为股票的公司债券；（六）上市公司为维护公司价值及股东权益所必需。

公司因前款第（一）项、第（二）项规定的情形收购本公司股份的，应当经股东大会决议；公司因前款第（三）项、第（五）项、第（六）项规定的情形收购本公司股份的，可以依照公司章程的规定或者股东大会的授权，经三分之二以上董事出席的董事会会议决议。

公司依照本条第一款规定收购本公司股份后，属于第（一）项情形的，应当自收购之日起十日内注销；属于第（二）项、第（四）项情形的，应当在六个月内转让或者注销；属于第（三）项、第（五）项、第（六）项情形的，公司合计持有的本公司股份数不得超过本公司已发行股份总额的百分之十，并应当在三年内转让或者注销。

上市公司收购本公司股份的，应当依照《中华人民共和国证券法》的规定履行信息披露义务。上市公司因本条第一款第（三）项、第（五）项、第（六）项规定的情形收购本公司股份的，应当通过公开的集中交易方式进行。

公司不得接受本公司的股票作为质押权的标的。

我们再看一下，修改之前《公司法》第 142 条当时是如何规定的：

公司不得收购本公司股份。但是，有下列情形之一的除外：（一）减少公司注册资本；（二）与持有本公司股份的其他公司合并；（三）将股份奖励给本公司职工；（四）股东因对股东大会作出的公司合并、分立决议持异议，要求公司收购其股份的。

公司因前款第（一）项至第（三）项的原因收购本公司股份的，应当经股东大会决议。公司依照前款规定收购本公司股份后，属于第（一）项情形的，应当自收购之日起十日内注销；属于第（二）项、第（四）项情形的，应当在六个月内转让或者注销。

公司依照第一款第（三）项规定收购的本公司股份，不得超过本公司已发行股份总额的百分之五；用于收购的资金应当从公司的税后利润中支出；所收购的股份应当在一年内转让给职工。

公司不得接受本公司的股票作为质押权的标的。

对比可以看出，修改前后的主要区别可以归纳为以下四个方面：

第一，原来“将股份奖励给本公司职工”的表述，修改明确为“将股份用于员工持股计划或者股权激励”。原来的表述，实际上是存在问题的。一方面，原来奖励的对象仅仅限于公司的职工，没有将公司董事纳入，而公司的董事有可能并不是公司的职工，根据《管理办法》的规定，董事身份又是适格的被激励主体，所以原来的表述是存在缺失的；另一方面，奖励这两个字的表述过于宽泛，以至于会缺少可操作性，而且不够严谨，因为股权激励并非简单奖励，是需要激励对象付出对价和努力的。修改之后的表述相比之前更加明确具体，与《证券法》《管理办法》无缝对接了起来。

第二，增加了两种可以回购的情形，分别是将股份用于转换上市公司发行的可转换为股票的公司债券以及上市公司为维护公司价值及股东权益而回购。

第三，决策机制的变化，相比之前回购必须召开股东大会的规定，修改后，规定因为股权激励收购本公司股份的，也可以依照公司章程的规定或者股东大会的授权，经2/3以上董事出席的董事会会议决议来进行回购，进一步提高了股份回购的操作便利性。

第四，减少限制因素，原来的条文规定收购本公司股份，不得超过本公司已发行股份总额的5%；用于收购的资金应当从公司的税后利润中支出；所收购的股份应当在1年内转让给职工。修改后的条文放宽了限制条件，不再要求用于收购的资金必须从公司的税后利润中支出，显然，这样的调整主要是考虑到了尚未实现盈利或微利阶段的科技企业。此外，对于收购股份占公司已发行股份总额的比例，从原来的5%提高到了10%，处置收购股份的时间从1年增加到了3年。

2018年《公司法》的修改，减少了股权激励中上市公司股权回购的限制和操作难度，很明显，修改后的法律对公司股权激励持更加肯定和鼓励的态度。

三、股权激励的价格

相比非上市公司，上市公司在股权的定价上存在一些限制条件，其目的主要在于避免大股东或管理层利用信息不对称进行套利，从而损害中小投资者的利益。

但是，如果授予激励对象的价格条件与二级市场买卖没有差异，显然不会引起激励对象的兴趣，因此为了平衡，《管理办法》对于限制性股票及股票期权的定价，既设置了价格指导，同时也给例外操作留出了空间，兼顾不同上市公司的差异化特点。

（一）限制性股票的授予价格

《管理办法》第 23 条规定："上市公司在授予激励对象限制性股票时，应当确定授予价格或授予价格的确定方法。授予价格不得低于股票票面金额，且原则上不得低于下列价格较高者：（一）股权激励计划草案公布前 1 个交易日的公司股票交易均价的 50%；（二）股权激励计划草案公布前 20 个交易日、60 个交易日或者 120 个交易日的公司股票交易均价之一的 50%。上市公司采用其他方法确定限制性股票授予价格的，应当在股权激励计划中对定价依据及定价方式作出说明。"

之所以有更多的上市公司在股权激励时，选择限制性股票模式，很大程度上在于限制性股票的折价优势，与市场价相比，50% 的折价给激励对象留出了宽阔的风险缓冲空间，特别是当二级市场股票价格比较低迷，背离上市公司真实价值的时候，推出限制性股票模式的股权激励，对激励对象而言确实是不错的获利机会。

《管理办法》在给出常规定价下限的同时，并没有把门封死，同时也明确，采用其他方法确定限制性股票授予价格的，应当在股权激励计划中对定价依据及定价方式作出说明。

理论上讲，限制性股票的定价，只要不低于股票票面金额，都是有操作的空间的，只是在低于常规指导价格时，需要对定价的合理性作出比较充分的说明。那么，除此之外，《管理办法》如何来制约这种定价方式呢？

《管理办法》第 36 条规定："上市公司未按照本办法第二十三条、第二十九条定价原则，而采用其他方法确定限制性股票授予价格或股票期权行权价格的，应当聘请独立财务顾问，对股权激励计划的可行性、是否有利于上市公司的持续发展、相关定价依据和定价方法的合理性、是否损害上市公司利益以及对股东利益的影响发表专业意见。"

如果上市公司没有按照《管理办法》设定的常规模式进行定价，需要聘请独立的专业第三方来对整个股权激励方案进行客观评价，实际上是利用独立财务顾问的外部身份来做一个背书，从而起到一定的监管效果，同时，也给最终决策的股东一个决策的参考依据。

案例 4 -3

2017 年 8 月 31 日，上市公司苏泊尔（002032. SZ）公布了《2017 年限制性股票激励计划》,在该激励计划中,苏泊尔拟授予189名激励对象合计430万股限制性股票,授予的价格为每股1元,而当时苏泊尔的股价在每股37元左右,相差这么大的价格,在上市公司股权激励中并不多见,苏泊尔公告解释称:

"本计划拟向激励对象授予430万股限制性股票,约占本激励计划公告时公司股本总额的0.524%;其中首次授予189名激励对象共计392.4万股限制性股票。若剔除两位高级管理人员所授予的股份数量,其余187名激励对象人均授予股份数量约为1.98万股,人均授予数量约占本激励计划公告时公司股本总额的0.002%,规模较小。公司拟以每股1元的价格授予公司激励对象,系根据各激励对象薪酬综合考量确定,能够匹配各激励对象整体收入水平。

公司现金流稳健,财务状况良好,实施本计划所回购股份产生的费用支出不会对公司日常经营产生不利影响。同时,本计划拟以每股1元的价格授予,激励对象亦不必支付过高的激励对价,以保证激励计划的可实施性。公司的发展需要稳定的团队,以较低的授予价格对公司核心人员实施股权激励计划能够实现有效的激励,对公司发展产生正向作用。"

其解释的重点,首先,围绕在数量上,虽然价格相差巨大,但是摊到每一个激励对象头上的数量不算多;其次,考虑到了激励对象整体的收入水平,这次股权激励也不排除替代一部分奖金收入的可能性;最后,结合考核年度平均超过10亿元的内销利润要求来看,公司所需要确认的股权激励费用也完全在可控范围之内。

因此,这样的定价方式,也并非所有上市公司都能够去简单模仿的。

(二)股票期权的行权价格

《管理办法》第29条规定:"上市公司在授予激励对象股票期权时,应当确定行权价格或者行权价格的确定方法。行权价格不得低于股票票面金额,且原则上不得低于下列价格较高者:(一)股权激励计划草案公布前1个交易日的公司股票交易均价;(二)股权激励计划草案公布前20个交易日、60个交易日或者120个交易日的公司股票交易均价之一。上市公司采用其他方法确定行权价格的,应当在股权激励计划中对定价依据及定价方式作出说明。"

与限制性股票相比,股票期权之所以没有折价,因为激励对象拥有是否行权的选择权,对激励对象而言,股票期权激励模式实际上是没有风险的。既然没有风险,那么收益自然应该比限制性股票低一些才合理。

除上述之外,股票期权与限制性股票激励模式中的定价规则没有本质差异。

四、授出权益的数量

《管理办法》要求对拟授出的权益数量,拟授出权益涉及的标的股票种类、来源、数量及占上市公司股本总额的百分比;分次授出的,每次拟授出的权益数量、涉及的标的股票数量及占股权激励计划涉及的标的股票总额的百分比、占上市公司股本总额的百分比;设置预留权益的,拟预留权益的数量、涉及标的股票数量及占股权激励计划的标的股票总额的百分比等信息进行披露。

《管理办法》第14条第2款规定:"上市公司全部在有效期内的股权激励计划所涉及的标的股票总数累计不得超过公司股本总额的10%。非经股东大会特别决议批准,任何一名激励对象通过全部在有效期内的股权激励计划获授的本公司股票,累计不得超过公司股本总额的1%。"

根据创业板以及科创板的相关规则,放宽了股权激励总量上限,即上市公司全部在有效期内的股权激励计划所涉及的标的股票总数,累计不得超过公司股本总额的20%,相比主板10%的上限,翻了1倍。

对股权激励进行总量控制,有利于防止公司大股东、管理层利用职务便利,通过股权激励从而不当稀释中小投资者的合法权益。

股权激励的推出,可以分期,也就是说,不同方案、不同时间段的股权激励计划可以并行,但是这些股权激励计划中所涉及的激励股权加起来不能超过公司总股本的10%或者20%。

那么如何确定上市公司的股本,也就是计算公式中的分母呢?

这个股本总额是指上市公司股东大会批准最近一次股权激励计划时公司已发行的股本总额。

但是,国有控股上市公司作为特殊主体,股权激励方案,还需要同时符合国资监管部门监管的要求,2006年9月,根据国资委、财政部联合颁布的《国有控股上市公司(境内)实施股权激励试行办法》第14条规定:"在股权激励计划有效期内授予的股权总量,应结合上市公司股本规模的大小和股权激励对象的范围、股权激励水平等因素,在0.1%至10%之间合理确定。但上市公司全部有效的股权激励计划所涉及的标的股票总数累计不得超过公司股本总额的10%。上市公司首次实施股权激励计划授予的股权数量原则上应控制在上市公司股本总额的1%以内。"

直到2020年4月,国资委颁布《中央企业控股上市公司实施股权激励工作指引》第21条规定:"上市公司首次实施股权激励计划授予的权益所涉及标的股票数量原则上应当控制在公司股本总额的1%以内。中小市值上市公司及科技创新型上市公司可以适当上浮首次实施股权激励计划授予的权益数量占股本总额的比例，原则上应当控制在3%以内。”

上述分析的是股权激励的总量问题，除了总量，还涉及激励对象个人的激励股票数量上限问题。

与总量问题不同的是，激励对象个人获授激励股权的上限，主板与创业板、科创板没有差别，都是公司股本总额的1%。

同时，上市公司的股权激励计划中，还可以设置预留权益，预留权益解决的是当短期内无法确定所有激励对象时，为了避免后续确定人选时重新再走一遍决策流程，提高股权激励的决策效率，因此就有了预留权益的概念。

《管理办法》第15条是这样对预留权益作出规定的：“上市公司在推出股权激励计划时，可以设置预留权益，预留比例不得超过本次股权激励计划拟授予权益数量的20%。上市公司应当在股权激励计划经股东大会审议通过后12个月内明确预留权益的授予对象；超过12个月未明确激励对象的，预留权益失效。”

该条文对预留权益数量进行了限定，同时也对确定授予对象的时间作了限定。

五、期间安排

在上市公司股权激励中所谓的权益，是指激励对象根据股权激励计划获得的公司股票或股票期权。

权益包括授权和行权两个动作，两者之间的时间，限制性股票激励模式下，称为限售期，而股票期权激励模式下，称为等待期。

授予权益，也叫授权或授出权益，是指上市公司根据股权激励计划的安排，授予激励对象限制性股票、股票期权的行为。

行使权益，也叫行权，是指激励对象，根据股权激励计划的规定，解除限制性股票的限售或行使股票期权，购买上市公司股票的行为。

从授权到行权，是上市公司顺利完成股权激励的完整闭环，与非上市公司相比，上市公司股权激励中的授权及行权条件，均受到《管理办法》等相关规定约束，不是可以任意进行设定的。

（一）有效期

《管理办法》规定，股权激励计划的有效期从首次授予权益日起不得超过10年。我们需要正确地理解这句话所要表达的意思：有效期从首次授予权益日起不得超过10年，并不代表股权激励计划的整个有效期最长只有10年，因为股权激励计划生效，是从上市公司股东大会决议通过之后开始的，而通过股东大会的决议到首次授予权益日之间，会存在一段时间，所以严格的来讲，股权激励计划的有效期是可以超过10年的。

（二）授予日

授予激励对象权益，需要经过上市公司股东大会审议通过，股权激励计划经股东大会审议通过后，上市公司应当在60日内授予权益并完成公告、登记。

如果上市公司对激励对象获授权益设定其他条件的话，则应当在相关条件成就后60日内授出权益并完成公告、登记。

如果上市公司未能在60日内完成上述工作的，应当及时披露未完成的原因，并宣告终止实施股权激励，自公告之日起3个月内不得再次审议股权激励计划。

如果上市公司分次授出权益的，在每次授出权益前，上市公司应当召开董事会，按照股权激励计划的内容及首次授出权益时确定的原则，决定授出的权益价格、行使权益安排等内容。

当次授予权益的条件未成就时，上市公司不得向激励对象授予权益，未授予的权益也不得递延下期授予。

上市公司在推出股权激励计划时，可以设置预留权益，预留比例不得超过本次股权激励计划拟授予权益数量的20%。

上市公司应当在股权激励计划经股东大会审议通过后12个月内明确预留权益的授予对象；超过12个月未明确激励对象的，预留权益失效。

授予日，必须为证券交易日，并且在下面几种情形之下，不得向董事、高级管理人员授予限制性股票：

第一，根据《证券法》第44条规定："上市公司、股票在国务院批准的其他全国性证券交易场所交易的公司持有百分之五以上股份的股东、董事、监事、高级管理人员，将其持有的该公司的股票或者其他具有股权性质的证券在买入后六个月内卖出，或者在卖出后六个月内又买入，由此所得收益归该公司所有，公司董事会应当收回其所得收益。但是，证券公司因购入包销售后剩余股票而持有百分之五以上股份，以及有国务院证券监督管理机构规定的其他情形的除外。"

如果上述激励对象曾经于授予日之前的6个月内，卖出过上市公司股票的，那么授予日就需要延后，该条款主要为了避免内幕信息知情人的短线交易行为。

第二，根据《上市公司董事、监事和高级管理人员所持本公司股份及其变动管理规则》第13条规定："上市公司董事、监事和高级管理人员在下列期间不得买卖本公司股票:(1)公司定期报告公告前30日内,因特殊原因推迟定期报告公告日期的,自原预约公告日前30日起算,至公告前1日;(2)公司业绩预告、业绩快报公告前10日内;(3)自可能对本公司股票及其衍生品种交易价格产生较大影响的重大事件发生之日或者进入决策程序之日,至依法披露后2个交易日内;(4)中国证监会及深圳证券交易所规定的其它期间。"

该条款主要为了避免内幕交易的发生,针对的主体是上市公司的董事和高管。

上市公司在向激励对象授出权益前,董事会应当就股权激励计划设定的激励对象获授权益的条件是否成就进行审议,独立董事及监事会应当同时发表明确意见。

律师事务所应当对激励对象获授权益的条件是否成就出具法律意见。

上市公司向激励对象授出权益与股权激励计划的安排存在差异时,独立董事、监事会(当激励对象发生变化时)、律师事务所、独立财务顾问(如有)应当同时就差异问题发表明确意见。

(三)限售期与等待期

根据《管理办法》的规定,在限制性股票有效期内,上市公司应当规定分期解除限售,每期时限不得少于12个月,各期解除限售的比例不得超过激励对象获授限制性股票总额的50%。

也就是说,限制性股票需要全部解禁的话,在获得授权后至少需要24个月以上。

同样,《管理办法》规定,股票期权授权日与获授股票期权首次可行权日之间的间隔不得少于12个月。

在股票期权有效期内,上市公司应当规定激励对象分期行权,每期时限不得少于12个月,后一行权期的起算日不得早于前一行权期的届满日。每期可行权的股票期权比例不得超过激励对象获授股票期权总额的50%。

与限制性股票一样,股票期权全部行权完毕也至少在授予之后的24个月以上。

如果在限售期满或等待期满之后,激励条件没有实现的,那么当期无法行权的部分是不能够延续到下一期的,只能作注销或回购处理。

六、授予条件与行权条件

根据《管理办法》的规定,当上市公司出现下列情形时,上市公司不得向激励对象授权或行权:(1)最近一个会计年度财务会计报告被注册会计师出具否定意见或者无法表示意见的审计报告;(2)最近一个会计年度财务报告内部控制被注册会计师出具否定意见或者无法表示意见的审计报告;(3)上市后最近36个月内出现过未按法律法规、公司章程、公开承诺进行利润分配的情形;(4)法律法规规定不得实行股权激励的;(5)中国证券监督管理委员会认定的其他情形。

根据《管理办法》的规定,当激励对象出现下列情形时,上市公司不得向激励对象授权或行权:(1)最近12个月内被证券交易所认定为不适当人选;(2)最近12个月内被中国证监会及其派出机构认定为不适当人选;(3)最近12个月内因重大违法违规行为被中国证监会及其派出机构行政处罚或者采取市场禁入措施;(4)具有《公司法》规定的不得担任公司董事、高级管理人员情形的;(5)法律法规规定不得参与上市公司股权激励的;(6)中国证监会认定的其他情形。

在上述规定的基础上,上市公司如果在股权激励计划中对授权条件、行权条件还另有规定的,那么必须同时满足,对此,《管理办法》第10条规定:"上市公司应当设立激励对象获授权益、行使权益的条件。拟分次授出权益的,应当就每次激励对象获授权益分别设立条件;分期行权的,应当就每次激励对象行使权益分别设立条件。激励对象为董事、高级管理人员的,上市公司应当设立绩效考核指标作为激励对象行使权益的条件。"

七、绩效考核

(一)绩效考核要求

《管理办法》第10条规定:"上市公司应当设立激励对象获授权益、行使权益的条件。拟分次授出权益的,应当就每次激励对象获授权益分别设立条件;分期行权的,应当就每次激励对象行使权益分别设立条件。激励对象为董事、高级管理人员的,上市公司应当设立绩效考核指标作为激励对象行使权益的条件。"

这里,仅对激励对象为董事、高级管理人员时,强制性要求以绩效考核作为行权条件,其他激励对象并没有强制设定绩效考核指标,但根据本条第1款的规定,需要设定具体条件,这个条件可以不是绩效,举个简单的例子:

如果上市公司对其员工甲实施股权激励,而甲是一名优秀的技术人员,但是甲并不是董事和高管,这个时候,获得权益的条件,可以设定为岗位条件、入职年限等与绩效不挂钩的条件,在行权的时候,也可以以服务期作为行权条件。

当然,最低的条件,就是激励对象在获授权益以及行使权益的时候,符合《管理办法》对公司实施股权激励以及激励对象适格性的强制性要求。

当上市公司使用绩效考核指标作为股权激励授权与行权的条件时，应当怎么去设定呢？《管理办法》也给出了相对具体的要求。

绩效考核指标，应当包括公司以及个人两个维度的绩效指标，只有当公司层面以及个人层面绩效指标同时实现的情形下，激励对象才能获得授权或行使权益。

对于公司层面绩效指标的选择，《管理办法》以列举的方式，给出了选取的方法和范围，大体上分为两类指标：第一，是能够反映股东回报和公司价值创造的综合性指标，包括净资产收益率、每股收益、每股分红等；第二，是能够反映公司盈利能力和市场价值的成长性指标，包括净利润增长率、主营业务收入增长率等。

同时，在选择参照对象时，可以选择公司过往历史业绩或者同行业可比公司对应的指标进行比较。

为了让指标相对客观，防止上市公司故意操纵，在选择可比公司相关指标作为对照依据的时候，要求所选取的对照公司不能少于 3 家。

对于个人层面绩效指标的选择，《管理办法》充分考虑到了不同企业的人才策略，由公司自行进行确定。实际上，不同的公司，考核、评价员工的方式多种多样，每一个公司管理方式不同，只要不触及监管底线，也就是《管理办法》中的禁止性条件，然后能够解释指标选取的科学性及合理性即可。

（二）公司层面绩效考核指标分析

1. 净利润指标

净利润指标，往往是公司层面绩效指标的首选，因为这个指标能够最直接的反映一家公司的盈利能力以及成长性，净利润同时也是上市公司股价估值的重要参考指标。

案例 4 -4

上市公司中南建设(00961)是一家建筑与房地产上市企业，2018 年所公布的股权激励方案中显示，公司层面以净利润增长率为考核指标，以 2017 年为参照基础，要求 2018 年净利率增长率不低于 240%、2019 年净利率增长率不低于 560%、2020 年净利率增长率不低于 1060%，而公司实际净利润增长情况虽然也比较快，但还是远远低于考核目标。

这个案例比较极端，要求的净利润增长率非常之高，除非基数很低，否则让人难以企及。

2. 营业收入指标

营业收入指标,也是一个在股权激励方案中被广泛使用的指标,对激励对象来说,相比较净利润指标,营业收入的指向性要来的更加明确,完成销售目标即可,执行起来更清晰,而利润指标还会受到管理费用、原材料、人工、制造费用、折旧等各类复杂因素的影响,对激励对象而言,存在更多的不可控因素。

理论上讲,当激励对象为销售、市场、生产、产品开发等岗位的人员时,将营业收入作为绩效考核指标相对更为合理,中后台支持部门,对营业收入增长所产生的作用是长期且间接的,同时还要起到成本管控的重要职能。因此,单一将营业收入指标放到所有部门岗位的激励对象身上,并不十分科学,容易产生利益上的冲突。

大部分上市公司在设定营业收入指标时,是以年度作为考核周期的,比如,某个年度的营业收入不低于多少万元,或者某个年度的营业收入增长率不低于百分之多少等。还有一部分上市公司将营业收入的累计值也考虑了进去,也就是说,如果当年没有达到目标值,但是上一年超出的营业收入加起来能够达到目标值的话,也被认定为达到绩效要求。累计计算的好处,可以避免激励对象为了实现考核目标,刻意在年度之间调节营业收入,而缺点是,单个年度考核目标不够清晰。

案例 4-5

上市公司圣邦股份(300661)是一家从事模拟芯片的研发和销售业务的上市公司,2021 年 4 月 2 日,圣邦股份公告了《圣邦微电子(北京)股份有限公司 2021 年限制性股票激励计划(草案)》,在该草案中,将公司层面绩效考核设定为营业收入值或营业收入累计值,两者满足其一,即可行权,同时又将营业收入指标,区分为目标值和触发值,达到目标值行权比例为 100%,介于目标值与触发值之间的,行权比例为 80%,未达到触发值的,行权比例为 0。

3. 净资产收益率指标

净资产收益率,简称 ROE,是反映一家公司资本运用综合效率的一个指标,计算的公式为:净资产收益率 = 净利润/净资产。

与营业收入、净利润等财务指标相比,净资产收益率兼顾到了上市公司赚钱的效率问题。简言之,公司所获得的那些净利润,是建立在什么样的资源结构基础上获得的,举个简单的例子,拥有全明星大牌阵容的足球队获得冠军的难度理论上要远远小于一支由草根球员组成的球队,当两者取得相同成绩时,由于后者的成本要低得多,相对而言,后者的表现也更加值得称赞。

使用净资产收益率的好处,就是能够更综合客观地去看待公司的业绩与激励对象之间的关系,也更加易于让股东对公司的实际盈利能力作出价值判断。但是,净资产收益率也有缺点:第一,净资产收益率的高低,与财务杠杆的高低存在相关性,容易导致管理层通过加大财务杠杆的方式,来提高公司净资产收益率,增加了公司的债务风险;第二,在利润目标难以实现的时候,容易导致管理层通过故意缩小分母的方式,来增加净资产收益率;第三,净资产收益率,可能无法满足上市公司在一段时间里面的经营诉求,比如在短期内获得一定市场份额的战略目的。

4. 产品研发进度

以科创板为例,资本市场注册制时代的开启,迎来了一个更加多样化的上市公司群体,很多科技型上市公司可能没有盈利,甚至可以没有销售额,在这个情况下,要做股权激励,就需要找到适合这一类型企业的考核指标,就拿生物制药领域的上市公司来讲,创新药物的研发是生物制药公司的核心竞争能力,产品研发的进度直接决定了公司的市值表现,将研发进度作为激励指标,无可厚非。

案例 4 –6

上市公司微芯生物(SH. 688321)主要从事创新药的研发和生产销售业务,2021 年 3 月 30 日公告的《深圳微芯生物科技股份有限公司 2021 年限制性股票激励计划(草案)》,微芯生物此次激励对象包括了董事长等管理层、技术人员在内的 631 人,而公司层面的绩效考核指标的设定,在营业收入增长率的基础上,增加了公司在境内外至少有两个研发项目进入或完成以适应症为上市目的的后期临床试验等研发进度性质的指标。公司在说明考核指标科学性和合理性时,解释道:

"公司本次激励计划的业绩考核指标为营业收入增长率和研发项目进展。根据医药行业状况及公司原创新药业务特点,营业收入增长率,可用来判断公司主营业务的竞争力和持续发展能力,衡量公司经营状况和市场占有能力、预测公司主营业务拓展趋势的重要标志,也是创新药企业产品渗透率和业务成长性的核心指标。不断增加的营业收入,是公司生存的基础和发展的必要条件。此外,原创新药因其研发周期长、资金投入大,技术门槛高,研发成功后兼具稀缺性、科学性和独占性的特点,上市后能够以其疗效、安全性等优势在定价、招标等方面受国家政策的支持,从而满足临床用药需求,实现收入的快速增长。因此,创新药企业在研项目所处阶段和研发进展情况能够预示其主营业务收入的增长潜力和可持续发展水平,为公司营业收入的持续增长提供保障。”

(三)个人层面的绩效考核指标

对于个人层面的绩效考核,证监会给了上市公司自主决定的权利,因此,各个上市公司也不会去进行详尽的披露,一般会披露的只是考核结果对股权激励行权的影响。上市公司将个人考核的结果进行区分,比如分为优秀、良好、合格、不合格,在这四种情况下,设定是否能够行权以及行权的比例。

至于在什么情况下被评定为优秀,什么情况下又不合格,上市公司往往三缄其口,为什么呢?

首先,很多公司都将内部的管理方式,也视为一种有价值的商业秘密,不希望被他人过度关注和解读。

其次,包括上市公司在内,实际上很多公司未必真的有能力去建立一套科学量化的员工绩效评价考核的体系。

最后,很多公司的心态,都希望留有一定的余地,根据环境等因素的变化,来决定最后的结果。

那么应该如何在股权激励过程中,给个人设定考核指标呢?

个人层面绩效考核指标与公司层面绩效考核指标,最大的不同在于,个人层面指标理论上与其岗位职责相关,不同工作岗位的激励对象,考核的 KPI 也完全不同,公司层面的考核指标,主要还是反应公司的财务状况或战略目标。

在股权激励中,给个人设定考核指标,因为涉及较大的利益关系,为了避免可能发生的纠纷或歧义,建议上市公司需要对考核内容进行科学量化;同时,与《劳动合同法》也要进行有效衔接,设定好合法有效的内部规章制度体系,以筛选人才为主线,以减少争议纠纷为辅助。

八、权益的调整

《管理办法》第 48 条规定:“因标的股票除权、除息或者其他原因需要调整权益价格或者数量的,上市公司董事会应当按照股权激励计划规定的原则、方式和程序进行调整。律师事务所应当就上述调整是否符合本办法、公司章程的规定和股权激励计划的安排出具专业意见。”

这个条款，讲的不是股权激励计划本身的调整，而是在股权激励实施过程中应该如何对权益的数量或价格进行调整的问题。

那问题来了，为什么需要对权益的数量或价格进行调整？

因为在股权激励过程中，有比较长时间的限售期或等待期，在行权之前，上市公司如果出现权益分派等可能影响上市公司股本数量及每股价格的事项发生，就需要对激励计划中权益的原数量或价格同步进行调整，以动态调整的方式来保持与原先激励方案的一致性。

那么具体应该如何调整呢？我们区分以下几类情形：

（一）限制性股票的数量调整

激励计划公告日至激励对象获授限制性股票前，以及激励对象获授限制性股票后至归属前，上市公司有资本公积转增股本、派送股票红利、股份拆细、配股、缩股等事项，应对限制性股票授予/归属数量进行相应的调整。

调整方法如下：

1. 资本公积转增股本、派送股票红利、股份拆细

$Q = Q0 \times (1 + n)$

其中：Q0为调整前的限制性股票授予/归属数量；n为每股的资本公积转增股本、派送股票红利、股份拆细的比率（每股股票经转增、送股或拆细后增加的股票数量）；Q为调整后的限制性股票授予/归属数量。

2. 配股

$Q = Q0 \times P1 \times (1 + n) \div (P1 + P2 \times n)$

其中：Q0为调整前的限制性股票授予/归属数量；P1为股权登记日当日收盘价；P2为配股价格；n为配股的比例（配股的股数与配股前公司总股本的比例）；Q为调整后的限制性股票授予/归属数量。

3. 缩股

$Q = Q0 \times n$

其中：Q0为调整前的限制性股票授予/归属数量；n为缩股比例；Q为调整后的限制性股票授予/归属数量。

（二）限制性股票的价格调整

激励计划公告日至激励对象获授限制性股票前，以及激励对象获授限制性股票后至归属前，上市公司有资本公积转增股本、派送股票红利、股份拆细、配股、缩股或派息等事项，应对限制性股票的授予价格进行相应的调整，但任何调整不得导致

行权价格低于股票面值。

调整方法如下：

1. 资本公积转增股本、派送股票红利、股份拆细

$P = P0 \div (1+n)$

其中：P0 为调整前的授予价格；n 为每股的资本公积转增股本、派送股票红利、股份拆细的比率；P 为调整后的授予价格。

2. 配股

$P = P0 \times (P1 + P2 \times n) \div [P1 \times (1+n)]$

其中：P0 为调整前的授予价格；P1 为股权登记日当日收盘价；P2 为配股价格；n 为配股的比例（配股的股数与配股前股份公司总股本的比例）；P 为调整后的授予价格。

3. 缩股

$P = P0 \div n$

其中：P0 为调整前的授予价格；n 为缩股比例；P 为调整后的授予价格。

4. 派息

$P = P0 - V$

其中：P0 为调整前的授予价格；V 为每股的派息额；P 为调整后的授予价格。经派息调整后，P 仍须大于 1。

（三）股票期权的数量调整

激励计划公告当日至激励对象完成股票期权股份登记期间，上市公司有资本公积转增股本、派送股票红利、股票拆细、配股、缩股等事项，应对股票期权数量进行相应的调整。

调整方法如下：

1. 资本公积转增股本、派送股票红利、股票拆细

$Q = Q0 \times (1+n)$

其中：Q0 为调整前的股票期权数量；n 为每股的资本公积转增股本、派送股票红利、股票拆细的比率（每股股票经转增、送股或拆细后增加的股票数量）；Q 为调整后的股票期权数量。

2. 配股

$Q = Q0 \times P1 \times (1+n) \div (P1 + P2 \times n)$

其中：Q0 为调整前的股票期权数量；P1 为股权登记日当日收盘价；P2 为配股

价格;n 为配股的比例(配股的股数与配股前公司总股本的比例);Q 为调整后的股票期权数量。

3. 缩股

$Q = Q0 \times n$

其中:Q0 为调整前的股票期权数量;n 为缩股比例;Q 为调整后的股票期权数量。

(四)股票期权的价格调整

激励计划公告当日至激励对象完成股票期权股份登记期间,上市公司有派息、资本公积转增股本、派送股票红利、股份拆细、配股或缩股等事项,应对股票期权行权价格进行相应的调整,但任何调整不得导致行权价格低于股票面值。

调整方法如下:

1. 资本公积转增股本、派送股票红利、股票拆细

$P = P0 \div (1 + n)$

其中:P0 为调整前的行权价格;n 为每股的资本公积转增股本、派送股票红利、股票拆细的比率;P 为调整后的行权价格。

2. 配股

$P = P0 \times (P1 + P2 \times n) \div [P1 \times (1 + n)]$

其中:P0 为调整前的行权价格;P1 为股权登记日当日收盘价;P2 为配股价格;n 为配股的比例(配股的股数与配股前股份公司总股本的比例);P 为调整后的行权价格。

3. 缩股

$P = P0 \div n$

其中:P0 为调整前的行权价格;n 为每股缩股比例;P 为调整后的行权价格。

4. 派息

$P = P0 - V$

其中:P0 为调整前的行权价格;V 为每股的派息额;P 为调整后的行权价格。经派息调整后,P 仍须大于 1。

九、股权激励的会计处理方法

根据《管理办法》的要求,股权激励计划需要对股权激励会计处理方法、限制性股票或股票期权公允价值的确定方法、涉及估值模型重要参数取值合理性、实施股

权激励应当计提费用及对上市公司经营业绩的影响进行说明和披露。

股权激励所产生的最主要的会计问题，就是股份支付问题。《企业会计准则第11号——股份支付》第2条对股份支付的定义为："股份支付，是指企业为获取职工和其他方提供服务而授予权益工具或者承担以权益工具为基础确定的负债的交易。股份支付分为以权益结算的股份支付和以现金结算的股份支付。以权益结算的股份支付，是指企业为获取服务以股份或其他权益工具作为对价进行结算的交易。以现金结算的股份支付，是指企业为获取服务承担以股份或其他权益工具为基础计算确定的交付现金或其他资产义务的交易。"

通俗的解释是，因为员工通过股权激励获得上市公司权益的对价通常低于市场公允价，而这部分差价的产生，就被认为是上市公司满足员工需求而产生的费用成本，应当在会计处理中予以体现，从而就会相应会减少上市公司的会计利润，虽然股份支付是费用，但是因为这部分费用并不会实际导致上市公司资金或资源流出，所以不会影响到公司的净资产，因此在资产负债表的变化就是在未分配利润减少地同时，资本公积相应地增加。

而问题的核心，是到底应该如何来确定授出权益的公允价值？

（一）股票期权的公允价值

股票期权的公允价值，一般都是使用 Black - Scholes 模型（以下简称 B - S 模型）作为定价模型来计算，这个模型来源于美国两位诺贝尔经济学奖得主默顿和斯科尔斯的研究成果。

一般选取如下参数：(1)标的股票的股价，一般为激励计划草案公告前一交易日收盘价；(2)有效期，一般为授权日至每期首个行权日的期限；(3)历史波动率，一般采用交易所指数最近1年、2年、3年的年化波动率；(4)无风险利率：分别采用中国人民银行制定的金融机构1年期、2年期、3年期的人民币存款基准利率。

具体会计处理方式为：

1. 授权日。由于授权日股票期权不能行权，因此不需要进行相关会计处理。在授权日采用 B - S 模型确定股票期权在授权日的公允价值。

2. 等待期。上市公司在等待期内的每个资产负债表日，以对可行权股票期权数量的最佳估算为基础，按照授权日权益工具的公允价值和股票期权各期的行权比例将取得员工提供的服务计入成本费用，同时确认增加所有者权益资本公积—其他资本公积。

3. 可行权日之后会计处理。一般不再对已确认的成本费用和所有者权益总额进行调整。

4. 行权日。在行权日，如果达到行权条件，可以行权，结转行权日前每个资产负债表日确认的资本公积—其他资本公积；如果全部或部分股票未被行权而失效或作废，则由公司进行注销，并相应减少所有者权益。

（二）限制性股票的公允价值

限制性股票的公允价值，如果不使用估值模型的话，一般就是按照授予日股票收盘价作为公允价值。

每股限制性股票的股份支付费用就等于授予日收盘价减去授予价格。

但是，很多上市公司认为，限制性股票因为存在限制因素，因此在公允价值的估值时，要考虑一定的折价因素，同样采用 B－S 模型来测算折价的具体价值是多少。

案例 4－7

上市公司伊利股份(600887. SH)在 2019 年 8 月公布的《内蒙古伊利实业集团股份有限公司 2019 年限制性股票激励计划》草案中，对于限制性股票公允价值的计算方法是这样来进行描述的："对于非董事、高级管理人员的激励对象，限制性股票的公允价值 = 授予日收盘价。对于董事、高级管理人员，由于其在任职期间每年转让的股份不得超过其所持有本公司股份总数的 25%，需要承担限制性股票解除限售但不能转让的限制，对应一定的限制成本，因此限制性股票公允价值 = 授予日收盘价 － 董事、高级管理人员转让限制单位成本。其中董事、高级管理人员转让限制成本由 B－S 模型测算得出。"

伊利股份将不同激励对象的处理方式进行了区分，对于非董事、高管激励对象，直接按照授予日收盘价确定公允价值，对于董事和高管人员，考虑到他们后期的限售期满后，基于其任职身份，依然受到每年只能解禁 25% 股票的限制，属于一种非可行权条件，因此，董事和高管人员被授予的限制性股票公允价值，采取了估值模型的方式进行确定。

很多上市公司之所以采取估值模型的方式去确定限制性股票的公允价值，最重要的原因还是希望减小股份支付对公司业绩的影响，但并不是所有的限制性股票公允价值都可以采用估值模型，至少还需要存在下列因素：

一是除了行权条件之外，还存在其他限制性条件从而影响该限制性股票的价值的，就比如案例中伊利股份的董事受到任职期间每年转让的股份不得超过其所持有的公司股份的25%的限制。

二是结合市场条件，设定可行权的条件。什么是市场条件？比如可行权条件中包括上市公司股价达到多少等。

上市公司股权激励的决策程序

根据《管理办法》的规定，上市公司开展股权激励，需要经过一系列的内部决策程序，以及包括律师事务所在内的外部专业机构对其合法合规性出具法律文件。本章节中，我们对上市公司开展股权激励的程序性要求进行介绍。

一、股权激励计划的管理机构

负责并参与上市公司股权激励计划的机构，主要包括：

（一）股东大会

在很多上市公司所披露的股权激励计划的描述中，都会将股东大会定义为公司最高权力机构，这样的说法其实是不严谨的。根据《公司法》第 98 条对股东大会的描述来看，股东大会是公司的权力机构，但是并不存在所谓“最高”这个概念，这其实是个误区。从公司治理的角度，公司不同的组织机构，都有其所需要去扮演的角色和承担的任务，不完全是用高和低来划分的，只能说不同的机构各司其职，理解这一点，有助于我们准确理解股权激励这个决策的作出，到底是一个怎么样的过程。

根据《管理办法》的规定，股东大会在上市公司股权激励计划中负责审核批准股权激励计划及股权激励计划的变更和终止。同时，股东大会也可以在其权限范围内将与本激励计划相关的事宜授权董事会办理。

（二）董事会

和上市公司在其他重大事务中所扮演的角色一样，董事会在上市公司股权激励中同样扮演着极为重要的角色。董事会既负责激励计划的拟定，又负责激励计划的实施。

董事会下设的薪酬委员会负责拟订和修订激励计划草案，并报公司董事会审议。《上市公司治理准则》规定，上市公司的董事会专门委员会成员全部由董事组成,其中审计委员会、提名委员会、薪酬与考核委员会中独立董事应当占多数并担任召集人。

同时明确,薪酬与考核委员会的主要职责包括了研究董事与高级管理人员考核及薪酬的标准,进行考核并提出建议。

因此,上市公司股权激励事项属于董事会薪酬与考核委员会的工作范畴。

董事会对股权激励计划审议通过后,报公司股东大会审批,并在股东大会授权范围内办理该激励计划的相关事宜。

同时,董事会中的独立董事,还扮演着监督者的角色,需要对股权激励的方案及董事会议案中影响投资者利益的部分,发表独立的意见,并就相关议案向所有股东征集委托投票权。

(三)监事会

监事会是股权激励计划的监督机构,需就股权激励计划是否有利于公司的持续发展、是否存在明显损害公司及全体股东利益的情形发表意见。

监事会还负责审核股权激励计划中激励对象的名单,并对股权激励计划的实施是否符合相关法律、行政法规、规范性文件和证券交易所业务规则进行监督。

二、股权激励的中介机构

除了上市公司内部的机构之外,为了保证整个股权激励的过程合法合规,还需要第三方专业机构的参与,上市公司实施股权激励过程中的专业机构,主要涉及律师事务所和独立财务顾问两类机构。

(一)律师事务所

在上市公司股权激励实施过程中,律师事务所是必须配备的外部专业机构,在整个《管理办法》中,律师事务所一共被提及十三次,而律师事务所担负的具体职能主要体现在:(1)对股权激励计划发表意见并出具法律意见书。(2)因激励计划终止或激励对象为满足行权条件,上市公司需要回购股权时,律师事务所应当就回购股份方案是否符合法律、行政法规、《管理办法》的规定和股权激励计划的安排出具专业意见。(3)上市公司在向激励对象授出权益前,律师事务所应当对激励对象获授权益的条件是否成就出具法律意见。(4)在激励对象行使权益之前,律师事务所应当对激励对象行使权益的条件是否成就出具法律意见。(5)因标的股票除权、除息或者其他原因需要调整权益价格或者数量的,律师事务所应当就上述调整是否符合《管理办法》、公司章程的规定和股权激励计划的安排出具专业意见。(6)上市公司变更股权激励方案的,律师事务所应当就变更后的方案是否符合《管理办法》及相关法律法规的规定、是否存在明显损害上市公司及全体股东利益的情形发表专业意见。(7)上市公司终止股权激励的,律师事务所应当就上市公司终止实施激励是否符合《管理办法》及相关法律法规的规定、是否存在明显损害上市公司及全体股东利益的情形发表专业意见。

可以看出,上市公司实施股权激励,从方案到实施,整个过程都离不开律师的参与。

(二)独立财务顾问

上市公司是否有必要聘请独立财务顾问,主要取决于以下三个因素的影响:

第一,自愿聘请,当上市公司缺少股权激励的相关经验,需要借助外部机构决策实施时,自愿去聘请第三方独立财务顾问,协助上市公司按部就班完成任务。

第二,独立董事或监事会认为必要时,可以建议上市公司聘请独立财务顾问,对股权激励计划的可行性、是否有利于上市公司的持续发展、是否损害上市公司利益以及对股东利益的影响发表专业意见。在此种情况下,很可能因为股权激励计划的草案存在一些问题,引起了独立董事或者监事会的担忧,或者上市公司内部对于股权激励产生了较大的分歧,但是独立董事或监事会的建议也并非强制性要求,如果上市公司在此情形下还是没有聘请独立财务顾问的,则仅仅需要对此事项进行特别说明。

第三,上市公司没有按照《管理办法》中的定价原则,而采用其他方法确定的限制性股票授予价格或股票期权行权价格低于《管理办法》所规定价格的,则必须聘请独立财务顾问,独立财务顾问将对股权激励计划的可行性、是否有利于上市公司的持续发展、相关定价依据和定价方法的合理性、是否损害上市公司利益以及对股东利益的影响发表专业意见。

与此同时,如果上市公司已经聘请了独立财务顾问的,在股权激励计划公告时、上市公司向激励对象授出权益与股权激励计划的安排存在差异时、对激励对象授权和行权时也需要独立财务顾问单独发表意见。

三、股权激励计划的决策及实施流程

《管理办法》的第五章,整体对于上市公司股权激励计划的决策和实施程序进行了系统规范,除了上面所提到的上市公司管理机构的参与,还明确了第三方专业机构在上市公司的股权激励中所扮演的角色以及相关职能,我们按照实施顺序进行介绍。

(一)股权激励计划草案阶段

1. 股权激励计划的草拟,《管理办法》第33条规定,股权激励计划草案由董事会下设的薪酬与考核委员会负责拟定。

2. 薪酬与考核委员会拟定完成股权激励计划草案后,由董事会开会对议案进行表决,但是需要注意的是,如果董事是股权激励计划中的激励对象或者与激励对象存在关联关系的话,那么该董事在表决的时候需要回避表决。

3. 独立董事与监事会,应当就股权激励计划草案是否有利于上市公司的持续发展,是否存在明显损害上市公司及全体股东利益的情形发表意见。上面已经介绍过了,独立董事和监事会都是扮演一个监督者的角色,他们自己并非激励对象,相对而言,似乎更有利于站在公正立场去评价激励方案的公允性。

4. 激励对象的公示,在上市公司召开股东大会对股权激励计划进行表决之前,上市公司应当通过公司网站等有效的渠道,在内部对激励对象的姓名和职务进行公示,公示期不少于10天。

5. 监事会应当对股权激励名单进行审核,充分听取公示意见后,在股东大会召开前5日披露监事会对激励对象名单及公示情况的说明。

6. 上市公司应当对内幕信息知情人在股权激励计划草案公告前6个月内买卖本公司股票及其衍生品种的情况进行自查,说明是否存在内幕交易行为。知悉内幕信息而买卖该上市公司股票的,不得成为激励对象,如果因为泄露内幕信息而导致内幕交易发生的,同样也不得成为激励对象。

7. 律师事务所对股权激励计划出具法律意见书。

8. 上市公司董事会审议通过股权激励计划草案后,应当公告董事会决议、股权激励计划草案、独立董事意见、监事会意见、法律意见书,如果聘请独立财务顾问的,还需要公告独立财务顾问报告。

9. 如果股权激励计划需要取得有关部门批准的,应当在取得有关批复后2个交易日内进行公告。

10. 股东大会审议股权激励计划前,上市公司拟对股权激励方案进行变更的,变更议案经董事会审议通过后,上市公司应当及时披露董事会决议公告,同时披露变更原因、变更内容及独立董事、监事会、律师事务所意见。

11. 上市公司在股东大会审议股权激励计划之前拟终止实施股权激励的,需经董事会审议通过。

律师事务所应当就上市公司终止实施激励是否符合本办法及相关法律法规的规定、是否存在明显损害上市公司及全体股东利益的情形发表专业意见。

（二）股权激励计划通过阶段

1. 上市公司召开股东大会审议股权激励计划前，独立董事应就股权激励计划向所有股东征集委托投票权。

2. 股东大会应当对《管理办法》第 9 条规定的股权激励计划内容进行表决，并经出席会议的股东所持表决权的 2/3 以上通过。除上市公司董事、监事、高级管理人员、单独或合计持有上市公司 5% 以上股份的股东以外，其他股东的投票情况应当单独统计并予以披露。上市公司股东大会审议股权激励计划时，拟为激励对象的股东或者与激励对象存在关联关系的股东，应当回避表决。

3. 股东大会审议通过股权激励计划及相关议案后，上市公司应当及时披露股东大会决议公告、经股东大会审议通过的股权激励计划以及内幕信息知情人买卖本公司股票情况的自查报告。股东大会决议公告中应当包括中小投资者单独计票结果。

4. 上市公司对已通过股东大会审议的股权激励方案进行变更的，应当及时公告并提交股东大会审议，但这时的变更不得存在两种情况：(1) 导致加速行权或提前解除限售的情形；(2) 降低行权价格或授予价格的情形。独立董事、监事会应当就变更后的方案是否有利于上市公司的持续发展，是否存在明显损害上市公司及全体股东利益的情形发表独立意见。律师事务所应当就变更后的方案是否符合《管理办法》及相关法律法规的规定、是否存在明显损害上市公司及全体股东利益的情形发表专业意见。

5. 上市公司在股东大会审议通过股权激励计划之后终止实施股权激励的，应当由股东大会审议决定。

（三）权益授予阶段

1. 股权激励计划经股东大会审议通过后，上市公司应当在 60 日内授予权益并完成公告、登记；有获授权益条件的，应当在条件成就后 60 日内授出权益并完成公告、登记。上市公司未能在 60 日内完成上述工作的，应当及时披露未完成的原因，并宣告终止实施股权激励，自公告之日起 3 个月内不得再次审议股权激励计划。

2. 上市公司在向激励对象授出权益前，董事会应当就股权激励计划设定的激励对象获授权益的条件是否成就进行审议，独立董事及监事会应当同时发表明确意见，律师事务所应当对激励对象获授权益的条件是否成就出具法律意见。上市公司监事会应当对限制性股票授予日及期权授予日激励对象名单进行核实并发表意见。上市公司向激励对象授出权益与股权激励计划的安排存在差异时,独立董事、监事会(当激励对象发生变化时)、律师事务所、独立财务顾问(如有)应当同时发表明确意见。

3. 上市公司向激励对象授出权益时,应当按照《管理办法》规定履行信息披露义务,并再次披露股权激励会计处理方法、公允价值确定方法、涉及估值模型重要参数取值的合理性、实施股权激励应当计提的费用及对上市公司业绩的影响。

4. 上市公司分次授出权益的,在每次授出权益前,上市公司应当召开董事会,按照股权激励计划的内容及首次授出权益时确定的原则,决定授出的权益价格、行使权益安排等内容。当次授予权益的条件未成就时,上市公司不得向激励对象授予权益,未授予的权益也不得递延下期授予。

(四)行使权益及终止阶段

1. 激励对象在行使权益前,董事会应当就股权激励计划设定的激励对象行使权益的条件是否成就进行审议,独立董事及监事会应当同时发表明确意见。律师事务所应当对激励对象行使权益的条件是否成就出具法律意见。

2. 如因股权激励计划终止或限制性股票未满足解除限售条件,上市公司董事会按照《管理办法》的规定审议限制性股票回购方案的,应当及时公告回购股份方案及律师事务所意见。回购股份方案经股东大会批准后,上市公司应当及时公告股东大会决议。

3. 上市公司终止实施股权激励的,终止实施议案经股东大会或董事会审议通过后,上市公司应当及时披露股东大会决议公告或董事会决议公告,并对终止实施股权激励的原因、股权激励已筹划及实施进展、终止实施股权激励对上市公司的可能影响等作出说明,并披露律师就终止事项所发表的法律意见书。

上市公司股权激励的税收规则

与个人投资者在二级市场买卖上市公司股票不同，股权激励所产生的收益会存在个人所得税的问题。无论是从会计还是税务的视角，股权激励普遍都被认为是薪酬的另一种形式，由此而产生的收益部分，将被视为激励对象的工资薪酬所得。

在此章节，我们将从制度规则、纳税义务、应纳税所得额计算、征收管理等角度，对上市公司股权激励中的税务问题进介绍分析。

一、与股权激励相关的税收规则

关于上市公司的股权激励中所涉及的税务处理问题，目前尚有效或部分有效的规范性法律文件，归纳如下：

2005年3月，财政部、国家税务总局共同颁布的《关于个人股票期权所得征收个人所得税问题的通知》（财税〔2005〕35号，以下简称35号文），该文第一次对上市公司员工参与上市公司股票期权计划而获取的收益，明确为应税收入，应当按照工资薪酬的标准征收个人所得税。

2006年9月，针对上面提到的35号文，国家税务总局颁布了《关于个人股票期权所得缴纳个人所得税有关问题的补充通知》（国税函〔2006〕902号，以下简称902号文），该文对各种情况下股票期权应纳税所得额的具体计算方式进行了详细规定。

2009年1月，财政部、国家税务总局共同发布的《关于股票增值权所得和限制性股票所得征收个人所得税有关问题的通知》（财税〔2009〕5号，以下简称5号文），明确对于个人从上市公司（含境内、外上市公司，下同）取得的股票增值权所得和限制性股票所得，比照35号文和902号文，计算征收个人所得税。

2009年8月，国家税务总局颁布的《关于股权激励有关个人所得税问题的通知》（国税函〔2009〕461号，以下简称461号文），对股票增值权、限制性股票纳税问题及其他相关问题进一步明确。

2012年5月，国家税务总局发布《关于我国居民企业实行股权激励计划有关企业所得税处理问题的公告》（国家税务总局公告2012年第18号，以下简称18号公告），对上市公司股权激励产生的费用，企业所得税税前扣除问题进行了规定。

2016年9月，财政部和国家税务总局共同发布《关于完善股权激励和技术入股有关所得税政策的通知》（财税〔2016〕101号，以下简称101号文），第一次全面系统地对非上市公司、上市公司股权激励税收优惠递延措施进行了规定。

2016年9月，国家税务总局发布《关于股权激励和技术入股所得税征管问题的公告》（国家税务总局公告2016年第62号，以下简称62号文）对股权激励中的税收征管问题进行规范。

2018年12月，随着最新的《个人所得税法》的颁布推出，财政部、国家税务总局联合发布了《关于个人所得税法修改后有关优惠政策衔接问题的通知》（财税〔2018〕164号，以下简称164号文），该文第2条对新法过渡期间股权激励个人所得税计算方式进行了规范。

上面，是针对股权激励税收问题规则体系的介绍，我们通过时间线将股权激励相关税收规则进行了梳理，下面我们就针对上市公司股权激励税收具体问题进行介绍分析。

二、上市公司股权激励中的个人所得税

（一）纳税主体及扣缴义务人

根据2005年35号文及2009年5号文的相关规定，激励对象因任职受雇于上市公司，获得上市公司股票期权、限制性股票、股票增值权，应当按照“工资、薪金所得”适用规定计算缴纳个人所得税，因此，股权激励的纳税主体是激励对象本人。

与此同时，实施股权激励计划的上市公司，是激励对象个人所得税的扣缴义务人，负有按照税法规定代扣代缴个人所得税的义务。

但是，如果激励对象从两处或两处以上取得股权激励形式的工资薪金所得而没有扣缴义务人的，该激励对象应在个人所得税法规定的纳税申报期限内自行申报缴纳税款。

（二）纳税义务产生时间及递延政策

根据35号文的规定，员工接受实施股票期权计划企业授予的股票期权时，除另

有规定外,一般不作为应税所得征税。员工行权时,其从企业取得股票的实际购买价如果低于购买日公平市场价(指该股票当日的收盘价,下同)的差额,是因员工在企业的表现和业绩情况而取得的与任职、受雇有关的所得,应按"工资、薪金所得"适用的规定计算缴纳个人所得税。

这里需要注意一点,纳税义务并不以激励对象实际出售行权之后的股票为前提条件,只要行权购买股票就会发生纳税义务。员工将行权后的股票再转让时,获得的高于行权价的差额,是因其个人在证券二级市场上转让股票等有价证券而获得的所得,按照"财产转让所得"适用的征免规定计算缴纳个人所得税。

根据财政部、国家税务总局在1998年3月发布的《关于个人转让股票所得继续暂免征收个人所得税的通知》(财税字〔1998〕61号)中,明确了从1997年1月1日起,对个人转让上市公司股票取得的所得继续暂免征收个人所得税。

也就是说,激励对象行权之后,股票进入二级市场后交易所获得的差价,现行有效的政策到目前为止还是免征个人所得税的。

关于行权之后员工因拥有股权而参与企业税后利润分配取得的所得,应按照"利息、股息、红利所得"适用的规定计算缴纳个人所得税。

根据财政部、国家税务总局、证监会在2015年9月发布的《关于上市公司股息红利差别化个人所得税政策有关问题的通知》,是否需要就来源于上市公司的股息红利缴纳个人所得税,取决于上市公司股东持股的时间长短,持股超过1年的,股息红利所得免征个人所得税,持股在1个月以上1年以下的减半征收,持股不满1个月的全额征收,纳税时间点在转让该部分股票时统一计算并扣缴。

对因特殊情况,员工在行权日之前将股票期权转让的,以股票期权的转让净收入,作为工资薪金所得征收个人所得税。

股票期权个人所得税纳税义务产生的时间,是在行权时而非授予权利时,但是如果股票期权存在行权前本身可以转让的情况,在转让时纳税义务就产生了。

但是实际上,上市公司股权激励中的股票期权,是不太可能在行权之前发生转让的,因为《管理办法》明确禁止了股票期权转让的行为。

根据461号文的规定,股票增值权个人所得税纳税义务发生时间为上市公司向被授权人兑现股票增值权所得的日期;限制性股票个人所得税纳税义务发生时间为每一批次限制性股票解禁的日期。

2009年,财政部、国家税务总局曾经颁布《关于上市公司高管人员股票期权所得缴纳个人所得税有关问题的通知》(财税〔2009〕40号),规定了对上市公司高管人员取得股票期权在行权时,纳税确有困难的,经主管税务机关审核,可自其股票期权行权之日起,在不超过6个月的期限内分期缴纳个人所得税。

该文件,对股票期权形式下的个人所得税纳税时间,有条件给予了6个月的分期缴纳宽限时间。

到了2016年,税务部门的101号文对上市公司所有形式下的股权激励个人所得税的纳税义务时间给予了12个月的递延优惠措施,且并不要求分期缴纳,只需要在规定时间范围内一次缴纳即可,同时又废止了上面提到的2009年40号文。

根据国家税务总局101号文第2条的规定:"上市公司授予个人的股票期权、限制性股票和股权奖励,经向主管税务机关备案,个人可自股票期权行权、限制性股票解禁或取得股权奖励之日起,在不超过12个月的期限内缴纳个人所得税。《财政部　国家税务总局关于上市公司高管人员股票期权所得缴纳个人所得税有关问题的通知》(财税〔2009〕40号)自本通知施行之日起废止。"

到目前为止,上市公司股权激励个人所得税纳税的时间点,在完成税务机关备案的前提下,可以享受101号文中的递延优惠措施。

(三)应纳税款的计算

1. 税率问题

根据35号文以及5号文的规定,员工的股权激励所得,属于"工资、薪金"项目。

按照现行有效的《个人所得税法》规定,工资、薪金所得与劳务报酬所得、稿酬所得、特许权使用费所得四项合起来叫作综合所得,一般情况下,综合所得会作为一个整体,按纳税年度合并计算个人所得税,并适用3%至45%的超额累进税率。

2. 应纳税所得额计算

计算应纳税款的前提之一,是能够准确界定应纳税所得额的范围,根据35号文、5号文、461号文的规定,股票期权、限制性股票、股票增值权应纳税所得额的计算方式分别为:

股票期权应纳税所得额=(行权股票的每股市场价－员工取得该股票期权支付的每股施权价)×股票数量

行权股票的每股市场价指的是行权购买股票当日的收盘价格,计算应纳税所得额时并不以实际出售所行权股票为前提。

员工取得该股票期权支付的每股施权价,是指员工行使股票期权购买股票实际支付的每股价格。如果员工以折价购入方式取得股票期权的,上述施权价可包括员工折价购入股票期权时实际支付的价格。通常情况下,施权价与股权激励计划中所确定的股票期权行权价格是一致的。

凡取得股票期权的员工在行权日不实际买卖股票,而按行权日股票期权所指定股票的市场价与施权价之间的差额,直接从授权企业取得价差收益的,该项价差收益应作为员工取得的股票期权形式的工资薪金所得,按照35号文的有关规定计算缴纳个人所得税。

限制性股票应纳税所得额=(股票登记日股票市价+本批次解禁股票当日市价)÷2×本批次解禁股票份数-被激励对象实际支付的资金总额×(本批次解禁股票份数÷被激励对象获取的限制性股票总份数)

股票登记日股票市价,是指上市公司授予激励对象时候登记日的股票收盘价格。

本批次解禁股票当日市价,是指满足解限售登记日的股票收盘价格。

在确定限制性股票解禁时的股票市场公允价格时,461号文并没有以解禁当日的收盘价作为确定限制性股票市场公允价值的依据,而是综合了授予时以及行权时的股价进行了考量。之所以使用这样的方式,最大的好处是不需要在授予时的股价和行权时的股价做一个选择,从而避免最极端的情况发生。

那么,上面说的极端情况到底指什么情况呢?假如,我们以授予登记时股价作为确定限制性股票公允价值标准的话,从授予登记到行权解禁这段时间,上市公司股价如果一直在下跌,等到行权解禁时,上市公司的股价已经远远低于授予时的价格了,这时候就会形成一个极为尴尬的局面,就是激励对象努力满足了激励考核的各项要求,等到行权解禁时,却因为股权激励亏了钱,亏钱还不是重点,重点是亏钱的同时还需要缴纳税款。

还有另一种情况,我们以行权解禁时的股价作为确定限制性股票公允价值标准的话,如果行权时股价低于授予时的价格的话,虽然不会像上面那样给激励对象产生所得税负问题,但是如果在限售期间股价飞涨的话,等于激励对象给上市公司创造越多的价值,股价越高,激励对象届时要交的税就越多,会存在潜在利益冲突的问题。

股票期权是不存在这样的问题的,因为股票期权在行权条件满足后,激励对象是可以灵活根据二级市场股价的表现来选择是否行权的,这是两种激励方式之间最大的区别。

股票增值权行权应纳税所得额＝（行权日股票价格－授权日股票价格）×行权股票份数

股票增值权是指上市公司授予公司员工在未来一定时期和约定条件下，获得规定数量的股票价格上升所带来收益的权利。被授权人在约定条件下行权，上市公司按照行权日与授权日二级市场股票差价乘以授权股票数量，发放给被授权人现金。因此，股票增值权对应的标的物是现金而非股票，是一种以公司股票价格作为参照标准的奖励方式，计算应纳税所得额时，相对会比较简单。

3. 应纳税款的计算

确定激励对象应纳税所得额之后，就是计算应纳税款了，而计算股权激励税款的方式，随着国家税法制度的演变，也经历了一个变化过程。

现行的《个人所得税法》是2018年修正的，现行规则将工资、薪金所得与劳务报酬所得、稿酬所得、特许权使用费都作为纳税义务人的综合所得项目，按年度进行汇算清缴，从而避免了个别月份收入多寡而造成的税负不平衡问题。

而此前2011年的《个人所得税法》就“工资、薪金”项目是按月计征的，如果某个月的收入增加，并不会摊到其他月份，而“工资、薪金”的计税方式是超额累进税率的计算方式，就是收入越高的部分，税率也越高，这就会给股权激励造成一个问题，激励对象纳税义务时间点肯定是发生在某一个月里面的，势必会造成当月个人所得税畸高的问题。

当时为了解决这个问题，35号文、902号文及461号文规定，股票期权、限制性股票及股票增值权的应纳税款的计算方式为：

应纳税额＝（对应的应纳税所得额/规定月份数×适用税率－速算扣除数）×规定月份数

公式中的规定月份数，是指员工取得来源于中国境内的股票期权形式工资薪金所得的境内工作期间月份数，长于12个月的，按12个月计算。

规定月份数这个概念的引入，就是将激励对象应纳税所得额摊到每个月，然后在一个相对较低的基准上适用累进税率的降税措施，其基本逻辑就是，虽然获益的金额是在行权日确定的，但是这个获益是由股权激励过程中各个月份的贡献共同累计而成的，所以应当还原到期间的每个月来计算。

个人在纳税年度内两次以上（含两次）取得股票期权、股票增值权和限制性股票等所得，包括两次以上（含两次）取得同一种股权激励形式所得或者同时兼有不同股权激励形式所得的，上市公司应将其纳税年度内各次股权激励所得合并，按照

902 号文第 7 条、第 8 条所列公式计算扣缴个人所得税。902 号文第 7 条就是将累计数额作为计算依据，最后扣减掉此前已经缴纳的税款，而第 8 条考虑了激励对象多次取得或一次取得多个来源股权激励所得而采取的加权平均手段。

到了 2018 年，随着《个人所得税法》的修正，税款的计算有了较大的变化，以工资、薪金项目为代表的个人综合所得，从按月计征改为按年度进行汇算清缴方式计算征缴个人所得税，这样就避免了纳税义务人因月度收入不均衡造成的税负不合理增加的问题。

配套新《个人所得税法》的出台的 164 号文，对个人所得税法修正后有关优惠政策衔接问题进行了明确，其中涉及股权激励部分的是第 2 条，它是这样来进行规定的：

> （一）居民个人取得股票期权、股票增值权、限制性股票、股权奖励等股权激励（以下简称股权激励），符合《财政部　国家税务总局关于个人股票期权所得征收个人所得税问题的通知》（财税〔2005〕35 号）、《财政部　国家税务总局关于股票增值权所得和限制性股票所得征收个人所得税有关问题的通知》（财税〔2009〕5 号）、《财政部　国家税务总局关于将国家自主创新示范区有关税收试点政策推广到全国范围实施的通知》（财税〔2015〕116 号）第四条、《财政部　国家税务总局关于完善股权激励和技术入股有关所得税政策的通知》（财税〔2016〕101 号）第四条第（一）项规定的相关条件的，在 2021 年 12 月 31 日前，不并入当年综合所得，全额单独适用综合所得税率表，计算纳税。计算公式为：应纳税额 = 股权激励收入 × 适用税率 - 速算扣除数。（二）居民个人一个纳税年度内取得两次以上（含两次）股权激励的，应合并按本通知第二条第（一）项规定计算纳税。（三）2022 年 1 月 1 日之后的股权激励政策另行明确。

新的计税规则与之前相比，要更加简单明了，其特点可以概括为两点：

第一，股权激励的收入，不与其他综合所得收入合并，单独按照综合所得的税率进行计算，这样，实际上就降低了适用的累进税率。

第二，一年里面不管多少次获得来源于股权激励的收入，都合并计算。

这样安排的效果就是，将股权激励收入单独创设为一个类型的收入，只是计税的税率与综合所得的税率一样，但互不累加，互不影响，算是一种兼顾和平衡。

三、上市公司股权激励中的企业所得税

上市公司实施股权激励计划,在会计上,会因为股份支付问题从而影响到上市公司的利润,基于此,《管理办法》均要求上市公司在披露的股权激励计划中,对股权激励会计处理方法、限制性股票或股票期权公允价值的确定方法、涉及估值模型重要参数取值合理性、实施股权激励应当计提费用及对上市公司经营业绩的影响进行说明和披露。相关的会计理论及监管要求已经对股份支付问题有了相对明确的规范,在此不多赘述。

但往往容易被忽视的是,股权激励对上市公司企业所得税的影响。除了被上市公司较少采用的股票增值权的激励模式以外,更主流的股票期权与限制性股票激励模式,由于并不涉及上市公司实际支出的产生,因此表面上看,股权激励与企业所得税的处理似乎并无关联。

2012年国家税务总局下发的《关于我国居民企业实行股权激励计划有关企业所得税处理问题的公告》(2012年第18号)第2条是这样规定的:

> 上市公司依照《管理办法》要求建立职工股权激励计划,并按我国企业会计准则的有关规定,在股权激励计划授予激励对象时,按照该股票的公允价格及数量,计算确定作为上市公司相关年度的成本或费用,作为换取激励对象提供服务的对价。上述企业建立的职工股权激励计划,其企业所得税的处理,按以下规定执行:(一)对股权激励计划实行后立即可以行权的,上市公司可以根据实际行权时该股票的公允价格与激励对象实际行权支付价格的差额和数量,计算确定作为当年上市公司工资薪金支出,依照税法规定进行税前扣除。(二)对股权激励计划实行后,需待一定服务年限或者达到规定业绩条件(以下简称等待期)方可行权的。上市公司等待期内会计上计算确认的相关成本费用,不得在对应年度计算缴纳企业所得税时扣除。在股权激励计划可行权后,上市公司方可根据该股票实际行权时的公允价格与当年激励对象实际行权支付价格的差额及数量,计算确定作为当年上市公司工资薪金支出,依照税法规定进行税前扣除。(三)本条所指股票实际行权时的公允价格,以实际行权日该股票的收盘价格确定。

国家税务总局的这个公告,实际上是借鉴了会计上的股份支付的思路,将股权激励费用纳入税务可扣减的费用成本范围内,实质上是一种对企业实施股权激励的鼓励举措。

但值得注意的有两点:

第一，与股份支付先将费用计算出来，然后分摊到整个激励计划周期中去的处理方式不同，税务部门只认可在实际行权发生时，按照行权时股票公允价值计算出来股权激励费用，方能作为税前扣除依据。

第二，在确定公允价值时，股份支付的要求是在授予日确定公允价值，而税务口径是在行权日确定公允价值的，税务这样处理背后的逻辑，在于一旦行权日的股票公允价值低于激励对象实际获得权益价格的话，就不能认为上市公司在该次股权激励中付出了成本，其中的差异值得去深思体会。

综上，股权激励作为一项激发团队积极性的举措，除了评价其作用功效之外，还需要对其实施的成本进行全面评估，对上市公司而言，因股权激励产生的股份支付费用问题，是其首要关注的成本问题，因为股份支付费用将影响其损益变化，进而影响其股价市值。而对激励对象而言，与二级市场自由购买公司股票的个人投资者有所不同，激励对象除了认购股票成本之外，还需要考虑税负成本问题，如果没有正确的认知和预期，税负问题反过来也可能会影响到激励效果。因此，充分理解相关税收政策以及准确评估实施股权激励的相关成本，是上市公司在筹划股权激励时应当重点考虑的因素，也是设计股权激励方案时不可忽视的部分。

上市公司股权激励争议纠纷

我们在无讼案例中以股权激励为关键字进行检索，选取2010年至2019年法院一审的判决结果，股权激励相关案件数量的分布情况如图4-1所示：

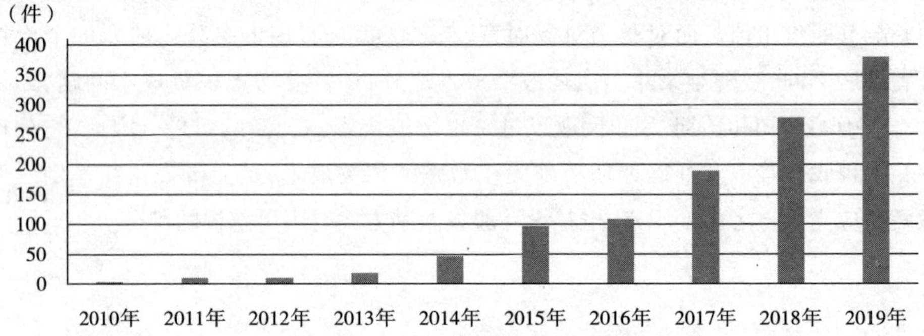

图4-1　2010—2019年股权激励一审判决数量

2010年，股权激励相关的一审判决数量显示仅为3件，到了2019年案件数量增加到了380件，10年案件数量增长了10倍不止。

按同样方式，我们从地域维度看，案件数量的分布情况如图4-2所示：

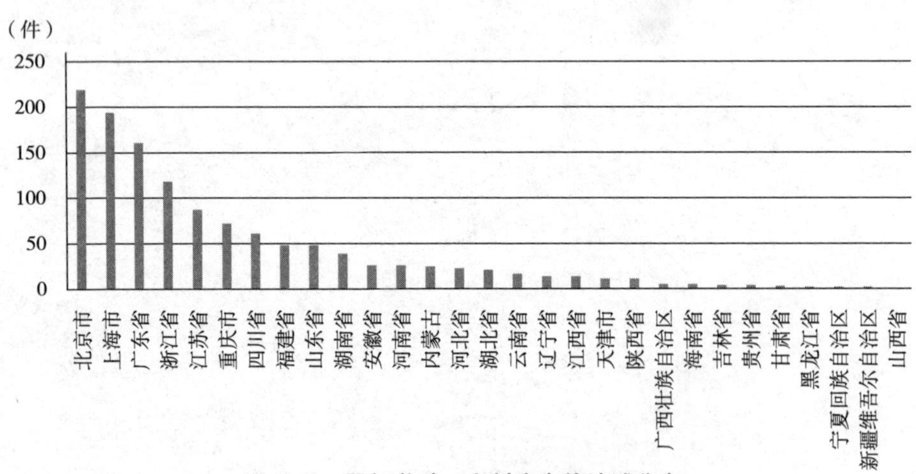

图4-2　股权激励一审判决案件地域分布

从股权激励相关案件地域分布来看，北京、上海、广东排名前三位，最多的是北京，股权激励相关的一审判决数量为 219 件，最少的山西省仅 1 件。各个省份之间的案件数量分布非常不均衡，案件数量与各省市之间企业数量和经济总量呈现出一种正相关的关系。

那么在企业相对聚集的地区，股权激励纠纷越来越多的主要原因是什么？

从图 4 - 1 中可以看出，这类相关争议在 2013 年以前并不是太多，2013 年之后，呈现出了爆发式地增长。而正巧是从 2013 年开始，中国公司法律制度及资本市场都经历了一次巨大的变化。

在 2013 年，中国的《公司法》迎来了一次较大的修改，其中最大的热点问题，莫过于取消了公司注册资本认缴最低门槛以及实缴最低比例的强制性要求，这是中国立法者第一次将注册资本的选择权交给了创业者自己，交给市场自己来判断交易的风险。资本的解放，极大地促进了股权作为交易工具的使用频率，其中也包括面向公司员工的股权激励。

同样是在 2013 年，全国中小企业股份转让系统有限公司设立，也就新三板市场正式宣告了全国化，新三板在全国范围内接受中小企业挂牌的申请，打开了国内多层次资本市场的序幕，预示着中国即将进入一个全新的股权资本时代，新三板挂牌企业数量从 0 到突破万家，只用了短短不到 4 年，也正是从这个时候开始，股权激励才真正意义上被越来越多的中小企业关注到。

当更多交易发生时，产生纠纷的概率自然也就随之增加了，我们认为这就是 2013 年之后，股权激励案件数量激增的大背景。

分析完股权激励数量增加的原因，接下来，从公司层面讨论一下引发股权激励纠纷的具体原因是什么？

如果我们仅从法律关系的角度去观察争议案件的话，争议的落脚点基本都集中在了对具体事物的分歧上。比如，涉及解聘离职是哪一方过错的问题，就会首先关注到双方之间劳动合同法律关系，需要法官从劳动法律关系角度先去解决前置问题，前置问题解决了以后，股权激励部分的争议也就迎刃而解了；再如，绩效考核是否达标的问题，这是一个事实问题，产生争议的原因有可能来源于股权激励协议约定的不清楚，也可能来源于公司反悔后的设阻或员工的舞弊，等等。

但有可能我们所观察到的纠纷还仅仅停留在了表面的现象，如果我们跳出具体问题，从更开阔的问题背景来观察，这类纠纷背后的原因往往会比我们想象的要更加复杂一些，我们来看一个非常经典的案例。

案例4-8

上市公司上海家化联合股份有限公司(以下简称上海家化,600315.SH),是中国本土最为悠久的日化企业,其名下拥有六神、美加净、双妹、佰草集等享誉全国的民族日化品牌。

2011年之前,上海家化的母公司上海家化(集团)有限公司(以下简称家化集团)是一家由上海国资委控股的国有企业,所以,当时的上海家化也是一家国有控股的上市公司。

2011年年底,上海国资委通过公开挂牌出让方式,最终将所持有的家化集团全部股权出让给了上海平浦投资有限公司(以下简称上海平浦),而上海平浦当时的实际控制人是平安信托有限责任公司(以下简称平安信托),2012年之后,家化集团完成了国有股份的改制工作,上市公司上海家化的"娘家"也正式从上海国资委变成了平安信托。

随着上海家化控制权易主,以上海家化原董事长葛文耀为代表的的原管理层与新股东之间的矛盾日益凸显了出来。2013年5月,家化集团召开董事会,正式罢免了葛文耀集团公司董事长职务,到了2013年9月,葛文耀主动辞去了上市公司上海家化的董事长之职,上海家化延续了28年之久的葛文耀时代正式落幕,此后上海家化股价在很长时间里面都表现不佳,不知道与此是否有关。

和很多类似的剧情一样,新旧权力的交替往往都没有那么平静,公司过去葛文耀治下的管理团队也开始受到了这次事件的影响波及,纠纷案例中的主角就是当时上海家化的总经理王茁。

我们先来了解一下引发本案纠纷的事件:

2013年11月20日,上海家化收到证监会上海监管局沪证监(2013)49号《责令改正的决定》,该决定指出:"2008年4月至2013年7月,上海家化与沪江日化发生采购销售、资金拆借等关联交易。发现上海家化在前述行为中存在以下问题:1.未在相应年度报告中对关联方沪江日化及与其发生的关联交易进行披露;2.未对与沪江日化发生的采购销售关联交易进行审议并在临时公告中披露;3.未对与沪江日化发生的累计3000万元资金拆借关联交易进行临时公告披露。"

普华永道中天会计师事务所接受上海家化的委托,审计了该公司2013年12月31日的财务报告内部控制的有效性,于2014年3月11日出具否定意见的《内部控制审计报告》。

2014年12月19日,证监会上海监管局作出沪证监处罚字(2014)10号《行政处罚事先告知书》,认定:上海家化时任董事长葛文耀是对上海家化2009年至2012年年度报告信息披露违法行为直接负责的主管人员,对其给予警告,并处以15万元罚款。认定王茁是上海家化2009年至2012年年度报告信息披露违法行为的其他直接责任人员,对其给予警告,并处以3万元罚款。

基于上述事件的发生,2014年5月12日,上海家化召开董事会,认为王茁在上海家化与沪江日化发生采购销售、资金拆借等关联交易事件中负有不可推卸的责任,审议并通过关于解除其总经理职务及提请股东大会解除其董事职务的议案。次日,上海家化向王茁送达《员工违纪处理通知书》,决定:自2014年5月13日15时起,辞退王茁,王茁将不再是上海家化员工,不再担任总经理职务,不享受公司任何相关权益等。

2014年5月30日,上海家化召开董事会,会议审议通过了《关于回购并注销王茁尚未解锁股权激励股票的议案》,鉴于王茁属于"违反公司规定、损害公司利益根据员工手册给予记过以上处分的"情形,其已不满足公司限制性股票解锁条件。董事会依据《激励计划》规定批准按授予价格回购并注销王茁尚未解锁的限制性股票。

上海家化于2014年6月4日发布《上海家化联合股份有限公司第五届十七次董事会决议公告》,审议通过关于回购并注销王茁尚未解锁股权激励股票的议案,公司董事会决定王茁已获授但尚未解锁的全部股权激励股票不予解锁,按照授予价格进行回购并注销,数量为315,000股,回购总价款为人民币3,446,100元,每股10.94元;关于公司股本减少的议案,鉴于公司董事会决定回购并注销部分股权激励股票,提请股东大会同意公司总股本相应减少315,000股,同意公司章程中关于注册资本的内容做相应修改,并提交股东大会审议等。

2014年6月13日,上海家化临时股东大会通过了《关于解除王茁先生董事职务的议案》。

2015年4月28日,上海家化召开2014年度股东大会,审议通过《关于回购并注销部分已授出的股权激励股票的议案》,决定回购王茁尚未解锁的315,000股激励股票,回购总价款为3,446,100元,每股10.94元。

至此,上面的一系列事件,就引发出了不同法律关系但紧密相关的两个诉讼案件纠纷,可以简单概括为两条争议路线:一条线是劳动争议纠纷;另一条线是股权激励纠纷(法院将案由定为"其他与公司有关的纠纷")。

第一条　争议路线:劳动争议纠纷

王茁对上海家化2014年5月12日的《员工违纪处理通知书》内容及处理结果

不认可，所以于2014年6月4日向上海市虹口区劳动人事争议仲裁委员会申请劳动争议仲裁。

仲裁委裁决的结果是：1. 王苗要求与上海家化联合股份有限公司恢复劳动关系（从2014年5月14日起）请求予以支持；2. 上海家化联合股份有限公司支付王苗2014年6月1日至6月24日工资42,355.17元。

上海家化对裁决不服，起诉至法院，要求判令公司无须与王苗恢复劳动关系；无须支付王苗2014年6月1日至6月24日工资42,355.17元。

一审法院上海虹口区人民法院审理后，维持了上面上海市虹口区劳动人事争议仲裁委员会的裁决内容。

2015年9月25日，上海第二中级人民法院，就王苗与上海家化劳动争议案件作出终审判决，二审维持了支持王苗恢复劳动关系的主张，调整减少了王苗2014年6月1日至6月24日工资。

法院认为，这个案件的争议焦点，在于上海家化与王苗解除劳动合同是否合法，是否应恢复劳动关系。

简单概括法院的观点，两个方面：

第一，公司董事会依据公司法及公司章程可对高级管理人员行使解聘权的规定与公司依照劳动法行使解雇权需受法定条件限制的规定是否存在冲突？

法院认为，董事会根据《公司法》以及《公司章程》的规定，有权利聘任总经理，也有权利解聘总经理，公司基于劳动法享有的解雇权与其基于公司法享有的对高级管理人员的解聘权虽有牵连，但并不冲突。

第二，上海家化对王苗作出解除劳动合同决定的理由是否成立？

法院认为，解除劳动合同是从根本上消灭劳动关系，用人单位做出此项决定，应当慎重。根据相关司法解释规定，用人单位作出解除劳动合同决定的，用人单位应对违纪事实、适用法律及处理程序合法承担举证责任。

王苗对公司发生的信息披露违法行为存在责任，但其毕竟不是最主要的责任人。上海家化主张王苗在担任总经理后对内控出现的问题采取放任态度，亦无充足证据证实。而证监会上海监管局在《行政处罚决定书》中明确确定处罚幅度时已相应考虑相关人员案发后积极配合调查与整改等情况。故上海家化主张王苗的失职行为已达到足以解除劳动合同的程度依据尚不足。且上海家化对《行政处罚决定书》涉及的其他责任人亦未依据上述制度进行处罚，其仅对王苗一人进行处理，且作出解除劳动合同决定，有失公允。

此外,上海家化主张王茁纵容包庇前董事长利用内部控制缺陷而私设小金库,不仅瞒而不报,反而阻挠相关调查。对此,法院认为,因上海家化在向王茁出具解除劳动合同通知时并未将此理由作为解雇的依据,在审理期间亦未能提供充足证据,故对该理由本院亦难予采信。

结合2014年3月11日,上海家化五届十一次董事会审议通过了《2013年度总经理工作报告》、《2013年年度报告》、《2013年度内部控制评价报告》(上海家化联合股份有限公司自评报告)、《公司股权激励股票符合解锁条件的议案》等证据,法院认为,对于王茁担任总经理期间的工作业绩,上海2家化是基本认可的,现其以王茁严重失职、严重违反规章制度为由作出解除劳动合同决定缺乏依据。

至此,双方的劳动争议纠纷在法院层面暂时告一段落,同时,双方另一个关于股权激励的案子刚刚拉开序幕。

第二条 争议路线:股权激励纠纷

2015年8月14日,王茁又向上海虹口区人民法院提起诉讼,要求上海家化对王茁所持有的315,000股的上海家化限制性股票给予解锁,一审判决结果为:

一、上海家化上海家化联合股份有限公司对王茁王茁持有的157,500股的上海家化股权激励限制性股票给予解锁;

二、驳回王茁其他诉讼请求。

本案中,法院归纳的争议焦点是,上海家化是否有权回购并注销已授予王茁的上海家化股权激励对象限制性股票?

王茁主张要求解锁的股票数量是315,000股,为什么最后判决仅支持了157,500股的解锁请求?

在回答问题之前,我们先来看一下他们所争议的这个股权激励的前因后果:

上海家化于2012年4月5日召开董事会审议通过《上海家化联合股份有限公司2012年限制性股票激励计划(草案)》,2012年5月7日,上海家化对限制性股票激励计划的相应内容进行了修订,形成《上海家化联合股份有限公司2012年限制性股票激励计划(草案修订稿)》(以上两项简称《激励计划》)。

2012年6月,上海家化发布《上海家化联合股份有限公司四届十九次董事会决议暨2012年股权激励之限制性股票授予公告》,王茁获授350,000股限制性股票,授予价格为16.41元/股,授予日为2012年6月6日。其中第一期限制性股票(对应获授股票总量的40%)的解锁期自2013年6月7日起,第二期限制性股票(对应获授股票总量的30%)的解锁期自2014年6月7日起,第三期限制性股票(对应获授股票总量的30%)的解锁期自2015年6月7日起。

王茁获授的限制性股票于2012年6月21日完成了股份登记手续。2013年5月21日,上海家化发布《2012年度利润分配实施公告》,上海家化向包括王茁在内的全体股东进行每10股送5股的分配,调整后王茁持有的限制性股票总数为525,000股、每股限制性股票回购价格(授予价格)为10.94元/股。

王茁持有的第一期40%限制性股票经公司董事会批准自2013年6月7日起解锁并上市流通,剩余未解锁限制性股票315,000股,其中:第二期限制性股票数为157,500股,第三期限制性股票数为157,500股。

2014年3月11日,上海家化作出五届十一次董事会决议,通过公司股权激励股票符合解锁条件的议案,于3月13日作出公告:经董事会审查,公司和本次解锁对象均满足限制性股票解锁条件,公司申请第二次限制性股票解锁。

2014年5月12日,上海家化召开五届十五次董事会,会议审议通过了《关于解除王茁先生公司总经理的职务及提请股东大会解除王茁先生董事职务的议案》。

2014年5月30日,上海家化召开五届十七次董事会,会议审议通过了《关于回购并注销王茁尚未解锁股权激励股票的议案》,鉴于王茁属于"违反公司规定、损害公司利益根据员工手册给予记过以上处分的"情形,其已不满足公司限制性股票解锁条件。董事会依据《激励计划》规定批准按授予价格回购并注销王茁尚未解锁的限制性股票。

上海家化于2014年6月4日发布《上海家化联合股份有限公司第五届十七次董事会决议公告》,审议通过关于回购并注销王茁尚未解锁股权激励股票的议案,公司董事会决定王茁已获授但尚未解锁的全部股权激励股票不予解锁,按照授予价格进行回购并注销,数量为315,000股,回购总价款为人民币3,446,100元,每股10.94元;关于公司股本减少的议案,鉴于公司董事会决定回购并注销部分股权激励股票,提请股东大会同意公司总股本相应减少315,000股,同意公司章程中关于注册资本的内容做相应修改,并提交股东大会审议等。

2014年6月13日,上海家化第三次临时股东大会通过《关于解除王茁先生董事职务的议案》。

2015年4月28日,上海家化召开2014年度股东大会,审议通过《关于回购并注销部分已授出的股权激励股票的议案》,决定回购王茁尚未解锁的315,000股激励股票,回购总价款为3,446,100元,每股10.94元。

建立在上面事实基础背景之上,最后,法院的观点理由如下:

一审法院核心的判决理由是这样表述的：

“一、王茁持有的第一期40%限制性股票经公司董事会批准自2013年6月7日起解锁并上市流通，剩余未解锁限制性股票315,000股，其中：第二期限制性股票数为157,500股应于2014年6月7日解锁，第三期限制性股票数为157,500股应于2015年6月7日解锁。上海家化第二批股票解锁时，王茁仍然担任上海家化公司董事，其董事职务是在2014年6月12日的股东大会上被解除。换言之，虽然在公司股票解锁时王茁已经不再担任总经理职务了，但仍为公司董事的，仍属于被激励对象范围。《激励计划》规定激励对象上一年度考核结果达到合格(C)以上才具备限制性股票本年度的解锁。王茁2013年度考核结果为合格(C)，具备限制性股票本年度的解锁条件。王茁有权要求上海家化对其第二期限制性股票进行解锁，上海家化应根据《激励计划》的有关规定对王茁获授的限制性股票解锁，并按照《激励计划》中规定的解锁程序办理解锁事宜。

依据目前证据，上海家化第三期限制性股票数可以解锁时，王茁已不属于激励对象范围，要求解锁的条件不成立，故王茁要求对其已获授的第三期限制性股票数予以解锁的诉讼请求，不予支持。”

这个案件中，王茁的股票是否能够解锁的关键点，变成了解锁日王茁的身份到底是什么，在劳动案件中，法院认可了上海家化董事会解聘王茁总经理职务的权利，但是根据《公司法》规定，董事职务任免，是需要经过公司股东大会进行表决的，而王茁的董事身份是在2014年6月12日的股东大会上免除的。

问题在于，第二期157,500股限制性股票的解锁条件是在2014年3月实现的，当时的王茁，身份还是公司的董事，且上年度2013年的绩效考核成绩也满足当时股权激励计划所要求的条件，那么，如果不存在其他法定不能成为激励对象的限制性因素时，王茁的第二期157,500股限制性股票似乎没有不解锁的合法理由。

这就是为什么一审判决判决支持了第二期157,500股限制性股票解锁的理由，那么第三期限制性股票的解锁申请为什么没有被支持呢？

理由也是相同的，第三期157,500股限制性股票解锁日期为2015年6月7日，这个时间，王茁的身份已经不是公司高管和董事了，已经不满足当时股权激励计划中所要求的主体资格条件了。

2016年12月19日，上海第二中级人民法院维持了上面一审判决的结果。

就股权激励争议这件事情，我们能够从上述案例中得到什么启发呢？

至少有两个方面,值得我们去深入思考:

第一,上市公司股权激励,激励对象主要是公司董事、高管以及核心技术人员,这些人往往站在公司管理的中心,董事与公司之间不构成劳动法关系,公司高级管理人员与公司之间的关系又同时受到《公司法》和《劳动合同法》的双重规制,在发生纠纷时,需要准确去把握里面不同的法律关系,才能找到争议焦点,解决问题。

在劳动争议中,公司往往需要承担更多的举证责任,裁判者对劳动者一方的保护也更有倾向性,但是换到《公司法》或者民商事合同层面,公司往往会成为更加强势的一方,目前,我国法律法规对于公司董事、高管等在职务利益上面的保护还存在诸多空白的地方。

董事和高管,应当充分认识到,公司启动股权激励计划后,影响实现权益的因素,并不仅仅是绩效考核那么简单。为了更好地保障二级市场中投资人的利益,《管理办法》等相关股权激励规则设置了被激励对象的义务,却没有充分考虑到出现非因激励对象过错而失去被激励主体资格情形下的权利保护问题。无论是在行政监管层面还是在民事司法层面都是有所缺失的。因此,站在激励对象的角度,如果上市公司所给的薪酬加上股权激励的价值与激励对象的市场价值和贡献相匹配的话,那么激励对象就应该在签订《股权激励协议》等文件时,明确约定违约责任以及损失的赔偿范围,以此来避免其身份资格无法主动控制下的法律风险。

第二,股权激励,激励的是人,争议的导火索,归根结底都是人的因素。就拿上面的案例来说,我们所观察到的表面现象,是因为行政处罚引发的上市公司内部追责事件,但实际上并不是那么简单,就像法院判决书中讲到的,为什么其他同样被证监会认定有责任的人员,却没有受到像王茁一样的对待呢?为什么作为葛文耀亲信的王茁,解锁激励股票就遇到了如此巨大的阻碍呢?法院似乎在不经意间抓住了矛盾的焦点。设想如果公司实际控制人在此之前没有发生变化的话,案例中的纠纷还会以这样的方式呈现出来呢?

在阅读上面这个案例的判决书时,有一个细节值得再分享一下。在前述劳动争议案件里面,原董事长葛文耀作为王茁的证人,亲自出庭作了证,证明 1985 年 3 月至 2013 年 9 月,葛文耀在担任董事长期间,公司内控制度由董事长、审计部、总经理室及审计事务所共同负责。即使信息披露出现问题,也应由董事会和董事长负责,不应由总经理个人负责。

葛文耀当然不会认为证监会的处罚是因自己过错而起,这更像是一起“公司政治”事件,“罪名”是莫须有的,他坚持自己清白的观点从他被处罚之后的行政复议申请可以看出。但是在王茁与上海家化的劳动争议纠纷案件中，葛文耀出庭将责任都往自己身上揽，这个细节让人不禁动容，你可以看到葛文耀的担当和领导风格，也可以看到葛文耀与王茁之间的情谊，或许还能够感受到他们在资本面前的英雄迟暮。

矛盾纠纷的产生，大概率源于人们看待问题的视角不同，决定视角的往往又是人们所处的位置。很多股权激励纠纷，看上去是在事上纠缠，背后症结却是人与人之间的信任关系，这更像是一种存在但看不见的客观规律，强大到不以当事人的主观意志为转移。正如爱因斯坦所言，人们很难在问题产生的层面去解决问题。

第五篇

上市公司人力资源合规管理

企业的发展离不开“人、财、物”，“人”占据首要地位。合规、高效的发挥出企业员工的主观能动性，充分调动企业的人力资源，是每家企业都要考虑的问题。虽然上市公司在上市辅导过程中，已经就企业的各个模块做了合规化处理。但从公开的案例信息中可以发现，仍有大量的人力资源板块的法律纠纷争议，导致企业遭受重大的损失。上市公司的人力资源合规进程仍任重而道远。其中有企业历史沿革和发展环境的客观因素影响，也有企业文化、企业管理层法律意识单薄的主观原因导致。为此，本篇围绕上市企业人力资源的合规管理，着重对上市公司的规章制度、商业秘密保护、竞业限制和高管管理四个板块的法律风险进行分析，并给予管理建议。

上市公司的规章制度管理

人力资源的法律法规浩瀚繁杂，且具备地域差异性的特点。实践中，各种纠纷的处理结果也千差万别。为了能在法律法规的框架中合理应对各类纠纷，掌握企业用工管理的主动，制定贴合企业需求的规章制度成为企业管理者的不二选择。在《劳动法》和《劳动合同法》中均对企业制定规章制度有了明确的规定。《劳动法》第 4 条规定，用人单位应当依法建立和完善规章制度，保障劳动者享有劳动权利和履行劳动义务。《劳动合同法》第 4 条规定，用人单位应当依法建立和完善劳动规章制度，保障劳动者享有劳动权利、履行劳动义务。用人单位在制定、修改或者决定有关劳动报酬、工作时间、休息休假、劳动安全卫生、保险福利、职工培训、劳动纪律以及劳动定额管理等直接涉及劳动者切身利益的规章制度或者重大事项时，应当经职工代表大会或者全体职工讨论，提出方案和意见，与工会或者职工代表平等协商确定。在规章制度和重大事项决定实施过程中，工会或者职工认为不适当的，有权向用人单位提出，通过协商予以修改完善。用人单位应当将直接涉及劳动者切身利益的规章制度和重大事项决定公示，或者告知劳动者。

可见，《劳动合同法》在《劳动法》的基础上进一步明确了企业规章制度的内容范围和制度流程。二者都突出了企业制定规章制度的必要性。我们认为，企业的规章制度的作用相当于“小法律”，是企业在劳动法律法规的框架范围内自主设定的补充规定，能有效解决法律法规过于僵化、笼统的问题。根据《劳动合同法》第 4 条的规定，规章制度分为两类，以是否“涉及劳动者切身利益的规章制度”作为标准进行区分。本部分主要围绕“涉及劳动者切身利益的规章制度”进行分析，实践中这部分规章制度容易引起纠纷争议，合规性也更为重要。先看下规章制度的概念和构成要件。

一、规章制度的概念和构成要件

规章制度是用人单位根据国家法律法规,结合用人单位自身特点制定的,明确劳动条件、调整劳动关系、规范劳动关系当事人行为的各种规则、规定、规范、规程、标准、纪律等制度的总称。

根据劳动法律的规定,规章制度的制定必须经过一定的条件方能生效,这些条件系规章制度的法定构成要件。企业规章制度的构成要件分为程序性要件和实体性要件两部分。

(一)程序性要件

根据《劳动合同法》第4条的规定,企业制定"直接涉及劳动者切身利益的规章制度或者重大事项时"应经过"职工代表大会或者全体职工讨论,提出方案和意见,与工会或者职工代表平等协商确定"。在这里,程序性的要求包括:(1)规章制度的制定和修改,内容应经过职工代表大会或者全体职工讨论;(2)企业应与工会或者职工代表就规章制度的内容平等协商;(3)企业应征求工会或职工代表的反馈意见;(4)规章制度确定后应进行公示或告知劳动者。

第一点至第三点程序性要求被称为规章制度的民主程序。

关于程序上的瑕疵问题,我们来看个案例:

案例5-1

2003年2月14日,张某某至山东某某农业科技股份有限公司(以下简称某农业公司)工作,双方建立劳动关系。2016年5月8日,某农业公司以张某某因个人原因自愿解除劳动合同、劳动合同于2016年4月9日解除为由,向夏津县人力资源和社会保障局出具《解除、终止劳动合同证明书》,并进行了备案。后张某某向当地劳动人事争议仲裁委员会申请了劳动争议仲裁,主张公司违法解除的经济赔偿金,本案历经仲裁、法院一审和二审程序,直至中院二审审结。仲裁和法院庭审中某农业公司称张某某自2016年4月1日开始没有正常到公司上班,4月2日至4日3天没有考勤,存在旷工3天的事实。依据公司《内部管理制度》第3条的规定,"没有请假而缺勤的视为旷工,连续旷工3天者,视为自动辞职"。公司以张某某严重违反规章制度为由解除劳动合同系合法解除。

张某某认为公司解除劳动关系,明显违背了法律规定,属于是违法解除劳动合同。首先张某某不存在旷工3天的事实,其次公司的公司管理制度并不发生效力,不能作为解除劳动合同的依据。特别是公司没有提交证据证明其公司的管理制度是经过民主程序制定且经过公示,所以该管理制度不发生任何效力,更不能作为某农业公司解除与张某某劳动合同的法律依据。

二审法院审理后认为:本案中,某农业公司主张张某某3天没有考勤、没有把销售的种子货款上交公司,分别违反了某农业公司《内部管理制度》《市场部部门职责及管理制度》的规定,属于严重违反公司规章制度。但某农业公司辞退张某某所依据的《人事管理制度》《市场部部门职责及管理制度》的制定是否经职工代表大会或者全体职工讨论,并与工会或者职工代表平等协商确定,某农业公司是否将该规章制度进行公示或告知张某某,某农业公司均未提交有效证据予以证明履行了以上法定程序。某农业公司所举证据不能证明《内部管理制度》《市场部部门职责及管理制度》的制定经职工代表大会或者全体职工讨论,提出方案或意见,并与工会或者职工代表平等协商确定,亦不能证明将该规章制度进行公示或告知张某某。《最高人民法院关于审理劳动争议案件适用法律若干问题的解释》第13条规定:"因用人单位作出的开除、除名、辞退、解除劳动合同等决定而发生的劳动争议,用人单位负举证责任。"某农业公司的《内部管理制度》《市场部部门职责及管理制度》不能作为某农业公司解除张某某劳动合同的合法依据,某农业公司解除张某某劳动合同违法。某农业公司对于违法辞退张某某的行为,应依法承担法律责任。最终二审法院维持一审判决:

"一、山东某农业科技股份有限公司于判决生效之日起十日内支付张某某经济赔偿金95,958元。

二、山东某农业农业科技股份有限公司于本判决生效之日起十日内支付张某某工资2725.5元。"

从张某某与某农业公司的案例可以看出,没有经过合法程序的制度对劳动者是没有约束力的,企业在执行规章制度的规定时,应首先确保程序的合法。对于规章制度的制定程序,企业可能有常见的疑问如下:

第一,规章制度是否需要在人社部门进行备案。

目前各地均要求劳动合同需要至人社部门进行备案,但规章制度未有类似的规定。根据目前的法律规定来看,企业的规章制度只需要经过民主、公示流程,即可生效,无须人社部门备案。

第二,企业内部没有设立工会的情况下如何履行平等协商的民主程序义务。

企业在制定规章制度时需要征求工会或职工代表的反馈意见。如果企业没有设立工会的,可以通过职工代表的平等协商来履行民主程序义务。这里需要注意的是,对于员工数量较多的企业,建议选举员工代表,并通过召开职工代表大会的形式处理企业的劳资事宜。职工代表的人数、任期、比例、议事规则等事项,各地均有相应的规定。例如,江苏省的《江苏省民主管理条例》第9条规定了职工代表的人数要求、管理层比例要求、男女比例要求等。

第三,未经民主程序的规章制度是否均对员工无约束力。

一般而言,规章制度均应通过民主程序制定后方生效。但如果规章制度是在《劳动合同法》实施前制定的,则无须民主程序的要求。各地对此均有相应规定。例如,《北京市关于劳动争议案件法律适用问题研讨会会议纪要(一)》第37条规定,用人单位在《劳动合同法》实施前制定的规章制度,虽未经过《劳动合同法》第4条第2款规定的民主程序,但内容未违反法律、行政法规及政策规定,并已向劳动者公示或告知的,可以作为用人单位用工管理的依据。《江苏省高级人民法院、江苏省劳动人事争议仲裁委员会关于审理劳动争议案件的指导意见》和《深圳市中级人民法院关于审理劳动争议案件的裁判指引》中均有相同的规定。

此外,深圳作为经济特区,对《劳动合同法》实施后未经民主程序的规章制度是否有效作了不同的规定。《深圳市中级人民法院关于审理劳动争议案件的裁判指引》第72条规定,《劳动合同法》实施后,用人单位制定、修改直接涉及劳动者切身利益的规章制度或重大事项时,未经过《劳动合同法》第4条第2款规定的民主程序的,原则上不能作为用人单位用工管理的依据。但规章制度或重大事项的内容未违反法律、行政法规及政策规定,不存在明显不合理的情形,并已向劳动者公示或告知的,劳动者没有异议的,可以作为用人单位用工管理的依据。

第四,对于集团型企业而言,子公司未进行民主程序,是否可以直接执行母公司的规章制度。

母公司与子公司均具有独立法人地位,理论上,双方均应履行民主程序,公示并告知劳动者后方可生效。但一些地方也有特别的规定。例如,《江苏省高级人民法院、江苏省劳动人事争议仲裁委员会关于审理劳动争议案件的指导意见》第18条第3款规定,有独立法人资格的子公司执行母公司的规章制度,如子公司履行了《劳动合同法》第4条规定的民主程序,或母公司履行了《劳动合同法》第4条规定的民主程序且在子公司内向劳动者公示或告知的,母公司的规章制度可以作为处理子公司劳动争议的依据。

(二)实体性要件

规章制度的制定除了程序上的条件外,对制定主体和内容法律亦有要求。规章制度的实体性要件包括:

1. 制定主体系适格的用工主体

规章制度的制定主体应是法律上适格的用工主体,《劳动合同法》对用工主体的范围有相应的规定。《劳动合同法》第2条规定,中华人民共和国境内的企业、个体经济组织、民办非企业单位等组织(以下简称用人单位)与劳动者建立劳动关系,订立、履行、变更、解除或者终止劳动合同,适用本法。国家机关、事业单位、社会团体和与其建立劳动关系的劳动者,订立、履行、变更、解除或者终止劳动合同,依照本法执行。因此,中华人民共和国境内的企业、个体经济组织、民办非企业单位等组织是规章制度的制定主体。注意规章制度的制定主体不能是用人单位内设的部门或者下属的机构。即使用人单位的规章制度系由某一部门起草的,常见的如用人单位的人力资源部门,但最终的发布实施仍应由用人单位的名义进行。同时,规章制度约束的对象是劳动者。而劳动者亦有范围要求,系以与用人单位建立劳动关系的适格自然人。这是规章制度的主体要求。

2. 内容符合法律规定

规章制度的内容应合法,不能违反国家的法律、法规和规章的规定。否则,不仅违法的规章制度条款无效,而且还会导致劳动者索赔。《劳动合同法》第38条第4款规定,用人单位的规章制度违反法律、法规的规定,损害劳动者权益的,劳动者可以解除劳动合同。同时,《劳动合同法》第46条规定了前述情况下劳动者解除劳动合同的,用人单位应当向劳动者支付经济补偿。

3. 遵循合理性原则

规章制度的内容应合理。特别是在企业对劳动者处罚、调动工作岗位、薪酬发放的规定中需遵循合理的原则,否则可能导致管理行为违法的司法认定。

案例5-2

陈某某于2008年4月10日与中国中投证券有限责任公司(现更名为中国中金财富证券有限公司,以下简称中投证券公司)签订了劳动合同、建立劳动关系,在公司投行部工作。劳动合同期限至2011年4月30日。2010年4月14日,中投证券公司发布了中投证发〔2010〕73号文(以下简称73号文)作为陈某某所在项目团队的奖金发放依据。

2011 年陈某某所在的团队共完成亚玛顿、常林股份、华峰超纤、美晨科技四个股权融资项目,四个项目的净收入总额为 92,593,142.11 元(其中华峰超纤项目于 2011 年 2 月 22 日上市,中投证券公司就该项目所获得的净收入为 23,362,346.79 元;常林股份项目于 2011 年 6 月 2 日上市,中投证券公司就该项目所获得的净收入为 13,419,449.03 元;美晨科技项目于 2011 年 6 月 29 日上市,中投证券公司就该项目所获得的净收入为 18,893,931.41 元;亚玛顿项目于 2011 年 10 月 13 日上市,中投证券公司就该项目所获得的净收入为 36,917,414.88 元),依据公司 73 号文的规定,陈某某所在团队的应得业务提成为 3,290,834.48 元,陈某某个人的应得业务提成为 1,003,623.60 元。

后中投证券公司依据 73 号文的第 20 条的规定,“经公司总裁办公会审议同意后,公司将根据市场变化、公司经营情况和本业务的市场排名等实际情况调整奖励计提比例和金额”,单方调整了奖金计算方式并于 2012 年 6 月向陈某某支付了奖励计 399,920 元,2013 年 6 月发放了 49,990 元,2014 年 4 月支付了 49,990 元。陈某某认为公司单方调整提成行为侵害其权益,于 2012 年 6 月 7 日解除劳动关系并通过仲裁和诉讼要求中投证券公司支付拖欠的 2011 年度业务提成款、解除劳动合同的经济补偿金。

法院审理后认为,本案讼争涉及的规章制度 73 号文,已经过民主协商程序,且各方均认可 73 号文的效力,并以此作为支持己方主张的依据,故法院对 73 号文的合法性以予以认可。该文系合法有效的企业规章制度,对用人单位及劳动者均具有约束力。

虽然该规章制度合法,但要考虑制度制订和施行的合理性。73 号文中第 20 条赋予中投证券公司调整权,但项目奖励的调整因直接涉及具体劳动者的切身利益,应遵循公平合理原则并谨慎考虑调整权所带来的激励作用。中投证券公司不可依此肆意调整计提比例乃至计提公式,本案中中投证券公司的单方调整导致劳动者利益严重受损,不符合劳动者对项目奖金的合理预期。因此该案历经仲裁、一审、二审,法院最终判定中投公司单方调整项目提成奖金的行为违法,判决中投证券公司支付陈某某项目奖励 498,868.27 元。

虽然企业应当具备一定的自主管理权力,但我们认为企业的各类规章制度,包括上述案例中的薪酬制度在制定时,其制定的条款和施行过程仍应遵循“合理性”原则。因为这些制度往往涉及劳动者的切身利益,用人单位应在企业自主管理的权利职能和劳动者的权益保护之间找到一个动态平衡点。不能因为企业具备自主权利就肆意损害劳动者的权利和合理预期。制度的设立，其出发点是为企业管理服务的，同时也应兼顾调动劳动者积极性、给予劳动者安全感的保障。如果制定的制度弹性过大，让劳动者无法有合理的预期，那在企业的管理过程中势必导致争议产生，同时也会增加企业的员工流失，不利于团队的稳定及运作效率。

针对规章制度实体性要件，这里延伸讨论几个问题。

第一，规章制度内容与劳动合同内容不一致时如何处理。

规章制度内容与劳动合同、集体合同约定内容不一致的，优先适用合同约定的内容。根据2020年12月25日由最高人民法院审判委员会第1825次会议通过的《最高人民法院关于审理劳动争议案件适用法律问题的解释（一）》第50条第2款的规定，用人单位制定的内部规章制度与集体合同或者劳动合同约定的内容不一致，劳动者请求优先适用合同约定的，人民法院应予支持。

第二，规章制度中奖惩条款约定的用人单位经济处罚权是否有效。

我们认为，用人单位对劳动者进行经济处罚没有法律依据，此前用人单位对劳动者进行经济处罚的依据是国务院于1982年4月10日发布执行的《企业职工奖惩条例》第12条和第16条的规定（第12条规定：对职工的行政处分分为警告、记过、记大过、降级、撤职、留用察看、开除。在给予上述行政处分的同时，可以给予一次性罚款。第16条规定：对职工罚款的金额由企业决定，一般不要超过本人月标准工资的20%。）但该条例已于2008年1月15日废止。目前没有任何法律规定用人单位具有经济处罚的权利。但用人单位可以在规章制度中设定劳动者给用人单位造成经济损失的情况下，就损失进行赔偿的权利。

第三，规章制度中内容中能否约定劳动者非工作期间的行为。

很多用人单位的规章制度不仅仅约束劳动者正常履职期间的行为，对非工作期间的行为也进行了规定。一旦因劳动者非工作期间的行为违反公司规章制度而遭受公司处分的，往往会产生争议。司法实践中对这方面的争议如何判罚，并没有统一的规定。但参考《劳动合同法》第39条第4款的规定来看，如果劳动者在工作外的行为对履行工作职责存在影响的情况下，是可以进行约束甚至开除的。例如，天猫的原总裁蒋某，因为其个人工作之外的行为，导致被取消阿里合伙人的身份，同时被遭受了记过、降级、取消年度奖励的处罚。我们认为，由于其属于公司的高管，具有一定的公众影响力，加上本身事件较恶劣，一定程度上已经影响了天猫公司的声誉，给公司造成了损失。如果天猫公司对此制定了相应的制度规定，是有权予以处理的。如果劳动者在工作外发生的行为对公司并不存在任何的影响,公司的处罚行为将存在法律风险。

第四,规章制度条款部分内容不合法,是否导致整个规章制度都无效。

我们认为规章制度的部分规定不合法,并不能导致整个制度全部无效。其他规定如果与违法的规定相互独立、没有关联关系,在其不违反法律规定、内容合理的前提下,该部分制度仍然有效。劳动者应受合法部分的规章制度规定约束。但如果其他规定与不合法的条款存在一定的关联性,此时就要根据个案的具体情况进行内容合法性、有效性的具体分析,作出判断。

二、规章制度的制定细节

规章制度的内容除了合法性和合理性的要求外,有一些制定细节需要用人单位注意。

1. 对一些法律比较含糊或没有明确规定的内容进行细化规定,行使用人单位的管理主动权。例如,针对《劳动合同法》第 39 条第 1 款的规定,可以将录用条件进行细化;针对《劳动合同法》第 39 条第 2 款的规定,可以将严重违反用人单位的规章制度标准进行细化(“轻微违纪”“一般违纪”“严重违纪”);针对《劳动合同法》第 39 条第 3 款的规定,可以将“重大损害”的金额标准进行细化;针对《劳动合同法》第 40 条第 2 款的规定,可以将工作岗位职责和胜任标准进行细化;等等。

2. 处罚条款中对于相同的违纪行为不要规定多种处罚后果,且避免制定没有责任的禁止性行为。相同的违纪行为制订多种处罚后果,将导致劳动者违纪的处理,客观上难以达到公平公正,进一步导致管理混乱的情况发生。同样,规章制度如果仅规定了禁止性行为,未规定对应的处罚后果,劳动者发生违规行为时,缺少处罚的制度依据,亦将导致用人单位管理混乱。

3. 不能设置行政处分和行政处罚,可考虑通过薪酬制度中绩效考核的制订,约束劳动者的违纪行为。《企业职工奖惩条例》虽然在第 11 条规定了用人单位对劳动者的违纪行为有权予以行政处分或者经济处罚。但之前提到,该行政法规已于 2008 年 1 月 15 日被国务院废止(详见中华人民共和国国务院令第 516 号《国务院关于废止部分行政法规的决定》),用人单位并非行政机关,目前没有任何法律上的依据可以对劳动者进行行政处分和行政处罚。但如果对劳动者的违纪行为没有经济上的处罚,将很难进行管理。这里我们建议用人单位不妨采用其他制度约束劳动者的违纪行为,例如薪酬体系中的绩效考核制度就是一个不错的途径。

4. 适当制订原则条款、解释条款和兜底条款作为补充。用人单位制订规章制度的初衷肯定是事无巨细，希望条款详细、具体、周全，能涉及劳动者在工作履职过程中的方方面面。但就如法律法规也需要司法解释进行补充一样，用人单位的规章制度客观上是不可能将所有的劳动情形和事件情况全部纳入的。所以我们建议用人单位能适当的设定一些原则条款、解释条款和兜底条款，作为具体条款的补充。

5. 使用法律术语。规章制度条款的文字内容、词句格式应尽量和法律条文保持一致，能够相互映照，以免在适用时发生争议。例如，“试用期”不要和“实习期”混淆，“录用条件”不要和“岗位职责”混淆，“停工留薪期”不要和“医疗期”混淆，等等。

三、规章制度的履行要点

即使规章制度按照我们前面提到的要件，内容合法合理，走过民主程序以后，在实践的履行过程中仍然会产生大量的纠纷。我们根据履行的情况梳理下实际操作的一些要点。

1. 奖惩并用。企业的管理需要得到员工的支持，劳动者工作的自主积极性对企业的发展至关重要。我们认为除了在规章制度中设定处罚条款外，还应合理设定奖励条款，让员工在行为受到约束的同时，因嘉奖的预期而充分发挥自身的能动性，与企业一起创造财富、肯定自身价值。

2. 处罚或开除员工时应通过民主讨论，充分沟通后进行。对劳动者进行处罚，特别是开除处罚的，因为该处理结果影响员工的切身利益。应进行民主协商讨论，并告知工会，听取工会意见后方可进行。《劳动合同法》第 43 条规定，用人单位单方解除劳动合同，应当事先将理由通知工会。用人单位违反法律、行政法规规定或者劳动合同约定的，工会有权要求用人单位纠正。用人单位应当研究工会的意见，并将处理结果书面通知工会。

3. 根据地区分布，依法调整规章制度的适用性。上市公司很多都是集团型企业，分公司、子公司遍布各地。而依据目前国内的情况来看，各地的劳动法规存在很多不一致的部分，用人单位在制订和履行规章制度时，不能照搬集团总部的规章制度，应根据地区的不同做差异化处理。否则极有可能导致制度内容与当地的法律法规存在冲突。

4. “母子公司”“总分公司”“关联企业”应明确规章制度的履行主体，不能混淆。虽然前面提到依据《江苏省高级人民法院、江苏省劳动人事争议仲裁委员会关于审理劳动争议案件的指导意见》的规定，在江苏省范围内如果母公司履行了民主程序且在子公司内向劳动者公示或告知的，母公司的规章制度可以作为处理子公司劳动争议的依据。但各地劳动争议案件的法律法规差异较大，江苏省的规定仅仅是个例，不能作为全国范围的指导意见。母公司与子公司、总公司与分公司、关联公司之间均是独立的用工主体，我们建议根据主体的不同，规章制度均单独的进行内容制订和履行民主程序。

5. 对违纪行为的处理应遵守客观性和及时性。违纪行为的处罚，应在客观事件的基础上进行，同时用人单位在发现劳动者的违纪行为后，应第一时间处理。否则，无法达到及时约束劳动者行为的目的，会促使违纪劳动者再次发生违纪行为，同时也让其他劳动者认为用人单位存在怠于管理的情形。

6. 关联企业间流转的劳动者如何执行用人单位的规章制度。对于分公司、子公司众多的企业而言，经常会发生劳动者在各公司之间流转、调动的情况。此时劳动者如何适用用人单位的规章制度，适用的是哪一个用工主体的规章制度，常常会产生争议。我们建议企业在劳动者流转过程中除了明确劳动者与各用工主体具体的隶属关系外，还应当通过书面文件与劳动者确定其应遵守哪些规章制度，以降低法律风险和管理风险。

上市公司的商业秘密管理

近年来，随着经济的发展，国家重点产业的迭代转型，我国关于商业秘密侵权的纠纷逐年增多，赔偿金额也一次次的突破新高。无论是上市公司中电电机创始人王建裕的"翻墙拍摄事件"，还是嘉兴市中华化工有限责任公司与王龙集团有限公司的"史上赔偿额最高的侵害商业秘密案"（1.59亿元人民币）案例，每次商业秘密的纠纷、新闻报道都能在抓住公众眼球的同时，给公司管理者和法律从业者带来警示和压力。另外，从立法层面来看，关于商业秘密的相关法律法规，一直紧锣密鼓的推出，加之侵犯商业秘密的法律后果涉及民事、行政、刑事三重责任，较一般侵权纠纷更为复杂。因此，商业秘密的管理对企业，特别是上市公司的重要性不言而喻。为什么要在人力资源合规板块分析商业秘密保护这个课题呢？商业秘密的合规管理虽然分为对内和对外两方面，但在大量的商业秘密纠纷案件分析后可以得知，大部分的商业秘密纠纷均系公司内部人员不当行为导致。因此，我们认为企业商业秘密的管理，首先要进行的就是商业秘密保护体系的搭建。而这与企业的人力资源合规管理是密不可分的。

一、商业秘密的概念和构成要件

（一）商业秘密的概念

先来了解下商业秘密的概念，《中华人民共和国反不正当竞争法》第9条的规定：本法所称的商业秘密，是指不为公众所知悉、具有商业价值并经权利人采取相应保密措施的技术信息、经营信息等商业信息。

这里的技术信息和经营信息具体包含哪些类别？技术信息主要包括与技术有关的结构、原料、组分、配方、材料、样品、样式、植物新品种繁殖材料、工艺、方法或其步骤、算法、数据、计算机程序及其有关文档等信息；经营信息主要包括与经营活动有关的创意、管理、销售、财务、计划、样本、招投标材料、客户信息、数据等信息（《最高人民法院关于审理侵犯商业秘密民事案件适用法律若干问题的规定》)。以上系法律规定通过列举的形式对商业秘密的范围进行归纳,但我们认为这是部分列举,只要符合商业秘密的构成要件的技术信息和经营信息,均可以纳入商业秘密范畴。

(二)商业秘密的构成要件

从《反不正当竞争法》的规定还可以看出商业秘密具有三个构成要件或可以称之为商业秘密的特征:(1)不为公众所知悉,即秘密性;(2)具有商业价值,即价值性;(3)经权利人采取相应保密措施,即保密性。此外,商业秘密还具有其他的特征,如商业秘密的内容需合法,即合法性;商业秘密的信息内容需在纸质文本、电子存贮器或其他载体上显示,即载体性;商业秘密侵权的后果复杂性;等等。这些特征是处理商业秘密纠纷的重要因素,在解决商业秘密争议时不可避免要分析涉案商业秘密的构成和特征。因此,我们先对商业秘密的三个主要的构成要件进行解读。

1. 不为公众所知悉

《最高人民法院关于审理不正当竞争民事案件应用法律若干问题的解释》第9条对"不为公众所知悉"进行了解释:有关信息不为其所属领域的相关人员普遍知悉和容易获得,应当认定为《反不正当竞争法》第10条第3款规定的"不为公众所知悉"。注意,这里的"普遍知悉和容易获得"针对的是"所属领域的相关人员"。另外,解释还对不构成公众所知悉的几种典型情形做了列举。具有下列情形之一的,可以认定有关信息不构成不为公众所知悉:(1)该信息为其所属技术或者经济领域的人的一般常识或者行业惯例;(2)该信息仅涉及产品的尺寸、结构、材料、部件的简单组合等内容,进入市场后相关公众通过观察产品即可直接获得;(3)该信息已经在公开出版物或者其他媒体上公开披露;(4)该信息已通过公开的报告会、展览等方式公开;(5)该信息从其他公开渠道可以获得;(6)该信息无须付出一定的代价而容易获得。

换言之,只要符合上述六项除外情形之一的,即可认定该信息不属于商业秘密。我们来看个案例。

案例 5-3

2016年10月13日,广州市某纺织品有限公司(以下简称某纺织品公司)与深圳某家居装饰设计有限公司(以下简称某家居装饰公司)等15家投标人共同参加了由广州某招标代理有限公司(以下简称代理公司)组织的关于佛山市顺德区桂洲医院窗帘采购及安装项目(项目编号:GZSWSD16HG3085)招标。根据投标程序的要求,各投标人均将样板进行密闭封装。但在该招标过程中某家居装饰公司未经允许擅自解开密封包装查看某纺织品公司等多家公司投标窗帘样品。现场监控视频记录下了全过程。某纺织品公司认为某家居装饰公司作为竞争对手,未经某纺织品公司许可情况下查看、窃取某纺织品公司样品资料的行为构成商业秘密的侵权,给某纺织品公司造成巨大的经济损失。后某纺织品公司诉至法院并向法院提出诉讼请求:判令被告(某家居装饰公司)对侵犯原告(某纺织品公司)商业秘密行为承担侵权责任,赔偿原告1元人民币;判令被告承担本案诉讼费用。某纺织品公司明确本案中仅主张经营秘密,对技术秘密不作主张。

庭审中,某纺织品公司主张其商业秘密内容为凝结在投标的窗帘样板上的经营信息,包括窗帘面料、结构件材质及设计的信息,即在众多的价格、质量、性能、作用不同的面料、结构件、设计方案中选出多款组合方案,再进行优选比对选出满足招标需求的投标样板,在选择过程中如何兼顾高质量要求和平衡价格,如何在窗帘设计上确保窗帘与招标人医院的整体软硬装修搭配、又能达到医院窗帘功能的特殊要求等问题的解决方案。

某纺织品公司陈述,上述商业秘密内容的原始载体为某纺织品公司投标的窗帘样板,样板是某纺织品公司为投标专门制作,投标前没有对外公开、销售,不为公众所知悉,且已采取了保密措施,包括某纺织品公司投标时依规定密封交付招标组织方及限定知悉范围(仅某纺织品公司技术主管及经理王丽知悉样板情况),以及招标组织方工作人员专门看守某纺织品公司样板、制止某家居装饰公司等其他公司人员查看,同时样板具有巨大商业价值,其上的经营信息后续可直接或间接使用于其他项目。

某纺织品公司认为,某家居装饰公司在招标过程中、评标未完成时,不顾招标组织方的劝阻,对某纺织品公司投标样板进行窥探、拍照,是以不正当手段获取原告经营信息的行为,某家居装饰公司通过上述手段即知道某纺织品公司样板用料的品牌、参数等信息;而且,同行业的相关人员通过观察投标样板,可直接知悉面料、材质、零部件安装组合、外观样式等信息(隐蔽零部件除外),故某家居装饰公司完全可能剽窃某纺织品公司窗帘样板设计及结构、材质、面料选材用于其他窗帘项目。被告某家居装饰公司则认为某纺织品公司主张的经营信息在招标文件中已明确要求,其样式、材料在市场上可买到,均不属于商业秘密,且某家居装饰公司是在开标后搬走自己样板时看到已拆封的原告样板,没有采取不正当手段。

法院审理后认为:本案为侵害商业秘密纠纷,原告某纺织品公司在本案中明确仅主张经营信息，对技术信息不作主张，故原告请求保护的商业秘密即经营信息秘密是该公司参加“佛山市顺德区桂洲医院窗帘采购及安装项目”的投标样板上承载的窗帘面料、结构件材质的信息，原告主张的窗帘设计信息属于技术信息范畴，本案不作审查。

某纺织品公司主张的经营信息不符合商业秘密的秘密性要件。《最高人民法院关于审理不正当竞争民事案件应用法律若干问题的解释》第9条规定，有关信息不为其所属领域的相关人员普遍知悉和容易获得，应当认定为《反不正当竞争法》第10条第3款规定的“不为公众所知悉”。“具有下列情形之一的，可以认定有关信息不构成不为公众所知悉：……(二)该信息仅涉及产品的尺寸、结构、材料、部件的简单组合等内容，进入市场后相关公众通过观察产品即可直接获得；……”本案中，原告某纺织品公司主张被告某家居装饰公司通过窥探、拍照原告经营信息秘密的载体投标样板，即获悉了样板用料的品牌、参数等经营信息，同时承认同行业的相关人员通过观察原告投标样板可直接知悉样板面料、材质、零部件安装组合(隐蔽零部件除外)等信息，故可以推定某纺织品公司主张的投标样板上承载的窗帘面料、结构件材质的经营信息为其所属领域的相关人员容易获得、知悉，不符合“不为公众所知悉”的秘密性要件。综上所述，原告主张其经营信息构成商业秘密并要求保护的请求，缺乏事实和法律依据，本院不予支持。

依照《中华人民共和国反不正当竞争法》第10条第3款、《最高人民法院关于审理不正当竞争民事案件应用法律若干问题的解释》第14条以及《中华人民共和国民事诉讼法》第64条第1款、《最高人民法院关于适用〈中华人民共和国民事诉讼法〉的解释》第90条的规定，判决如下：

驳回原告广州市某纺织品纺织品有限公司的诉讼请求。

上述案例中涉及的商业秘密虽然具有商业价值，也采取了保密措施，但不符合商业秘密的第一个构成要件“不为公众所知悉”。原告某纺织品公司在庭审中自认同行业的相关人员通过观察原告投标样板可直接知悉样板面料、材质、零部件安装组合(隐蔽零部件除外)等信息，可以推定其主张的投标样板上承载的窗帘面料、结构件材质的经营信息为其所属领域的相关人员容易获得、知悉。该情形符合《最高人民法院关于审理不正当竞争民事案件应用法律若干问题的解释》第9条第2款“不构成不为公众所知悉”的规定范围，并最终导致该案件被判决败诉。因此作为维权方，在启动法律程序前一定要了解自己被侵犯的具体“秘密点”是什么，属于经营信息还是技术信息？该信息是否符合“不为公众所知悉”这一商业的构成要件？分析后再行启动法律维权程序。

2. 具有商业价值

权利人为什么要对商业秘密进行保护，无非商业秘密对权利人而言具有价值。没有价值的信息根本无须保护、也没有法律维权的基础。《最高人民法院关于审理侵犯商业秘密民事案件适用法律若干问题的规定》第 7 条规定，权利人请求保护的信息因不为公众所知悉而具有现实的或者潜在的商业价值的，人民法院经审查可以认定为《反不正当竞争法》第 9 条第 4 款所称的“具有商业价值”。所以具有潜在商业价值的信息也可以被认定为具有“商业价值”。另外，这里需要注意的是 1993 年《中华人民共和国反不正当竞争法》中第 10 条规定：本法所称的商业秘密，是指“不为公众所知悉、能为权利人带来经济利益、具有实用性并经权利人采取保密措施的技术信息和经营信息”。而 2017 年的《中华人民共和国反不正当竞争法》却调整为“具有商业价值”。为什么会将“能为权利人带来经济利益、具有实用性”调整为“具有商业价值”？我们认为该调整主要是考虑到很多的商业信息，例如创意、计划、研发过程中的实验数据等，虽然也是有价值的，但实践中是否具备“实用性”却存在争议。举个例子，正在研发过程中的实验数据，虽然对权利人而言是花了大量的时间和成本投入进行的，甚至可能已经有了阶段性的成果，其价值性不言而喻。但是在研发未全部完成的情况下，谁也无法判断该实验是否最终能获得成功，是否具备“实用性”。因此，修订后的“具有商业价值”更符合商业秘密的特征要求。

3. 经权利人采取相应保密措施

根据《最高人民法院关于审理侵犯商业秘密民事案件适用法律若干问题的规定》的规定，权利人为防止信息泄漏所采取的正常情况下足以防止商业秘密泄露的合理保护措施，应当认定为《反不正当竞争法》第 9 条第 4 款规定的“保密措施”。什么情况才可以认定符合“合理保护措施”？规定通过列举的形式进行了解答。即具有下列情形之一，在正常情况下足以防止商业秘密泄露的，应当认定权利人采取了合理保密措施：(1)签订保密协议或者在合同中约定保密义务的；(2)通过章程、培训、规章制度、书面告知等方式，对能够接触、获取商业秘密的员工、前员工、供应商、客户、来访者等提出保密要求的；(3)对涉密的厂房、车间等生产经营场所限制来访者或者进行区分管理的；(4)以标记、分类、隔离、加密、封存、限制能够接触或者获取的人员范围等方式，对商业秘密及其载体进行区分和管理的；(5)对能够接触、获取商业秘密的计算机设备、电子设备、网络设备、存储设备、软件等，采取禁止或者限制使用、访问、存储、复制等措施的;(6)要求离职员工登记、返还、清除、销毁其接触或者获取的商业秘密及其载体,继续承担保密义务的;(7)采取其他合理保密措施的。

如果前述情况均不符合的,还可以根据所涉信息载体的特性、权利人保密的意愿、保密措施的可识别程度、他人通过正当方式获得的难易程度等因素,具体分析判断权利人是否采取了合理的保密措施。

上述是商业秘密的三个最主要的构成要件,另外前面也提到过,商业秘密还具有其他的特征,如商业秘密的合法性,商业秘密的内容不能违反国家法律规定;商业秘密的载体性,商业秘密的信息内容需在纸质文本、电子存贮器或其他载体上显示;商业秘密侵权的后果复杂性等。这些特征也均会影响着商业秘密的判定。我们再来看一个案例。

案例 5-4

江苏中某硅业科技发展有限公司(以下简称江苏中某公司)成立于2006年3月7日,主要从事多晶硅光伏项目。2009年11月3日,江苏中某公司与GT公司(全称GTSolarIncorporated)签订《技术转让协议》,GT公司具有多晶硅行业的尖端工艺技术和相关知识产权,根据该协议,GT公司将相关的知识产权技术工艺授权非排他转让给江苏中某公司使用。唐某某于2007年7月2日入职江苏中某公司,并签订保密协议,其在江苏中某公司工作期间历任氯氢化分厂厂长、氯氢化装置总监、生产副总经理助理兼生产运营部经理等技术要职,全面负责江苏中某公司四氯化硅冷氢化工艺段的研发和应用,是掌握公司核心技术的高级人才,熟知江苏中某公司的核心技术与商务信息。2013年3月4日唐某某提出离职,并入职某特能源股份有限公司(以下简称某特能源)。某特能源公司成立于2008年2月20日,是主要从事有机硅化工的大型企业,系江苏中某公司的竞争对手。

江苏中某公司认为其离职员工唐某某至竞争对手某特能源公司处入职工作,利用其在职期间掌握的公司技术秘密,向某特能源公司提供属于江苏中某公司专有的包括但不限于四氯化硅冷氢化、高效节能还原炉、硅烷流化床法制备颗粒硅技术等商业秘密。该侵权行为给江苏中某公司带来了巨大财产损失。

因此,江苏中某公司认为唐某某、某特能源公司构成侵犯商业秘密,并向法院提出诉讼请求:(1)判令被告唐某某、某特能源公司立即停止侵犯原告江苏中某公司的商业秘密,停止不正当竞争;(2)判令被告唐某某、某特能源公司共同侵犯原告江苏中某公司四氯化硅冷氢化技术及其装置设备商业秘密，并连带赔偿江苏中某公司经济损失暂计60,000,000元人民币；(3)由被告唐某某、某特能源公司承担原告江苏中某公司的合理费用2,000,000元及本案与诉讼有关的全部费用。

法院审理后归纳争议焦点：(1)江苏中某公司是否为涉案技术（四氯化硅冷氢化技术及其装置设备）的权利人，是否具有本案诉权；(2)江苏中某公司所要求保护的四氯化硅冷氢化技术及其装置设备是否属于商业秘密；(3)唐某某、某特能源公司是否构成对江苏中某公司所要求保护的商业秘密的侵害，如构成侵害，相关的侵权责任应如何承担，即江苏中某公司要求唐某某、某特能源公司共同赔偿经济损失60,000,000元及合理费用2,000,000元的主张能否成立。其中最重要的显然是争议焦点二。

关于争议焦点二。法院认为，《中华人民共和国反不正当竞争法》第9条第3款规定："本法所称的商业秘密，是指不为公众所知悉、具有商业价值并经权利人采取相应保密措施的技术信息、经营信息等商业信息。"《最高人民法院关于审理不正当竞争民事案件应用法律若干问题的解释》第14条规定，当事人指称他人侵犯其商业秘密的，应当对其拥有的商业秘密符合法定条件、对方当事人的信息与其商业秘密相同或者实质相同以及对方当事人采取不正当手段的事实负举证责任。其中，商业秘密符合法定条件的证据，包括商业秘密的载体、具体内容、商业价值和对该项商业秘密所采取的具体保密措施等。关于商业秘密的载体以及具体内容的问题，江苏中某公司主张案涉商业秘密为四氯化硅冷氢化技术及其装置设备，根据江苏中某公司与GT公司所签订《技术转让协议》的约定，该技术来源于GT公司，GT公司按照合同约定，以其决定的电子或其他形式或媒介交付资料（包括工序设计包）给江苏中某公司，故江苏中某公司主张保护的商业秘密的载体及具体内容应是GT公司向其交付的相关资料（包括工序设计包）。但江苏中某公司向法院提交的是其委托天津市化工设计院进行工艺设计，形成的管道及仪表流程图纸20张，以及委托江苏中圣高科技产业公司对设备进行加工生产，形成的冷氢化单元设备装配图纸5张，上述25张图纸并非GT公司向江苏中某公司交付的相关资料（包括工序设计包），故针对江苏中某公司主张保护的商业秘密，江苏中某公司并未能依照法律规定对该商业秘密符合法定条件进行举证。因江苏中某公司未能就其所主张保护的商业秘密符合法定条件提交有效证据，法院无法对案涉技术是否不为公众知悉、是否具有商业价值以及江苏中某公司对该技术所采取的具体保密措施是否合理等进行审查和并作出判断，故在此情况下，对江苏中某公司所要求保护的四氯化硅冷氢化技术及其装置设备，法院不予认定属于江苏中某公司的商业秘密。

在此基础上法院最终驳回江苏中某公司的诉讼请求。

是什么导致该案件中江苏中某公司败诉的？我们认为作为维权方，权利的主张基础应分析清楚，权利人在证明其商业秘密遭受侵害前，首先要提供证据证明其掌握的技术信息、经营信息属于商业秘密。除了商业秘密的三个构成要件外，提供能证明商业秘密存在依据的载体也是必须的，是前提条件。法院审查时会通过对商业秘密的载体审查，进而审核商业秘密的来源、合法性、保密措施等问题。《最高人民法院关于审理不正当竞争民事案件应用法律若干问题的解释》第 14 条规定维权方应当对其拥有的商业秘密符合法定条件负举证责任。商业秘密是否符合法定条件的证据，包括商业秘密的载体、具体内容、商业价值和对该项商业秘密所采取的具体保密措施等。因此，如果无法提供商业秘密的载体，会导致权利人无法证明其拥有的商业秘密符合法定条件，进而导致其主张对方侵权的意见无法获得司法机构的支持。

二、上市公司信息披露规则对商业秘密保护的影响

上市公司的商业秘密保护较一般的公司而言，更为特殊。2020 年 3 月 1 日生效的新修订《中华人民共和国证券法》（以下简称《证券法》）第五章以整章的篇幅对上市公司信息披露进行了专章规定，系统完善了信息披露制度。并在该章中明确了信息披露的原则要求、信息披露义务人的范围、自愿披露行为、公开承诺的信息披露等内容。而且，与旧版《证券法》比较，新《证券法》大幅提高了信息披露的违法违规成本。同时伴随着《证券法》的修订，《上市公司信息披露管理办法》（以下简称《办法》）也同样进行了修订，并在 2021 年 5 月 1 日正式生效。《办法》中对信息披露的原则进行了完善，规定上市公司对需要披露的信息应当真实、准确、完整，简明清晰、通俗易懂，不得有虚假记载、误导性陈述或者重大遗漏。

从立法层面可看出监管层对上市公司信息披露的重视程度。

具体而言，《证券法》第 78 条、第 80 条和第 81 条规定了信息披露的要求和内容。

监管层出于保护广大投资人的目的，通过法律规定强制上市公司将足以影响投资人判断的事项进行披露。但这些信息和企业的商业秘密存在交叉问题，披露这些信息的同时，可能会将上市公司的一些商业秘密公开。比如，《证券法》第 80

条“股票交易价格产生较大影响的重大事件”中的“订立重要合同”,《证券法》第81条“公司债券的交易价格产生较大影响的重大事件”中“公司重大资产抵押、质押、出售、转让、报废”等。这些事件发生时必须将交易方的信息和交易内容完整而不能遗漏的披露公开,难免会导致企业的定价策略、交易方案等可能涉及商业秘密的信息公开。又如,《证券法》第80条“股票交易价格产生较大影响的重大事件”中“公司的经营方针和经营范围的重大变化”,亦直接将公司的经营信息公开披露。而这些信息都属于公司重要的经营信息。从这个角度来看,上市公司的信息披露制度和商业秘密保护制度是存在冲突的。

那哪些信息是可以不用公开的?

《股票发行与交易管理暂行条例》第60条规定:“发生可能对上市公司股票的市场价格产生较大影响、而投资人尚未得知的重大事件时,上市公司应当立即将有关该重大事件的报告提交证券交易场所和证监会,并向社会公布,说明事件的实质。但是,上市公司有充分理由认为向社会公布该重大事件会损害上市公司的利益,且不公布也不会导致股票市场价格重大变动的,经证券交易场所同意,可以不予公布。”根据该条例的规定,重大事件免于信息披露的三个条件:(1)向社会公众公布该重大事件会损害上市公司利益;(2)不公布也不会导致股票市场价格变动;(3)经证券交易场所同意。这三个条件与我们前面提到的商业秘密的构成要件完全不一致。因此,上市公司的商业秘密管理,首先要符合监管层的要求,遵守信息披露的相关规定,在这个前提下,再按照公司的具体情况进行合规管理。上市公司的商业秘密保护需要在上市公司的利益和广大投资者利益中进行平衡处理。

三、商业秘密的侵权构成和法律后果

(一)商业秘密的侵权构成

商业秘密的侵权行为,根据《反不正当竞争法》第9条的规定,主要分为以下四种情况:(1)以盗窃、贿赂、欺诈、胁迫、电子侵入或者其他不正当手段获取权利人的商业秘密;(2)披露、使用或者允许他人使用以前项手段获取的权利人的商业秘密;(3)违反保密义务或者违反权利人有关保守商业秘密的要求,披露、使用或者允许他人使用其所掌握的商业秘密;(4)教唆、引诱、帮助他人违反保密义务或者违反权利人有关保守商业秘密的要求,获取、披露、使用或者允许他人使用权利人的商业秘密。除了前面四种情况外,同时规定了两种视为侵犯商业秘密的情况:(1)经营者以外的其他自然人、法人和非法人组织实施前面四种违法行为的,视为侵犯商业秘密;(2)第三人明知或者应知商业秘密权利人的员工、前员工或者其他单位、个人实施《反不正当竞争法》第9条第1款所列违法行为,仍获取、披露、使用或者允许他人使用该商业秘密的,视为侵犯商业秘密。

在商业秘密的侵权纠纷中,对于举证责任的分配与一般侵权案件存有差异,根据《反不正当竞争法》的规定,在侵犯商业秘密的民事审判程序中,商业秘密权利人提供初步证据,证明其已经对所主张的商业秘密采取保密措施,且合理表明商业秘密被侵犯,涉嫌侵权人应当证明权利人所主张的商业秘密不属于本法规定的商业秘密。同时,针对该举证责任的分配《反不正当竞争法》又补充规定了,商业秘密权利人提供初步证据合理表明商业秘密被侵犯,且提供以下证据之一的,涉嫌侵权人应当证明其不存在侵犯商业秘密的行为:(1)有证据表明涉嫌侵权人有渠道或者机会获取商业秘密,且其使用的信息与该商业秘密实质上相同;(2)有证据表明商业秘密已经被涉嫌侵权人披露、使用或者有被披露、使用的风险;(3)有其他证据表明商业秘密被涉嫌侵权人侵犯。

也就是说,权利人采取保密措施并提供了商业秘密被侵犯的初步证据后,如果能提供上述证据之一的,涉嫌侵权人就需要提供证据反证"自身清白"。否则将承担侵权责任。举证责任的公式可简单理解为"接触+实质性相似-合法来源"。

对于商业秘密的权利人而言,需要理解和掌握上述的侵权行为范围和举证责任。遇到侵权纠纷时才能对法律途径处理的结果预估并进行相关证据的收集。我们来看最高人民法院2021年上半年判决的的"史上赔偿额最高的侵害商业秘密案"。

案例5-5

原告嘉兴市中某化工有限责任公司前身为嘉兴市中某化工总厂,注册资本5000万元。系全球主要的香兰素制造商;原告上海欣某公司成立于1999年11月5日,主要致力于化工领域的技术咨询和技术开发、研制服务。

2002年11月22日开始,嘉兴中某化工公司与上海欣某公司开始进行香兰素新工艺的研发合作。此后,双方常年紧密合作并陆续就香兰素的生产研发了工艺生产线、购买设备并进行投产。至侵权纠纷发生前,嘉兴市中某化工有限责任公司已占据全球香兰素市场约60%的份额,系全球最大的香兰素制造商。研发过程中嘉兴中某化工公司与上海欣某公司均对香兰素的生产工艺采取了保密措施。

被告王龙科技公司成立于2009年10月21日,其注册资本10,180万元,同样是以生产、销售香兰素作为主营业务。

被告傅某根原系嘉兴中某化工公司员工，自1991年进入嘉兴中某化工公司工作，2008年起担任香兰素车间副主任，主要负责香兰素生产设备维修维护工作。2010年4月15日傅某根向嘉兴中某化工公司提出离职，2010年5月傅某根与冯××、费××入职王龙科技公司的香兰素车间。此后被告以较低价格销售香兰素产品，对原告嘉兴市中某化工有限责任公司的市场带来巨大冲击，导致市场份额急剧下降。

2018年两原告向浙江省高级人民法院起诉，请求法院判令五被告停止侵害其商业秘密，赔偿原告经济损失及合理费用。后浙江省高级人民法院判决被告立即停止侵害涉案技术秘密的行为并持续到涉案技术秘密已为公众所知悉时止。被告王龙集团公司、王龙科技公司、傅某根连带赔偿嘉兴中某化工公司、上海欣某公司经济损失300万元、合理维权费用50万元，共计350万元。原告不服一审判决，向最高人民法院提起了上诉。

二审法院对于被告是否侵权的认定如下：

王龙集团公司等被诉侵权人是否实施了侵害涉案技术秘密的行为？

2017年《反不正当竞争法》第9条第1款规定："经营者不得实施下列侵犯商业秘密的行为：（一）以盗窃、贿赂、欺诈、胁迫或者其他不正当手段获取权利人的商业秘密；（二）披露、使用或者允许他人使用以前项手段获取的权利人的商业秘密；（三）违反约定或者违反权利人有关保守商业秘密的要求，披露、使用或者允许他人使用其所掌握的商业秘密。"该条第2款规定："第三人明知或者应知商业秘密权利人的员工、前员工或者其他单位、个人实施前款所列违法行为，仍获取、披露、使用或者允许他人使用该商业秘密的，视为侵犯商业秘密。"被诉侵权人在生产经营活动中直接使用商业秘密，对商业秘密进行修改或改进后使用，或者根据商业秘密调整、优化、改进有关生产经营活动的，一般应当认定为使用商业秘密。

1. 被诉侵权技术信息与涉案技术秘密相同

嘉兴中某化工公司与上海欣某公司主张的技术秘密包括六个秘密点，涉及58个非标设备的设备图287张和工艺管道及仪表流程图25张。被诉侵权技术信息载体为王龙集团公司等被诉侵权人获取的200张设备图和14张工艺流程图，经比对其中有184张设备图与涉案技术秘密中设备图的结构型式、大小尺寸、设计参数、制造要求均相同，设备名称和编号、图纸编号、制图单位等也相同，共涉及40个非标设备；有14张工艺流程图与嘉兴中某化工公司的工艺管道及仪表流程图的设备位置和连接关系、物料和介质连接关系、控制内容和参数等均相同，其中部分图纸标注的图纸名称、项目名称、设计单位也相同。同时，王龙科技公司提供给杭特公司的脱甲苯冷凝器设备图、王龙科技公司环境影响报告书附15氧化单元氧化工艺流程图虽然未包含在冯××提交的图纸之内，但均属于涉案技术秘密的范围。鉴于王龙科技公司已在设备加工和环评申报中加以使用，可以确定王龙科技公司获取了该两份图纸。因此，原审法院认定王龙集团公司等被诉侵权人非法获取的技术秘密包括185张设备图和15张工艺流程图（详见本判决附件1）并无不当，本院予以确认。

2. 涉案技术秘密的侵权使用情况

经原审法院比对，各方当事人确认王龙科技公司提供给杭特公司的设备图中有37张与涉案技术秘密的设备图相同，且包含在王龙集团公司等被诉侵权人非法获取的图纸范围内，共涉及8个非标设备。关于2015年环境影响报告书中的工艺流程图，其中附15氧化单元氧化工艺、附16氧化单元亚铜回收工序、附17脱羧单元工艺流程图分别与嘉兴中某化工公司的氧化工段、亚铜氧化工段、脱羧工段工艺管道及仪表流程图相同；附20香兰素结晶和乙醇回收单元工艺流程图与嘉兴中某化工公司的二结及甲醇回收工段流程图相比，仅缺少计量槽和过滤机，两者构成实质性相似；附18香兰素萃取流程图与嘉兴中某化工公司的香兰素萃取工段流程图相比，将原有3个萃取塔增加为4个，由于该两个工段均为多个设备组成的复杂工艺流程，在其他技术信息相同的情况下，减少个别辅助设备或仅增加一个萃取塔对整个工序的工艺流程不足以产生实质性影响，该两个工段工艺流程图与嘉兴中某化工公司的工艺管道及仪表流程图构成实质性相似；附13碱化与缩合酸化单元流程图与嘉兴中某化工公司的缩合工段工艺管道及仪表流程图相比，缺少多个缩合塔串联的技术信息；附14木酚萃取单元流程图与嘉兴中某化工公司的木酚萃取工段工艺管道及仪表流程图相比，缺少甲苯回收工艺流程信息；附19分馏单元流程图与嘉兴中某化工公司的头蒸工段工艺管道及仪表流程图相比，将原有3组蒸馏装置增加为5组；附21辅助工段流程图与嘉兴中某化工公司的硫酸配置工段工艺管道及仪表流程图具有一定差异。

本案中，涉案技术秘密的载体为287张设备图和25张工艺管道及仪表流程图，王龙集团公司等被诉侵权人非法获取了其中的185张设备图和15张工艺流程图。考虑到王龙集团公司等被诉侵权人获取涉案技术秘密图纸后完全可以做一些针对性的修改，故上述附13、附14、附19、附21与涉案技术秘密中的对应技术信息虽然存在些许差异,但根据本案具体侵权情况,完全可以认定这些差异是因王龙集团公司等被诉侵权人在获取涉案技术秘密后进行规避性或者适应性修改所导致,故可以认定上述附13、附14、附19、附21依然使用了涉案技术秘密。

原审法院在考虑本案具体情形后,认定王龙集团公司等被诉侵权人使用的技术秘密包括17个设备的设计图和5张工艺流程图,本院经审查对上述认定予以认可。在此基础上,本院进一步认定王龙集团公司等被诉侵权人实际使用了其已经获取的全部185张设备图和15张工艺流程图。具体理由是:

第一,香兰素生产设备和工艺流程通常具有配套性,其生产工艺及相关装置相对明确固定,王龙集团公司等被诉侵权人已经实际建成香兰素项目生产线并进行规模化生产,故其必然具备制造香兰素产品的完整工艺流程和相应装置设备。

第二,王龙集团公司等被诉侵权人拒不提供有效证据证明其对香兰素产品的完整工艺流程和相应装置设备进行了研发和试验,且其在极短时间内上马香兰素项目生产线并实际投产。王龙集团公司自傅某根2010年5月到岗后即启动香兰素项目,随后又从嘉兴中某化工公司招聘了多名与香兰素生产技术有关的员工,到2011年3月浙江省宁波市环境保护局批准其香兰素年产量为5000吨,再到2011年6月王龙科技公司开始生产香兰素,王龙科技公司的香兰素生产线从启动到量产仅用了1年左右。与之相比,嘉兴中某化工公司自2002年11月与上海欣某公司签订《技术开发合同》等合同,到2007年2月经浙江省嘉兴市南湖区经济贸易局批复同意扩建年产10000t/a合成香料(乙醛酸法)新技术技改项目,涉案技术秘密从研发到建成生产线至少用了长达4年多。

第三,王龙集团公司等被诉侵权人未提交有效证据证明其对被诉技术方案及相关设备进行过小试和中试,且其又非法获取了涉案技术图纸,同时王龙科技公司的环境影响报告书及其在向杭特公司购买设备的过程中均已使用了其非法获取的设备图和工艺流程图。综合考虑技术秘密案件的特点及本案实际情况,同时结合王龙集团公司等被诉侵权人未提交有效相反证据的情况,可以认定王龙集团公司等被诉侵权人使用了其非法获取的全部技术秘密。

第四,虽然王龙集团公司、王龙科技公司的香兰素生产工艺流程和相应装置设备与涉案技术秘密在个别地方略有不同,但其未提交证据证明这种不同是基于其自身的技术研发或通过其他正当途径获得的技术成果所致。同时现有证据表明,王龙集团公司等被诉侵权人是在获取了涉案技术秘密后才开始组建工厂生产香兰素产品,即其完全可能在获得涉案技术秘密后对照该技术秘密对某些生产工艺或个别配件装置做规避性或者适应性修改。这种修改本身也是实际使用涉案技术秘密的方式之一。

综上,在原审法院认定王龙集团公司等被诉侵权人使用的涉案技术秘密包括17个设备的设计图和5张工艺流程图的基础上,本院根据现有证据进一步认定,王龙集团公司等被诉侵权人从嘉兴中某化工公司处非法获取的涉案技术秘密,即185张设备图和15张工艺流程图均已被实际使用。

从上述最高人民法院对被告侵权行为的认定说理中可以看出,原告证明了被告存在"接触"(离职员工入职被告处工作)、秘密点"实质性相似"的情况下,被告未能提供证据证明其获得涉案的技术成果系通过合法途径(例如自身研发或第三方途径获得)获得的。该情况下法院应判定被告存在侵权行为。

此外,关于本案最终支持的赔偿数额为人民币1.59亿元(经济损失155,829,455.20元,合理维权费用3,492,216元,共计159,321,671.20元),远高于一审的350万元(经济损失300万元,维权费用50万元)。一审法院依据2017年《反不正当竞争法》第17条规定给予被告损失难以确定情况下的顶格赔偿300万元(因不正当竞争行为受到损害的经营者的赔偿数额,按照其因被侵权所受到的实际损失确定;实际损失难以计算的,按照侵权人因侵权所获得的利益确定。赔偿数额还应当包括经营者为制止侵权行为所支付的合理开支。经营者违反本法第6条、第9条规定,权利人因被侵权所受到的实际损失、侵权人因侵权所获得的利益难以确定的,由人民法院根据侵权行为的情节判决给予权利人300万元以下的赔偿),但显然300万元无法弥补原告的损失。

最高人民法院认为,根据《最高人民法院关于审理不正当竞争案件应用法律若干问题的解释》第17条、《专利法》第65条,商业秘密侵权损害赔偿金额可以参照《最高人民法院关于审理专利纠纷案件适用法律问题的若干规定》第20条第2款规定的方式计算。即"侵权人因侵权所获得利益可以根据该侵权产品在市场上销售的总数乘以每件侵权产品的合理利润所得之积计算;侵权人因侵权所获得的利益一般按照侵权人的营业利润计算,对于完全以侵权为业的侵权人,可以按照销售利润计算"。并且最高人民法院认为,上述"侵权行为的情节",一般可以考虑商业秘密的性质、商业价值、研发成本、创新程度、所带来的竞争优势以及侵权人的主观过错、侵权行为的性质、具体行为、后果等因素。由于销售利润高于营业利润,但远低于价格侵蚀损失,最高人民法院最终结合本案实际情况,选择了较为折中的计算方法,以侵权人在2011年至2017年,实际每年销售的香兰素至少2000吨作为销售数量,乘以权利人销售香兰素产品的价格和利润率,得出销售利润数额作为损害赔偿数额。

该案是迄今为止我国法院判决赔偿额最高的侵害商业秘密案件,而且一、二审的判决赔偿金额差距极大,体现了司法机关严厉打击恶意侵害商业秘密行为的坚决态度。

对于权利人来说,要善于运用"接触+实质性相似-合法来源"的推定原则,在纠纷发生时,灵活运用相应的举证规则,达到维护自身权益的目的。另外,对于涉嫌侵权的企业来说,也要运用合法手段维护自身的权益。例如,在日常的研发过程中留存研发记录,从第三方购买、委托开发的技术留存相应的凭证等。在涉及商业秘密侵权纠纷,可以通过商业秘密信息"合法来源"的角度进行抗辩。

(二)商业秘密侵权的法律后果

商业秘密侵权与一般的法律纠纷不同,存在多种责任后果竞合的情况。包括民事法律责任、行政法律责任和刑事法律责任。

1. 民事法律责任。《反不正当竞争法》规定,如受到商业秘密的侵犯,权利人有权主张赔偿损失,损失按权利人因被侵权所受到的实际损失确定;实际损失难以计算的,按照侵权人因侵权所获得的利益确定。经营者恶意实施侵犯商业秘密行为,情节严重的,可以在按照上述方法确定数额的1倍以上5倍以下确定赔偿数额。赔偿数额还应当包括经营者为制止侵权行为所支付的合理开支。该规定明确了受到商业秘密侵犯的权利人有权提出损失赔偿,同时规定了实施商业秘密侵权行为者承担损失赔偿的标准。但如果权利人因被侵权所受到的实际损失、侵权人因侵权所获得的利益难以确定的情况下怎么确定赔偿的金额?此时由人民法院根据侵权行为的具体情节在500万元的范围内酌定赔偿金额。该500万元的上限标准系2019年《反不正当竞争法》修订调整的,调整前的上限标准是300万元。从这个细节也可以看出目前我国对于知识产权保护的政策导向,为了营造良好的知识产权和从商环境,不断加大法律惩戒力、提高侵权人的违法成本。

2. 行政法律责任。除了民事法律责任外,对于商业秘密的侵权行为,侵权人还将受到行政处罚。《反不正当竞争法》规定,经营者以及其他自然人、法人和非法人组织违反本法规定侵犯商业秘密的,由监督检查部门责令停止违法行为,没收违法所得,处10万元以上100万元以下的罚款;情节严重的,处50万元以上500万元以下的罚款。

3. 刑事法律责任。《刑法》第 219 条规定了侵犯商业秘密的行为种类和刑事法律责任:有下列侵犯商业秘密行为之一,情节严重的,处 3 年以下有期徒刑,并处或者单处罚金;情节特别严重的,处 3 年以上 10 年以下有期徒刑,并处罚金:(1)以盗窃、贿赂、欺诈、胁迫、电子侵入或者其他不正当手段获取权利人的商业秘密的;(2)披露、使用或者允许他人使用以前项手段获取的权利人的商业秘密的;(3)违反保密义务或者违反权利人有关保守商业秘密的要求,披露、使用或者允许他人使用其所掌握的商业秘密的。明知前款所列行为,获取、披露、使用或者允许他人使用该商业秘密的,以侵犯商业秘密论。本条所称权利人,是指商业秘密的所有人和经商业秘密所有人许可的商业秘密使用人。侵犯商业秘密的刑事法律责任和犯罪构成等内容由本书第六篇详细阐述,这里不再展开。

(三)商业秘密侵权的维权途径

基于侵犯商业秘密的行为存在多种法律责任,而不同的法律责任对于侵权人的法律威慑力也不同。因此,权利人在受到商业秘密侵权时,可考虑从多个途径进行维权。

1. 私下协商。权利人和侵权人私下协商,通过协商和解的形式由侵权人补偿权利人的损失,但是实践中该种途径的法律威慑力较低,适用于损害后果不大的侵权行为。当然,私下协商解决有利于控制纠纷的影响范围,而且也没有司法途径那么漫长的程序。优点是简单、易操作,处理的时间较短。

2. 劳动争议仲裁。大量的商业秘密侵权纠纷是由企业内部员工导致的,这些员工如果之前已经和公司签订过保密协议,用人单位可以根据保密协议的约定向员工提起劳动争议仲裁,主张损失的赔偿。

3. 民事诉讼。权利人发现本公司员工或第三人存在侵犯商业秘密行为的,可以直接向人民法院提起侵权诉讼。前面三种方式均属于民事途径进行救济。

4. 行政举报。权利人可以直接就侵权人的商业秘密侵权行为向市场监督管理部门举报,市场监督管理部门在调查后如发现确属侵权行为的,可依据《反不正当竞争法》的规定对侵权人处以停止违法行为、没收违法所得、罚款等行政处罚。行政举报的优势是行政部门调查举证的能力较强,根据《市场监督管理行政处罚程序暂行规定》市场监督管理部门可以对与涉嫌违法行为有关的证据采取保存措施。第一时间查封、扣押侵权人违法的证据资料。而且“行政处罚”加“民事赔偿”的后果也增加了侵权人的违法成本。

5. 刑事控告。如果权利人掌握的证据材料已达到侵犯商业秘密罪的刑事立案标准了，权利人可以通过向公安机关报案处理，刑事责任的法律威慑力不言而喻。但是刑事立案标准比较严格，对于需要收集的证据要求也更高。

四、如何搭建商业秘密保护体系

在了解了商业秘密的构成、侵权和法律责任后，作为上市企业，如何管理公司的商业秘密？这是一个核心问题。我们认为搭建企业的商业秘密保护体系需要分六步走。

（一）设定专门的商业秘密管理部门和负责人

企业任何一项目标的设定往往都需要专门的团队去完成，商业秘密保护体系的搭建也需要设定专门的商业秘密管理部门，同时要选任相应的责任人，通过核心责任人的设定进行整个项目的推进。商业秘密管理部门的职责主要包括确定本公司和合作方的商业秘密范围，进行商业秘密分级管理，制订、执行公司的商业秘密制度，确定公司的涉密人员并进行管理、划分公司的涉密区域、处理商业秘密纠纷等。

（二）明确本公司商业秘密的范围并进行分级处理

在搭建商业秘密保护体系时，应先对企业内、外的技术信息、经营信息进行收集、了解和分析，明确公司的商业秘密范围。这里需要注意，对于技术信息而言，是可以通过专利的方式进行保护的，商业秘密保护不是唯一的方式。企业了解自身商业信息后对公司的不同商业信息进行分类处理，并判断是采用商业秘密的方式进行保护、采用申请专利的方式进行保护，还是直接对外公开。公司的商业秘密信息范围确定后，还要根据商业秘密的重要程度进行分级。我们建议企业可以参照《中华人民共和国保守国家秘密法》的规定，将企业的内部秘密进行三级化管理，根据秘密的价值程度和重要性分别列为“绝密、机密、秘密”三级。最核心的秘密属于“绝密”级别，次要的属于“机密”级别，一般的公司商业秘密属于“秘密”级别。

（三）搭建各部门与商业秘密管理部门的协调机制

商业秘密的保护，涉及整个企业的各个方面，因此除了商业秘密保护部门牵头外，同时也需要企业各个部门的衔接、配合。企业在制定商业秘密保护体系的时候，应搭建各个部门与商业秘密管理部门的协调机制，确定各部门的职责、分工和部门商业秘密的范围，将整个企业形成一个联动、高效的商业秘密保护体系。

（四）人员管理、场所管理、技术管理

商业秘密保护需要对企业的人员、场所进行管理，并采取一些列必要的技术

措施。

人员管理。人员管理分为对内和对外两部分。内部人员主要是企业的内部员工。企业内部员工首先应进行商业秘密的培训,提高商业秘密的保护意识。其次应建立人员的奖惩机制,对涉密人员可以给予一定的鼓励,比如给予优厚的工资、奖金待遇,签订长期的劳动合同、股权激励等。相应的,对于泄密员工的违规行为可通过企业规章制度、保密协议等文件作出相应的处罚机制,约束员工的行为。外部人员包括合作方、顾问、专家等,这些人员因为日常经营过程中可能会接触到企业的商业秘密信息,因此也需要将其纳入商业秘密保护体系中进行管理。外部人员可通过公司的来访管理制度、措施、合作的保密协议等进行约束、管理。

场所管理。企业应根据自身办公、生产区域的具体情形,划分涉密区域和非涉密区域。对于涉密区域应在显著位置张贴涉密标识,禁止拍摄、录音、录像等。重点区域应进行封闭式管理,非一定权限人员禁止入内。涉密文件资料的存储物理空间和存储场所也应采取一定的安全保障措施。

技术管理。根据企业各部门、各岗位的职权责任对文件、资料的查看和管理设定权限并采取一定的技术措施。例如,在电子文件中设定权限密码、对涉密资料载体的安全防护、重点区域布置监控设备和安检设备、区域网络安全设置等。

(五)拟定配套的商业秘密文本体系

商业秘密保护体系的搭建需要系列的法律文本予以支撑,其中最主要的文本包括保密制度、保密协议、竞业限制协议等。

1. 保密制度。前文已经提到过对于企业的规章制度而言,要符合程序要件和实体要件,保密制度自然也不例外。因此制定保密制度时需要注意其是否具备生效要件,具体的生效条件详见本篇第一节,我们不再赘述。就制度的内容而言,一般主要包括:(1)公司商业秘密管理部门的权利和责任;(2)商业秘密管理部门与其他部门的对接程序;(3)商业秘密的范围清单;(4)商业秘密的分级;(5)各项商业秘密的保密期限;(6)公司人员岗位调动、离职的涉密资料交接流程和脱密方式;(7)商业秘密的奖惩规定;(8)公司商业秘密的人员管理、场所管理、技术管理等。

2. 保密协议。保密协议分两种:第一种是公司与涉密员工签订的。主要内容包括:(1)协议签订人员涉及的秘密范围条款;(2)知识产权归属约定;(3)员工保密义务的约定;(4)补偿条款;(5)保密义务的期限;(6)离职后保密信息载体的交接程序;(7)违约责任条款;(8)诉讼管辖条款。第二种是公司和合作方签订的。主要内容包括:(1)合作方式;(2)双方的保密信息范围;(3)知识产权归属约定;(4)双方的权利义务;(5)保密期限;(6)合作终止时的资料交接程序;(7)违约责任;(8)诉讼管辖。两种保密协议的内容部分类似。但对于与员工签订的保密协议,要注意员工的保密义务是法定的,不以支付保密费用为前提。即使没有支付保密费,员工也是负有保密义务的。当然实践中很多公司还是会向员工支付保密费用。我们认为主要是以下三方面的考虑:(1)提高员工保密的积极性和自觉性;(2)如果发生员工违反保密协议情形,员工的违约行为更易被法院确认;(3)因为《劳动合同法》规定除了专项培训和竞业限制外,用人单位不能与劳动者设置违约金条款。员工违反保密义务用人单位仅可以主张损失赔偿,而保密费用可以作为企业损失的一部分进行索赔,变相成为"违约金"。

3. 竞业限制协议。《劳动合同法》第23条、第24条规定了用人单位可以与员工签订竞业限制协议。签订竞业限制协议的员工在解除或者终止劳动合同后,不得入职与用人单位生产或者经营同类产品、从事同类业务的有竞争关系的企业,且不得自己开业生产或者经营同类产品、从事同类业务。竞业限制与保密不一样。竞业限制并非员工的法定义务,竞业限制的效力来源于合同的约定,无约定则无此义务。用人单位可以通过竞业限制协议的签署,限制员工离职后的就业范围,以此达到保守公司商业秘密的目的。实践中考虑到商业秘密侵权行为的取证难度较大,用人单位往往在签署保密协议的同时会与负有保密义务的员工签署竞业限制协议,加强管控力度。

(六)商业秘密纠纷应对机制

为了降低商业秘密的侵权损害风险,我们建议企业有必要事先制定一套纠纷应对的机制。发生纠纷时,可考虑按以下步骤处理:(1)由商业秘密管理部门协同外聘专家(例如律师)组成商业秘密纠纷处理小组;(2)收集资料、调查侵权事实;(3)收集损失证据;(4)根据侵权证据材料的充分程度综合评估风险;(5)选择司法维权途径;(6)启动维权程序。

上市公司的竞业限制管理

在前述商业秘密保护中，我们提到竞业限制是商业秘密保护的配套措施，竞业限制作为企业人才管理的重要措施，与商业秘密保护体系相互衔接，不可分割。目前，由于人才争夺的激烈化，企业对于人才的管控的手段层出不穷，为了防止人才流失，竞业限制、股权激励等制度的设置基本成了上市企业的标配。相应地，竞业限制的案件数量和索赔金额也是水涨船高。无论是腾讯1940万元的竞业限制索赔案，还是科大讯飞1200万元的竞业限制索赔案，这些纠纷的赔偿金额都会给企业和员工带来巨大的冲击。随着竞业限制纠纷案件数量的增长，对于上市企业而言，企业的核心人员是否要采取竞业限制措施，如何采取竞业限制措施，成了一个必须要解决的问题。

一、竞业限制概述

竞业限制，是用人单位为了保护自身商业秘密及与知识产权相关的保密事项而与劳动者在就业权利方面设定一定限制的约定。

《劳动合同法》第23条规定，用人单位与劳动者可以在劳动合同中约定保守用人单位的商业秘密和与知识产权相关的保密事项。对负有保密义务的劳动者，用人单位可以在劳动合同或者保密协议中与劳动者约定竞业限制条款，并约定在解除或者终止劳动合同后，在竞业限制期限内按月给予劳动者经济补偿。劳动者违反竞业限制约定的，应当按照约定向用人单位支付违约金。《劳动合同法》第24条规定，竞业限制的人员限于用人单位的高级管理人员、高级技术人员和其他负有保密义务的人员。竞业限制的范围、地域、期限由用人单位与劳动者约定，竞业限制的约定不得违反法律、法规的规定。在解除或者终止劳动合同后，前款规定的人员到与本单位生产或者经营同类产品、从事同类业务的有竞争关系的其他用人单位，或者自己开业生产或者经营同类产品、从事同类业务的竞业限制期限,不得超过 2 年。

根据上述法律规定可以看出,竞业限制的义务人员主要就是负有保守公司商业秘密的劳动者,竞业限制与商业秘密保护显然具有一定的联系。首先,二者的义务群体基本一致,即负有保密义务的劳动者。其次,竞业限制是商业秘密保护体系的重要环节,与商业秘密侵权纠纷比较,竞业限制的举证难度更低,权利人进行维权更为便利。从时间维度来看,商业秘密保护的措施一般是在劳动者的劳动合同履行期间,但竞业限制措施是在员工离职后进行,是员工在职期间商业秘密保护措施的延续。当然,两者的根本目标也是一致的,都是为了防止企业的商业秘密泄露。最后,商业秘密保护和竞业限制在某些争议中可能存在竞合的情况,即义务人同时违反了竞业限制协议和保密协议的约定。此时,权利人如何选择救济方式值得考量。

二、竞业限制和商业秘密保护的区别

竞业限制和商业秘密保护除了联系以外还有一定的区别。二者的区别如下:

第一,权利基础不同。保密义务系员工的法定义务,而《劳动合同法》中的竞业限制以用人单位和劳动者签订竞业限制协议或条款作为前提,属于约定义务。当然,在其他法律中也有竞业限制的规定,如《公司法》《合伙企业法》《个人独资企业法》《刑法》等,这些内容在后面具体分析。

第二,期限不同。保密义务没有期限限制,可自由约定。竞业限制义务期限法律规定不得超过解除或终止劳动合同后 2 年。

第三,是否要支付经济补偿的不同。保密义务属于法定义务,无须向义务人支付任何经济补偿。虽然实践中很多用人单位会向员工支付保密费,但这不是保密义务的必要条件。即使不支付保密费用,涉密员工也需要履行保密义务。而签署竞业限制协议的用人单位在员工离职后必须按月给予劳动者经济补偿,直至竞业限制期满。

第四,权利放弃的后果不同。2021 年 1 月 1 日起施行的《最高人民法院关于审理劳动争议案件适用法律问题的解释(一)》第 39 条规定,在竞业限制期限内,用人单位请求解除竞业限制协议的,人民法院应予支持。在解除竞业限制协议时,劳动者请求用人单位额外支付劳动者 3 个月的竞业限制经济补偿的,人民法院应予支持。竞业限制的权利,用人单位可以通过单方通知予以放弃,但要支付劳动者 3 个月的竞业限制补偿金。而保密义务不存在该情况。

第五，是否可以约定违约金的不同。《劳动合同法》第25条规定，除违反专项培训的服务期约定和竞业限制约定外，用人单位不得与劳动者约定由劳动者承担违约金。因此，竞业限制协议可以约定违约金，而用人单位与劳动者签订的保密协议不能约定违约金，只能约定由劳动者赔偿损失。

第六，救济方式的不同。违反竞业限制协议约定的情况下，权利人可以通过劳动仲裁追究劳动者的违约责任，而对于违反保密协议约定的劳动者，权利人可以对权利的救济方式进行选择：权利人既可以通过劳动仲裁追究劳动者的违约责任，也可以通过商业秘密侵权诉讼主张侵权责任。实践中员工侵犯商业秘密的情形，往往是与第三方一起实施的，因此商业秘密纠纷中采用侵权诉讼的救济方式会更多一些。

三、竞业限制与竞业禁止的区别

前面提到的竞业限制均系《劳动合同法》中的规定，但其实公司法、合伙企业法等很多法律对于竞业限制也都有规定。

《公司法》第148条规定：董事、高级管理人员不得有下列行为："……（五）未经股东会或者股东大会同意，利用职务便利为自己或者他人谋取属于公司的商业机会，自营或者为他人经营与所任职公司同类的业务；……"

《合伙企业法》第32条规定："合伙人不得自营或者同他人合作经营与本合伙企业相竞争的业务。除合伙协议另有约定或者经全体合伙人一致同意外，合伙人不得同本合伙企业进行交易。合伙人不得从事损害本合伙企业利益的活动。"

《个人独资企业法》第20条规定："投资人委托或者聘用的管理个人独资企业事务的人员不得有下列行为：……（六）未经投资人同意，从事与本企业相竞争的业务；……"

《刑法》第165条规定："国有公司、企业的董事、经理利用职务便利，自己经营或者为他人经营与其所任职公司、企业同类的营业，获取非法利益，数额巨大的，处三年以下有期徒刑或者拘役，并处或者单处罚金；数额特别巨大的，处三年以上七年以下有期徒刑，并处罚金。"

这些竞业限制义务均系法律直接规定，用人单位无须与义务人签订书面协议进行约定。与《劳动合同法》中的竞业限制也是有区别的。具体的区别如下：

第一，义务主体不同。《公司法》中规定竞业限制的义务主体是公司的董事和高级管理人员；《合伙企业法》中竞业限制的义务主体是合伙人；《个人独资企业法》中竞业限制的义务主体是委托或者聘用的管理人员;《刑法》中非法经营同类营业罪的义务主体是国有公司、企业的董事、经理。而《劳动合同法》中规定的竞业限制义务主体是用人单位的高级管理人员、高级技术人员和其他负有保密义务的人员。

第二,义务期限的不同。《公司法》《合伙企业法》《个人独资企业法》《刑法》等法律中规定的竞业限制期限一般为董事、高管、合伙人等职务存续期间,一旦离职自然不受该法律规定的约束,而《劳动合同法》中对竞业限制的期限规定为不得超过解除或者终止劳动合同后2年,员工离职后仍受到竞业限制的约束。

第三,是否要支付补偿的区别。《公司法》《合伙企业法》等法定竞业限制条款中并未规定需要对义务人支付任何的经济补偿,因为该竞业限制仅针对义务人履职期间,在离职后就不受竞业限制约束,就业权没有受到影响。但是《劳动合同法》中的竞业限制人员在离职后仍要受到不超过2年的竞业限制约束,这势必影响到劳动者在该竞业限制期间的就业和生存。为此,考虑到负有竞业限制义务的人员离职后就业权和生存权的保障问题,《劳动合同法》中设定了用人单位必须按月支付竞业限制经济补偿的义务。

考虑到实践中企业管理遇到的纠纷和难点主要是《劳动合同法》中的竞业限制,因此本节也主要围绕该竞业限制内容进行分析和讨论。

四、竞业限制协议的内容和注意点

竞业限制协议应当包含以下内容:

(一)合同主体

根据《劳动合同法》的规定,竞业限制义务人员应限于用人单位的高级管理人员、高级技术人员和其他负有保密义务的人员。不在前述范围内的人员即使签订了竞业限制协议,也对其无约束力。实践中,很多用人单位会将竞业限制义务人员的近亲属,如配偶等也纳入竞业限制的义务人员范围中,该约定的法律效力值得商榷。

(二)竞业限制义务

义务人员不得到与用人单位生产或者经营同类产品、从事同类业务的有竞争关系的其他用人单位,不得自己开业生产或者经营同类产品、从事同类业务。实践中竞业限制协议会对义务人与竞争企业采取何种商业接触会有一系列的禁止性约定,例如任职、投资、担任顾问、提供信息、提供服务等。

(三)竞业限制行业范围

用人单位需要在竞业限制协议中对员工限制的行业类别进行约定,一般来说会参考用人单位自身的经营范围进行确定。但如果已经有较为明确的竞争对手的情况下,可以在自身经营范围的基础上增加约定某些特定公司及其关联企业属于确定禁止的竞争企业。

(四)竞业限制的地域范围

竞业限制的地域范围一般会根据企业的经营区域和市场情况进行约定,但不仅要考虑到目前的市场区域,也要考虑到拟发展的区域。

(五)竞业限制期限

根据《劳动合同法》的规定,竞业限制的期限最长不得超过解除或者终止劳动合同后2年,对于义务人离职后的竞业限制期限,很明确为不超过解除或者终止劳动合同后2年。但是法律并未明文规定义务人在职期间是否要遵守竞业限制义务。在职期间义务人是否要遵守竞业限制的约定,常常会产生争议。

案例5-6

沈某某于2016年4月5日进入江苏中某新材料技术有限公司(以下简称中某公司)担任工程部主管,双方签订书面劳动合同。入职后沈某某与中某公司签订了竞业限制协议,约定未经中某公司同意,在职期间不得自营或者为他人经营与中某公司同类的行业;沈某某在离职后2年期间内不得到与中某公司生产或经营同类产品、业务有竞业关系的其他用人单位工作;不得自己开业生产或者经营与中某公司同类产品、从事同类业务。其中,3.1约定,沈某某违反竞业限制约定的,除了赔偿因此给中某公司带来的经济损失和中某公司因调查违约行为而支付的合理费用(包括但不限于律师费、调查费、鉴定费等),还应当向中某公司支付违约金,违约金的数额为沈某某向中某公司辞职时年工资总额(不包括绩效奖、年终奖、项目奖;节假日补偿,费用或物品;劳动保护用品)(以解除或终止劳动合同前12个月的平均工资×12个月的积)的10倍确定,同时沈某某因违约行为所获得的收益应当还中某公司。沈某某于2019年5月13日与白某某投资设立了昆山迈腾宝新材料科技有限公司,并担任法定代表人,该公司的经营范围与中某公司有部分重合。沈某某最后工作至2019年6月23日离职,6月24日沈某某与中某公司签订了竞业限制补充协议,约定公司给予竞业限制补偿金的标准为3162元/月,自2019年6月24日起至2021年6月23日,公司按月支付至员工所提供的竞业限制补偿金银行卡账户

(扣税后支付),公司会在每月的15日支付……2019年7月16日中某公司银行转账给沈某某3162元补偿款。沈某某2019年6月之前12个月的平均工资8694.25元/月,年工资总额(扣除绩效奖金、年终奖)为104,331元。

中某公司得知沈某某在职期间设立竞争公司的情况后向昆山市劳动人事争议仲裁委员会申请仲裁,要求沈某某支付违反竞业限制协议的违约金1,264,507.8元并继续履行竞业限制协议。本案历经仲裁、一审、二审。最终一审法院判决沈某某支付中某公司违约金208,662元,继续履行竞业限制协议。二审法院维持原判。

法院认为:沈某某与中某公司签订的竞业限制协议系双方当事人真实意思表示,内容与形式不违反法律规定,故依法成立并生效,应受法律保护。本案中,沈某某在任职期间与白某某投资设立了同中某公司存在同业竞争关系的公司,基本事实清楚,显属违约,应按照双方竞业限制协议约定支付违约金。

根据各地的司法实践来看,不同地区对于员工在职期间是否要履行竞业限制义务的理解并不一致。第一种意见认为,首先,根据《劳动合同法》中的竞业限制条款来看,约束的是劳动者离职后的就业选择权。要求劳动者履行上述义务,实际上是要求劳动者履行《公司法》对于公司董事、高级管理人员的竞业禁止义务。因此,要求劳动者在职期间履行竞业限制约定,缺乏法律依据。其次,劳动者在职期间,用人单位尚未支付经济补偿,根据权利义务对等的原则来看,此时劳动者不应受竞业限制条款的约束。最后,劳动合同法规定除法定情形外,不得约定由劳动者承担违约金。员工在职期间违反竞业限制条款的违约条款效力也存在问题。第二种意见认为,劳动者在职期间履行保密和竞业限制义务,这是劳动者对用人单位忠诚义务的体现,双方如通过协商达成竞业限制条款,该约定应当得到遵守。同时,《劳动合同法》第23条对于用人单位与劳动者约定竞业限制义务,并未限定于劳动者离职后,理应包括劳动者在职期间。我们赞同第二种观点,我们认为《劳动合同法》中竞业限制条款规定了用人单位在劳动关系解除或终止后负有支付劳动者经济补偿的义务,其立法目的在于保障劳动者离职后的就业权和生存权。在职期间的劳动者本身已有劳动报酬作为生存保障,其就业权和生存权并不因履行在职期间的竞业限制义务而遭受损害,而且保密和竞业限制也是劳动者对用人单位应尽的忠实义务之体现,如员工通过竞业限制条款表达了要履行竞业限制义务的意思表示,在职期间应遵守竞业限制义务。

目前,深圳市、江苏省等地区均认为签订竞业限制的员工在职期间应遵守竞业限制义务。具体可参考《深圳市中级人民法院关于审理劳动争议案件的裁判指引》和《江苏省劳动人事争议疑难问题研讨会纪要》的内容。2015 年的《深圳市中级人民法院关于审理劳动争议案件的裁判指引》第 106 条第 2 款规定:劳动者在职期间违反竞业限制义务,用人单位依据双方约定要求劳动者支付违约金的,应予支持。2017 年《江苏省劳动人事争议疑难问题研讨会纪要》第 4 条规定:劳动者在职期间遵守竞业限制是劳动者法定义务,劳动者在职期间违反竞业限制规定与他人经营同类业务的,用人单位追究劳动者的违约责任应予支持。

(六)竞业限制补偿金的支付标准和方式

1. 支付标准

竞业限制的补偿金支付标准一般按照双方的约定进行,但对于最低支付标准,实践中存在争议。2021 年 1 月 1 日起施行的《最高人民法院关于审理劳动争议案件适用法律问题的解释(一)》第 36 条规定:当事人在劳动合同或者保密协议中约定了竞业限制,但未约定解除或者终止劳动合同后给予劳动者经济补偿,劳动者履行了竞业限制义务,要求用人单位按照劳动者在劳动合同解除或者终止前 12 个月平均工资的 30% 按月支付经济补偿的,人民法院应予支持。前款规定的月平均工资的 30% 低于劳动合同履行地最低工资标准的,按照劳动合同履行地最低工资标准支付。

该司法解释仅对未约定经济补偿标准的情形进行了规定,但如果竞业限制协议中约定了经济补偿的标准,但金额很低,无法保障员工的生存,如何处理呢?对此各地区的意见并不一致。

深圳市的标准:《深圳经济特区企业技术秘密保护条例》第 24 条规定,竞业限制协议约定的补偿费,按月计算不得少于该员工离开企业前最后 12 个月月平均工资的 1/2。约定补偿费少于上述标准或者没有约定补偿费的,补偿费按照该员工离开企业前最后 12 个月月平均工资的 1/2 计算。

江苏省的标准:《江苏省劳动合同条例》第 28 条规定,用人单位对处于竞业限制期限内的离职劳动者应当按月给予经济补偿,月经济补偿额不得低于该劳动者离开用人单位前 12 个月的月平均工资的 1/3。

浙江省的标准:2008 年的《浙江省技术秘密保护办法》第 15 条规定:竞业限制补偿费的标准由权利人与相关人员协商确定。没有确定的,年度补偿费按合同终止前最后一个年度该相关人员从权利人处所获得报酬总额的 2/3 计算。但 2014 年《浙江省高级人民法院民事审判第一庭、浙江省劳动人事争议仲裁院关于审理劳动争议案件若干问题的解答（二）》将该标准调整至30%，其第13条规定：竞业限制协议约定的经济补偿低于当地最低生活标准，劳动者已经履行了竞业限制义务的，可以要求用人单位按其解除或者终止劳动合同前12个月平均工资的30%的月补偿标准补足差额；若该标准低于最低工资的，按最低工资标准补足差额。

上海市的标准：根据双方约定的标准执行，可低于30%。2020年4月29日，上海市虹口区人民法院和虹口区劳动人事争议仲裁院联合召开新闻发布会，发布虹口区竞业限制劳动争议仲裁与审判白皮书，通报2017年至2019年虹口区涉竞业限制劳动纠纷案件审裁情况，并发布典型案例。其中，典型案例三中用人单位与劳动者关于竞业限制的补偿金约定为劳动者基本工资的20%，上海市虹口区人民法院最终对该约定予以认可，认为《最高人民法院关于审理劳动争议案件适用法律若干问题的解释（四）》的规定仅适用于未约定竞业限制补偿的情况。如果双方依据意思自治明确约定了竞业限制补偿金标准，即使低于《最高人民法院关于审理劳动争议案件适用法律若干问题的解释（四）》的标准，也属有效约定，双方应按该约定标准支付竞业限制补偿金。

2. 支付方式

《劳动合同法》第23条规定了竞业限制补偿金的支付方式为劳动者离职后按月支付。该支付方式能否进行调整，如果用人单位在劳动者离职前支付竞业限制补偿金，是否有效呢？

《江苏省关于审理劳动人事争议案件的指导意见（二）》第11条规定，用人单位与负有保密义务的劳动者约定了竞业限制条款，并在劳动关系存续期间先行给付了合同约定且不低于法定标准的经济补偿，劳动合同解除或终止后，劳动者请求确认该竞业限制条款无效的，不予支持。如用人单位在劳动关系存续期间先行给付经济补偿的数额低于法定标准的，应予补足；用人单位在劳动合同解除或终止后超过1个月仍未补足的，除劳动者要求履行外，该竞业限制条款对劳动者不具有法律约束力。

从江苏省的指导意见可以看出江苏省是支持在劳动关系存续期间先行支付竞业限制补偿金的。但其他地区不一定支持，例如深圳。《深圳经济特区企业技术秘密保护条例》第25条规定，竞业限制补偿费应当在员工离开企业后按月支付。由于各地区对此规定并不一致，可能存在冲突，同时，考虑到很多上市企业都是遍布多个地区、省份的，从降低风险角度考虑，建议企业支付竞业限制补偿金均约定在员工离职后按月支付。

（七）竞业限制解除、终止条款

竞业限制的解除和终止分为三种情形：(1)用人单位和劳动者双方协商解除竞业限制协议，协商解除的法律风险较小。(2)用人单位单方解除。用人单位单方解除竞业限制协议存在支付违约金的风险。《最高人民法院关于审理劳动争议案件适用法律问题的解释(一)》第39条规定了用人单位可以单方解除竞业限制协议。但如果用人单位在竞业限制期限内提出的，劳动者可以请求用人单位额外支付劳动者3个月的竞业限制补偿金。我们认为，规定系用人单位单方解除的制约措施，因此建议用人单位在竞业限制协议中的解除和终止条款中针对竞业限制履行前和竞业限制履行期间分段约定。竞业限制履行前的用人单位单方解除竞业限制协议条款，此时用人单位无须支付劳动者任何经济补偿；竞业限制履行期间的用人单位单方解除竞业限制协议条款，此时用人单位需支付劳动者3个月的竞业限制补偿金。(3)劳动者单方解除。劳动者单方解除竞业限制协议需具备一定的前提。《最高人民法院关于审理劳动争议案件适用法律问题的解释(一)》第38条规定，当事人在劳动合同或者保密协议中约定了竞业限制和经济补偿，劳动合同解除或者终止后，因用人单位的原因导致3个月未支付经济补偿，劳动者请求解除竞业限制约定的，人民法院应予支持。除协议另有约定外，劳动者正常情况下是无权单方解除或终止竞业限制协议的，需要达到"因用人单位的原因导致3个月未支付经济补偿"的前提条件后才能解除。

案例 5-7

丁某某于2015年2月2日入职某证券股份有限公司(以下简称某证券公司)，双方签订的劳动合同期限为2015年2月2日至2018年3月17日，合同约定丁某某工作岗位为助理研究员，工作地点为上海，岗位工资(基本工资)为人民币13,000元。双方在《劳动合同》和《保密与竞业限制协议》中均约定了竞业限制条款，竞业限制违约金为人民币10万元。

2018年3月17日劳动合同期满后，双方未续签劳动合同。但因某证券公司迟迟不开具离职证明，2018年4月丁某某通过劳动保障监察大队投诉、委托律师向某证券公司发出《律师函》等形式要求某证券公司出具终止劳动合同的证明。但该要求并未得到某证券公司回应。2018年5月30日，丁某某向某证券公司出具《离职信》，再次申请办理离职手续。2018年6月14日，某证券公司向丁某某出具《关于与丁某某同志解除/终止劳动合同的证明》，载明"丁某某同志……于2015年2月2

日进入本公司工作，由于个人原因提出辞职，依据《劳动合同法》第三十七条规定，双方自2018年6月14日起解除/终止劳动合同。备注：该同志有竞业限制义务，竞业限制期限为1年”。但某证券公司出具《证明》后并未按约定支付丁某某竞业限制补偿金。

2018年9月27日，丁某某委托律师向某证券公司发出《律师函》，提出解除双方的竞业限制约定。并于2018年10月31日申请了劳动争议仲裁，要求自2018年6月18日起某证券公司、丁某某解除竞业限制义务。本案经过劳动争议仲裁、法院一审、二审程序，仲裁和法院均判决某证券证券股份有限公司与丁某某解除竞业限制义务，支持丁某某解除竞业限制的请求。

法院认为，双方劳动关系于2018年3月17日因劳动合同期满而终止。根据《最高人民法院关于审理劳动争议案件适用法律若干问题的解释(四)》第8条的规定，当事人在劳动合同或者保密协议中约定了竞业限制和经济补偿，劳动合同解除或者终止后，因用人单位的原因导致3个月未支付经济补偿，劳动者请求解除竞业限制约定的，人民法院应予支持。本案中，双方签订的《保密与竞业限制协议》约定，丁某某应在劳动关系解除/终止之日起1年内履行竞业限制义务，而某证券公司亦应支付相应竞业限制经济补偿。在丁某某离职后至提出解除竞业限制约定的《律师函》发送前，某证券公司持续长达6月有余从未支付竞业限制经济补偿，收到《律师函》后亦未支付竞业限制经济补偿。可以确认因某证券公司的原因导致3个月以上未支付丁某某竞业限制经济补偿，所以丁某某请求解除竞业限制约定，法院予以支持。关于解除日期，因丁某某于2018年9月27日委托其律师向某证券公司发出律师函，要求解除竞业限制约定，法院确认双方之间竞业限制义务的解除日为2018年9月27日。

作为用人单位如果已经与负有保密义务的劳动者签订了竞业限制条款，在员工离职后应积极按约定支付经济补偿并对支付记录进行审核，否则可能导致劳动者解除竞业限制协议、不受竞业限制义务约束的风险。

五、如何进行竞业限制管理

竞业限制需要系统的管理，除了竞业限制协议的内容需要用人单位严格审查外，还有以下的管理注意事项：

第一，对象要确定，不宜进行全员签订。有些企业，为了减少公司人员的流失率，公司全员签订竞业限制协议。该操作方式并不可取。首先，根据《劳动合同法》的规定，竞业限制的人员限于用人单位的高级管理人员、高级技术人员和其他负有保密义务的人员，不在此范围内的劳动者签订竞业限制协议可能导致协议无效，对签订人员不具有约束力。其次，签订竞业限制协议，用人单位需要支付一笔竞业限制补偿金，各地区对补偿金均有最低标准的规定。如果全员签署，势必给公司带来巨大的财务成本压力。最后，用人单位应将注意力着眼于知晓公司商业秘密的核心人员，与这部分人员签署竞业限制协议其实更能体现公司对他们的重视和企业合规程度。核心人员的感受亦有不同。

第二，不能将保密期限和竞业限制期限混淆。部分用人单位会在保密协议中约定竞业限制条款，但是仅约定保密期限而未约定竞业限制期限。该情况下竞业限制条款将因未约定期限而导致无效，对竞业限制的义务人也没有约束力。因此如果竞业限制条款在保密协议中一并约定的，协议中应将保密期限和竞业限制的期限分开，单独约定。

第三，法律主体明确，关联企业流转期间竞业限制协议需要重新签订。上市公司一般有众多的关联公司，也存在管理人员在各个关联企业之间流转、调动的情形。如果劳动者的岗位在不同公司之间调动，导致劳动关系的主体发生变更，此时竞业限制协议需要按新的主体重新签订。除非竞业限制协议有明确的约定，否则与调动前的用人单位签订的竞业限制条款不能直接适用新的关联公司，存在一定的法律风险。

第四，离职前审核，对于无须履行竞业限制的员工提前解除竞业限制协议。劳动合同履行过程中会发生各种变化，公司内部环境、市场大环境、技术、竞争对手等要素的变化，都会导致用人单位对员工的竞业限制需求发生调整。对于已经签订竞业限制协议的员工，在其离职前应对是否要劳动者履行竞业限制义务进行考量。如确定其无须履行竞业限制协议的，应在员工离职前尽早与其签订解除或终止竞业限制义务的协议书。离职后与竞业限制义务人解除将存在支付3个月竞业限制补偿金的风险。而且如果用人单位因为忽视，迟迟未办理解除竞业限制义务的手续，而员工离职后履行了竞业限制义务的，该情况下公司可能要承担一大笔的竞业限制补偿费用。《最高人民法院关于审理劳动争议案件适用法律问题的解释（一）》第37条规定，当事人在劳动合同或者保密协议中约定了竞业限制和经济补偿，当事人解除劳动合同时，除另有约定外，用人单位要求劳动者履行竞业限制义务，或者劳动者履行了竞业限制义务后要求用人单位支付经济补偿的，人民法院应予支持。

第五，竞业限制期间对员工是否履行竞业限制义务进行跟踪调查。竞业限制协议中一般会约定竞业限制义务人定期提供其新入职企业的相关依据。但是我们建议用人单位对重点人员或涉嫌违约人员在履行义务期间应进行调查。调查方式包括但不限于主动询问员工入职的新企业、外聘第三方机构合法调查，或掌握初步证据后通过市场监督管理部门、公安部门等行政司法部门调查。

第六，对涉嫌违约的离职员工及时采用救济手段维权。用人单位如已经掌握离职的员工违反竞业限制义务的证据，建议立即采取司法途径维权，防止损失扩大。根据《最高人民法院关于审理劳动争议案件适用法律问题的解释（一）》第40条的规定，劳动者违反竞业限制约定，向用人单位支付违约金后，用人单位要求劳动者按照约定继续履行竞业限制义务的，人民法院应予支持。因此劳动者赔偿违约金后并不免除其竞业限制的义务，用人单位可以要求劳动者赔偿违约金并继续履行竞业限制义务。

需要注意的是，如果约定的违约金金额过分高于实际损失的，仲裁、诉讼过程中劳动者请求调整违约金数额，法院将以实际损失为基础，兼顾合同的履行情况、双方的过错程度以及预期利益等综合因素，根据公平原则和诚实信用原则，对违约金的金额进行调整。

上市公司的高管管理

在上市公司的人力资源管理体系中,高级管理人员是绕不开的环节。无论是财务、人事、技术、运营还是生产等部门,该部门的负责人、管理者都是企业生存的基石,企业发展的推动力。实践中,上市公司高管的争议和风险无处不在。对高管的管理不善,直接导致上市企业的广大投资者利益受损、股价下跌,严重的甚至还有刑事风险。本节将对上市公司的高管人员管理和法律风险防范进行重点的分析并提出管理建议。

对于高级管理人员,在我国是适用劳动法律还是适用公司法律进行调整,至今未能形成统一的观点。根据《公司法》第 216 条的规定,高级管理人员是指公司的经理、副经理、财务负责人,上市公司董事会秘书和公司章程规定的其他人员。上一节中讲到《劳动合同法》中竞业限制的义务人群包括"用人单位的高级管理人员、高级技术人员和其他负有保密义务的人"。显然,《公司法》和《劳动合同法》都将高级管理人员纳入其调整范围。但高级管理人员与一般的劳动者显然有者重大区别,特别是上市公司的高管。具体而言高管主要有以下特征:(1)负责公司的重大决策和运营事项,权利较大;(2)薪酬较高(例如 2007 年中国平安董事长期权兑现金额达到 4100 万元,薪酬总收入 6616.1 万元);(3)人身隶属性较低。一般劳动者与公司是从属、依赖关系,受公司管理、控制。但上市公司的高级管理人员本身就是公司的管理者,其与公司之间的地位较为平等。而且很多情况下,公司的高级管理人员往往也是公司的股东,会存在身份交叉的情形。这加大了管理难度。基于上述高级管理人员与一般劳动者的区别,本节将以时间为维度对高级管理人员的管理进行各阶段的逐一分析、提供建议。

一、招聘、入职时的法律风险管理

(一)招聘期间的企业法律风险

企业招聘期间涉及的法律风险主要有以下几个部分:

1. 就业歧视的法律风险

企业作为用人单位，应保障劳动者平等就业的权利。而“就业歧视”，本质上侵犯了劳动者依法享有的平等就业权。《劳动法》第 3 条、第 12 条、第 13 条和《中华人民共和国就业促进法》第 3 条规定了劳动者享有平等就业和选择职业的权利，并罗列了就业歧视的几种常见情形。实务中“就业歧视”的情况仍比较普遍，我们主要概括以下几种典型的就业歧视：(1) 民族歧视；(2) 种族歧视；(3) 性别歧视；(4) 宗教信仰歧视；(5) 年龄歧视；(6) 学历歧视；(7) 身高歧视；(8) 区域户口歧视；(9) 婚育状况歧视；(10) 有无疾病的歧视；(11) 属相歧视等。

用人单位如存在就业歧视行为的，将承担相应的法律责任。《中华人民共和国就业促进法》第 62 条规定，用人单位实施就业歧视的，劳动者可以向人民法院提起诉讼。企业的就业歧视行为，侵犯劳动者的合法权益，如造成劳动者损失的，劳动者可以主张损失赔偿。除民事责任外，用人单位还将承担行政责任。《就业服务与就业管理规定》规定，除国家法律、行政法规和国务院卫生行政部门规定禁止乙肝病原携带者从事的工作外，用人单位如招用人员时，强行将乙肝病毒血清学指标作为体检标准的，劳动保障行政部门应责令改正，并可处以 1000 元以下的罚款。《关于进一步规范招聘行为促进妇女就业的通知》中针对企业招聘时的性别歧视行为也作出了规定，对用人单位、人力资源服务机构发布含有性别歧视内容招聘信息的，责令改正；拒不改正的，处 10,000 元以上 50,000 元以下的罚款。

其实前述赔偿导致的直接经济损失并不高，但作为上市公司而言，最为严重的后果是声誉的影响。互联网时代，消息传播非常便捷、迅速，用人单位就业歧视的违法行为一经舆论传播，很容易就发酵为负面事件，导致社会评价较低，进而影响企业的品牌形象。泡泡玛特就因面试时的性别歧视，导致舆论沸沸扬扬，最后不得不公开致歉，其企业的声誉损失惨重。

2. 虚假信息的法律风险

用人单位在招聘时，应保证自身发布的招聘信息真实。《就业服务与就业管理规定》规定用人单位不得提供虚假招聘信息，发布虚假招聘广告，否则劳动保障行政部门责令改正，并可处以 1000 元以下的罚款。发布虚假招聘信息、招聘广告对劳动者造成损害的，用人单位还应当承担赔偿责任。

同时，用人单位也要预防应聘人员的信息作假、欺诈。诚信是劳动者的道德底线，但实践中高管伪造、夸大自己学历背景、从业经验的情况屡见不鲜。企业招聘期间如果怠于审核应聘人员的相关信息，等到入职后、履职期间才发现，甚至离职后才发现这一情况的，往往为时已晚。因为管理者“货不对板”而给企业造成严重的经济损失的例子并不少见，这显然是用人单位的管理存在漏洞导致的。

3. 录用通知书的法律风险

用人单位对录取的应聘人员，正常会发送录用通知书。录用通知书中对双方即将履行的劳动合同的相关事项有初步具体的约定，例如入职时间、薪资、岗位、福利待遇等。而且会在录用通知书中明确应聘人员已被用人单位录取，相应的入职流程和手续办理细则等。法律上录用通知书属于要约，根据《民法典》的规定，用人单位发出录用通知书后，如果受要约人也就是应聘人员作出同意入职的意思表示后，用人单位即受该意思表示约束。双方应按录用通知书的约定内容办理入职手续，如此时用人单位反悔不予录用应聘人员，将赔偿应聘人员的损失。

4. 招录未离职人员的法律风险

《劳动合同法》第 91 条规定，用人单位招用与其他用人单位尚未解除或者终止劳动合同的劳动者，给其他用人单位造成损失的，应当承担连带赔偿责任。用人单位在招聘时，应对应聘人员的就业状况进行审查，除了非全日制用工或内退、协保这些特殊情形外，正常情况下是不能重复建立劳动关系的。否则，如果招录了尚未离职的员工，给其他用人单位造成损失，用人单位将承担连带赔偿责任。

5. 商业秘密侵权的风险

企业的商业秘密泄露，大概率是因为“祸起萧墙”，系企业内部员工导致的。用人单位在招录应聘人员时，需要对其是否负有保密义务进行必要的审查。如果应聘人员对其他用人单位负有保密义务的，入职后又将其他用人单位的涉密技术信息或经营信息运用到工作中，将导致用人单位与负有保密义务的员工构成共同侵权，承担商业秘密的侵权赔偿责任。

6. 竞业限制的风险

应聘人员如对上一家用人单位负有竞业限制义务且还在履行过程中的，用人单位需要审核其上一家用人单位与本公司的行业、经营范围，是否存在竞争关系，以免引起不必要的麻烦。

（二）招聘、入职期间的管理建议

1. 完善招聘信息

对于高管的招聘，首先要完善我们的招聘信息。在各类招聘信息、招聘文件中规范用语，不得有虚假招聘信息、就业歧视等违规内容的存在。

招聘信息中对聘任岗位的职责和录用条件予以具体化规定。根据《劳动合同法》第39条第(一)项的规定,劳动者在试用期间被证明不符合录用条件的,用人单位可以解除劳动合同。根据《劳动合同法》第40条第(二)项的规定劳动者不能胜任工作,经过培训或者调整工作岗位,仍不能胜任工作的,用人单位提前30日以书面形式通知劳动者本人或者额外支付劳动者1个月工资后,可以解除劳动合同。前述条款规定了企业在发现劳动者存在"不符合录用条件"或"不能胜任工作"的情形时有权予以解除劳动合同。因此针对该规定,企业在招聘信息中应当完善岗位录用条件和岗位职责,如果应聘人员在试用期内的工作表现不符合录用条件的,可直接予以开除处理。当然,如果入职时发现岗位的录用条件、岗位职责发生变化或需要补充的,用人单位也可以与员工书面另行签署录用条件、岗位职责的书面文件进行补充确认。

2. 背景调查

招聘期间对应聘人员,特别是高级管理人员,应谨慎的进行背景调查。应聘人员的学历背景、从业经验,是否负有保密义务,是否需要履行竞业限制义务,是否与其他用人单位约定有服务期等,这些内容建议招聘的用人单位都予以核查。调查方式,可以在征得被调查人员同意的情况下向此前入职的公司核实,也可以委托第三方专业的调查机构进行。

3. 录用通知书与董事会决议

与一般劳动者不同的是,高级管理人员由公司董事会予以聘任、解聘。根据《公司法》第46条、第49条、第108条、第113条的规定,公司的总经理、副经理、财务负责人,由董事会决定聘任或者解聘。因此,在发送录用通知书之前,公司首先应经过董事会的会议程序,确定聘任之后再向拟聘用人员发放录用通知书。

二、履行劳动合同期间的风险管理

(一)履行劳动合同期间的法律风险

1. 未签订书面劳动合同的2倍工资支付风险

高级管理人员入职后要及时签订书面劳动合同,根据《劳动合同法》第10条和第82条的规定,劳动者入职后,用人单位应当自用工之日起1个月内订立书面劳动合同,否则将向劳动者每月支付2倍的工资。高级管理人员的收入一般都很高,有些甚至是"天价",如果违反该规定,用人单位很可能承担巨额赔偿风险。当然,基于高级管理人员身份的特殊性,实践中有些情况会存在争议。例如高级管理人员的岗位职责包含了签订劳动合同,此时如果用人单位未与其签订书面劳动合同,是否要承担支付2倍工资的赔偿就存在争议。《北京市高级人民法院、北京市劳动争议仲裁委员会关于劳动争议案件法律适用问题研讨会会议纪要(二)》第31条规定,用人单位法定代表人依据《劳动合同法》第82条规定向用人单位主张2倍工资的,一般不予支持。用人单位高级管理人员依据《劳动合同法》第82条规定向用人单位主张2倍工资的,可予支持,但用人单位能够证明该高级管理人员职责范围包括管理订立劳动合同内容的除外。对有证据证明高管人员向用人单位提出签订劳动合同而被拒绝的,仍可支持高级管理人员的2倍工资请求。《四川省高级人民法院民一庭关于审理劳动争议案件若干疑难问题的解答》第30条亦有类似规定。这些规定就是考虑到高级管理人员的身份特殊性,与普通劳动者的职权不一致,如果高级管理人员的职责包含订立、签署劳动合同,其对于用人单位的不规范用工行为本身就负有提醒、监督和管理的义务。该情形下公司高级管理人员在明知自己没有与单位签订劳动合同,而不督促用人单位与其签订书面劳动合同,本身就是一种过错,应由其承担不利的法律后果。我们认为,无论公司高级管理人员是故意不签订或者是过失没有签订书面劳动合同,均系过错行为,不能让其从自己的过错行为中获利,否则会鼓励更多的公司高级管理人员不签订书面劳动合同,恶意牟取非法利益。

另外,很多用人单位对高级管理人员直接发送聘任书,而替代书面的劳动合同,此时用人单位是否要承担未签订书面劳动合同的2倍工资支付责任?各地对此规定并不一致。有些地区认为聘任书在一定情况下可以替代劳动合同。例如,江苏省高级人民法院《关于审理劳动人事争议案件的指导意见(二)》第6条规定,用人单位未与其高级管理人员签订书面劳动合同,但用人单位能够提供聘任决定或聘任书,证明双方存在劳动权利义务且已实际履行的,高级管理人员以未签订书面劳动合同为由请求用人单位每月支付2倍工资的,不予支持。虽有类似规定,但我们认为聘任书内容往往过于简单,无法涵盖劳动合同的所有内容。不能完全替代劳动合同,从企业合规管理角度出发,建议与聘任的高级管理人员签订正式的书面劳动合同,不能随意以聘任书替代劳动合同,以降低企业的用工风险。

2. 加班费的支付风险

目前我国现有的工时制度为标准工时工作制、综合计算工时工作制和不定时工作制。根据《国务院关于职工工作时间的规定》标准工时工作制为职工每日工作8小时、每周工作40小时的工时制度。企业如因生产特点或者工作性质特殊、不能实行国家规定的标准工时制度的,则实行综合计算工时工作制和不定时工作制这两类特殊工时制度。

部分高级管理人员，由于其岗位具有特殊性，常常要在一段时间内连续工作，不受固定时间的限制，不适用标准工时制。针对该部分的高级管理人员，企业往往会采用不定时工作制这种特殊的工时制度。但是根据《劳动法》第39条的规定，企业实行特殊工时制度需要经劳动行政部门批准。如果企业仅仅与高管在劳动合同中注明了不定时工作制，而没有经过劳动行政部门审批批准，将存在支付加班工资的法律风险。该情况下高级管理人员如果提供了超过标准工时工作制的工作时间的考勤记录，向用人单位主张加班工资，用人单位将陷入支付巨额加班工资的境地。

但实践中，考虑到特殊工时工作制的审批情形。部分地区，对于未办理审批手续的高级管理人员加班费的主张，有例外的意见。

案例5-8

2018年8月3日，张某某入职北京同仁堂健康药业股份有限公司(以下简称同仁堂公司)担任工程总监。入职当日，双方签订劳动合同，合同约定张某某所在岗位实行不定时工作制。月工资包括两部分，其中月度岗位工资为51,333元、月度目标绩效工资为12,834元。劳动合同履行期间，张某某工作日常常工作至晚上9点多，周六也经常加班。张某某的不定时工作制未经劳动行政部门审批。2019年3月28日同仁堂公司人力资源部以邮件形式给张某某发送声明函，告知其双方劳动关系已经解除，解除原因是张某某工作期间严重失职，给公司造成损失。

张某某认为同仁堂公司存在长期拖欠支付加班费和未休年休假工资的情形，且违法解除双方的劳动合同，应支付其经济赔偿金。为此，张某某于2019年12月5日，向北京经济技术开发区劳动人事争议仲裁委员会提起了劳动争议仲裁，后对仲裁结果不服于2020年8月25日向北京市大兴区人民法院提起了民事诉讼，其向法院主张同仁堂公司支付其入职以来的平时加班工资、周六日加班工资、违法解除劳动合同的赔偿金和未休年休假的工资等诉讼请求。

北京市大兴区人民法院审理后认为：关于加班工资问题。劳动合同书中约定张某某岗位实行不定时工作制，考虑到张某某的身份系公司的高级管理人员，故张某某要求同仁堂公司支付平时加班工资及周六日加班工资，没有法律依据，法院不予支持。最终法院支持了张某某违法解除劳动合同的赔偿金和未休年休假的工资。驳回了其平时加班和周末加班的加班费用的主张。

目前,北京和江苏等地区对于未办理不定时工作制审批手续,但在劳动合同中约定执行不定时工作制的公司高级管理人员,主张加班费的不予支持。《北京市企业实行综合计算工时工作制和不定时工作制办法》对是否要办理行政审批手续作出了例外规定,其第16条第2款规定,企业中的高级管理人员实行不定时工作制,不办理审批手续。《江苏省关于审理劳动人事争议案件的指导意见(二)》第8条规定,高级管理人员与用人单位发生加班工资争议,用人单位虽未办理不定时工作制审批手续,但高级管理人员的工作性质、工作岗位符合不定时工作制特点,依据标准工时制计算加班工资明显不合理,或者工作时间无法根据标准工时制进行计算的,可以认定高级管理人员实行的是不定时工作制,对其请求支付加班工资的主张不予支持。

但注意前述意见针对的仅仅是部分地区。从企业合规角度来看,还是要办理劳动行政部门的审批手续为妥。实践中高级管理人员的身份认定,工作性质和岗位是否符合不定时工作制的特点这些因素都会给企业未办理审批手续情况下,带来加班费的支付风险。例如,上面案例中的同仁堂公司,在2019年另一位员工主张的加班费就得到了法院支持,虽然该员工也是签订了不定时工作制的劳动合同,也是未经劳动行政部门审批。但是法院认为该员工的身份不属于“高级管理人员”,工作职责亦不足以认定其工作岗位具有因职责范围或工作特殊性,需要机动作业而采取弹性工作制的必要性,不适用不定时工作制,最终判决同仁堂公司支付了员工加班费。

3. 薪酬风险

上市公司高级管理人员的薪酬,与一般劳动者不同。高级管理人员的基本工资较一般劳动者高出很多,同时绩效薪酬和股权激励也是其薪酬重要组成部分。如何制定合理、合法的绩效考核制度和股权激励制度是每家上市企业都要面对的问题。特别是某些高级管理人员本身就是公司薪酬制度的制定者,道德风险很高,有可能会借此损害广大投资人的利益。例如2008年全球金融危机,在经济一片低迷时,我国上市公司高级管理人员的巨额薪酬被频频曝光,引发公众质疑。上市公司具有公众性,其高级管理人员的薪酬直接关系到股东、债权人、其他劳动者的利益。为此,在2009年1月13日,财政部出台了国有金融企业负责人的薪酬规定,《金融类国有及国有控股企业负责人薪酬管理办法(征求意见稿)》。对国有金融行业的高级管理人员薪酬进行了限制性的规定。

另外,高级管理人员系董事会聘任的,董事会的聘任书中经常会体现拟聘任高级管理人员的劳动报酬。如果聘任书中的劳动报酬与后面签订的劳动合同中的约定不一致,如何处理?我们认为,如果双方意见存在分歧的情况下,应当以劳动合同的约定为准。《江苏省关于审理劳动人事争议案件的指导意见(二)》第7条规定,高级管理人员与用人单位发生劳动报酬争议,董事会决议中关于劳动报酬的规定与劳动合同的约定相冲突的,应优先适用劳动合同的约定,但当事人均同意适用董事会决议的除外。

4.劳动合同变更的法律风险

劳动合同的履行过程中,因外部环境或企业内部运营状况的变化,常常需要对双方的劳动合同进行调整,常见的有工作地点、工作岗位、薪酬待遇等的变更。此类变更因为影响到劳动者的切身利益,用人单位如果单方作出变更的决定,会存在法律风险。《劳动合同法》第35条规定,用人单位与劳动者协商一致,可以变更劳动合同约定的内容。变更劳动合同,应当采用书面形式。双方协商一致变更,以书面形式变更劳动合同是最稳妥的办法。但实践中会存在用人单位与劳动者意见不一致的情况,或双方虽然协商一致,但没有进行书面约定,此时如何处理?

《最高人民法院关于审理劳动争议案件适用法律若干问题的解释(一)》第43条规定,用人单位与劳动者协商一致变更劳动合同,虽未采用书面形式,但已经实际履行了口头变更的劳动合同超过1个月,变更后的劳动合同内容不违反法律、行政法规且不违背公序良俗,当事人以未采用书面形式为由主张劳动合同变更无效的,人民法院不予支持。司法解释对于未采用书面形式变更劳动合同的情形提供了一种判断方式,如果变更的内容合法、不违背公序良俗,且已经实际履行超过1个月了,该变更有效。否则无效。

案例5-9

杨某自2001年7月到大商股份有限公司(以下简称大商公司)工作,2010年起任大商公司人力资源部部长,其岗位实行不定时工作制,并通过了劳动行政部门的审批。大商公司按照公司制定的工资分配制度确定的形式向杨某支付工资。2016年,杨某所在的人力资源部初拟了《大连超市集团2016年薪酬实施方案》,即2016年薪酬预案,后经民主讨论后,该方案于2016年4月1日定稿。2016年5月24日,杨某所在的人力资源部发出《关于〈2016年薪酬实施方案〉情况反馈的通知》,要求各门店按根据方案的实施情况按要求反馈具体情况,以便人力资源部及时掌握。2016年5月27日,杨某向大商公司提交了各门店对薪酬实施方案情况反馈的汇报。2017 年 12 月 9 日，大商公司作出《关于荣某某等干部职务任免的决定》(大商股司发〔2017〕160 号)，聘任杨某为新华店超市店长(副处级)，免去大连超市集团人力资源部部长职务。2018 年 1 月，杨某到大连新玛特新华店任店长。2018 年 1 月 6 日，大商公司的工作人员在微信中告知杨某其工资基数标准由原每年 286,000 元变更为 220,000 元，杨某询问该工作人员调整工资的原因及工资是否都已经到账，该工作人员表示考虑职务岗位及职级调整了一部分人员工作，剩余的等待通知。自 2018 年 1 月至 6 月，大商公司以每年工资基数 220,000 元的标准向杨某发放了工资。2019 年 1 月 23 日，杨某以公司无故调岗降薪、拖欠节假日加班费为由，提出解除劳动合同并向大商股份有限公司邮寄《解除劳动合同通知》，该邮件于 2019 年 1 月 25 日被大商股份有限公司签收。2019 年 2 月 22 日，杨某向大连市仲裁委申请仲裁，要求大商股份有限公司向其支付拖欠的工资、加班工资及经济补偿金。该争议经仲裁委判决后，双方均不服，后经一审、二审，最终由大连市中级人民法院作出二审生效判决：驳回杨某的所有诉讼请求。

对于杨某提出的公司无故降薪的违法问题，法院认为根据《中华人民共和国劳动合同法》第 35 条、《最高人民法院关于审理劳动争议案件适用法律若干问题的解释(四)》第 11 条规定的内容，用人单位与劳动者协商一致可以变更劳动合同约定的内容，变更劳动合同未采用书面形式，但已经实际履行了口头变更的劳动合同超过 1 个月，且变更后的劳动合同内容不违反法律、行政法规、国家政策和公序良俗，当事人以未采用书面形式为由主张劳动合同变更无效的，人民法院不予支持。本案中，杨某在 2018 年 1 月从大商股份有限公司的人力资源部部长调岗至新华店超市任店长，大商股份有限公司依据公司的《大连超市集团 2016 年薪酬实施方案》将其工资标准在 2018 年 1 月 16 日被告知从每年工资基数 286,000 元调整至 220,000 元。对于杨某的工资标准，大商股份有限公司虽未采用书面形式进行变更，但杨某在大商股份有限公司的工作人员告知其工资标准变化时并未提出异议可视为认可和协商一致。同时，大商股份有限公司按变更后的工资标准向杨某支付工资至杨某病休，双方已经实际履行了变更后的工资标准超过了 1 个月，且变更后的工资标准不违反法律规定等。杨某现要求大商股份有限公司按每年工资基数 286,000 元的标准向其补发工资无事实和法律依据。

对于杨某提出的法定节假日的加班费请求，法院认为杨某在 2015 年时已经是副处级管理人员，2018 年起任大商股份有限公司分公司店长，其所在的岗位属于高级管理及从属服务岗位，实行不定时工作制，并经过了劳动行政部门的审批。且杨某未依据公司的规定提出加班申请，不应认定为加班，大商股份有限公司无须向杨某支付加班工资。

综合以上因素考虑，二审法院最终判决驳回了杨某所有的诉讼请求。本案中，杨某本人原系用人单位人力资源部部长，公司的薪酬方案是由该部门制订、确定的。因此其调动岗位时应当知晓对应的薪资标准调整。而且在公司告知其工资基数调整后，也并没有提出后任何异议。符合《最高人民法院关于审理劳动争议案件适用法律若干问题的解释（一）》第43条规定的内容。应当认定公司的调岗、调整薪酬的行为有效。不过本案确实具有特殊性，实践中用人单位对于高管的岗位变动，建议仍采用书面形式进行确认，进行合规化处理。

（二）履行劳动合同期间的管理建议

1. 通过公司章程明确公司的高级管理人员范围。《公司法》规定，高级管理人员是指公司的经理、副经理、财务负责人，上市公司董事会秘书和公司章程规定的其他人员。除了经理、副经理、财务负责人、上市公司董秘外，其他的高级管理人员需要公司章程进行规定。实践中很多法律规定对于普通劳动者和高级管理人员的处理规则是有差异的，为了避免争议。建议上市公司在章程等文件中明确公司高级管理人员的具体岗位。

2. 完善合同管理。聘任高级管理人员后，应在1个月内与其签订书面的劳动合同，劳动合同到期后也要及时续签。对于采用不定时工作制的高级管理人员，要向劳动行政部门申请不定时工作制。并且与其签订的劳动合同，也要注明采用不定时工作制。注意虽然高级管理人员的工作时间充满弹性，往往不按正常的“5天8小时”进行，但仍然需要对其进行考勤管理和目标管理。否则有可能导致高级管理人员消极怠工等现象出现，并导致管理失控。

3. 对于高级管理人员的劳动合同约定事项的调整，需要采用书面形式。用人单位如果单方作出的调整决定，需考虑是否符合单方调整的合法性。例如《劳动合同法》第40条规定了，劳动者患病或者非因工负伤，在规定的医疗期满后不能从事原工作和劳动者不能胜任工作，这两者情形下，用人单位是有权单方对劳动者的岗位进行调整的。当然“不能从事原工作”和“不能胜任工作”等前提条件都需要用人单位提供相应的证据予以证明。但实践中考虑到企业内部运营管理的需要，不可能所有的调整都符合法定单方调整的条件。因此，用人单位一般对劳动合同约定事项的调整，会采用双方协商一致的方式进行，此时建议用人单位留下双方确认岗位调整的书面文件作为依据。

4. 制订高级管理人员合理的薪酬方案。根据企业的状况和聘用高管的岗位作用，制定合理的绩效考核和股权激励等薪酬制度。考核指标应明确、具体，并具有可操作性。且考虑到公众公司的影响，考核过程应遵循公平、公正之原则。

三、离职时的风险管理

（一）离职时的风险

根据裁判文书网中案件的数量显示，劳动者与用人单位解除、终止劳动关系阶段产生的争议和纠纷数量是最多的。上市公司高级管理人员离职时的风险程度不言而喻。如果管理不善，可能直接导致企业承担巨额的赔偿，同时会有严重的间接损失，例如团队流失、商业秘密外泄，等等。

1. 违法解除、终止劳动合同的法律风险

《劳动合同法》第 87 条规定，用人单位违反劳动合同法规定解除或者终止劳动合同的，应当依照经济补偿标准的 2 倍向劳动者支付赔偿金。实践中，解除或终止劳动合同的情形很多，就劳动合同的解除来看，有协商一致解除劳动合同、劳动者单方提出解除劳动合同、用人单位单方提出解除劳动合同三种。其中劳动者和用人单位单方提出解除劳动合同的情形又分为对方有过错情形下的解除和对方无过错情形下的解除。《劳动合同法》第 36 条至第 41 条均是规定劳动合同解除的各种情形的。除了劳动合同解除的情形外，劳动合同终止的情形亦有很多。《劳动合同法》第 44 条规定了五种依法终止劳动合同的情形：(1)劳动合同期满的；(2)劳动者开始依法享受基本养老保险待遇的；(3)劳动者死亡，或者被人民法院宣告死亡或者宣告失踪的；(4)用人单位被依法宣告破产的；(5)用人单位被吊销营业执照、责令关闭、撤销或者用人单位决定提前解散的。因为劳动合同解除和终止的情形实在太多，比较复杂。因此用人单位在解除或终止劳动合同的行为实施前都要仔细审查下是否符合相应的法律规定，证据材料是否充分，解除或终止的是由是否与法律规定一致。否则，将承担支付经济补偿金或经济赔偿金的风险。

这里详细讨论董事会解聘与公司解除劳动合同的关系。高级管理人员属于劳动者，但前面提到了，其身份具有特殊性。根据《公司法》的规定，公司高级管理人员由董事会决定聘任或者解聘。那如果董事会已经作出了解聘的决议，是否等同于公司解除劳动关系呢？我们认为，董事会的解聘决议仅仅是对高级管理人员的职务处理决定，不能等同于公司解除劳动合同。董事会的聘任与解聘行为，均是基于对高级管理人员的信任度采取的行为。信任基础丧失后，董事会可以解聘高级管理人员的职务，但解聘后，公司仍可以与高级管理人员继续履行劳动合同，只是职务进行了调整。如果公司要解除与高级管理人员的劳动合同，还是要依据《劳动法》《劳动合同法》的规定执行。

案例 5 - 10

四川达某物联射频科技有限公司（以下简称达某公司）于 2011 年 6 月 27 日成立，法定代表人系刘某某，担任公司经理职务，工资为 25,000 元/月。2013 年 2 月 3 日，达某公司召开董事会会议，通过了免去刘某某总经理职务、选举其为公司副总经理的董事会决议；2013 年 6 月 7 日，达某公司再次召开董事会会议并作出解聘刘某某经理职务的决议。同时，达某公司自 2013 年 2 月起未向刘某某支付工资。

因达某公司未支付劳动报酬，2014 年刘某某以达某公司作为被申请人向成都市劳动人事争议仲裁委员会申请仲裁，请求仲裁委判令达某公司向其支付自 2013 年 2 月至 2014 年 1 月工资及利息、2012 年 3 月至 2013 年 1 月未签劳动合同的双倍工资及履职期间各项未报销的费用。最终，成都市劳动人事争议仲裁委员会裁决达某公司支付刘某某 2013 年 2 月至 2014 年 1 月工资 30 万元。

2015 年 1 月 30 日，刘某某再次以达某公司作为被申请人向成都市劳动人事争议仲裁委员会申请仲裁，请求达某公司向刘某某支付自 2014 年 2 月至 2015 年 1 月工资及利息。

达某公司认为双方自 2013 年 2 月开始不存在劳动关系，2013 年 2 月 3 日和 6 月 7 日的董事会决议已经免除刘某某的经理职务，此后刘某某未履行相关劳动义务，双方已经解除了劳动关系，不应承担该期间的劳动报酬。本案历经仲裁、一审、二审程序，最终法院判令达某公司向刘某某支付 2014 年 2 月至 2015 年 1 月工资 300,000 元。

法院审理后认为，刘某某于 2011 年 6 月 27 日至 2013 年 2 月 3 日担任达某公司法定代表人、总经理，双方劳动关系当然成立。2013 年 2 月 3 日，达某公司经董事会决议免去刘某某的总经理职务，任命其为副总经理；同年 6 月 7 日解聘刘某某经理职务，将达某公司法定代表人变更为廖某。该两次董事会决议系对刘某某职务的变更或免除，无论该两次董事会决议是否产生法律效力，由此产生的法律关系均由公司法调整。而双方劳动关系的调整需依据劳动法的相关规定执行，《最高人民法院关于审理劳动争议案件适用法律若干问题的解释》第13条规定,因用人单位作出的开除、除名、辞退、解除劳动合同、减少劳动报酬、计算劳动者工作年限等决定而发生的劳动争议,用人单位负举证责任。《中华人民共和国劳动合同法》第50条规定,用人单位应当在解除或者终止劳动合同时出具解除或者终止劳动合同的证明,并在15日内为劳动者办理档案和社会保险关系转移手续。本案中,2013年6月7日至今,达某公司并未向刘某某出具解除劳动关系通知等手续,并未改变双方之间存在劳动关系的事实。同时,达某公司并未向法庭举证证明刘某某未正常提供劳动,因此法院对达某公司的主张不予支持。最终法院支持了刘某某劳动报酬的主张。

这是非上市公司的案例,上市公司中也有不少类似的案例。在本书第四篇上市公司股权激励篇中的案例4-8中提到"上海家化"与王茁的劳动争议纠纷和股权激励纠纷,其中劳动争议纠纷案的案情与本案类似。"上海家化"董事会通过了解除王茁总经理职务、罢免其董事职务的决议,并随后在第二天以王茁严重违反公司规章制度、严重失职,对公司造成重大损害等理由通知解除双方的劳动关系。王茁对"上海家化"的解除劳动关系行为不予认可,并提起劳动争议仲裁,主张恢复双方的劳动关系。仲裁委员会、一审法院和二审法院均支持了王茁恢复劳动关系的请求,认为董事会解除职务并不意味着必然导致劳动关系的解除,公司董事会虽有权依据《公司法》解除王茁的总经理职务,但王茁的失职行为的严重程度未达到《劳动合同法》中解除劳动关系的条件,劳动关系应予以恢复。

公司法与劳动法是调整不同领域社会关系的法律规范。公司法的调整对象主要是在公司设立、组织、运营或解散过程中所发生的社会关系。具体包括公司内部财产关系、公司外部财产关系、公司内部组织管理与协作关系、公司外部组织管理关系等。公司法规定,股份有限公司的经理由董事会决定聘任或者解聘。经理依法行使职权,对董事会负责。公司董事、监事、高级管理人员应当遵守法律、行政法规和公司章程,对公司负有忠实义务和勤勉义务。上述人员违反对公司忠实义务所得的收入应当归公司所有以及董事、监事、高级管理人员执行公司职务时违反法律、行政法规或者公司章程的规定,给公司造成损失的,应当承担赔偿责任。上述规定体现的是企业内部的组织管理关系,规定的是公司及高级管理人员基于公司法而享有的相应权利义务。

而劳动法调整的是劳动者与用人单位之间在实现劳动过程中发生的社会关系(通常所称的劳动关系)及与劳动关系密切联系的其他社会关系,如社会保险方面关系、工会组织与用人单位之间发生的关系、处理劳动争议方面的关系、监督劳动法执行方面的关系等。劳动法是劳动者保护与劳动监管的统一,体现了公法与私法的混合性。劳动法中对于用人单位单方行使劳动合同解除权的限制性规定就体现了国家对劳动关系的积极干预。对于签订劳动合同的高级管理人员而言,其受雇于公司,按公司董事会决议的要求开展生产经营,双方建立劳动关系的意思表示明确。而从目前的劳动立法现状看,我国亦尚未建立独立于劳动关系之外的委任制职业经理人制度,也无明确规定将高级管理人员排除在劳动法适用范围之外。反而,劳动合同法关于竞业限制条款规定中适用人群的界定中还明确,竞业限制的人员限于用人单位的高级管理人员、高级技术人员和其他负有保密义务的人员。显然高级管理人员目前仍属我国劳动合同法调整对象,对其行使解雇权应当符合劳动合同法的规定。当然因高级管理人员通常支配和控制着公司的各项重大事务和主要资源,并非普通劳动者,其举证能力高于普通劳动者,因而在劳动争议纠纷的处理中对其举证的要求比普通劳动者更为严格。对于建立劳动关系后被董事会聘任的高级管理人员而言,其作为公司员工,相关的劳动权利受劳动法保护。但劳动合同的履行并非一成不变,确因生产经营的需要,用人单位可以进行合理的变更以确保劳动合同得以顺利履行。董事会有权聘用或解聘高级管理人员是公司法赋予董事会的权利,该权利的行使亦是企业经营自主权的一种体现。董事会依公司法聘用或解聘高级管理人员应视为系对相关岗位的人事安排。对于已与公司建立劳动关系的高级管理人员而言,董事会通过决议解除其职务应视为是对其岗位进行变更,并不必然导致劳动关系的解除。董事会决议是否有效应根据公司法的规定进行审查,公司基于劳动法享有的解雇权与其基于公司法享有的对高级管理人员的解聘权虽有牵连,但并不冲突。

2. 团队流失的风险

高级管理人员在企业中的日常运营中负有管理职责,其与所领导的团队关系紧密,如果贸然与其解除劳动合同,很有可能导致其带领的整个团队人员流失,给公司造成巨大的人才损失。

3. 商业秘密泄露的法律风险

高级管理人员的岗位要求,决定了其必然在合同履行期间接触大量企业经营信息和技术信息,这些信息有可能是企业的核心商业秘密,如果企业没有采取保密措施和离职时的脱密手段,就极有可能导致这些信息外泄,给企业造成巨大的损失。

（二）离职时的管理建议

1. 合法解除、终止劳动合同，完善规章制度

按照《劳动合同法》的相关规定，在准备解除或终止与高级管理人员的劳动合同时，审核解除的依据是否合法。实践中争议较大的是用人单位依据高级管理人员严重违反公司的规章制度这一情形解除劳动合同，这类情形解除劳动合同导致的案件和纠纷数量很多。企业高级管理人员在遇到该种劳动合同解除情形时往往对用人单位的解除行为合法性提出异议，主张用人单位解除劳动合同违法并要求用人单位支付经济赔偿金。因此，用人单位尽量与劳动者采用协商的方式解除双方的劳动合同，如果必须要采用因员工违反公司规章制度单方解除劳动合同的，应在解除行为发生前谨慎审核企业的规章制度生效要件是否齐全，解除流程是否合法、合理等。最后，还要注意用人单位单方解除劳动合同时，应事先将理由通知工会。收到工会反馈意见后，应研究工会的意见，并将处理结果书面通知工会。

2. 离职审计

在高级管理人员离职前，应尽早安排，做好离职高级管理人员的审计工作。一旦离职的审批程序完成，是不能以未经审计为由暂停离职程序的。如果审计过程中发现高级管理人员存在过错的，及时采取相应措施，必要的时候启动司法程序对责任人员进行追责处理。

3. 保密和竞业限制

对负有公司保密义务的高级管理人员，离职前应采取脱密措施。虽然《劳动合同法》规定劳动者提前30日以书面形式通知用人单位，可以解除劳动合同。试用期内提前3日通知用人单位，可以解除劳动合同。但对于重要涉密岗位的高级管理人员，各地有一些脱密期的规定，可以适当延长高级管理人员的离职时间。例如，《江苏省劳动合同条例》第27条第2款规定，对负有保密义务的劳动者，用人单位可以与其在劳动合同或者保密协议中，就劳动者要求解除劳动合同的提前通知期以及提前通知期内的岗位调整、劳动报酬作出约定。提前通知期不得超过6个月。北京和上海也都有类似规定。但要注意，脱密期的规定并不是所有地区都有，各地差异较大。建议上市公司根据其不同的公司主体所在的区域法律规定采取相应的制度和措施。

如果企业掌握的信息涉及国家秘密的，《中华人民共和国保密法》亦有规定，涉密人员离岗离职实行脱密期管理。涉密人员在脱密期内，应当按照规定履行保密义务，不得违反规定就业，不得以任何方式泄露国家秘密。注意这里的脱密期没有

上限规定。

此外,用人单位根据离职高级管理人员的重要程度和市场环境需要,可考量是否要其履行竞业限制义务。对于竞业限制的相关内容,已在前述竞业限制的管理中详细讨论,这里不再赘述。

4. 交接重要资产、物品

基于高级管理人员的职权,其在履行劳动合同过程中可能会掌握公司的一些重要资产、物品,例如公司的电脑、车辆、印章、财务密码、各类证书、资质文件等。这些资产、物品对企业而言往往十分重要。劳资双方如果基于纠纷而解除劳动关系的,公司应做好离职高级管理人员拒绝归还公司资产、物品的应对措施,提前设计好应对方案。以免发生时,陷入被动局面。另外,公司在平时管理过程中也应加强对公司资产、物品的管控措施。

5. 依据《上市公司信息披露管理办法》及时进行公告披露

上市公司的高级管理人员职务变动或离职,根据规定,一定情况下需要进行公告披露。例如,公司的总经理发生变动、无法履行职责时根据《上市公司信息披露管理办法》第 80 条规定,公司应当立即将有关情况向国务院证券监督管理机构和证券交易场所报送临时报告,并予公告,说明事件的起因、目前的状态和可能产生的法律后果。因此如果高级管理人员离职时符合上市公司信息披露条件的,应及时进行公告披露。以免遭受不必要的处罚。

第六篇

上市公司刑事风险防控

近年来，监管部门对资本市场的从严监管力度，使资本市场刑事案件呈现出井喷式爆发，涉刑案件数量明显增多、上市公司高管犯罪频发、刑罚也明显在加重。对于上市公司而言，应当如何进行防范呢？我们认为，除了要有刑事风险防范优先意识之外，还要建立事前预防管控体系，以有效排除刑事风险，而不是事后救火式找律师辩护。本篇中，我们挑选了八个高发罪名进行讲解。

欺诈发行股票、债券罪

刑法条文

第一百六十条 在招股说明书、认股书、公司、企业债券募集办法等发行文件中隐瞒重要事实或者编造重大虚假内容，发行股票或者公司、企业债券、存托凭证或者国务院依法认定的其他证券，数额巨大、后果严重或者有其他严重情节的，处五年以下有期徒刑或者拘役，并处或者单处罚金；数额特别巨大、后果特别严重或者有其他特别严重情节的，处五年以上有期徒刑，并处罚金。

控股股东、实际控制人组织、指使实施前款行为的，处五年以下有期徒刑或者拘役，并处或者单处非法募集资金金额百分之二十以上一倍以下罚金；数额特别巨大、后果特别严重或者有其他特别严重情节的，处五年以上有期徒刑，并处非法募集资金金额百分之二十以上一倍以下罚金。

单位犯前两款罪的，对单位判处非法募集资金金额百分之二十以上一倍以下罚金，并对其直接负责的主管人员和其他直接责任人员，依照第一款的规定处罚。

2020 年 12 月 26 日，第十三届全国人大常委会第二十四次会议表决通过了《中华人民共和国刑法修正案（十一）》，并于 2021 年 3 月 1 日起施行。其中就有对本节罪名的修改，主要体现在以下几个方面：(1)自由刑、财产刑均大幅提高；(2)欺诈的范围进行了扩充，增加了“等发行文件”；(3)犯罪对象范围扩大；(4)控股股东和实际控制人成为本罪的犯罪主体。

一、主体

本罪的犯罪主体包括自然人和单位。

单位为犯罪主体时，包括在公司发起设立阶段参与公司发起设立的法人以及已成立的股份公司、国有独资公司、两个以上的国有企业或者其他两个以上国有投资主体投资设立的有限责任公司。单位犯本罪的实行双罚制，对单位判处罚金、对其直接负责的主管人员和其他直接责任人员追究相应刑事责任。

自然人为犯罪主体时，包括在公司发起设立阶段制作虚假文件的实际操作人以及对犯罪起指挥、组织、决策作用的人，换句话说就是公司负责人、法定代表人、董事长等的公司高级管理人员。

二、行为

具体包括三个方面，缺一不可。(1)行为人实施了制作虚假的招股说明书、认股书、公司和企业债券募集办法的行为。(2)行为人实施了发行股票或者公司、企业债券的行为。(3)行为人制作虚假的招股说明书、认股书、公司债券募集办法发行公司股票或者公司、企业债券的行为，必须达到一定的严重程度。

三、具体表现

行为人实施前述犯罪行为的具体表现为，隐瞒重要事实或者编造重大虚假内容，并且数额巨大、后果严重或者有其他严重情节。其中，关于欺诈行为既有隐瞒企业的负债，也有虚构企业的经营收入（主要体现为财务造假，实践中大多表现为对企业的净资产、生产经营状况、财务状况等进行造假，虚构收入和利润等）；对于隐瞒，要求隐瞒的也得是重要事实或者编造的是重大虚假的内容。

什么是隐瞒重要事实呢？

一方面，我们需要了解下“隐瞒”，本罪中的隐瞒行为不同于“诈骗罪”中的隐瞒，不需要使被害人陷入错误认识的程度。“隐瞒”分为部分隐瞒和全部隐瞒。部分隐瞒是指对被要求记载于招股说明书等文书中的特定内容进行选择性记载；全部隐瞒是指对特定内容完全不予记载。另一方面，我们需要知道哪些属于“重要事实”的范畴，从刑法条文中可以看出记载于招股说明书、认股书、公司、企业债券募集办法中的重要事实就是我们所研究的“重要事实”。在实践中，以证券市场的公平性受到影响的程度为指导，以监管部门和理性投资者为对象，对于监管部门的审核或者对投资者的投资决策具有重大影响的事实，属于重要事实。因此，“隐瞒重要事实”即为对应当在招股说明书、认股书、公司、企业债券募集办法中记载的重要事实不予记载，属于应为而不为的不作为方式。

什么是编造重大虚假事实呢？

和前述问题相比，区别在于“事实”一词。前者是客观存在的事实，后者是本就不存在的事实。编造重大虚假事实要求编造的内容得是证券发行所需要记载于特定文书上面的内容，也就是“无中生有”，即对客观事实作虚伪或不实的陈述，且该陈述已被记载于招股说明书等法定文书。其中，对基于不实的陈述所作出的评价或者预测，因基础的真实性无法印证，不宜以“编造”行为进行认定。

根据《股票发行与交易管理暂行条例》以及《公司法》的规定，重大事实及重大虚假内容具体包括：发行股票、债券的公司、企业或者发行人的基本情况（例如发行人、发起人的简况，企业名称、住所、经营范围、法定代表人、净资产额，企业的重要合同，和企业有关的重大诉讼事项，企业的核心人员情况、公司的财务状况、生产经营状况、逾期利润率、企业的主要会计数据），以及发行股票、企业债券的情况（例如股票、债券的种类、数额、承销机构的名称、承销方式、承销数量，股票、债券的发行对象、时间、方式，筹措资金的用途、盈利预测、股利分配、债券利率、风险原因等）。

四、立案标准

本罪往往由证监会等监管部门在行政执法中发现犯罪线索，而后移送司法机关。对于数额不大、后果不严重、没有其他严重情节的，并不构成刑事犯罪，但可能会受到监管部门的行政处罚。

《最高人民检察院、公安部关于印发〈最高人民检察院、公安部关于公安机关管辖的刑事案件立案追诉标准的规定（二）〉的通知》（2010 年 5 月 7 日发布）第 5 条规定，在招股说明书、认股书、公司、企业债券募集办法中隐瞒重要事实或者编造重大虚假内容，发行股票或者公司、企业债券，涉嫌下列情形之一的，应予立案追诉：（1）发行数额在 500 万元以上的；（2）伪造、变造国家机关公文、有效证明文件或者相关凭证、单据的；（3）利用募集的资金进行违法活动的；（4）转移或者隐瞒所募集资金的；（5）其他后果严重或者有其他严重情节的情形。

根据罪刑法定原则，无论是隐瞒还是虚构的事实，都要求“后果严重”或“情节严重”，目前的司法解释并未进行具体量化。

五、典型刑事案例*

案例6-1

2020年11月6日，最高人民检察院联合中国证券监督管理委员会（以下简称证监会）发布了12起证券违法犯罪典型案例，“创业板欺诈退市第一案”欣某股份有限公司、温某、刘某欺诈发行股票、违规披露重要信息案首当其冲。

丹东欣某股份有限公司（以下简称欣某公司），1999年成立，是一家制造、加工和销售MCR磁控电抗器、磁控消弧线圈等电气产品的民营企业，企业拥有国家外经贸部批准的产品进出口经营权，是国家科技部确定的重点高新技术企业，拥有资产总额近2亿元，员工560余人。2014年1月27日，欣某公司二度闯关IPO成功，顺利登陆创业板市场。2015年5月，证监会在对欣某公司现场检查时，发现了其涉嫌财务数据不真实、虚增经营活动现金流等违法线索，随后对该公司立案调查。2016年7月5日，证监会开出A股市场有史以来对欺诈发行的最重罚单，对该公司及其17名董事、监事、高管及相关人员进行行政处罚。同年7月28日，证监会启动衔接程序，将该公司欺诈上市案件线索移交公安机关进行刑事立案侦查。12月，丹东市公安局将案件移送到丹东市检察院审查起诉。

检察机关审查认为，欣某公司为达到上市发行股票的目的，采取伪造财务数据等手段，在招股说明书中编造重大财务虚假内容并发行股票；作为信息披露义务主体，多次向股东和社会公众提供虚假和隐瞒重要事实的财务报告，严重损害股东利益。温某乙、刘某胜为直接负责的主管人员，2017年4月20日，辽宁省丹东市人民检察院以欣某公司、温某乙、刘某胜涉嫌欺诈发行股票罪，违规披露、不披露重要信息罪提起公诉。

经审理，丹东市法院作出一审判决，以欺诈发行股票罪，判处被告单位欣某公司罚金832万元；以欺诈发行股票罪、违规披露重要信息罪对被告人温某、刘某数罪并罚，对温某决定执行有期徒刑3年，并处罚金10万元；对刘某决定执行有期徒刑2年，并处罚金8万元。

* 本篇中选取的案例均来自中国裁判文书网、最高人民检察院/最高人民法院公布案例以及证监会公布案例。

六、典型行政案例

案例 6 -2

以证监会对前述欣某公司开出的罚单为例。

经调查,欣某公司存在两项违法事实:(1)首次公开发行股票并在创业板上市申请文件中相关财务数据存在虚假记载。(2)上市后披露的定期报告中存在虚假记载和重大遗漏。

欣某公司的申辩意见是:欣某公司在对历年公告的财务报表进行追溯调整后的财务数据显示,其相关年度的净利润等实质发行条件的财务指标符合《首次公开发行股票并在创业板上市管理暂行办法》所规定的财务指标要求。故,欣泰电气不构成《证券法》第 189 条所述"发行人不符合发行条件,以欺骗手段骗取发行核准"的行为。另外,欣某公司虚构收回应收账款的行为发生在2011 年 12 月至 2013 年 6 月,已超出《行政处罚法》规定的 2 年追责期限。

温某的申辩意见是:对温某的同一行为分别以"实际控制人"和"直接负责的主管人员"进行重复处罚,违反了《中华人民共和国行政处罚法》的规定。

证监会认为:

1. 公开发行新股不仅要符合《首次公开发行股票并在创业板上市管理暂行办法》规定的财务指标,更要符合《证券法》第 13 条规定的发行条件,即公司公开发行新股应当符合"最近三年财务会计文件无虚假记载,无其他重大违法行为"的条件。欣泰电气在报送的 IPO 申请文件中,相关年度财务数据存在虚假记载,不符合《证券法》第 13 条规定的发行条件,应当按照《证券法》第 189 条予以处罚。

2. 温某作为欣某公司董事长在相关 IPO 申请文件和定期报告上签字,承诺保证相关文件真实、准确、完整,其应对欣泰电气违反证券法律法规行为承担直接负责的主管人员的法律责任,同时,温某作为欣泰电气实际控制人,最终决定以外部借款等方式虚构收回应收款项,并安排、筹措资金且承担相关资金成本,其行为已构成"指使"从事相关违法行为。根据《证券法》相关规定对温某两项行为同时处罚,并不违反法律规定。

3. 欣某公司于 2014 年 1 月取得核准首次公开发行并在创业板上市的批复,证监会于 2015 年 5 月对欣某公司进行现场检查时发现该公司违法行为,距 2014 年 1 月尚未超过 2 年,不存在超出法定追责期限的问题。

最终,证监会决定对欣某公司给予警告并罚款 832 万元,对温某给予警告并罚款 892 万元,对刘某警告并罚款 60 万元。

背信损害上市公司利益罪

刑法条文

第一百六十九条之一 上市公司的董事、监事、高级管理人员违背对公司的忠实义务，利用职务便利，操纵上市公司从事下列行为之一，致使上市公司利益遭受重大损失的，处三年以下有期徒刑或者拘役，并处或者单处罚金；致使上市公司利益遭受特别重大损失的，处三年以上七年以下有期徒刑，并处罚金：

（一）无偿向其他单位或者个人提供资金、商品、服务或者其他资产的；

（二）以明显不公平的条件，提供或者接受资金、商品、服务或者其他资产的；

（三）向明显不具有清偿能力的单位或者个人提供资金、商品、服务或者其他资产的；

（四）为明显不具有清偿能力的单位或者个人提供担保，或者无正当理由为其他单位或者个人提供担保的；

（五）无正当理由放弃债权、承担债务的；

（六）采用其他方式损害上市公司利益的。

上市公司的控股股东或者实际控制人，指使上市公司董事、监事、高级管理人员实施前款行为的，依照前款的规定处罚。

犯前款罪的上市公司的控股股东或者实际控制人是单位的，对单位判处罚金，并对其直接负责的主管人员和其他直接责任人员，依照第一款的规定处罚。

一、主体

本罪的犯罪主体包括自然人和单位。

自然人为犯罪主体时，包括上市公司的董事、监事、高级管理人员以及控股股东、实际控制人。对于前述人员身份的认定，《刑法》条文及相关司法解释中并没有过多的说明。《公司法》中高级管理人员是指公司的经理、副经理、财务负责人、上市公司董事会秘书和公司章程规定的其他人员。控股股东,是指其出资额占有限责任公司资本总额50%以上或者其持有的股份占股份有限公司股本总额50%以上的股东;出资额或者持有股份的比例虽然不足50%,但依其出资额或者持有的股份所享有的表决权已足以对股东会、股东大会的决议产生重大影响的股东。实际控制人,是指虽不是公司股东,但通过投资关系、协议或者其他安排,能够实际支配公司行为的人。证监会的有关通知中,对实际控制人的认定以是否享有公司的控制权为评判标准,换句话说就是看对公司直接或间接的股权投资关系,这就需要审查两点:一是股权投资关系;二是对股东大会、董事会决议的实质影响以及对高管的提名和任命中的作用等。单位为犯罪主体时,单位指的是作为控股股东、实际控制人的单位。

二、行为

《刑法》第169条之一规定了五种构成本罪的行为和一条兜底条款。

刑法条文的表述为相关人员违背对公司的忠实义务,利用职务便利,操纵上市公司从事的一些行为。这其中的"忠实义务""利用职务便利""操纵上市公司从事的行为"应该如何理解呢?

首先,刑法中对于忠实义务并没有全部、详尽的列举出来,公司法中也并没有详列,实践中对"忠实义务"的判断,以《公司法》第147条、第148条为依据,以公司章程为补充。对于违背公司忠实义务的判断,不仅要在程序方面审查,还要进行实质性审查。在对董事、高管的行为进行审查时,不以其已履行了程序为抗辩理由。

其次,利用职务便利是指在交易的决定过程中,行为人利用了因特殊身份而控制或者重大影响公司资产管理方案的便利。在刑法分则中,含有"利用职务便利"字眼的罪名分布在不同的章节中。在实践中,具体对于"利用职务便利"的认定,应当考虑不同罪名中含义的相对性。《全国法院审理经济犯罪案件工作座谈会议纪要》实际上明确了两种情形:一是利用职权本身的便利,也就是利用自身对于公共事项直接主管、管理或者经手的权利;二是利用职权的派生权利,也就是利用特定职权或者职责对于他人形成隶属、制约关系。目前实践中对第二种情形的认定争议较大,具体要看行为人的职权对相关事项的实际影响力、制约力,是判断的关键。本章罪名下对"利用职务便利"的认定,要和具体的利益相结合,从权到利的影响力进行深层次把握。

最后，具体的行为在刑法条文中有列举，共五大行为以及一条兜底，共同点都是要求损害到上市公司的利益一些行为。

三、立案标准

刑事责任与行政责任以及民事责任的分界点，除了对具体行为进行认定之外，还有就是对数额的准确核实。

《最高人民检察院、公安部关于公安机关管辖的刑事案件立案追诉标准的规定（二）》有明确的规定，对于追诉的数额标准，要求行为人的“背信行为”给上市公司造成的直接经济损失必须达到150万元以上。

故，在案件审查中首先要做的就是准确核实直接的经济损失。本罪的六大行为中，比较容易判断的是第一项、第三项、第五项的行为，只需要鉴定其所提供的资金、商品、所放弃的债权、所承担的债务的具体数额即可。容易产生争议的是第二项、第四项行为，也就是“以明显不公平的条件，提供或者接受资金、商品、服务或者其他资产的”以及“为明显不具有清偿能力的单位或者个人提供担保，或者无正当理由为其他单位或者个人提供担保的”，其中明显不公平的条件和明显不公平的条件所造成的实际损失数额在认定上往往需要借助鉴定机构出具的《价格认定书》、审计机构出具的《鉴定报告》等鉴定意见进行综合的评价；对于行为人违规对外担保方面，还需要进一步认真分析，该或然损失是否由或然转变成必然、上市公司是承担连带保证责任还是补充清偿责任，认定损失的相关法院判决或者其他法律文件是否已经发生法律效力、有关法律文件是否进入执行阶段并实际划扣上市公司款项、最终是否给上市公司造成实际的损失等。

另外，还需要审查一个重要的问题即因果关系。也就是行为人的行为是不是导致损害结果发生的唯一因素、必要因素，否则依照现行的刑法规定就不能作为犯罪处理。而在举证责任方面，刑事诉讼法虽然有犯罪嫌疑人不得自证其罪的原则，但由于技术难度问题最终还是会转移到犯罪主体上面来，需要行为当事人提交交易资料等证据，此时会发生证明责任的责任承担不当问题。

对于本章罪名下的特别重大损失的标准，目前尚无明确的规定。司法实践中也只是参照重大损失的标准酌情进行认定，部分学者提出以5000万元作为认定标准。

四、典型刑事案例

关于本章的罪名，实践中被公安机关立案或者被刑事拘留的案件很多，但真正因该罪名被判处刑罚的却很少，“鲜某案”就是其中之一。

案例 6－3

多某公司，1993 年 12 月在上海证券交易所上市；汉某公司成立于 2009 年 8 月，2010 年左右成为多某公司持股 70% 的子公司。

2012 年 5 月左右，被告人鲜某经与时任多某公司实际控制人李某某商议，收购了李某某经多某投资（香港）有限公司持有的多某公司 11.75% 股权计 4000 万股。2012 年 11 月，多某公司及汉某公司的法定代表人变更为鲜某。2015 年 6 月，多某公司更名为匹某匹公司。2016 年年初，鲜某将所持有的匹某匹公司 11.75% 股权转让后，不再担任匹某匹公司的法定代表人。被告人鲜某转让所持有的匹某匹公司股权时，匹某匹公司仍持有汉某公司 42% 股权。

2013 年 7 月至 2015 年 2 月，被告人鲜某利用担任上市公司多某公司及其子公司汉某公司的法定代表人及实际控制人的职务便利，为粉饰公司业绩，采用伪造汉某公司开发的荆某项目分包商林某某签名、制作虚假的资金支付申请与审批表等方式，以支付工程款和往来款名义，将汉某公司资金划转至该公司实际控制的林某某个人账户、荆某项目部账户，再通过上述账户划转至鲜某实际控制的多个公司、个人账户内，转出资金循环累计达人民币 1.2 亿余元。其中，2360 万元被鲜某用于理财、买卖股票等，至案发尚未归还，且部分资金已被结转至开发成本账户。

2019 年 9 月 17 日，上海市第一中级人民法院作出判决，鲜某犯背信损害上市公司利益罪，判处有期徒刑 2 年，并处罚金人民币 180 万元。鲜言不服，提出上诉。2020 年 12 月 21 日，上海市高级人民法院作出二审判决，鲜某犯背信损害上市公司利益罪，判处有期徒刑 1 年 8 个月，并处罚金人民币 180 万元。

擅自发行股票、公司、企业债券罪

刑法条文

第一百七十九条　未经国家有关主管部门批准，擅自发行股票或者公司、企业债券，数额巨大、后果严重或者有其他严重情节的，处五年以下有期徒刑或者拘役，并处或者单处非法募集资金金额百分之一以上百分之五以下罚金。单位犯前款罪的，对单位判处罚金，并对其直接负责的主管人员和其他直接责任人员，处五年以下有期徒刑或者拘役。

一、主体

主体既包括自然人和单位，依据《公司法》和《证券法》的规定，股份公司的股权表现形式是股票，也包括未上市股份公司的股权。因此，条文中的“发行股票”包括未上市公司转让股权。

中介机构违反国家规定代理买卖非上市公司股票情节严重的，以非法经营罪处罚。非上市公司与中介机构合谋的，同时构成两罪，以处罚较重的犯罪的共犯论处。实践中参照《最高人民法院、最高人民检察院、公安部、中国证券监督管理委员会关于整治非法证券活动有关问题的通知》处理。

二、行为

其一，我们需要明确的概念。所谓发行可分为公开发行和非公开发行，也就是说非公开发行亦可能构成本罪。2006 年 12 月 12 日，国务院办公厅发布了《关于严厉打击非法发行股票和非法经营证券业务有关问题的通知》（国办发〔2006〕99 号），明确了政策界限。向不特定对象发行股票或向特定对象发行股票后股东累计超过 200 人的，为公开发行。向特定对象发行股票后股东累计不超过 200 人的，为非公开发行。

其二,我们需要判断行为。从两个方面进行分析:一是是否经国家有关主管部门批准。不管是公开发行还是非公开发行均应依法报经证监会核准,未经核准擅自发行的,属于非法发行,严禁擅自公开发行,也严禁变相公开发行。变相公开发行是指虽然发行对象未超过200人,但采用广告、公告、广播、电话、传真、信函、推介会、说明会、网络、短信、公开劝诱等公开方式或变相公开方式向社会公众发行。二是有无实施发行行为。可以从转让对象、转让价格、转让的形式、模式以及转让资金的用途来分析。

此外,关于经营证券业务。股票承销、经纪(代理买卖)、证券投资咨询等证券业务由证监会依法批准设立的证券机构经营。其他人,须经证监会批准。

三、立案标准

《最高人民检察院、公安部关于公安机关管辖的刑事案件立案追诉标准的规定(二)》第34条规定,未经国家有关主管部门批准,擅自发行股票或者公司、企业债券,涉嫌下列情形之一的,应予立案追诉:(1)发行数额在50万元以上的;(2)虽未达到上述数额标准,但擅自发行致使30人以上的投资者购买了股票或者公司、企业债券的;(3)不能及时清偿或者清退的;(4)其他后果严重或者有其他严重情节的情形。

四、易混淆罪名

(一)非法吸收公众存款罪

2008年1月2日,最高人民法院、最高人民检察院、公安部、中国证券监督管理委员会发布了《关于整治非法证券活动有关问题的通知》。其第2条规定,未经依法核准,以发行证券为幌子,实施非法证券活动,涉嫌犯罪的,依照《刑法》第176条、第192条等规定,以非法吸收公众存款罪、集资诈骗罪等罪名追究刑事责任。

两罪的不同之处在于是否真实发行股票或者债券。本罪仅适用于违法但是有真实发行股票、债券的情形,对于不具有发行股票、债券的真实内容,以虚假转让股权、发售虚假债券等方式非法吸收资金的行为,构成犯罪的,以非法吸收公众存款罪处罚。

(二)欺诈发行股票债券罪

两罪的共同之处在于都有诈欺认购人的主观故意,所发行的股票、公司、企业债券都有虚假性。

两罪的不同之处在于:(1)犯罪主体要求不同。本罪不是身份犯,任何人都能成立为本罪主体;而后者若是单位犯罪时,其行为主体只能是有资格发行股票、公司债券的特定主体。(2)行为要件不同。本罪行为人所实施的是未经法定机构批准而发行股票、公司债券的行为;后者行为人所实施的则是制作虚假的招股说明书、认股书或公司债券募集办法等行为。(3)犯罪对象不同。本罪的行为对象是股票、公司、企业债券;而虚假发行股票债券罪的行为对象则是招股说明书、认股书和公告的公司债券募集办法等。(4)诈欺的对象范围不同。本罪行为人所诈欺的对象既包括国家证券发行管理机关又包括社会公众;后罪的诈欺对象主要是广大认购股票、公司、企业债券的社会公众或国家授权投资的机构。

五、典型刑事案例

案例 6-4

起诉书指控:

2001 年 12 月至 2007 年 8 月,被告人郑某担任被告单位安某公司的董事长、法定代表人,为了给单位募集资金,经股东会集体决定,在未经证券监管部门批准的情况下,擅自委托中介公司与个人代理,向社会不特定公众转让安某公司自然人股东的股权,共计向 260 余人发行股票 322 万股,募集资金人民币 1109 万余元,用于单位的经营活动及支付代理费用。安某公司未经证券监管部门批准擅自发行股票,其行为已构成擅自发行股票罪,且系单位犯罪;郑某作为安某公司直接负责的主管人员,其行为亦构成擅自发行股票罪,提请法院依法惩处。

一审答辩情况:

被告单位安某公司、被告人郑某及其辩护人均辩称:(1)国家法律对于非上市股份公司能否转让股权没有明确规定,依据“法无明文规定不为罪”的原则,被告单位及被告人的行为不构成刑事犯罪;(2)被告单位及被告人从事的是正常的股权转让业务,本案应属安某公司与受让人之间的民事债权债务纠纷。

法院认为:

《刑法》第 179 条规定:“未经国家有关主管部门批准,擅自发行股票或者公司、企业债券,数额巨大、后果严重或者有其他严重情节的,构成擅自发行股票、公司、企业债券罪。”依据《公司法》和《证券法》的规定,股份公司的股权表现形式就是股票,也包括未上市股份公司的股权。因此，这里的“发行股票”包括未上市公司转让股权。据此，判断行为人的行为是否构成擅自发行股票罪，应从以下几个方面分析：

第一，发行股票行为是否经国家有关主管部门批准。

我国法律、法规及相关政策对非上市股份公司的股权能否转让、如何转让，有三个阶段的限制性规定。

第一阶段，1998 年至 2002 年为严令禁止。1998 年国务院《转发证监会关于清理整顿场外非法股票交易方案的通知》、2003 年证监会《关于处理非法代理买卖未上市公司股票有关问题的紧急通知》、2004 年《关于进一步打击以证券期货投资为名进行违法犯罪活动的紧急通知》均明确禁止非上市公司从事股权交易，除进行股权整体转让外，严禁代理和买卖非上市公司股票。

第二阶段，2003 年至 2006 年为托管引导。其间，一些城市相继开展股权登记托管业务。2003 年年初，上海成立股权托管中心与上海联合产权交易所。2005 年年初，上海市发布《关于进一步规范本市发起设立股份有限公司审批、登记和备案相关事项的通知》，要求国有股权必须到上海联合产权交易所交易、到托管中心登记，对于私有股权采取自愿进场交易原则，依法禁止场外擅自交易。

第三阶段，2006 年至今为明确规范。《证券法》规定，向不特定对象或向特定对象累计超过 200 人发行证券，属于公开发行证券。公开发行证券，必须经国务院证券监管机构或国务院授权的部门核准。2006 年年底，国务院办公厅发布的《关于严厉打击非法发行股票和非法经营证券业务有关问题的通知》规定：(1)严禁擅自公开发行股票，向不特定对象发行股票或向特定对象发行股票后股东累计超过 200 人的，为公开发行，应依法报经证监会核准。(2)严禁变相公开发行股票。非公开发行股票及其股权转让，不得采用广告、公告、广播、电话、传真、信函、推介会、说明会、网络、短信、公开劝诱等公开方式或变相公开方式向社会公众发行。严禁任何公司股东自行或委托他人以公开方式向社会公众转让股票。

综上，国家一直禁止擅自进行非上市公司的股权交易。本案中，被告单位安某公司与被告人郑某在 2001 年至 2007 年 8 月，连续不间断地擅自向社会公众转让股权，其行为违反上述规定，系在未经有关主管部门批准的情况下实施发行股票行为。

第二，有无实施发行股票的行为。

根据本案事实，被告单位安某公司与被告人郑某擅自向社会公众转让股权的行为，属于《国务院办公厅关于严厉打击非法发行股票和非法经营证券业务有关问题的通知》所严禁的行为，应当认定为《刑法》第 179 条规定的“擅自发行股票、公司、企业债券”的行为。

1. 受让人属于不特定对象

区分特定对象与不特定对象，应当结合投资者的选择程序、承担风险能力与人数等因素综合分析。通常情况下，出让方委托中介机构面向社会公众采用推广会等方式进行宣传，随后筛选出合适的投资人，审查投资人的资产价值与申报财产内容的真实性、是否具备识别并承担风险能力等内容，明确提示投资风险，有明确的人数和资金总量的限制。对于符合上述条件的，应当认定为属于特定对象。对于不设定任何标准和人数条件，不考察投资人的具体情况，只要出资即予以接纳的情况，应当认为属于不特定对象。本案中，被告单位安某公司委托中介公司与个人，随机向上海及浙江宁波等地的居民进行推销，不审查财产状况且没有人数限制，应当认定为向不特定对象转让股权。

2. 转让股权的价格具有不确定性

合法的转让股权应由第三方对公司财务状况进行审计，结合审计结论、运营情况、公司拟上市后的预增利润等综合因素，由出让方确定统一合理的出让价格，报证券监管部门批准备案后向全社会公布。本案中，转让股权价格未经过任何审计、批准备案、公开的程序，仅由被告人郑某与中介公司商定，按照注册资本3400万元确定为3400万股，据审计报告显示，每股转让价格从1.5元至4.2元不等，包括12种不同价格。这充分说明涉案股权转让价格具有极大的随意性和不确定性。

3. 采用公开的形式转让股权

判断公开与非公开方式的标准，是信息沟通渠道是否畅通。非公开发行是指基于相互信任与意思自治原则，双方能够交流获取真实有效的信息，无须借助第三方力量来传递信息达到沟通目的。而公开发行由于面向社会公众且信息不对称，出让方需要借助中介力量，利用广告、公告、广播、电话、推介会、说明会、网络等方式传递信息，以达到吸引投资人获取资金的目的。本案中，被告单位安某公司与被告人郑某委托多家中介公司与个人，先采用随机拨打电话的方式，以提供理财帮助为名邀请不特定对象到中介公司，后由业务员介绍并推销股权，对于犹豫不决的客户，业务员反复打电话以动员劝诱。故可以认定涉案股权转让形式属于公开发行。

4. 转让股权的运作模式不合规

由于涉及社会公众权益，转让股权必须接受多方面的监管，要求运作模式必须合法规范，包括中介机构的主体资格、签订合同的内容、披露信息的要求、财务情况公开、区分收费账户与公司账户、按约履行权利义务等。本案中，被告单位安某公司与被告人郑某转让股权没有详细工作计划，没有披露公司的详细财务状况，没有委托固定有资质的中介机构，没有签订规范的服务合同，在2002年至2007年8月，被告方频繁地更换中介公司与个人，这种运作模式完全不符合规范。

5. 募集资金全部用于经营活动和支付中介费用

实践中，存在利用擅自发行股票的方法取得资金以实施集资诈骗的情况发生，这种集资诈骗罪与擅自发行股票罪的主要区别在于主观上是否具有非法占有的目的。集资诈骗罪是以非法占有为目的，行为人发行股票只是诈骗财产的一种手段，在取得钱款后往往出现携款逃跑、挥霍滥用、抽逃转移资金、隐匿销毁账目等情况。擅自发行股票罪的主观方面则是为了非法募集生产经营资金，不具备非法占有的目的。本案中，被告单位安某公司募集资金1109万元均存入公司账户，有400万元支付中介代理费，另有600余万元用于公司的生产经营活动，包括租用厂房、购买设备、支付工资、研发费用等，且公司财务账册中未反映有挪用抽逃等不正常现象发生，仅仅由于客观上经营不善导致钱款不能返还，不能认定主观上具有非法占有目的。

根据最高人民法院、最高人民检察院、公安部、证监会《关于整治非法证券活动有关问题的通知》的规定，公司、公司股东违反规定擅自向社会公众转让股票，应当追究擅自发行股票罪的责任。根据最高人民检察院、公安部《关于经济犯罪案件追诉标准的规定》的规定，未经国家有关主管部门批准，擅自发行股票涉嫌下列情形之一的，应予追诉：数额在50万元以上的、不能及时清偿或者清退的、造成恶劣影响的。这是对于擅自发行股票罪的情节要件规定，本案符合此项规定。

此外，本案中部分受让人到股权托管中心托管并到工商部门备案的情节不影响犯罪的认定。根据证监会〔2001〕5号文《关于未上市股份公司股权托管问题的意见》的规定，未上市股份公司股权托管问题，成因复杂，涉及面广，清理规范工作主要由地方政府负责。在这一政策指引下，许多地方政府都以行政规章的形式要求对非上市公司的股权进行集中托管，据此，上海市发布《关于进一步规范本市发起设立股份有限公司审批、登记和备案相关事项的通知》，在此背景之下，上海股权托管中心应运而生。股权托管中心提供的资料显示，其是专业从事非上市股份公司股权集中托管、过户、查询、分红等业务的股权托管登记服务机构，为非上市股份公司股权规范有序流动提供服务平台，其主要职能分三类，股权托管、登记与服务功能。托管中心仅负责为股权转让双方办理过户登记手续，并向受让人发放托管卡，记载有股权名称、双方姓名、证件信息、转让份额、托管账号等信息，受让人凭托管卡号和账户密码,可以查询到个人持股情况及托管中心提供的公司相关信息。本案中,有157名受让人在购买股权后曾到股权托管中心进行登记领取托管卡,并被列入被告单位安某公司的股东名册且在工商部门备案。安某公司确认这157人具有公司股东的身份,但是,由于安某公司一直处于药物研发阶段,没有经营和销售行为,没有盈利分红,没有因重大事项召开过股东大会,因此这部分人没有参与公司经营管理和决策,实质上他们未能享受股东权利和履行股东义务。从全案情况分析,到托管中心登记的157人和未登记的106人,他们购买股权的动机和目的是完全一致的,由于安某公司谎称将在美国纳斯达克上市股票能获得巨大利润,并承诺如果不能上市将原价回购股票,使全部受让人轻信这些言语且相信投资能够保本,他们投资购买股权的主观目的是希望通过投资换取未来的利润。托管中心作为第三方组织,对于股权转让行为只负责登记备案,并没有审核及监督义务,托管登记的形式,仅证实双方确有股权转让行为,但不能证明股权转让行为本身的合法与否。因此这一情节不影响本案的定性。

综上,被告单位安某公司违反国家政策及相关法律规定,未经证券监管部门的批准,委托他人以公开方式向不特定社会公众发行股票,情节严重,被告人郑某系安某公司直接负责的主管人员,其行为均已构成擅自发行股票罪。公诉机关指控的罪名成立,被告单位、被告人及辩护人的辩护理由不成立,不予采纳。被告单位与被告人均有自首情节,依法从轻处罚。对被告人应予数罪并罚。

被告单位安某公司犯擅自发行股票罪,被判处罚金人民币30万元;被告人郑某犯擅自发行股票罪,判处有期徒刑2年;违法所得予以追缴。

总结:非上市股份有限公司为筹集经营资金,在未经证券监管部门批准的情况之下,委托中介机构向不特定社会公众转让公司股东的股权,其行为属于未经批准擅自发行股票的行为,应以擅自发行股票罪处罚。

违规披露、不披露重要信息罪

刑法条文

第一百六十一条 依法负有信息披露义务的公司、企业向股东和社会公众提供虚假的或者隐瞒重要事实的财务会计报告,或者对依法应当披露的其他重要信息不按照规定披露,严重损害股东或者其他人利益,或者有其他严重情节的,对其直接负责的主管人员和其他直接责任人员,处五年以下有期徒刑或者拘役,并处或者单处罚金;情节特别严重的,处五年以上十年以下有期徒刑,并处罚金。

前款规定的公司、企业的控股股东、实际控制人实施或者组织、指使实施前款行为的,或者隐瞒相关事项导致前款规定的情形发生的,依照前款的规定处罚。

犯前款罪的控股股东、实际控制人是单位的,对单位判处罚金,并对其直接负责的主管人员和其他直接责任人员,依照第一款的规定处罚。

刑法修正案(十一)对本章罪名进行了重大修订,主要体现在以下几个方面:(1)自由刑幅度有所提高;(2)保留罚金型,但删除了罚金刑的幅度;(3)单位成为本罪的犯罪主体。

一、主体

犯罪主体限定为依法负有信息披露义务的公司、企业。

责任主体是公司、企业直接负责的主管人员和其他直接责任人员、控股股东、实际控制人。

《证券法》第78条规定,信息披露义务人为发行人以及法律、行政法规和国务院证券监督管理机构规定的其他信息披露义务人。信息披露义务的公司、企业是指发行人、上市公司、上市交易债券公司、银行、基金管理人、基金托管人等。本罪原来是单位犯罪,但是仅仅处罚直接负责的主管人员和其他直接责任人员。《刑法修正案(十一)》后,个人也成为本罪的犯罪主体,本罪从"单罚制"变为"双罚制"。

具体行为人包括对公司财务会计报告的真实性、可靠性负有直接责任的公司董事长、董事、总经理、经理、监事,同时还包括直接参与虚假财会报告制作的工作人员。前者一般表现为审核财务会计报告的人员和授意、指使编制虚假的或者隐瞒重要事实的财务会计报告的公司负责人;后者一般表现为具体编制或者参与编制虚假的或者隐瞒重要事实的财务会计报告的公司财会人员。

二、行为

根据刑法条文,具体行为表现为故意实施了向股东和社会公众提供虚假的或者隐瞒重要事实的财务会计报告,或者对依法应当披露的其他重要信息不按照规定披露,严重损害股东或者其他人利益的行为。

"不按照规定披露"是指对依法应当披露的信息进行虚假记载,在信息披露中故意有不正当披露、重大遗漏、误导性陈述或者其他法律禁止的内容。

"依法应当披露的其他重要信息"主要有:招股说明书、债券募集办法、财务会计报告、上市报告等文件,上市公司中期报告、年度报告、临时报告及其他信息披露资料;金融机构财务会计报告、风险管理状况、董事和高级管理人员变更以及其他重大事项等信息及基金信息等。

三、立案标准

依法负有信息披露义务的公司、企业向股东和社会公众提供虚假的或者隐瞒重要事实的财务会计报告,或者对依法应当披露的其他重要信息不按照规定披露,涉嫌下列情形之一的,应予立案追诉:(1)造成股东、债权人或者其他人直接经济损失数额累计在50万元以上的;(2)虚增或者虚减资产达到当期披露的资产总额30%以上的;(3)虚增或者虚减利润达到当期披露的利润总额30%以上的;(4)未按照规定披露的重大诉讼、仲裁、担保、关联交易或者其他重大事项所涉及的数额或者连续12个月的累计数额占净资产50%以上的;(5)致使公司发行的股票、公司债券或者国务院依法认定的其他证券被终止上市交易或者多次被暂停上市交易的;(6)致使不符合发行条件的公司、企业骗取发行核准并且上市交易的;(7)在公司财务会计报告中将亏损披露为盈利,或者将盈利披露为亏损的;(8)多次提供虚假的或者隐瞒重要事实的财务会计报告,或者多次对依法应当披露的其他重要信息不按照规定披露的;(9)其他严重损害股东、债权人或者其他人利益,或者有其他严重情节的情形。

四、典型刑事案例

案例6－5

公报案例(2020年第十七批指导性案例)

广东省某投资股份有限公司(以下简称广东公司)原系上海证券交易所上市公司。华某投资有限公司(以下简称华某公司)为广东公司控股股东。在广东公司并购重组过程中,有关人员作出了业绩承诺,在业绩不达标时需向广东公司支付股改业绩承诺款。2011年4月,余某、陈某、伍某、张某、罗某等人采取循环转账等方式虚构华某公司已代全体股改义务人支付股改业绩承诺款3.84亿余元的事实,在广东公司临时报告、半年报中进行披露。为掩盖以上虚假事实,余某、伍某、张某、罗某采取将1000万元资金循环转账等方式,虚构用股改业绩承诺款购买37张面额共计3.47亿元银行承兑汇票的事实,在广东公司2011年的年报中进行披露。2012年至2014年,余某、张某多次虚构银行承兑汇票贴现等交易事实,并根据虚假的交易事实进行记账,制作虚假的财务报表,虚增资产或者虚构利润均达到当期披露的资产总额或利润总额的30%以上,并在广东公司当年半年报、年报中披露。此外,广东公司还违规不披露广东公司实际控制人及其关联公司等信息。

2015年12月9日,珠海市公安局以余某等人涉嫌违规披露、不披露重要信息罪,伪造金融票证罪向珠海市人民检察院移送起诉;2016年2月22日,珠海市公安局又以广东公司涉嫌违规披露、不披露重要信息罪,伪造、变造金融票证罪移送起诉。随后,珠海市人民检察院指定珠海市香洲区人民检察院审查起诉。

检察机关审查认为,犯罪嫌疑单位广东公司依法负有信息披露义务,在2011年至2014年向股东和社会公众提供虚假的或者隐瞒主要事实的财务会计报告,对依法应当披露的其他重要信息不按照规定披露,严重损害股东以及其他人员的利益,情节严重。余某、陈某作为广东公司直接负责的主管人员,伍某、张某、罗某作为其他直接责任人员,已构成违规披露、不披露重要信息罪,应当提起公诉。根据《刑法》第161条规定,不追究单位的刑事责任,对广东公司应当依法不予起诉。

2016年9月22日,珠海市香洲区人民检察院将余某等人违规披露、不披露重要信息案移送珠海市人民检察院审查起诉。2016年11月3日,珠海市人民检察院对余某等5名被告人以违规披露、不披露重要信息罪依法提起公诉。珠海市中级人民法院公开开庭审理本案。法庭经审理认为,广东公司作为依法负有信息披露义务的公司,在2011年至2014年向股东和社会公众提供虚假的或者隐瞒主要事实的财务会计报告,或者对依法应当披露的其他重要信息不按照规定披露,严重损害股东或者其他人的利益,情节严重,被告人余某、陈某作为公司直接负责的主管人员,被告人伍某、张某、罗某作为其他直接责任人员,其行为均构成违规披露、不披露重要信息罪。2017年2月22日,珠海市中级人民法院以违规披露、不披露重要信息罪判处被告人余某等5人有期徒刑1年7个月至拘役3个月不等刑罚,并处罚金。

本案的指导意义在于说明三个问题:

第一,违规披露、不披露重要信息犯罪不追究单位的刑事责任。

上市公司依法负有信息披露义务,违反相关义务的,刑法规定了相应的处罚。由于上市公司所涉利益群体的多元性,为避免中小股东利益遭受双重损害,《刑法》规定对违规披露、不披露重要信息罪只追究直接负责的主管人员和其他直接责任人员的刑事责任,不追究单位的刑事责任(草案有修改)。《刑法》第162条妨害清算罪、第162条之二虚假破产罪、第185条之一违法运用资金罪等也属于此种情形。对于此类犯罪案件,检察机关应当注意审查公安机关移送起诉的内容,区分刑事责任边界,准确把握追诉的对象和范围。

第二,刑法没有规定追究单位刑事责任的,应当对单位作出不起诉决定。

对公安机关将单位一并移送起诉的案件,如果刑法没有规定对单位判处刑罚,检察机关应当对构成犯罪的直接负责的主管人员和其他直接责任人员依法提起公诉,对单位应当不起诉。鉴于刑事诉讼法没有规定与之对应的不起诉情形,检察机关可以根据刑事诉讼法规定的最相近的不起诉情形,对单位作出不起诉决定。

第三,对不追究刑事责任的单位,人民检察院应当依法提出检察意见督促有关机关追究行政责任。

不追究单位的刑事责任并不表示单位不需要承担任何法律责任。检察机关不追究单位刑事责任,容易引起当事人、社会公众产生单位对违规披露、不披露重要信息没有任何法律责任的误解。由于违规披露、不披露重要信息行为,还可能产生上市公司强制退市等后果,这种误解还会进一步引起当事人、社会公众对证券监督管理部门、证券交易所采取措施的质疑,影响证券市场秩序。检察机关在审查起诉时，应当充分考虑办案效果，根据证券法等法律规定认真审查是否需要对单位给予行政处罚；需要给予行政处罚的，应当及时向证券监督管理部门提出检察意见，并进行充分的释法说理，消除当事人、社会公众因检察机关不追究可能产生的单位无任何责任的误解，避免对证券市场秩序造成负面影响。

五、典型行政案例

案例6－6

案涉当事人为前述案例中的广东公司。

2010年5月，李某和余某夫妻二人共同出资注册并共同控制的珠海华某投资有限公司（以下简称华某公司）通过司法拍卖取得广东公司的控股权。此后，2011年至2014年6月，余某为广东公司董事长、法定代表人，李某和余某共同控制了广东公司董事会的多数席位，李某负责广东公司的重大经营决策、日常经营管理和人事安排，李某指定人员保管广东公司公章，广东公司的大额资金支付和公章使用需向其请示。

广东公司在2011年至2013年年度报告、2012年至2014年半年度报告中仅披露公司实际控制人为余某。

广东公司未真实披露公司部分股改业绩承诺履行情况：

2011年4月29日，广东公司公告称，各股改业绩承诺补偿义务人已支付业绩承诺补偿款合计526,953,000元，并称因广东公司账户被限制使用，相关款项均付至其全资子公司某咨询有限公司（以下简称某咨询公司）和珠海某华投资有限公司（以下简称某华公司）账户。

经查明，为履行股改业绩承诺，2011年4月25日至27日，广东公司向其他公司借款100,000,000元，通过循环转账，累加4次由华某公司转给某华公司，虚构收到履行股改业绩承诺补偿款384,528,450元。原借款100,000,000元最终于2011年4月27日转回了其他公司账户。

广东公司2011年4月29日公告所称的股改业绩承诺补偿款384,528,450元并未真实履行到位，导致其2011年至2013年年度报告、2012年至2014年半年度报告未真实披露公司部分股改业绩承诺履行情况。

广东公司定期报告财务数据虚假：

广东公司通过伪造银行承兑汇票并进行虚假背书，虚构银行承兑汇票购入、置换、贴现交易,虚构以银行承兑汇票支付合同预付款,导致其2011年至2013年年度报告、2012年至2013年半年度报告中虚增资产、负债、营业收入和利润,2014年半年度报告虚增营业收入和利润。

申辩意见:

广东公司:(1)某检察院《不起诉决定书》认定广东公司涉嫌违规披露、不披露重要信息罪等行为"事实不清、证据不足",决定不起诉。据此可见广东公司不存在重大违法行为。参照《刑法》关于违规披露、不披露重要信息罪的规定及相关司法实践,广东公司也不应承担本案行政违法责任。(2)涉案行为是实际控制人为个人利益所为,广东公司是犯罪工具,没有意志自由和表达真实意思的能力,实际控制人的行为涉嫌背信损害上市公司利益犯罪、信息披露犯罪和合同诈骗犯罪,广东公司是犯罪行为的被害人,不应受处罚。(3)现有管理层积极配合监管,自觉维护社会稳定。恳请我会对广东公司免予处罚。

相关责任人员:(1)部分责任人员辩称未参与实施造假行为,不知悉涉案事项,日常履职勤勉尽责,不存在失职或违法的故意。根据《全国法院审理金融犯罪案件工作座谈会纪要》关于"其他直接责任人员"的界定,不属于本案其他直接责任人员。(2)部分董事和监事还辩称,不在公司上班,不参与日常经营管理和财务运作,无权查验原始凭证、银行账户或公司会计账册,且部分造假行为发生于任职前,审议签字时不知情、签字是程序性要求、是董事义务。(3)部分责任人员辩称,由于不具备财务专业知识和技能,在审议该事项时信任公司及公司董事会秘书和财务负责人的解释和说明,信赖会计师事务所的审计意见和持续督导机构的督导核查意见,有理由相信财务信息真实。(4)董事兼总裁车某某还提出,担任总裁期间,仅仅负责公司的日常管理工作,不知晓虚构业务的情况,责任不应较其他人员重。(5)董事蒋某某还辩称,广东公司董事会的签名方式是在不附会议记录的情况下,由董事在没有正文的签名页上签名,其未曾见过《关于公司使用股改业绩承诺资金的意见》,相关签字很可能是董事签名被滥用。(6)独立董事李某某辩称,2014年4月2日被聘为广东公司独立董事,本案主要违法行为发生于其任职前,其曾向管理层人员了解公司经营和财务情况,被告知公司经营规范、财务安全。在审议2014年半年报时,主要基于审计机构出具的标准无保留意见审计报告。(7)监事程某还辩称,曾对股改业绩承诺履行情况、公司扭亏为盈的情况等提出过相关质疑,相关人员给予了简单解释说明。(8)董事会秘书王某辩称,曾多次对涉案银行承兑汇票进行较大比例的抽查,但由于仅能查询票面信息而不能查询背书信息,而所查询到的票面信息均无异常，故难以发现虚构交易的情况，已经勤勉尽责。(9)部分独立董事和外部监事辩称，作为外部人员，应受到较其他责任人员更轻的处罚。个别独立董事还认为，我会应对责任人员区分的责任轻重进行划分，对已经勤勉尽责的人员不应予以处罚。(10)部分责任人员辩称，在广东公司担任相应职务期间并未获得劳动报酬或仅获得微薄津贴，家庭经济条件差无力缴纳罚款，已经积极配合调查，请求减免处罚。

证监会未予以采纳，理由如下：

1. 涉案行为构成单位违法，广东公司应受处罚。具体理由为：

(1)本案的信息披露行为是广东公司经单位决策程序集体决定，体现了广东公司的意志。(2)涉案信息披露行为以广东公司的名义作出，广东公司是实际行为主体。(3)广东公司通过涉案行为成功规避了关于实施退市风险警示的监管规定，从中获益。(4)查处证券违法违规行为是我会法定职权，我会有权独立认定事实并适用法律。行政责任与刑事责任是两种不同的法律责任，广东公司是否应承担刑事责任，并不影响我会对其是否构成信息披露违法、是否应受行政处罚进行独立判断。在案证据足以证明广东公司实施了信息披露违法行为，依法应予处罚。根据《证券法》第63条的规定，广东公司是信息披露的法定义务主体。根据《证券法》第193条第1款的规定，广东公司是本案信息披露违法行为的法定责任主体。广东公司具体实施了本案各项信息披露行为，其所披露的信息存在虚假记载。相关自然人的行为动机、在其中的角色和作用、行为性质、是否被追究责任，广东公司是否被追究刑事责任，均不能影响我会依法对广东公司信息披露违法行为进行认定和处罚。

2. 广东公司的违法行为构成重大违法行为，具体理由为：

(1)广东公司同时存在多项信息披露违法行为，且违法行为持续时间长、财务数据虚假金额及占比大、违法手段隐蔽复杂。

(2)经追溯重述，广东公司2010年至2013年连续4个会计年度的净资产为负值。根据《上海证券交易所股票上市规则》(2012年修订和2013年修订版本)第13.2.1条第(二)项的规定，广东公司达到实施退市风险警示的标准，正因其长期存在虚假陈述，规避了监管规定，导致大量投资者权益严重受损。

(3)参考司法机关的意见，广东公司是违规披露、不披露重要信息罪的犯罪主体，这也印证了其违法行为的重大性。某检察院作出的《检察意见书》认定广东公司涉嫌违规披露、不披露重要信息罪的事实清楚、证据确实充分，广东公司是违规披露、不披露重要信息罪的犯罪主体,但根据《刑法》规定对该罪实行单罚制,广东公司得以免予追究刑事责任。检察院建议我会依法给予广东公司相应的行政处罚。

处罚结果:(1)责令广东公司改正,给予警告,并处以60万元罚款;(2)对车某某给予警告,并处以15万元罚款;(3)对蒋某某、谢某等人给予警告,并分别处以3万元罚款。

除此之外,中国证监会对于余某、张某二人还有一份市场禁入决定书:(1)对余某采取终身证券市场禁入措施,自宣布决定之日起,终身不得从事证券业务或者担任上市公司董事、监事、高级管理人员职务;(2)对张某采取10年证券市场禁入措施,自宣布决定之日起,在禁入期间内,不得从事证券业务或者担任上市公司董事、监事、高级管理人员职务。

内幕交易、泄露内幕信息罪

刑法条文

第一百八十条 证券、期货交易内幕信息的知情人员或者非法获取证券、期货交易内幕信息的人员，在涉及证券的发行，证券、期货交易或者其他对证券、期货交易价格有重大影响的信息尚未公开前，买入或者卖出该证券，或者从事与该内幕信息有关的期货交易，或者泄露该信息，或者明示、暗示他人从事上述交易活动，情节严重的，处五年以下有期徒刑或者拘役，并处或者单处违法所得一倍以上五倍以下罚金；情节特别严重的，处五年以上十年以下有期徒刑，并处违法所得一倍以上五倍以下罚金。

单位犯前款罪的，对单位判处罚金，并对其直接负责的主管人员和其他直接责任人员，处五年以下有期徒刑或者拘役。内幕信息、知情人员的范围，依照法律、行政法规的规定确定。

证券交易所、期货交易所、证券公司、期货经纪公司、基金管理公司、商业银行、保险公司等金融机构的从业人员以及有关监管部门或者行业协会的工作人员，利用因职务便利获取的内幕信息以外的其他未公开的信息，违反规定，从事与该信息相关的证券、期货交易活动，或者明示、暗示他人从事相关交易活动，情节严重的，依照第一款的规定处罚。

一、主体

本罪的犯罪主体包括自然人和单位。具体包括内幕信息的知情人员以及非法获取证券、期货交易内幕信息的人员。

1. 内幕信息的知情人员

根据最高人民法院、最高人民检察院《关于办理内幕交易、泄露内幕信息刑事案件具体应用法律若干问题的解释》的规定，证券、期货交易内幕信息的知情人员是指《证券法》第 74 条规定的人员以及《期货交易管理条例》第 85 条第 12 项规定的人员。

《证券法》(2019 年版)第 51 条规定,证券交易内幕信息的知情人包括:(1)发行人及其董事、监事、高级管理人员;(2)持有公司 5% 以上股份的股东及其董事、监事、高级管理人员,公司的实际控制人及其董事、监事、高级管理人员;(3)发行人控股或者实际控制的公司及其董事、监事、高级管理人员;(4)由于所任公司职务或者因与公司业务往来可以获取公司有关内幕信息的人员;(5)上市公司收购人或者重大资产交易方及其控股股东、实际控制人、董事、监事和高级管理人员;(6)因职务、工作可以获取内幕信息的证券交易场所、证券公司、证券登记结算机构、证券服务机构的有关人员;(7)因职责、工作可以获取内幕信息的证券监督管理机构工作人员;(8)因法定职责对证券的发行、交易或者对上市公司及其收购、重大资产交易进行管理可以获取内幕信息的有关主管部门、监管机构的工作人员;(9)国务院证券监督管理机构规定的可以获取内幕信息的其他人员。

《期货交易管理条例》(2017 年版)第 81 条规定,内幕信息的知情人员,是指由于其管理地位、监督地位或者职业地位,或者作为雇员、专业顾问履行职务,能够接触或者获得内幕信息的人员,包括期货交易所的管理人员以及其他由于任职可获取内幕信息的从业人员,国务院期货监督管理机构和其他有关部门的工作人员以及国务院期货监督管理机构规定的其他人员。

2. 非法获取证券、期货交易内幕信息的人员

根据最高人民法院、最高人民检察院《关于办理内幕交易、泄露内幕信息刑事案件具体应用法律若干问题的解释》的规定,非法获取证券、期货交易内幕信息的人员是指:(1)利用窃取、骗取、套取、窃听、利诱、刺探或者私下交易等手段获取内幕信息的;(2)内幕信息知情人员的近亲属或者其他与内幕信息知情人员关系密切的人员,在内幕信息敏感期内,从事或者明示、暗示他人从事,或者泄露内幕信息导致他人从事与该内幕信息有关的证券、期货交易,相关交易行为明显异常,且无正当理由或者正当信息来源的;(3)在内幕信息敏感期内,与内幕信息知情人员联络、接触,从事或者明示、暗示他人从事,或者泄露内幕信息导致他人从事与该内幕信息有关的证券、期货交易,相关交易行为明显异常,且无正当理由或者正当信息来源的。

二、行为

我们首先需要了解何为内幕信息。证券交易活动中,涉及发行人的经营、财务

或者对该发行人证券的市场价格有重大影响的尚未公开的信息，为内幕信息。同时，《证券法》对属于内幕信息的“重大事件”作了列举概括，例如，《证券法》第80条规定，公司的重大投资行为，公司在1年内购买、出售重大资产超过公司资产总额30%，或者公司营业用主要资产的抵押、质押、出售或者报废一次超过该资产的30%。《证券法》第81条规定：公司债券信用评级发生变化。

对“内幕信息”的认定，需要满足两个特征：“秘密性”和“重要性”。

内幕信息的形成时间：《证券法》第67条第2款所列“重大事件”的发生时间，第75条规定的“计划”、“方案”以及《期货交易管理条例》第85条第11项规定的“政策”“决定”等的形成时间，应当认定为内幕信息的形成之时。影响内幕信息形成的动议、筹划、决策或者执行人员，其动议、筹划、决策或者执行初始时间，应当认定为内幕信息的形成之时。

内幕信息的截止时间：内幕信息的公开，是指内幕信息在国务院证券、期货监督管理机构指定的报纸、杂志、网站等媒体披露，即只要信息公开披露出来，就认为信息已经公开。

重要性，是指该信息对“证券、期货交易价格有重大影响”。如果该信息不能对一般投资者的投资判断具有重大影响，不足以对特定证券、期货市场的价格产生重大影响，也就不会给投资者和交易市场带来影响，进而造成社会危害。证券法对属于内幕信息的“重大事件”进行了列举概括，也就是说，这里的“重大影响”只要求具备可能性。

实践中，“重大影响”应当以一般投资者的认识标准进行衡量，而不是以专业人员的认识标准进行衡量。即便一般投资者的认识不够专业，但也足以对证券、期货交易价格产生重大影响，此种情况下该信息具有重要性。

具体行为主要有：(1)利用信息谋取利益：内幕人员利用内幕信息买卖证券、期货或者根据内幕信息建议他人买卖证券、期货。(2)将牟利信息告知他人：内幕人员向他人泄露内幕信息，使他人利用该信息进行内幕交易。(3)非内幕人员盗取信息：非内幕人员通过不正当的手段或者其他途径获得内幕信息，并根据该信息买卖证券、期货或者建议他人买卖证券、期货。(4)其他行为。

三、立案标准

在内幕信息敏感期内从事或者明示、暗示他人从事或者泄露内幕信息导致他人从事与该内幕信息有关的证券、期货交易，具有下列情形之一的，应当认定为《刑法》第180条第1款规定的“情节严重”:(1)证券交易成交额在50万元以上的;(2)期货交易占用保证金数额在30万元以上的;(3)获利或者避免损失数额在15万元以上的;(4)三次以上的;(5)具有其他严重情节的。

四、典型刑事案例

案例6-7

被告人陈某某,原系安徽某某税务师事务所有限责任公司负责人。

2013年11月至2014年9月,江苏某某电器集团股份有限公司(以下简称某某电器)进行重组事宜。2014年4月1日某某电器股票停牌,同年9月10日某某电器公告重大资产重组信息并复牌。薛某某(时任某某投资管理有限责任公司负责人,另案处理)系某某电器重组内幕信息的知情人员。2013年11月中旬至2014年3月31日,被告人陈某某多次联络、接触薛某某,并使用本人证券账户共买入某某电器股票1022万余股,成交金额6919万余元。2014年9月19日和24日,陈某某将某某电器股票全部抛售,非法获利1.03亿余元。在前述某某电器重组内幕信息敏感期内,陈某某还将该信息泄露给同事明某、石某,明某买入某某电器股票2900股,在股票停牌之前卖出,亏损2983.26元;石某买入某某电器247,100股,成交金额167万余元,在股票复牌后卖出,非法获利276万余元。

2014年7月至2015年2月,安徽某某水泥股份有限公司(以下简称水泥公司)进行重组事宜。薛某某为水泥公司重组内幕信息的知情人员。2014年9月20日,被告人陈某某在某某酒店宴请薛某某等人时,获知水泥公司和浙江某某家居合作的内幕信息,并于2014年9月22日、25日、26日买入水泥公司239万余股,成交金额2673万余元。2014年9月29日,水泥公司股票停牌。2015年2月6日水泥公司复牌,陈某某于复牌当日通过大宗交易方式将水泥公司股票全部卖出,亏损4万余元。在水泥公司重组的内幕信息敏感期内,陈某某将该信息泄露给明某、石某,明某买入水泥公司8万余股,成交金额99万余元,在股票复牌后卖出,非法获利208万余元;石某买入水泥公司11万股,成交金额121万余元,在股票复牌后卖出,非法获利214万余元。

法院认为,被告人陈某某系非法获取证券交易内幕信息的人员,其在内幕信息尚未公开前,从事与内幕信息有关的股票交易;陈某某还将内幕信息泄露给他人,导致他人从事与该内幕信息有关的股票交易,其行为已经构成内幕交易、泄露内幕信息罪,且情节特别严重。据此,以内幕交易、泄露内幕信息罪判处被告人陈某某有期徒刑7年,并处罚金1.5亿元。

五、典型行政案例

案例6-8

在证监会出具的行政处罚决定书中,在认定交易行为明显异常的表述中,通常为:"交易行为明显异常,且当事人不能提供合理说明或提供证据排除其存在利用内幕信息从事该交易活动(即合理解释。)"

1.内幕信息的形成及公开过程

2016年某某医疗通过发行股份收购深圳市一体医疗科技有限公司100%股权,募集配套资金12.65亿元,截至2016年年底仍有部分募集资金尚未使用,公司准备使用该资金收购医疗类资产,同时公司在2016年度总经理工作报告中明确提出,2017年公司积极实施对外并购重组,并购整合互补性强、关联度高的药品生产企业或医疗机构。

2017年7月至10月,某某医疗医疗事业部业务人员陆续获悉包括六安某立医院、广安某州医院、淮南某康医院、玉林某南医院、沐阳某山医院、深圳某爱医院、浙江某德医院等多家医院均有与上市公司合作的意愿。

经初步了解,六安某立医院效益很好,某某医疗有通过收购该医院带动其2016年收购的六安开发区医院发展的想法,2017年12月初,该医院相关责任人同意与某某医疗商谈收购合作。2017年12月11日,某某医疗时任董事长许某来安排医疗事业部总监杨某生赴六安实地考察并沟通具体收购事宜。12月13日,杨某生向许某来、时任副总裁兼董秘陈某峥汇报了考察情况,其二人对医院利润情况满意,均认为符合收购要求,要求继续跟进,但因对方诉求较高,后续收购合作暂时搁置。

2017年12月13日,某某医疗委托某资本管理公司对浙江某德医院尽调。2018年1月11日,陈某峥安排杨某生等人前往该医院考察,详细了解财务指标并商谈股权合作,返回后杨某生向许某来、陈某峥汇报了考察情况,他们均认为该医院体量较大,利润良好,符合收购要求,要求杨某生继续跟进。

2018年1月中上旬,杨某生对其余5家医院进行考察,进一步了解医院基本情况、合作意向及经营状况。

2018年1月17日上午,某某医疗召开医院产业项目研讨会,会议讨论了浙江某德医院、玉林某南医院、淮南某康医院、沭阳某山医院、广安某州医院5家医院的基本情况及近几年财务情况,大家认为这5家医院经营状况良好、合作意向强烈,可以作为公司收购的备选标的,下一步将尽快开展尽调工作,并签署相关合作框架协议。

2018年1月25日(停牌前一周)左右,陈某峥向许某来口头汇报了上述5家医院的情况,许某来认为上述5家医院资产情况比较理想,决定启动收购流程。

2018年1月30日至31日,陈某峥再次前往浙江某德医院考察,双方就医院估值、控制权等相关事项达成一致意见,决定就收购方式等其他事项继续商谈。2018年1月31日晚上,陈某峥返回珠海后,在许某来家中向其汇报了考察情况,并决定申请临时停牌并筹划重组。

2018年2月1日,某某医疗发布重大事项停牌公告,称拟进行重大收购事项,该事项可能构成重大资产重组。

某某医疗上述收购事宜属于2005年《证券法》第67条第2款第2项所述"公司的重大投资行为和重大的购置财产的决定",构成2005年《证券法》第75条第2款第1项所述内幕信息,该内幕信息不晚于2017年12月11日形成,公开于2018年2月1日,许某来为法定内幕信息知情人。

2. 范某内幕交易"某某医疗"

其一,范某系法定内幕信息知情人。

范某时任某某医疗控股股东中某集团股份有限公司(以下简称中某集团)监事,为2005年《证券法》第74条第2项所规定的法定内幕信息知情人。

内幕信息敏感期内,2017年12月14日至2018年1月30日,范某与关键内幕信息知情人许某来电话通信15次、短信通信3次。

其二,"范某"证券账户基本情况。

"范某"账户于1999年4月24日开立于广发证券珠海某某证券营业部。"范某"证券账户由其本人控制和使用。

其三,账户资金情况。

"范某"证券账户买入"某某医疗"的资金为其自有资金。

其四,账户交易情况。

2017年12月19日,"范某"账户买入"某某医疗"60,000股,成交金额451,500元;2017年12月21日,买入"某某医疗"74,280股,成交金额559,123元;2018年1月4日,买入"某某医疗"566,000股,成交金额4,241,969元;2018年1月5日,买入“某某医疗”150,600股,成交金额1,115,464元。截至调查日,“范某”账户共卖出“某某医疗”600,000股,亏损3,128,127.35元。

其五,“范某”账户交易“某某医疗”特征。

账户交易时点与范某获悉内幕信息时间高度吻合,范某在2017年12月14日与许某来联系后的第3个交易日开始买入“某某医疗”(6万股),12月20日与许某来联系后,账户开始持续大量买入“某某医疗”(79.09万股)。

账户单向买入特征明显,自2017年12月19日至2018年1月5日,账户持续单向买入“某某医疗”股票(85.09万股),其间其他股票交易量远远低于“某某医疗”交易量(“北方稀土”买入100股,“豫园股份”买入4万股,“华能水电”卖出1000股),内幕信息公开前,“范某”账户未卖出“某某医疗”股票。

账户资金变化异常,自2017年12月5日至2018年1月5日,范某通过赎回理财产品累计向证券账户转入资金685万元,其中买入“某某医疗”约637万元,占比达93%。

上述违法事实,有相关当事人询问笔录、通信记录、银行账户流水、相关证券账户交易记录等证据证明,足以认定。

综上,我局认为,范某的上述行为违反了2005年《证券法》第73条、第76条第1款之规定,构成2005年《证券法》第202条所述“证券交易内幕信息的知情人或者非法获取内幕信息的人,在涉及证券的发行、交易或者其他对证券的价格有重大影响的信息公开前,买卖该证券”的行为。

3.当事人范某提出了如下陈述、申辩意见:

(1)当事人购买股票资金均为自有资金,且长期交易“某某医疗”,买卖判断基于股价波动及短线操作念头,系独立的个人行为,与某某医疗重组事项无关。

(2)当事人在中某集团任职期间,共参加2次监事会和2次股东大会,会议内容均不涉及某某医疗重组事宜,并且与关键内幕信息知情人许某来通话及短信内容均未涉及重组事宜,其本人长期在辽宁工作,无法获知相关内幕信息。综上,当事人的相关行为不构成内幕交易,请求免于行政处罚。

4.证监会认为:

经复核,我局认为:第一,虽然范某账户前期曾交易过“某某医疗”,但是范某之前买入“某某医疗”为少量多笔,并且其在2017年8月至11月卖出绝大多数。而范某在与关键内幕信息知情人许某来联系后,突击大量买入“某某医疗”,且在此期间“某某医疗”股价并未出现明显波动,不符合其惯常交易习惯且不能够提供正当理由。第二，范某时任某某医疗控股股东中某集团监事，为法定内幕信息知情人。内幕信息敏感期内，与关键内幕信息知情人许某来频繁联络，账户交易时点与联络时间高度吻合，账户单向买入特征明显，并且账户资金变化异常，其所述理由不足以解释交易的异常性，其提供的证据材料亦不足以排除内幕交易。综上，对当事人的申辩意见不予采纳。

5. 处罚结果

根据当事人违法行为的事实、性质、情节和社会危害程度，依据2005年《证券法》第202条的规定，我局决定：责令范某依法处理非法持有的股票，并处以30万元罚款。

编造并传播证券、期货交易虚假信息罪

刑法条文

第一百八十一条 编造并且传播影响证券、期货交易的虚假信息，扰乱证券、期货交易市场，造成严重后果的，处五年以下有期徒刑或者拘役，并处或者单处一万元以上十万元以下罚金。

证券交易所、期货交易所、证券公司、期货经纪公司的从业人员，证券业协会、期货业协会或者证券期货监督管理部门的工作人员，故意提供虚假信息或者伪造、变造、销毁交易记录，诱骗投资者买卖证券、期货合约，造成严重后果的，处五年以下有期徒刑或者拘役，并处或者单处一万元以上十万元以下罚金；情节特别恶劣的，处五年以上十年以下有期徒刑，并处二万元以上二十万元以下罚金。

单位犯前两款罪的，对单位判处罚金，并对其直接负责的主管人员和其他直接责任人员，处五年以下有期徒刑或者拘役。

证券法条文

第五十六条 禁止任何单位和个人编造、传播虚假信息或者误导性信息，扰乱证券市场。

禁止证券交易场所、证券公司、证券登记结算机构、证券服务机构及其从业人员，证券业协会、证券监督管理机构及其工作人员，在证券交易活动中作出虚假陈述或者信息误导。

各种传播媒介传播证券市场信息必须真实、客观，禁止误导。传播媒介及其从事证券市场信息报道的工作人员不得从事与其工作职责发生利益冲突的证券买卖。

编造、传播虚假信息或者误导性信息，扰乱证券市场，给投资者造成损失的，应当依法承担赔偿责任。

一、主体

本罪的主体包括自然人和单位。

二、行为

根据刑法条文,构成本罪的行为包括编造和传播,缺一不可。编造是指在没有任何事实依据的基础上按照主观臆想发布不实的信息,从而影响到证券、期货的交易,这其中也包括了对事实进行恶意的加工和篡改等。传播是指通过各种方式、渠道发布信息,以被不特定的多数人知晓。行为人必须同时满足编造和传播的行为,才有可能认定构成本罪。一般来说,影响证券、期货交易的价格或者价格走势的因素是多方面的,需要综合判断行为人所编造并传播的虚假信息,对证券、期货交易所产生的影响。

三、立案标准

根据《最高人民检察院、公安部关于公安机关管辖的刑事案件立案追诉标准的规定(二)》的相规定,主要标准如下:

1. 编造并且传播影响证券、期货交易的虚假信息,扰乱证券、期货交易市场,涉嫌下列情形之一的,应予立案追诉:(1)获利或者避免损失数额累计在5万元以上的;(2)造成投资者直接经济损失数额在5万元以上的;(3)致使交易价格和交易量异常波动的;(4)虽未达到上述数额标准,但多次编造并且传播影响证券、期货交易的虚假信息的;(5)其他造成严重后果的情形。

2. 证券交易所、期货交易所、证券公司、期货公司的从业人员,证券业协会、期货业协会或者证券期货监督管理部门的工作人员,故意提供虚假信息或者伪造、变造、销毁交易记录,诱骗投资者买卖证券、期货合约,涉嫌下列情形之一的,应予立案追诉:(1)获利或者避免损失数额累计在5万元以上的;(2)造成投资者直接经济损失数额在5万元以上的;(3)致使交易价格和交易量异常波动的;(4)其他造成严重后果的情形。

四、典型刑事案例

案例6-9

2020年11月6日，最高人民检察院发布了12起证券违法犯罪典型案例，包括了6起证券犯罪典型案例，其中之一便涉及了本章罪名。

2015年5月8日，深圳交易所中小板上市公司海某股份有限公司（以下简称海某公司）董事长滕某雄未经过股东大会授权，明知未经股东大会同意无法履行协议条款，仍代表海某公司签订了以自有资金2.25亿元认购某银行定增股的认购协议，同时授意时任董事会秘书林某山发布公告。次日，林某山在明知该协议不可能履行的情况下，仍按照滕某雄的指示发布该虚假消息。随后，在原定股东大会召开之日（5月26日）前三日，又发布"中止投资某银行"的公告。

2015年5月11日至2015年5月22日，即认购公告发布后的首个交易日至放弃认购公告发布前的最后一个交易日，海某公司股价（收盘价）由18.91元上涨至30.52元，盘中最高价32.05元。按收盘价计算，上涨幅度61.40%，同期深综指上涨幅度20.68%，正偏离40.71%。从成交量看，上述认购公告发布前10个交易日海某公司二级市场累计成交4020万余股，日均成交402万余股；认购公告发布后的首个交易日至放弃认购公告发布前的最后一个个交易日的10个交易日中，海某公司二级市场累计成交8220万余股，日均成交量822万余股；放弃公告发布后10个交易日海某公司二级市场累计成交6221万余股，日均成交622万余股。虚假信息的传播，导致海某公司股票价格异常波动，交易量异常放大，严重扰乱了证券市场秩序。

本案中，上海市公安局以滕某雄、林某山涉嫌操纵证券市场罪向上海市人民检察院第二分院移送起诉。

检察机关审查认为，在案证据不能证明滕某雄、林某山在发布信息的同时在二级市场进行关联交易，从中谋取相关利益，认定滕某雄、林某山操纵证券市场的证据不足，遂退回公安机关补充侦查。公安机关补充侦查后，检察机关仍然认为在案证据不能证明二被告人构成操纵证券市场罪，但是足以认定二被告人不以实际履行为目的控制海某公司发布虚假公告，且该发布虚假公告行为造成了股票价格和成交量剧烈波动的严重后果，构成编造并传播证券交易虚假信息罪。2018年3月14日，上海市人民检察院第二分院以滕某雄、林某山涉嫌编造并传播证券交易虚假信息罪提起公诉。

2018年6月29日，上海市第二中级人民法院作出一审判决，以编造并传播证券交易虚假信息罪判处被告人滕某雄有期徒刑3年，缓刑4年，并处罚金人民币10万元；判处被告人林某山有期徒刑1年6个月，缓刑2年，并处罚金人民币10万元。被告人未上诉，判决已生效。

通过此案例可以了解到编造并传播证券交易虚假信息罪和操纵证券、期货市场罪的区别和联系。两者客观上均实施了编造、传播虚假信息的行为，且足以造成证券价格的异常波动，但构成操纵证券市场犯罪还要求行为人利用证券交易价格波动进行相关交易或谋取相关利益，且刑罚更重。利用虚假信息操纵证券市场是犯罪，编造并传播证券交易虚假信息同样应受刑罚处罚。对于不能证明行为人有操纵证券市场故意及从中谋取相关利益，但其编造并传播证券交易虚假信息行为扰乱证券市场秩序，造成严重后果的，可以以编造并传播证券交易虚假信息罪追究刑事责任。

五、典型行政案例

案例6-10

违法事实如下：

第一，编造并传播期货交易虚假信息。

(1)2016年8月10日编造并传播虚假信息。2016年8月10日，李某通过某微博发布《×××证监会举报书》，举报某公司操纵玻璃期货1609合约价格。经查，某公司及其关联账户在前述玻璃期货合约持仓符合交易所限仓规定，无异常交易情况，不存在因操纵前述玻璃期货合约被刑事追诉的情况。李某称举报是为了减少本人期货交易亏损，没有提供任何有价值的信息。该条微博被转发1200余次，引发评论跟帖470余次。以“玻璃操纵××××网”为关键词在百度搜索，共出现2130个相关结果，主要是《玻璃期货疑被操纵投资者实名举报》等文章刊登在某某网、某某新闻等网络平台。李某公开发布举报书后，玻璃期货1609合约价格改变上涨趋势，连续4个交易日下跌，累计跌幅达5.07%。

(2)2017年8月6日编造并传播虚假信息。2017年8月6日，李某通过某微博发布《×××举报书》，举报某某公司与某某某公司涉嫌利用资金优势操纵铁矿石、焦炭、焦煤、动力煤及螺纹钢等黑色系期货品种交易价格，并通过囤积钢坯和控制钢坯报价等行为在近月期货合约恶意逼仓。经查，被举报对象及其关联账户在黑色系品种上不存在合并持仓超限情况，也不存在其他异常交易行为。该条微博被转发约1100次，引发评论跟帖近1000次。以“螺纹暴涨李某公开举报黑色系”为关键词在百度搜索，共出现相关结果约456个。8月7日，黑色系主力合约开盘后急速下挫，随后宽幅震荡，铁矿石期货1801合约振幅为7%、焦炭期货1801合约振幅为6%、焦煤期货1801合约振幅为6%，明显超出日常波动幅度。

(3)2017年9月28日编造并传播虚假信息。2017年9月28日，李某通过某微博发布“×××做橡胶爆仓跳楼身亡!”信息，并配上一张10个交易日亏损1亿元的账户记录表。经查，跳楼身亡人为付某，账户记录表所记载信息与付某交易记录完全不符。该微博被转发300余次，引发评论200余次。2017年9月29日，某网刊载的相关文章截图援引李某微博相关信息，并有24万次阅读量。该虚假信息导致期货市场恐慌情绪加重，给期货市场造成负面影响，扰乱期货交易市场。

第二，非法从事期货投资咨询业务。

2016年8月至2018年5月，李某通过某微博账号称本人投资期货非常成功，投资者如想获得更多期货投资信息和精彩评论需建立进一步联系。投资者被李某微博公开的相关投资信息吸引注意后，与李某建立联络，加入李某建立或管理的QQ群。与潜在客户建立联络后，李某要求客户去指定期货公司开立居间期货账户，并进行实盘交易，否则将被移出QQ群。李某在QQ群内为客户提供期货信息、分析、预测和建议服务。李某并未直接向QQ群客户直接收取咨询服务费，而是向期货公司收取介绍QQ群客户开户和交易的居间服务费，该费用最终来自QQ群客户的期货交易手续费、资金利息等。截至2018年5月，李某名下共有202个居间客户。

经查，2016年8月至2018年5月，李某未取得期货投资咨询从业资格及业务资质。

上述违法事实，有相关公司提供的微博账户资料、期货账户资料、资金流水、登录日志、询问笔录、情况说明、网页截屏、公证文书等证据证明，足以认定。

证监会认为，李某编造并传播虚假信息的行为违反了《期货交易管理条例》第39条的规定，构成《期货交易管理条例》第67条第3款所述“编造并且传播有关期货交易的虚假信息，扰乱期货交易市场”的行为；其非法从事期货投资咨询业务的行为违反了《暂行办法》第3条的规定，构成《暂行办法》第32条所述“未经中国证监会许可，擅自从事本办法第二条规定的证券、期货投资咨询业务”的行为。

证监会决定：(1)对李某给予警告，并处以40万元的罚款；(2)责令李某停止非法从事期货投资咨询业务。

操纵证券、期货市场罪

刑法条文

第一百八十二条 有下列情形之一，操纵证券、期货市场，影响证券、期货交易价格或者证券、期货交易量，情节严重的，处五年以下有期徒刑或者拘役，并处或者单处罚金；情节特别严重的，处五年以上十年以下有期徒刑，并处罚金：

（一）单独或者合谋，集中资金优势、持股或者持仓优势或者利用信息优势联合或者连续买卖的；

（二）与他人串通，以事先约定的时间、价格和方式相互进行证券、期货交易的；

（三）在自己实际控制的帐户之间进行证券交易，或者以自己为交易对象，自买自卖期货合约的；

（四）不以成交为目的，频繁或者大量申报买入、卖出证券、期货合约并撤销申报的；

（五）利用虚假或者不确定的重大信息，诱导投资者进行证券、期货交易的；

（六）对证券、证券发行人、期货交易标的公开作出评价、预测或者投资建议，同时进行反向证券交易或者相关期货交易的；

（七）以其他方法操纵证券、期货市场的。

本罪历经三次修改，在第三次修改中增加了第四项、第五项、第六项规定。

一、主体

本罪的犯罪主体包括自然人以及单位。

一般来说，操纵证券、期货市场罪的犯罪主体为一般主体。在一些特殊行为中，只有特殊主体才能成为构成本罪，以最高人民检察院、公安部《关于公安机关管辖的刑事案件立案追诉标准的规定（二）》第39条第7款来说，犯罪主体只能是证券公司、证券咨询机构、专业中介机构及其工作人员。

二、行为

操纵行为主要体现在《刑法》第182条以及《证券法》第55条中，刑法条文采取列举式，明确了具体的六大操纵行为。对于《刑法》第182条的兜底条款，最高人民法院、最高人民检察院《关于办理操纵证券、期货市场刑事案件适用法律若干问题的解释》也进一步明确了“其他行为”的情形，并以“以其他方法操纵证券、期货市场的”再次兜底。

三、立案标准

构成本罪，必须满足三个条件：(1)行为人有操纵证券、期货市场的主观故意；(2)实施了《刑法》第182条列举的行为；(3)达到情节严重的情形。

刑事案件立案追诉标准的规定，涉嫌下列情形之一的，应予立案追诉：

1. 单独或者合谋，持有或者实际控制证券的流通股份数达到该证券的实际流通股份总量30%以上，且在该证券连续20个交易日内联合或者连续买卖股份数累计达到该证券同期总成交量30%以上的；

2. 单独或者合谋，持有或者实际控制期货合约的数量超过期货交易所业务规则限定的持仓量50%以上，且在该期货合约连续20个交易日内联合或者连续买卖期货合约数累计达到该期货合约同期总成交量30%以上的；

3. 与他人串通，以事先约定的时间、价格和方式相互进行证券或者期货合约交易，且在该证券或者期货合约连续20个交易日内成交量累计达到该证券或者期货合约同期总成交量20%以上的；

4. 在自己实际控制的账户之间进行证券交易，或者以自己为交易对象，自买自卖期货合约，且在该证券或者期货合约连续20个交易日内成交量累计达到该证券或者期货合约同期总成交量20%以上的；

5. 单独或者合谋，当日连续申报买入或者卖出同一证券、期货合约并在成交前撤回申报，撤回申报量占当日该种证券总申报量或者该种期货合约总申报量50%以上的；

6. 上市公司及其董事、监事、高级管理人员、实际控制人、控股股东或者其他关联人单独或者合谋，利用信息优势，操纵该公司证券交易价格或者证券交易量的；

7. 证券公司、证券投资咨询机构、专业中介机构或者从业人员，违背有关从业禁止的规定，买卖或者持有相关证券，通过对证券或者其发行人、上市公司公开作出评价、预测或者投资建议，在该证券的交易中谋取利益，情节严重的；

8. 其他情节严重的情形。

四、典型刑事案例

案例 6-11

在最高人民法院2018年发布的指导案例中，有一则案例为证券公司工作人员，买卖证券，并对该证券公开作出评价，以通过期待的市场波动取得经济利益的“抢帽子”交易操纵行为。

被告人朱某某，原系某证券有限责任公司证券经纪人，某电视台第一财经频道的特邀嘉宾。2013年2月1日至2014年8月26日，被告人朱某某在任某证券营业部证券经纪人期间，先后多次在其担任特邀嘉宾电视节目播出前，使用实际控制的三个证券账户买入多支股票，于当日或次日在节目播出中，以特邀嘉宾身份对其先期买入的股票进行公开评价、预测及推介，并于节目首播后一至二个交易日内抛售相关股票，人为地影响前述股票的交易量和交易价格，获取利益。经查，其买入股票交易金额共计人民币2094.22万余元，卖出股票交易金额共计人民币2169.70万余元，非法获利75.48万余元。

检察机关认为，现有证据足以认定犯罪嫌疑人在媒体上公开进行了股票推介行为，并且涉案账户在公开推介前后进行了涉案股票反向操作。但是，犯罪嫌疑人与涉案账户的实际控制关系，公开推介是否构成“抢帽子”交易操纵中的“公开荐股”以及行为能否认定为“操纵证券市场”等问题，均进一步进行查证。对本案犯罪嫌疑人的行为是否构成“公开荐股”“操纵证券市场”，证券监管部门提出了认定意见。

2017年5月18日，某检察院以被告人朱某某犯操纵证券市场罪向某人民法院提起公诉。同年7月20日，某法院公开开庭审理了本案。

法庭调查阶段，公诉人指控被告人朱某某违反从业禁止规定，以“抢帽子”交易的手段操纵证券市场谋取利益，其行为构成操纵证券市场罪。对以上指控的犯罪事实，出示的证据有：(1)关于被告人朱某某主体身份情况的证据；(2)关于涉案账户登录异常的证据；(3)关于涉案账户交易异常的证据；(4)关于涉案证券账户资金来源及获利的证据。

法庭辩论阶段,公诉人的公诉意见:

第一,关于本案定性。证券公司、证券咨询机构、专业中介机构及其工作人员,买卖或者持有相关证券,并对该证券或其发行人、上市公司公开作出评价、预测或者投资建议,以便通过期待的市场波动取得经济利益的行为是"抢帽子"交易操纵行为。根据《刑法》第182条第1款第(四)项的规定,属于"以其他方法操纵"证券市场,情节严重的,构成操纵证券市场罪。

第二,关于控制他人账户的认定。综合本案证据,可以认定朱某某通过实际控制的他人三个证券账户在公开荐股前买入涉案15支股票,荐股后随即卖出谋取利益,涉案股票价量均因荐股有实际影响,朱某某实际获利75万余元。

第三,关于公开荐股的认定。结合证据,朱某某在电视节目中,或明示股票名称,或介绍股票标识性信息、展示K线图等,投资者可以依据上述信息确定涉案股票名称,系在电视节目中对涉案股票公开作出评价、预测、推介,可以认定构成公开荐股。

第四,关于本案量刑建议。根据《刑法》第182条的规定,被告人朱某某的行为构成操纵证券市场罪,依法应在5年以下有期徒刑至拘役之间量刑,并处违法所得1倍以上5倍以下罚金。建议对被告人朱某某酌情判处3年以下有期徒刑,并处违法所得1倍以上的罚金。

2017年7月28日,某法院作出一审判决,以操纵证券市场罪判处被告人朱某某有期徒刑11个月,并处罚金人民币76万元,其违法所得予以没收。一审宣判后,被告人未上诉,判决已生效。

五、典型行政案例

案例6-12

违法事实如下:

熊某、吴某利用相关证券账户操纵华某股份。

第一,熊某实际控制196个证券账户。

2017年7月24日至2018年6月26日(以下称操纵期间或涉案期间),吴某控制使用"白某飞"等186个个人账户和"金谷·信惠182号证券投资集合资金信托"等10个机构账户,共计196个证券账户(以下简称账户组)。

第二，账户组资金来源及去向。

熊某与吴某签订《委托增持代持协议》等相关协议约定，熊某向吴某支付保证金，吴某按照1:4的比例提供配资资金。熊某通过熊某松、熊某楚、熊某概的银行账户，分三个阶段累计向吴某指定银行账户划转资金17,200万元，吴某按配资比例转至其控制的配资账户。

吴某通过周某珍、李某等人帮助寻找并确定配资账户后，经李某莉、李某、汤某仁等银行账户向配资账户划转保证金及利息。

第三，吴某使用其控制的账户组交易“某股份”情况。

吴某使用其控制的196个证券账户在操纵期间内，利用资金优势、持股优势，采用盘中连续交易，在自己实际控制的账户之间进行证券交易等方式交易“某股份”，影响股票交易价格及成交量，吴某主观操纵市场的意图明显。操纵期间未能盈利。

吴某操纵“某股份”分为三个阶段：(1)2017年7月24日至9月25日(共计46个交易日)，账户组快速建仓并拉升股价，其中伴随少量卖出和自成交。(2)2017年9月26日至2018年6月25日(共计170个交易日)，账户组连续交易、大量对倒并试图维持股价。(3)2018年6月26日(共计1个交易日)，该日账户组买入“华某股份”109.03万股，买入成交金额411.04万元，卖出6079.25万股，卖出成交金额23,143.30万元，该期间账户组对倒量58.26万股。

操纵“某股份”价格的主要特征：连续交易、对倒交易、持股优势以及资金优势。

操纵期间存在比较典型的拉抬区间。操纵期间，吴某控制的配资账户存在多次小单多笔拉抬股价行为，账户组多次出现申买价格大于申买前最新市场成交价情形，拉抬股价意图明显。

操纵期间股票价格变动情况。2017年7月24日至2018年6月15日(多日跌停的前一交易日)，某股份股票价格从6.35元/股上涨至7.1元/股，涨幅11.8%，期间最高价8.86元/股，6月19日至6月26日股票出现多日跌停，截至6月26日，收盘价为3.81元/股。

操纵期间账户组亏损32,372.33万元。

第四，熊某与吴某共同操纵“某股份”。

熊某与吴某的合作模式为熊某提供配资保证金，要求吴某买入“某股份”数量占流通股数量的15%，并维持股价，吴某负责配资并操作账户实施交易。熊某可以登录账户进行查看，但是无权进行操作，增持专用账户出售全部代持股票后，剩余盈利由吴某、熊某按照6:4比例进行分配，二人存在约定实施操纵职责分工和收益分配的事实，共同完成操纵行为。

熊某、吴某操纵“某股份”的行为，违反了2005年《证券法》第77条第1款第(一)项、第(三)项的规定，构成了2005年《证券法》第203条所述操纵证券市场的行为。

证监会决定，对熊某、吴某操纵某股份的行为处以300万元罚款，其中对熊某处以120万元罚款，对吴某处以180万元罚款。

侵犯商业秘密罪

刑法条文

第二百一十九条 有下列侵犯商业秘密行为之一，情节严重的，处三年以下有期徒刑，并处或者单处罚金；情节特别严重的，处三年以上十年以下有期徒刑，并处罚金：

（一）以盗窃、贿赂、欺诈、胁迫、电子侵入或者其他不正当手段获取权利人的商业秘密的；

（二）披露、使用或者允许他人使用以前项手段获取的权利人的商业秘密的；

（三）违反保密义务或者违反权利人有关保守商业秘密的要求，披露、使用或者允许他人使用其所掌握的商业秘密的。

明知前款所列行为，获取、披露、使用或者允许他人使用该商业秘密的，以侵犯商业秘密论。

本条所称权利人，是指商业秘密的所有人和经商业秘密所有人许可的商业秘密使用人。

一、主体

本罪的犯罪主体为一般主体，包括自然人和单位。在实务中，涉及该罪的多为企业的高管、技术研发的核心人员以及因合作关系而知悉企业商业秘密的交易第三方。

二、行为

我们先来了解何为商业秘密。从《反不正当竞争法》来看，对商业秘密的认定有四个要素：(1)不为公众所知悉，仅限小范围内的人知悉的事项，一般不能从公开渠道直接获取该信息。(2)具有商业价值，能为权利人带来现实的或者潜在的经济利益或者竞争优势。(3)经权利人采取了保密措施,例如签订保密协议、制定保密制度、标明机密等。(4)指技术信息、经营信息等商业信息,《关于审理侵犯商业秘密民事案件适用法律若干问题的规定》中对这两类信息有详细的解释。

再来看具体的行为方式。《刑法修正案(十一)》对"不正当手段"进行了更准确、更细致的列举,此处修改的内容与2019年《反不正当竞争法》的内容更为统一。具体为,以盗窃、贿赂、欺诈、胁迫、电子侵入或者其他不正当手段获取权利人商业秘密的行为;披露、使用或者允许他人使用以前项手段获取的权利人商业秘密的行为;违反保密义务或者违反权利人有关保守商业秘密的要求,披露、使用或者允许他人使用其所掌握的商业秘密的行为。

三、立案标准

2020年9月17日,立案标准进行了修改。

涉嫌下列情形之一的,应予立案追诉:(1)给商业秘密权利人造成损失数额在30万元以上的;(2)因侵犯商业秘密违法所得数额在30万元以上的;(3)直接导致商业秘密的权利人因重大经营困难而破产、倒闭的;(4)其他给商业秘密权利人造成重大损失的情形。

前款规定的造成损失数额或者违法所得数额,可以按照下列方式认定:(1)以不正当手段获取权利人的商业秘密,尚未披露、使用或者允许他人使用的,损失数额可以根据该项商业秘密的合理许可使用费确定。(2)以不正当手段获取权利人的商业秘密后,披露、使用或者允许他人使用的,损失数额可以根据权利人因被侵权造成销售利润的损失确定,但该损失数额低于商业秘密合理许可使用费的,根据合理许可使用费确定。(3)违反约定、权利人有关保守商业秘密的要求,披露、使用或者允许他人使用其所掌握的商业秘密的,损失数额可以根据权利人因被侵权造成销售利润的损失确定。(4)明知商业秘密是不正当手段获取或者是违反约定、权利人有关保守商业秘密的要求披露、使用、允许使用,仍获取、使用或者披露的,损失数额可以根据权利人因被侵权造成销售利润的损失确定。(5)因侵犯商业秘密行为导致商业秘密已为公众所知悉或者灭失的,损失数额可以根据该项商业秘密的商业价值确定。商业秘密的商业价值,可以根据该项商业秘密的研究开发成本、实施该项商业秘密的收益综合确定。(6)因披露或者允许他人使用商业秘密而获得的财物或者其他财产性利益,应当认定为违法所得。

前款第(2)项、第(3)项、第(4)项规定的权利人因被侵权造成销售利润的损失,可以根据权利人因被侵权造成销售量减少的总数乘以权利人每件产品的合理利润确定;销售量减少的总数无法确定的,可以根据侵权产品销售量乘以权利人每件产品的合理利润确定;权利人因被侵权造成销售量减少的总数和每件产品的合理利润均无法确定的,可以根据侵权产品销售量乘以每件侵权产品的合理利润确定。商业秘密系用于服务等其他经营活动的,损失数额可以根据权利人因被侵权而减少的合理利润确定。

商业秘密的权利人为减轻对商业运营、商业计划的损失或者重新恢复计算机信息系统安全、其他系统安全而支出的补救费用,应当计入给商业秘密的权利人造成的损失。

对于侵犯技术信息的商业秘密刑事案件,行为人将权利人商业秘密用于生产侵权产品的,在计算权利人损失数额时,可以参照商业秘密、专利民事司法解释中规定的损害赔偿数额的计算方法进行。侵犯商业秘密的产品系另一产品的零部件的,应当根据该侵犯商业秘密的产品本身的价值及其在实现整个成品利润中的作用等因素合理确定权利人的损失数额。(《公安部经济犯罪侦察局关于侵犯商业秘密案件如何计算权利人损失问题的批复》)

四、典型刑事案例

案例6-13

为依法加强知识产权的司法保护,最高人民检察院在2021年2月8日发布了五例侵犯知识产权的刑事案例,其中一起涉及侵犯商业秘密罪。

被告人金某,案发前系菲某光学仪器有限公司(以下简称菲某公司)法定代表人、总经理。

某光学科技有限公司(以下简称光学公司)主要生产、销售放大镜、望远镜等光学塑料制品。该公司自1997年开始研发超薄型平面放大镜生产技术,研发出菲涅尔放大镜批量生产的制作方法——耐高温抗磨专用胶板、不锈钢板、电铸镍模板三合一塑成制作方法和镍模制作方法。该公司根据其特殊设计,将胶板、模板、液压机分别交给某橡塑制品公司、某模具加工厂、某液压机厂生产。随着生产技术的研发推进,该公司不断调整胶板、模板、液压机的规格和功能,不断变更对供应商的要求,经过长期合作,三家供应商能够提供匹配的产品及设备。

被告人金某于2005年应聘到该公司工作,双方签订劳动合同,最后一次合同约定工作期限为2009年7月16日至2011年7月16日。其间，金某先后担任业务员、销售部经理、副总经理，对菲涅尔超薄放大镜制作方法有一定了解，并掌握设备供销渠道、客户名单等信息。金某与公司签订有保密协议，其承担保密义务的信息包括：(1)技术信息，包括产品设计、产品图纸、生产模具、生产制造工艺、制造技术、技术数据、专利技术、科研成果等；(2)经营信息，包括商品产、供、销渠道，客户名单，买卖意向，成交或商谈的价格，商品性能、质量、数量、交货日期等。并约定劳动合同期限内、终止劳动合同后2年内及上述保密内容未被公众知悉期内，不得向第三方公开上述保密内容。

2011年年初，金某从公司离职，当年3月24日以其姐夫应某甲、应某乙的名义成立菲某公司，该公司2011年度地方税(费)纳税综合申报表载明金某为财务负责人。该公司成立后随即向上述三家供应商购买与光学公司相同的胶板、模具和液压机等材料、设备，使用与前公司相同的工艺生产同一种放大镜进入市场销售，造成光学公司经济损失人民币122万余元。

2018年1月23日，公安局以金某涉嫌侵犯商业秘密罪移送检察院审查起诉。

2018年8月16日，检察院以被告人金某构成侵犯商业秘密罪向法院提起公诉。

被告人金某及辩护人的辩护意见：

1. 鉴定人检索策略错误、未进行技术特征比对、鉴定材料厚度未能全覆盖鉴定结论，故现有证据不足以证明光学公司掌握的菲涅尔超薄放大镜生产工艺属于“不为公众所知悉”的技术信息。

2. 涉案三家供应商信息属于通过公开途径可以获取的信息，不属于商业秘密。

3. 菲某公司系通过正常渠道获知相关信息，其使用的生产工艺系公司股东应某甲通过向其他厂家学习、询问而得知，金某没有使用涉案技术、经营信息的行为及故意，并提供了8份文献证明涉案技术信息已公开。

4. 保密协议仅对保密内容作了原则性规定，不具有可操作性，保密协议约定了保密津贴，但光学公司未按约向被告人金某发放保密津贴。

公诉人答辩：

1. 涉案工艺具备非公知性。司法鉴定所鉴定人通过对现有专利、国内外文献以及光学公司对外宣传材料等内容进行检索、鉴定后认为，光学公司菲涅尔超薄放大镜的特殊制作工艺不能从公开渠道获取，属于“不为公众所知悉”的技术信息。该《司法鉴定意见书》系侦查机关委托具备知识产权司法鉴定资质的机构作出的，鉴定程序合法,意见明确,具有证据证明力。涉案菲涅尔超薄放大镜的制作工艺集成了多种技术,不是仅涉及产品尺寸、结构、材料、部件的简单组合,无法通过公开的产品进行直观或简单的测绘、拆卸或投入少量劳动、技术、资金便能直接轻易获得,相反,须经本领域专业技术人员进行长期研究、反复试验方能实现。故该辩护意见不能对鉴定意见形成合理怀疑。

2. 涉案供应商信息属于商业秘密。供应商、光学公司员工证言等证据证实,三家供应商提供的胶板、模具、液压机产品和设备均系光学公司技术研发过程中通过密切合作,对规格、功能逐步调整最终符合批量生产要求后固定下来的,故相关供应商供货能力的信息为光学公司独有的经营信息,具有秘密性。公司会计凭证、增值税专用发票以及供应商、公司员工证言证实,涉案加工设备、原材料供应商均系光学公司花费大量人力、时间和资金,根据公司生产工艺的特定要求,对所供产品及设备的规格、功能进行逐步调试、改装后选定,能够给公司带来成本优势,具有价值性。光学公司与员工签订的《保密协议》中明确约定了保密事项,应当认定光学公司对该供应商信息采取了合理的保护措施,具有保密性。

3. 金某在光学公司任职期间接触并掌握该公司的商业秘密。该公司员工证言等证据证实,金某作为公司分管销售的副总经理,因工作需要熟悉菲涅尔超薄放大镜生产制作工艺、生产过程、加工流程等技术信息,知悉生产所需的特定设备和原材料的采购信息及销售信息。

4. 金某使用了光学公司的商业秘密。光学公司的菲涅尔超薄放大镜制作工艺涉及多种技术,加工时的温度、压力、保压时间等工艺参数均有特定化的要求。根据鉴定意见和专家意见,金某使用的超薄放大镜生产工艺与光学公司菲涅尔超薄放大镜生产工艺在相关的技术秘点比对上均实质相同,能够认定金某使用了商业秘密。

5. 现有证据足以排除金某通过其他合法渠道获取或自行研发超薄放大镜生产工艺的可能。经对菲某公司账册及企业营收情况进行审计,证实该公司无任何研发资金投入,公司相关人员均无超薄放大镜等同类产品经营、技术研发背景,不具有自行研发的能力和行为。金某辩称其技术系由其姐夫应某甲从放大镜设备厂家蔡某处习得,但经调查蔡某并未向其传授过放大镜生产技术,且蔡某本人亦不了解该技术。

6. 保密协议约定明确,被告人金某应当知晓其对涉案技术信息和经营信息负有保密义务。证人证言、权利人陈述以及保密协议中保密津贴与月工资同时发放的约定，能够证实明发公司支付了保密费。

2019 年 9 月 6 日，法院以侵犯商业秘密罪判处被告人金某有期徒刑 1 年 6 个月，并处罚金 70 万元。宣判后，被告人提出上诉，中级人民法院裁定驳回上诉，维持原判。

附 录

上市公司法律意见书撰写指引

——以首次公开发行股票为例

法律意见书，是律师事务所根据客户的委托，指派律师依据相关法律法规的要求以及所掌握的客观事实，发表专业意见的一种文书形式。

在证券领域，客户付费委托律师对相关事项出具法律意见书，主要是基于监管的强制要求，而监管规则之所以要求律师来对这些事项发表意见，是基于律师专业且独立的身份地位，最终目的是保障投资者的合法权益不受侵犯。

为确保律师能够秉持客观独立的精神来发表意见，我国证券市场规则众多，其中对于律师事务所和律师出具法律意见书的行为，也作出了十分详细的规范和约束。本篇以律师及律师事务所为首次公开发行股票（以下简称首发或IPO）出具法律意见书为例，将其中较为核心的规则梳理如下，以供参考。

一、法律依据

（一）基础规范目录

表7－1　基础规范目录核心内容

序号	法律法规	核心内容
1	《证券法》	证券发行和交易行为的基础规范，并规定了出具法律意见书的从业人员买卖股票的限制性规定
2	《公司法》	构建上市公司的基本规范
3	《首次公开发行股票并上市管理办法》	规定上市主体的发行条件
4	《律师事务所从事证券法律业务管理办法》	明确律师事务所从事证券法律业务的原则性要求
5	《律师事务所证券法律业务执业规则（试行）》	规定审核查验、法律意见书、工作底稿的内容
6	《律师事务所从事首次公开发行股票并上市法律业务执业细则（试行）》	规定律师应查验的发起人的具体内容
7	《公开发行股票公司信息披露的内容与格式准则第6号——法律意见书的内容与格式》	规定法律意见书的内容与格式
8	《公开发行证券公司信息披露的编报规则第12号——公开发行证券的法律意见书和律师工作报告》	规定法律意见书、律师工作报告的基本要求和必备内容

（二）出具法律意见书的基本法律要求

根据上述基础规范，归纳出律师和律师事务所具法律意见书的基本法律要求如下：

1. 勤勉尽责。（1）证券服务机构为证券的发行、上市、交易等证券业务活动制作、出具审计报告及其他鉴证报告、资产评估报告、财务顾问报告、资信评级报告或者法律意见书等文件，应当勤勉尽责，对所依据的文件资料内容的真实性、准确性、完整性进行核查和验证。（《证券法》第163条）；（2）律师事务所从事证券法律业务，应当建立、健全内部业务质量和执业风险控制机制，确保出具的法律意见书内容真实、准确、完整，逻辑严密、论证充分。（《律师事务所证券法律业务执业规则（试行）》第一章第7条）；（3）律师应当严格履行法定职责，对发行人股票发行、上市的合法性及对发行、上市有重大影响的法律问题发表法律意见，保证法律意见书的真实性、准确性和完整性。(《公开发行股票公司信息披露的内容与格式准则第6号——法律意见书的内容与格式》第一部分第3条)

2. 认真查验，准确严谨。(1)律师应当对出具法律意见书所依据的事实和材料进行核查和验证。(2)法律意见书应当列明相关材料、事实、具体核查和验证结果、国家有关规定和结论性意见(《律师事务所从事证券法律业务管理办法》第四章第21条)。(3)法律意见不得使用“基本符合”“未发现”等含糊措辞(《律师事务所从事证券法律业务管理办法》第四章第21条)。(4)法律意见书发表的所有结论性意见，都应当对所查验事项是否合法合规、是否真实有效给予明确说明，并应当对结论性意见进行充分论证、分析(《律师事务所证券法律业务执业规则(试行)》第三章第36条)。(5)律师在出具法律意见时，对于查验事项受到客观条件的限制，无法取得直接证据，且无其他有效替代查验方法的，应当在法律意见书中予以说明，并充分揭示其对相关事项的影响程度及风险(《律师事务所从事首次公开发行股票并上市法律业务执业细则(试行)》第一章第5条)。

3. 审慎规范，保留记录。(1)律师出具法律意见书的内容与格式，应当符合规定。律师应当归类整理核查和验证中形成的工作记录和获取的材料，并对法律意见书等文件中各具体意见所依据的事实、国家相关规定以及律师的分析判断作出说明，形成记录清晰的工作底稿(《律师事务所从事证券法律业务管理办法》第三章第18条)。(2)律师事务所应当完整保存在出具法律意见书过程中形成的工作记录，以及在工作中获取的所有文件、资料，及时制作工作底稿。工作底稿是判断律师是否勤勉尽责的重要证据。中国证监会及其派出机构可根据监管工作需要调阅、检查工作底稿(《律师事务所证券法律业务执业规则(试行)》第四章第39条)。(3)律师事务所对法律意见书进行讨论复核时，应当制作相关记录存入工作底稿，参与讨论复核的律师应当签名确认(《律师事务所证券法律业务执业规则(试行)》第三章第37条)。(4)报送证监会的法律意见书应当是经两名以上具有证券从业资格的律师及其所在的律师事务所签字、盖章的正式文本(《公开发行股票公司信息披露的内容与格式准则第6号——法律意见书的内容与格式》第一部分第10条)。(5)法律意见书随相关申请文件报送中国证监会及其派出机构后，律师事务所不得对法律意见书进行修改，但应当关注申请文件的修改和中国证监会及其派出机构的反馈意见。申请文件的修改和反馈意见对法律意见书有影响的，律师事务所应当按规定出具补充法律意见书(《律师事务所证券法律业务执业规则(试行)》第三章第38条)。

二、业务流程

法律意见书是律师在首发业务中的一种成果性文件,是律师的工作内容"总结"。妥善完成首发业务中的其他各项律师工作是撰写好法律意见书的必要前提,故而在此概括梳理首发业务中的律师主要工作流程,以试图展现出具首发法律意见书的完整工作逻辑。

(一)了解情况,编制查验计划

律师承接首发业务,应首先与发行人进行初步沟通,了解项目的相关情况。结合实际情况,根据相关规范性文件的规定,按照律师业务标准编制查验计划,确定查验事项、查验工作程序和查验方法,并就查验事项向公司提交全面的法律尽职调查文件清单,以详细了解发行人的历史沿革、股权结构及其演变、股东和实际控制人、主营业务及经营成果、关联交易和同业竞争、主要财产、重大债权债务、重大资产变化情况、董事、监事和高级管理人员、公司治理、组织结构、劳动人事、规范运作(含工商、税务、环保等)以及诉讼仲裁等情况。

上述法律尽职调查文件清单应包括出具法律意见书和律师工作报告所需调查的所有方面的详细资料及相关文件的提交指引。同时,律师还应向发行人认真解释法律尽职调查的要求和责任,并逐项回答公司提出的相关问题,使其充分了解法律尽职调查的目的、过程、方式及严肃性。

(二)核实查验,制作工作底稿

律师事务所应成立专门工作组,根据上一步制订的查验计划和法律尽职调查文件清单,收集相关法律文件和证据资料。律师应从国家机关、具有管理公共事务职能的组织、会计师事务所、资产评估机构、资信评级机构、公证机构等公共机构直接取得文件资料,以作为出具法律意见书的依据;对于不是从前述机构直接取得或其他以间接取方式得的文件资料,应当经审慎查验并判断真实性和客观性后再作为出具法律意见书的依据。从不同来源获取的证据材料或者通过不同查验方式获取的证据材料,对同一事项所证明的结论不一致的,律师应追加必要的程序作进一步查证。

律师应遵循审慎性及重要性原则,合理、充分地运用面谈、书面审查、实地调查、查询或复核等方式进行查验,对发行人所提供材料的性质和效力进行必要的分析和判断,以查证和确认有关事实。在此过程中,律师应尤其注意按照相关法律法规的要求，判断相关业务事项是否与法律相关、是否应当履行对应的特别或一般注意义务，对需要履行法律专业人士特别注意义务的事项，拟定履行义务的具体方式、手段和措施，并逐一落实；对其他业务事项履行普通人一般的注意义务。[1]

在查验过程中，工作组应定期或不定期地对查验计划的落实进度、效果等进行评估和总结，视情况进行适当调整，并向发行人提交补充尽职调查文件清单。结合查验工作，律师事务所应协助发行人建立专业的法律资料库。

查验工作结束后，律师事务所应对查验计划的落实情况进行评估和总结，确认查验计划是否得到了全面落实。律师事务所应将尽职调查中收集到的重要文件资料和查验过程中制作的书面记录、面谈和查询笔录等归类成册，完整保存出具法律意见书和律师工作报告过程中形成的工作记录，以及在工作中获取的所有文件、资料，及时制作成工作底稿，作为律师工作报告和为本次发行上市出具法律意见的基础材料。

（三）协助解决有关法律问题

在尽职调查和查验工作中必然会发现发行人存在的诸多问题，律师应通过备忘录和其他形式进行记录，并应进行甄别判断，对其中可能会影响上市发行的问题及时向发行人提出相应的建议和要求，督促并协助发行人依法予以解决。

律师还应根据保荐机构的安排，对发行人董事、监事、高级管理人员进行公司法、证券法等方面的法律法规培训，协助发行人依法规范运作。

（四）参与发行上市的准备工作

律师应全程参与发行人本次发行上市的现场工作，出席中介机构协调会和相关专题会议，与发行人和其他中介机构一起，拟定本次发行上市方案和实施计划。

为协助发行人完善法人治理结构，满足首次公开发行股票和上市的条件，律师事务所应协助发行人按照相关法律法规的要求，制定和修改公司章程、股东大会议事规则、董事会议事规则、监事会议事规则等一系列公司治理文件，并督促发行人切实遵照执行。

律师事务所同时应参与招股说明书（申报稿）有关内容的讨论和修改，审阅相关申请文件。

（五）内核小组复核

律所应成立专门的内核小组，对查验计划及其落实情况、工作底稿的制作情

---

〔1〕 程金华、叶乔：《中国证券律师行政处罚研究——以“勤勉尽责”为核心》，载《证券法苑》2017 年第 5 期。

况、工作过程中相关问题的解决情况、律师工作报告和法律意见书的制作情况等，进行认真的讨论和复核。

律师应根据内核意见，修改完善律师工作报告和法律意见书。

（六）出具《法律意见书》

基于上述工作，律所应在按照《律师事务所从事证券法律业务管理办法》《律师事务所证券法律业务执业规则（试行）》的要求查验相关材料和事实、对相关法律问题进行认真分析和判断后，制作律师工作报告并确保据此出具的法律意见书内容真实、准确、完整，逻辑严密、论证充分。

同时，律师事务所也应统计截至律师工作报告出具之日，律师就发行人本次发行上市工作累计投入的工作时间和工作内容。

三、尽职调查

（一）尽职调查的内涵和意义

尽职调查其实是一个翻译过来的词语，英文为 Due Diligence（DD），可直译为“恪尽职守”或“谨慎处理”，在投资领域或者法律和财税业务中特指尽职调查。国内对应的法律业务也称为审慎调查或者核查验证。比如，由中国证券监督管理委员会主席办公会议和司法部部务会议共同审议通过的《律师事务所从事证券法律业务管理办法》中，即将该项工作称为“核查和验证义务。”

实际上，DD 一词最初在法律中的应用可能来源于美国《1933 年证券法》第 11 条“虚假注册的民事法律责任”中规定的“尽职抗辩”（Due Diligence Defense）。该部法律规定：公开发行证券须履行充分的信息披露义务，如果披露的信息被认定存在虚假陈述、误导性陈述或重大遗漏，将追究相关人员责任；但如果尽到勤勉尽责的义务，则可以免责。相对应的，我国《律师事务所从事证券法律业务管理办法》第 12 条规定：“律师事务所及其指派的律师从事证券法律业务，应当按照依法制定的业务规则，勤勉尽责，审慎履行核查和验证义务。”

毋庸置疑，尽职调查是律师在证券业务中的一项核心工作，具体到出具首发法律意见书这项业务而言：

第一，尽职调查是首发业务中律师事务所及经办律师的法定义务（《律师从事证券法律业务管理办法》第 12 条）。

第二，尽职调查是律师事务所及经办律师出具首发等法律意见书的法定前提（《公开发行证券公司信息披露的编报规则第 12 号——公开发行证券的法律意见书和律师工作报告》第24条)。

第三,勤勉尽责的尽职调查是律师事务所和经办律师降低乃至豁免从事证券业务的执业风险的重要方式。

毛泽东曾经在《反对本本主义》一文中提出:“没有调查,没有发言权。”出具法律意见书,本身就是律师对发行人是否符合首发法定条件进行的“发言”,而尽职调查则是这份“发言”中论据的主要来源。因此,律师需要“为自己说过的每一句话承担责任”,诉讼业务如此,非诉业务亦如此。

(二)尽职调查的方法

根据中华全国律师协会制定的《律师从事证券法律业务尽职调查操作指引》,律师应当依据不同的查验事项及核查对象选择合理的查验方法,包括但不限于面谈、书面审查、实地调查、查询和函证、计算、复核等方法,并根据存疑则追加核查方法的原则,确保所披露文件真实、准确、完整。具体的尽职调查方法如下:

第一,书面审核。要求发行人及发行人控制或有关联的主体提供书面凭证,是尽职调查最基本的方法。发行人及提供书面凭证的主体,应以书面方式说明或承诺其提供的资料真实、准确、完整。需要注意的是,倘若相关待证事实同时还需其他资料作为支持或者印证的,不能以发行人及发行人控制的或有关联的主体提供的书面凭证作为认定事实的唯一依据。

第二,现场核查。就发行人及相关主体的经营情况等内容,律师必须亲赴发行人及发行人下属公司、企业的主要经营场地进行现场核查。有必要时,可赴发行人的重要供应商、客户的经营场地进行现场核查。

第三,政府部门查访。就确认发行人的主体信息以及历史沿革资料而言,律师应向相关工商行政管理部门调取全套工商登记资料,并加盖工商登记资料查询证明章。工商登记资料与发行人自行提供的资料有冲突的,以工商登记资料为准。因特殊情况无法调阅工商登记资料的,应寻求其他可靠的替代方式,但不得仅依靠发行人提供的工商登记资料作为认定事实的唯一依据。

第四,第三方核证。就需要其他第三方进行确认的事项,律师应通过访谈、函证的方式进行。访谈、函证可与其他中介机构的尽职调查共同进行,但必须作独立调查及判断。第三方接受访谈但不愿出具书面确认文件的,或第三方不接受访谈的,律师应对相关情况予以记录并可通过摄影等方式进行佐证。

第五,访谈调查。就某些无法以书面文件作出支持的事实进行访谈,尤其是对发行人、发行人的工作人员进行访谈时，访谈内容必须明确、具体，并能够反映律师得出结论的经过，而非仅仅就是否存在事实作出询问。

第六，网络调查。网络检索、公开媒体的查询、政府部门、行业协会官方网站的查询是其他核查方式的有效佐证和补充，律师在对发行人整体背景资料、无独立第三方证据证明的事实以及存疑事项进行核查时，应利用该等方式进行核查。

如有其他对发行人首发、投资者投资决策具有重要影响的其他法律事项，或者中国证监会审核问询涉及的问题，律师同样应审慎履行查验义务，并在法律意见书中予以说明。

（三）尽职调查的方向和内容

尽职调查应当根据相关规定对法定核查内容和最终出具的法律意见书所需要的内容有的放矢的进行，根据《律师事务所从事首次公开发行股票并上市法律业务执业细则（试行）》的规定，律师应从以下主要方向展开核实和查验工作：

表7－2 尽职调查的方向和内容

<table>
<tr><th>序号</th><th>调查方向</th><th colspan="2">核实和查验的内容</th></tr>
<tr><td rowspan="12">第一部分</td><td rowspan="12">发行人的主体资格</td><td rowspan="4">发行人的设立及有效存续</td><td>发行人的设立</td></tr>
<tr><td>发行人整体变更为股份有限公司的情况</td></tr>
<tr><td>发起人为设立股份有限公司签订的相关协议</td></tr>
<tr><td>设立时发起人的出资</td></tr>
<tr><td rowspan="5">发行人的发起人与股东</td><td>发行人的股东资格及存续</td></tr>
<tr><td>发行人的股东人数</td></tr>
<tr><td>发行人的实际控制人</td></tr>
<tr><td>发行人的股权权属状况</td></tr>
<tr><td>发行人的股权激励情况</td></tr>
<tr><td rowspan="3">发行人的历史沿革</td><td>发行人的股权变动</td></tr>
<tr><td>发行人的其他变更情况</td></tr>
<tr><td>发行人的定向募集情况</td></tr>
</table>

续表

序号	调查方向	核实和查验的内容
第二部分	发行人的独立性	发行人的资产是否完整
		发行人的人员是否独立
		发行人的财务是否独立
		发行人的机构是否独立
		发行人的业务是否独立
第三部分	发行人的业务	发行人的生产经营是否符合法律法规的规定
		发行人的重大资产变化及收购兼并情况
		发行人的境外经营情况
		发行人将要履行、正在履行、履行完毕但可能存在潜在纠纷的重大合同
		发行人的应收应付款项情况
		发行人的债务情况
第四部分	发行人的主要财产	发行人拥有或者使用的主要固定资产和无形资产情况
		发行人拥有的土地使用权和房屋所有权情况
		发行人的在建工程情况
		发行人拥有或被许可使用商标、专利、著作权、特许经营权等无形资产的情况
		发行人拥有的重大机器设备情况
		发行人租赁不动产或重大机器设备的情况
		发行人的资产纠纷
		发行人的银行存款
第五部分	发行人的公司治理	发行人的公司章程以及制定、修改过程
		发行人的公司治理结构及运作情况
		发行人的董事、监事和高级管理人员任职情况和重大变化
		发行人独立董事的任职情况

续表

序号	调查方向	核实和查验的内容	
第六部分	发行人的规范运作	发行人的合规运行	发行人的对外担保情况
			发行人的资金管理制度
			发行人是否存在违法或犯罪问题
		发行人的税务和财政补贴	发行人执行的税种、税率
			发行人享受税收优惠和财政补贴政策情况
		发行人的环境保护和产品质量	发行人的环境保护状况
			发行人的产品质量和技术监督标准
			发行人的安全生产情况
第七部分	关联交易和同业竞争	发行人的关联交易	发行人的关联方及关联关系
			发行人的主要客户和供应商情况
			发行人与关联方之间关联交易的情况
		发行人的同业竞争	发行人的控股股东、实际控制人及其控制的其他企业
			发行人的控股股东、实际控制人（如为自然人）夫妻双方的直系亲属（包括配偶、父母及子女）控制的企业
			发行人的控股股东、实际控制人（如为自然人）的其他近亲属（包括兄弟姐妹、祖父母、外祖父母、孙子女、外孙子女）控制的企业
			其他可能构成竞争方的企业
第八部分	发行人的募集资金运用和业务发展目标	发行人募集资金投资项目的情况	
		发行人的业务发展目标	
第九部分	诉讼和仲裁	发行人及控股子公司、发行人的控股股东及实际控制人、发行人的董事、监事、高级管理人员和核心技术人员报告期内发生或者虽然发生在报告期外但仍对发行人产生较大影响的重大诉讼、仲裁案件	

续表

序号	调查方向	核实和查验的内容
第十部分	股东大会授权	发行人股东大会是否已依法定程序作出批准首发以及对董事会授权的决议
	行业主管部门的批准	发行人首发事项是否需要取得有关行业主管部门的批准
	招股说明书确认	发行人在招股说明书及其摘要中引用的法律意见是否正确

四、工作底稿

根据《律师事务所证券法律业务执业规则》《公开发行证券公司信息披露的编报规则第12号——公开发行证券的法律意见书和律师工作报告》的规定，律师事务所应当完整保存在出具法律意见书过程中形成的工作记录，以及在工作中获取的所有文件、资料，及时制作工作底稿。

（一）编制工作底稿的基本要求

编制工作底稿应符合以下基本要求：

第一，应按照法律意见书的撰写逻辑进行对照编制，形成体系性的工作底稿。工作底稿应当建立底稿目录。应根据法律意见书的撰写逻辑和顺序建立工作底稿的目录。以下表为示例：

表7-3 底稿目录

法律意见书内容	底稿目录	底稿内容
一、本次发行上市的批准和授权 （一）股东大会授权 发行人第二届董事会第××次会议及2020年第二次临时股东大会已依照法定程序作出批准本次发行上市的决议	A-1	本次发行上市的批准和授权
	A-1-1	股东大会授权
	A-1-1-1	发行人于2018年×月××日召开第二届董事会第×次会议
	A-1-1-1-1	《×××股份有限公司章程》
	A-1-1-1-2	发行人第二届董事会第×次会议、第二届董事会第××次会议的会议文件，包括会议通知、会议议案、表决票、会议决议、会议记录
	A-1-1-1-3	发行人2018年第二次临时股东大会、2020年第二次临时股东大会的全套会议文件，包括会议通知、会议议案、表决票、会议决议、会议记录等

第二，工作底稿应当全面完整。《律师事务所证券法律业务执业规则》《公开发行证券公司信息披露的编报规则第12号——公开发行证券的法律意见书和律师工作报告》规定的工作底稿应有内容必须全面覆盖。

第三，工作底稿应当客观、合规。律师及律师事务所应当在尽调过程中保持客观、中立的态度，尊重客观事实，如实记录尽职调查的结果。工作底稿应当注明来源，按照相关规定签名、盖章，或者对未签名、盖章的情形予以注明。归档底稿应当由2名以上律师签名，并加盖律所公章。

第四，工作底稿应当具备时效性。工作底稿在整个尽调过程中同步编制，避免后期因赶工导致编制出现材料、内容的疏漏或产生其他问题，建议最迟应当在律所内核前完成编制工作。

第五，工作底稿应当仔细复核。(1)复核法律意见书、底稿目录、底稿资料是否一一对应，法律意见所依据的事实相应的底稿是否充分、是否适当；(2)复核发行人提供的资料是否真实，律师有无对资料本身的核查尽到相应的一般注意义务和特别注意义务；(3)针对可证明同一事实的不同底稿之间能否交叉印证，从不同来源获取的底稿或者通过不同查验方式获取的底稿，对同一事项所证明的事实是否一致。

第六，工作底稿应当妥善保管。工作底稿由制作人所在的律师事务所保存，保存期限至少7年。中国证监会根据需要可随时调阅、检查工作底稿。

（二）工作底稿的基本内容

工作底稿应包括（但不限于）以下内容：(1)律师承担项目的基本情况，包括委托单位名称、项目名称、制作项目的时间或期间、工作量统计。(2)为制作法律意见书和律师工作报告制定的工作计划及其操作程序的记录。(3)与发行人（包括发起人）设立及历史沿革有关的资料，如设立批准证书、营业执照、合同、章程等文件或变更文件的复印件。(4)重大合同、协议及其他重要文件和会议记录的摘要或副本。(5)与发行人及相关人员相互沟通情况的记录，对发行人提供资料的检查、调查访问记录、往来函件、现场勘察记录、查阅文件清单等相关的资料及详细说明。(6)发行人及相关人员的书面保证或声明书的复印件。(7)对保留意见及疑难问题所作的说明。(8)其他与出具法律意见书和律师工作报告相关的重要资料。(9)上述资料应注明来源。凡涉及律师向有关当事人调查所作的记录，应有当事人和律师本人的签名。

五、法律意见书

根据《公开发行证券公司信息披露的编报规则第12号——公开发行证券的法律意见书和律师工作报告》的规定，拟首次公开发行股票公司所聘请的律师事务所及其委派的律师应按以下规则的要求出具法律意见书：

（一）开头部分

法律意见书开头部分应载明，律师是否根据《证券法》《公司法》等有关法律、法规和中国证监会的有关规定，按照律师行业公认的业务标准、道德规范和勤勉尽责精神，出具法律意见书。

（二）律师应声明的事项

第一，律师应承诺已依据本规则的规定及本法律意见书出具日以前已发生或存在的事实和我国现行法律、法规和中国证监会的有关规定发表法律意见。

第二，律师应承诺已严格履行法定职责，遵循了勤勉尽责和诚实信用原则，对发行人的行为以及本次申请的合法、合规、真实、有效进行了充分的核查验证，保证法律意见书和律师工作报告不存在虚假记载、误导性陈述及重大遗漏。

第三，律师应承诺同意将法律意见书和律师工作报告作为发行人申请公开发行股票所必备的法律文件，随同其他材料一同上报，并愿意承担相应的法律责任。

第四，律师应承诺同意发行人部分或全部在招股说明书中自行引用或按中国证监会审核要求引用法律意见书或律师工作报告的内容，但发行人作上述引用时，不得因引用而导致法律上的歧义或曲解，律师应对有关招股说明书的内容进行再次审阅并确认。

第五，律师可作出其他适当声明，但不得作出违反律师行业公认的业务标准、道德规范和勤勉尽责精神的免责声明。

（三）法律意见书正文

律师应在进行充分核查验证的基础上，对本次股票发行上市的下列（包括但不限于）事项明确发表结论性意见。所发表的结论性意见应包括是否合法合规、是否真实有效，是否存在纠纷或潜在风险。

1. 本次发行上市的批准和授权。律师须论证发行人股东大会已经依法定程序作出批准申请发行股票并上市的决议以及股东大会对董事会就发行上市事宜所作授权的合法性。

2. 发行人本次发行上市的主体资格。律师须论证发行人是依法设立且合法存续的股份有限公司。

3. 本次发行上市的实质条件。(1)律师须论证发行人具备符合发行条件的法定持续经营时间。(2)律师须论证发行人的注册资本已足额缴纳,发起人或者股东用做出资资产的财产权转移手续已办理完毕,发行人的主要资产不存在重大权属纠纷。(3)律师须论证发行人的生产经营符合法律、行政法规和公司章程的规定,符合国家产业政策。(4)律师须论证发行人法定申报期间内主营业务和董事、高级管理人员没有发生重大变化,实际控制人没有发生变更。(5)律师须论证发行人的股权清晰,控股股东和受控股股东、实际控制人支配的股东持有的发行人股份不存在重大权属纠纷。(6)律师须论证发行人应当具有完整的业务体系和直接面向市场独立经营的能力。(7)律师须论证发行人的资产完整。生产型企业应当具备与生产经营有关的生产系统、辅助生产系统和配套设施,合法拥有与生产经营有关的土地、厂房、机器设备以及商标、专利、非专利技术的所有权或者使用权,具有独立的原料采购和产品销售系统;非生产型企业应当具备与经营有关的业务体系及相关资产。(8)律师须论证发行人的人员独立。发行人的总经理、副总经理、财务负责人和董事会秘书等高级管理人员不得在控股股东、实际控制人及其控制的其他企业中担任除董事、监事以外的其他职务,不得在控股股东、实际控制人及其控制的其他企业领薪;发行人的财务人员不得在控股股东、实际控制人及其控制的其他企业中兼职。(9)律师须论证发行人的财务独立。发行人应当建立独立的财务核算体系,能够独立作出财务决策,具有规范的财务会计制度和对分公司、子公司的财务管理制度;发行人不得与控股股东、实际控制人及其控制的其他企业共用银行账户。(10)律师须论证发行人的机构独立。发行人应当建立健全内部经营管理机构,独立行使经营管理职权,与控股股东、实际控制人及其控制的其他企业间不得有机构混同的情形。(11)律师须论证发行人的业务独立。发行人的业务应当独立于控股股东、实际控制人及其控制的其他企业,与控股股东、实际控制人及其控制的其他企业间不得有同业竞争或者显失公平的关联交易。(12)律师须论证发行人已经依法建立健全股东大会、董事会、监事会、独立董事、董事会秘书制度,相关机构和人员能够依法履行职责。(13)律师须论证发行人的董事、监事和高级管理人员已经了解与股票发行上市有关的法律、法规,知悉上市公司及其董事、监事和高级管理人员的法定义务和责任。(14)律师须论证发行人的董事、监事和高级管理人员符合法律、行政法规和规章规定的任职资格,且无法定的任职禁止的情形。(15)律师须论证发行人具备符合法定发行条件的内部控制制度且被有效执行。(16)律师须论证发行人不具有法定禁止公开发行股票的情形。(17)律师须论证发行人的公司章程中已明确对外担保的审批权限和审议程序，不存在为控股股东、实际控制人及其控制的其他企业进行违规担保的情形。(18)律师须论证发行人有严格的资金管理制度，无资金被控股股东、实际控制人及其控制的其他企业以借款、代偿债务、代垫款项或者其他方式占用的情形。(19)律师须论证发行人资产质量良好，资产负债结构合理，盈利能力较强，现金流量正常。(20)律师须论证发行人的内部控制在所有重大方面是有效的，并由注册会计师出具无保留结论的内部控制鉴证报告。(21)律师须论证发行人会计基础工作规范，财务报表的编制符合企业会计准则和相关会计制度的规定，在所有重大方面公允地反映了发行人的财务状况、经营成果和现金流量，并由注册会计师出具无保留意见的审计报告。(22)律师须论证发行人编制的财务报表以实际发生的交易或者事项为依据；在进行会计确认、计量和报告时保持应有的谨慎；对相同或者相似的经济业务，选用一致的会计政策，无随意变更。(23)律师须论证发行人已完整披露与关联方的关系并按重要性原则恰当披露关联交易；关联交易价格公允，不存在通过关联交易操纵利润的情形。(24)律师须论证发行人利润、现金流量净额、营业收入、股本总额、无形资产比例及是否存在未弥补亏损等财务数据或信息是否符合相关法律法规规章的规定。(25)律师须论证发行人依法纳税，各项税收优惠符合相关法律法规的规定，发行人的经营成果对税收优惠不存在严重依赖。(26)律师须论证发行人不存在重大偿债风险，不存在影响持续经营的担保、诉讼以及仲裁等重大或有事项。(27)律师须论证发行人的申报文件不存在故意遗漏或虚构交易事项、其他重要信息等重大虚假披露的情形。(28)律师须论证发行人不存在法律法规规章规定的影响持续盈利能力的情形。(29)律师须论证发行人募集资金有明确的使用方向，原则上用于主营业务；除金融类企业外，募集资金使用项目不得为持有交易性金融资产和可供出售的金融资产、借予他人、委托理财等财务性投资，不得直接或者间接投资于以买卖有价证券为主要业务的公司；发行人募集资金数额和投资项目应当与发行人现有生产经营规模、财务状况、技术水平和管理能力等相适应；发行人董事会对募集资金投资项目的可行性已进行认真分析，确信投资项目具有较好的市场前景和盈利能力，有效防范投资风险，提高募集资金的使用效益；募集资金投资项目实施后，不会产生同业竞争或者对发行人的独立性产生不利影响；发行人建立募集资金专项存储制度，募集资金应当存放于董事会决定的专项账户。(30)律师须论证发行人募集资金投资项目符合国家产业政策、投资管理、环境保护、土地管理以及其他法律、法规和规章的规定。

4. 发行人的设立。(1)律师须论证发行人设立的程序、资格、条件、方式符合

《公司法》等当时有效的法律、法规和规范性文件的规定,并已办理必要的批准、登记手续;发行人设立过程中履行了必要的资产评估、验资程序,符合当时法律、法规及规范性文件的规定;发行人创立大会的程序及所议事项符合法律、法规及规范性文件的规定。(2)律师须论证发行人《发起人协议》等相关协议符合当时有关法律、法规和规范性文件的规定,不会因此引致发行人设立行为存在潜在纠纷。

5. 发行人的独立性。(1)律师须论证发行人的资产完整性,发行人是否具备与生产经营有关的生产系统、辅助生产系统和配套设施;是否合法拥有与生产经营有关的土地、厂房、机器设备以及商标、专利、非专利技术的所有权或者使用权;是否具有独立的原料采购和产品销售系统。发行人如为非生产型企业,是否具备与经营有关的业务体系及相关资产;资产是否存在法律纠纷或潜在纠纷;是否存在资产被控股股东或实际控制人及其关联方控制和占用的情况。(2)律师须论证发行人的人员独立性,发行人的总经理、副总经理、财务负责人和董事会秘书等高级管理人员是否在控股股东、实际控制人及其控制的其他企业中担任除董事、监事以外的其他职务;是否在控股股东、实际控制人及其控制的其他企业领薪。发行人的财务人员是否在控股股东、实际控制人及其控制的其他企业中兼职。(3)律师须论证发行人的财务独立性,发行人是否建立独立的会计核算体系及独立的财务部门;是否能够独立作出财务决策;是否具有规范的财务会计制度和对分、子公司的财务管理制度;是否独立在银行开户、独立纳税。(4)律师须论证发行人的机构独立性,发行人是否建立健全内部经营管理机构,是否独立行使经营管理职权,与控股股东、实际控制人及其控制的其他企业间是否有混合经营、合署办公的情形;是否完全拥有机构设置自主权。(5)律师须论证发行人的业务独立性,发行人的业务是否独立于控股股东、实际控制人及其控制的其他企业;是否具有完整的业务流程、独立的生产经营场所以及独立的采购、销售系统;与控股股东、实际控制人及其控制的其他企业间是否有同业竞争或者显失公平的关联交易。(6)律师须论证发行人在独立性方面是否存在其他严重缺陷,对发行人具有完整的业务体系和直接面向市场独立经营的能力发表法律意见。

6. 发起人或股东(实际控制人)。(1)律师须论证发行人的发起人中法人股东(或合伙企业)依法存续,自然人股东具有完全民事行为能力,均具有法律、法规和规范性文件规定的担任发起人的资格,发行人的发起人股东人数、住所、出资比例符合《公司法》《证券法》等相关法律、法规和规范性文件的规定。(2)律师须论证发行人变更为股份有限公司时,变更前有限责任公司的股东作为发起人,以各自持有的有限责任公司的股权所对应的净资产认缴股份公司的股份,发起人已足额履行出资义务。

7. 发行人的股本及其演变。(1)律师须论证发行人设立时的股权设置、股本结构合法有效,产权界定和确认不存在纠纷或风险。(2)律师须论证发行人历次股权变动合法、合规、真实、有效。(3)律师须论证发行人股份不存在质押,或发行人股份虽存在质押但质押合法,不会引致风险。

8. 发行人的业务。(1)律师须论证发行人的经营范围和经营方式符合有关法律、法规和规范性文件规定。(2)律师须披露发行人是否在中国内地以外经营。(3)律师须披露发行人的主营业务是否发生过重大变更。(4)律师须论证发行人主营业务是否突出。(5)律师须论证发行人是否依法有效存续,并依照法律规定在其经营范围内开展经营;是否存在持续经营的法律障碍。

9. 关联交易及同业竞争。(1)律师须披露发行人的关联方、关联关系及其关联交易情况,以及发行人的披露情况。(2)律师须披露发行人特殊的关联关系。(3)律师须披露发行人规范关联交易的制度及措施。(4)律师须披露发行人同业竞争情况及发行人的披露情况。(5)律师须披露发行人避免同业竞争的措施或承诺。

10. 发行人的主要财产。(1)律师须论证发行人拥有的土地使用权和房产合法有效,不存在权属纠纷。(2)律师须论证发行人商标的取得符合法律规定,且已取得完备的权属证书,不存在产权纠纷或潜在法律纠纷;发行人申请的商标已获有效受理。(3)律师须论证发行人专利权的取得符合法律规定,且已取得完备的权属证书,不存在产权纠纷或潜在法律纠纷;发行人正在申请的专利已获受理。(4)律师须论证发行人的主要生产经营设备、大宗产品和重要原料的取得符合法律规定,且拥有完备的权利,不存在产权纠纷或潜在的法律纠纷。(5)律师须论证发行人对其银行存款拥有完备的权利,不存在产权纠纷或潜在的法律纠纷。(6)律师须论证发行人对主要财产的权利负担系其生产经营的正常所需,对其发行上市不存在实质性法律障碍。

11. 发行人的重大债权债务。(1)律师须披露发行人(包括发行人主体以及发行人控股子公司,下同)的重大合同是否合法有效,是否存在潜在风险;若存在潜在风险,是否对发行人生产经营以及本次发行上市有重大不利影响;合同主体是否变更为发行人;合同履行是否存在法律障碍。(2)律师须论证发行人有无因环境保护、知识产权、产品质量、劳动安全、人身权等原因产生的侵权之债,如有相关的侵权之债,是否对发行人的生产经营造成重大不利影响,发行人是否存在严重损害社会投资者及社会公共利益的行为。(3)律师需论证发行人与关联方之间不存在其他重大债权债务关系及相互提供担保的情况。(4)律师须论证发行人目前金额较大的其他应收、应付款系因正常的生产经营活动发生，合法有效。

12. 发行人的重大资产变化及收购兼并。（1）律师须论证发行人设立至今发生的合并、分立、增资扩股、减少注册资本、重大资产收购或出售符合《公司法》等当时有效的法律、法规和规范性文件的规定，并已履行了必要的法律手续。（2）律师须论证发行人拟进行的资产置换、资产剥离、资产出售或收购符合《公司法》等法律、法规和规范性文件的规定，并已履行了必要的法律手续，对发行人发行上市条件不产生实质性影响。

13. 发行人公司章程的制定与修改。律师须论证发行人（含发行人改制为股份有限公司之前期间）公司章程的制定和修订程序符合当时有效的法律、法规和规范性文件的规定；发行人的公司章程草案符合上市公司章程的要求，公司章程草案将于发行人本次发行及上市完成后生效，并取代发行人目前有效的公司章程。

14. 发行人股东大会、董事会、监事会议事规则及规范运作。（1）律师须论证发行人按照《公司法》的有关规定设立了股东大会、监事会、董事会、总经理等高级管理人员及公司各部门，发行人具有健全的法人组织结构。（2）律师须论证发行人具有健全的股东大会、董事会及监事会议事规则，发行人上述议事规则符合相关法律、法规和规范性文件的规定。（3）律师须论证发行人股东大会、董事会、监事会的召开程序符合相关法律、法规和规范性文件的规定，股东大会、董事会、监事会的决议内容及签署合法、合规、真实、有效，股东大会或董事会的授权或重大决策等行为合法、合规、真实、有效。

15. 发行人董事、监事和高级管理人员及其变化。（1）律师须论证发行人董事、监事、高级管理人员具备法律、法规及规范性文件规定的任职资格，已经了解与股票发行上市有关的法律、法规，知悉上市公司及其董事、监事和高级管理人员的法定义务和责任。（2）律师须论证发行人报告期内历次董事、监事、高级管理人员的变化均履行了相应的程序，该等变化不属于重大变化，不会对本次发行上市构成实质障碍。（3）律师须论证发行人已设立了独立董事制度，且该制度符合法律、法规及规范性文件的规定，独立董事任职资格合法有效。

16. 发行人的税务。（1）律师须论证发行人已在国家税务局和地方税务局办理国税和地税登记。（2）律师须论证发行人目前执行的税种、税率真实且符合相关税收法律、法规和规范性文件的规定。（3）律师须披露发行人及其子公司目前享受的税收优惠情况。（4）律师须论证发行人在法定申报期间不存在因违反税收法律法规被有关税务部门处罚的情况。（5）律师须披露发行人法定申报期间是否存在政府补贴及补贴数额情况。

17. 发行人的环境保护和产品质量、技术等标准。(1)律师须论证发行人的生产经营活动和拟投资项目是否符合有关环境保护的要求,法定申报期间是否因违反有关环境保护方面的法律、法规和规范性文件而被处罚。(2)律师须论证发行人的产品是否符合有关产品质量和技术监督标准,法定申报期间是否因违反有关产品质量和技术监督方面的法律、法规而受到处罚。

18. 发行人募集资金的运用。(1)律师须论证发行人募集资金投向的具体情况及是否已经发行人所属有权管理机构批准。(2)律师须论证发行人募集资金投资项目是否已经按照有关投资管理法律、法规的规定,办理了相应的行政许可或备案手续。律师须论证发行人募集资金投资项目是否符合有关环境保护的要求。(3)律师须论证发行人募集资金投资项目是否符合有关环境保护的要求。(4)律师须论证发行人募集资金投资项目是否与他人合作。(5)律师须论证发行人募集资金投资项目是否有明确的使用方向,募集资金是否用于发行人主营业务。发行人募集资金使用项目是否属于持有交易性金融资产和可供出售的金融资产、借予他人、委托理财等财务性投资,或直接或间接投资于以买卖有价证券为主要业务的公司律师须论证发行人募集资金投资项目是否与发行人现有生产经营规模、财务状况、技术水平和管理能力等相适应。(6)律师须论证发行人募集资金投资项目是否与发行人现有生产经营规模、财务状况、技术水平和管理能力等相适应。(7)律师须论证发行人募集资金投资项目是否符合国家产业政策、投资管理、环境保护、土地管理以及其他法律、法规和规章的规定。(8)律师须论证发行人董事会是否已对募集资金投资项目的可行性进行认真分析,确信投资项目具有较好的市场前景和盈利能力,有效防范投资风险,提高募集资金使用效益。(9)律师须论证发行人募集资金投资项目实施后,是否会产生同业争或者对发行人的独立性产生不利影响。(10)律师须论证发行人董事会是否已经建立募集资金专项存储制度,募集资金是否将存放于董事会决定的专项账户、专款专用。

19. 发行人业务发展目标。律师须论证发行人业务发展目标是否符合国家法律、法规和规范性文件的规定,是否与其主营业务一致,是否存在潜在的法律风险。

20. 诉讼、仲裁或行政处罚。(1)律师须论证目前发行人及其控股子公司、持有发行人5%以上股份的主要股东、实际控制人、发行人的董事长、总经理存在的案件对本次发行及上市不存在法律障碍。(2)律师须论证发行人及其控股子公司、发行人的主要股东、实际控制人不存在尚未了结的或可预见的重大诉讼、仲裁及行政处罚案件。(3)律师须论证发行人的董事长及总经理不存在尚未了结的或可预见的重大诉讼、仲裁及行政处罚案件。

21. 原定向募集公司增资发行的有关问题(如有)。

22. 发行人招股说明书法律风险的评价。律师须论述发行人的招股意向书是否存在法律风险。

23. 律师认为需要说明的其他问题。

(四)本次发行上市的总体结论性意见

1. 律师应对发行人是否符合股票发行上市条件、发行人行为是否存在违法违规以及招股说明书及其摘要引用的法律意见书和律师工作报告的内容是否适当,明确发表总体结论性意见。

2. 律师已勤勉尽责仍不能发表肯定性意见的,应发表保留意见,并说明相应的理由及其对本次发行上市的影响程度。

六、律师执业操守与执业风险

(一)律师执业操守的阶层性

从事证券业务尤其是首发业务的律师,经常会被称为证券市场的“守门人”。这是因为在“接受当事人委托,为证券发行、上市和交易等证券业务活动提供法律服务”的同时,律师出具的法律意见书不仅是发行人作为市场主体进行信息披露的重要文件,同时也是投资者进行投资判断以及监管部门履行监管职责、进行监管判断的重要依据。故而,与传统诉讼律师相区别,其具有特别的公益价值。[1]

这种公益价值,使相关律师和律师事务所除了需要作为私人机构秉持维护委托人私益的执业操守外,还需要充分履行其社会责任,并且在必要的时候优先维护社会公益。譬如,《律师事务所从事证券法律业务管理办法》第17条规定:“律师在从事证券法律业务时……发现委托人提供的材料有虚假记载、误导性陈述、重大遗漏,或者委托人有重大违法行为的,应当要求委托人纠正、补充;委托人拒不纠正、补充的,律师可以拒绝继续接受委托,同时应当按照规定向有关方面履行报告义务。”

而证券律师的执业操守、公益价值以及必须承担的法律义务和执业风险均集中体现在其审核查验的过程以及法律意见书的撰写中。

---

〔1〕 王倩、中国证监会山东监管局:《证券律师勤勉尽责之实务分析——基于我国证券律师违法违规案例的思考》,载《证券法苑》2017年第3期。

(二)律师执业风险

经检索中国证券监督管理委员会官方网站,2013—2020 年,律师及律师事务所在从事证券业务过程中因违反相关法律法规而遭受证监会行政处罚的案例如下:

表 7-4 律所违反规定遭受证监会行政处罚案例

序号	律师事务所	涉及行为	处罚文号	处罚内容	
				律师	律所
1	四川 TCM 律师事务所	1. 未在法律意见书中说明其工作相关情况; 2. 未对相关资产的取得过程进行完整地核实	〔2013〕25 号	对徐某、肖某给予警告,并分别处以 10 万元罚款	没收业务收入 58 万元,并处以 58 万元的罚款
2	北京市 DC 律师事务所	1. 制作虚假的实地访谈笔录; 2. 未全面收集并认真查验工商资料; 3. 出具法律意见时未审慎尽责,出具的补充法律意见书未指出存在关联关系的事实	〔2013〕55 号	1. 对丘某、刘某给予警告,并分别处以 10 万元的罚款; 2. 对申某给予警告,并处以 5 万元的罚款; 3. 对刘某给予警告,并处以 3 万元的罚款	没收业务收入 50 万元,并处以 100 万元的罚款
3	北京市 JZJ 律师事务所	1. 对于重大债权债务的真实性、合法性和法律风险,未给予适当注意和采取适当的尽职调查措施; 2. 未对合同进行审查和风险提示; 3. 未对发行人的重大债权债务事项进行查验和风险提示	〔2013〕46 号	对许某、王某给予警告,并分别处以 5 万元罚款	没收业务收入 60 万元,并处以 120 万元罚款
4	湖南 AB 律师事务所	1. 未能勤勉尽责地核查和验证重大销售合同的真实性、准确性; 2. 在核查销售合同及关联关系过程中,未能勤勉尽责地核查和验证相关文件资料的真实性、准确性; 3. 在核查采购合同和销售合同过程中,未能勤勉尽责地核查和验证相关材料的真实性、准确性	〔2013〕50 号	对刘某、胡某给予警告,并分别处以 10 万元罚款	没收业务收入 70 万元,并处以 140 万元罚款

续表

序号	律师事务所	涉及行为	处罚文号	处罚内容	
				律师	律所
5	北京市 JT-GC 律师事务所	1. 就发行人的实质关联交易出具了错误的法律意见； 2. 在进行核查和验证前未编制查验计划	〔2014〕22 号	对王某、张某给予警告，并分别处以 10 万元罚款	没收业务收入 15 万元，并处以 30 万元罚款
6	北京市 ZY 律师事务所	1. 在进行核查和验证前未编制查验计划； 2. 工作底稿不完整； 3. 出具法律意见书前的工作未勤勉尽责，导致出具的文件存在虚假记载	〔2016〕108 号	对唐某、李某、赵某给予警告，并分别处以 10 万元罚款	给予警告，没收业务收入 60 万元，并处以 120 万元罚款
7	广东 JX 律师事务所	1. IPO 申请文件存在虚假记载、重大遗漏； 2. 未勤勉尽责，未发现潜在的重大债权债务法律风险； 3. 未勤勉尽责，未发现与相关公司的关联关系及关联交易； 4. 出具的《法律意见书》《律师工作报告》存在虚假记载	〔2017〕62 号	对高某、陈某给予警告，并分别处以 5 万元罚款	没收业务收入 195 万元，并处以 195 万元罚款
8	北京市 TY 律师事务所	1. 未按规定对银行存款进行查验； 2. 未按规定将实地调查情况做成笔录； 3. 未按规定对查验计划的落实情况进行评估和总结，查验计划未完全落实或不能实现查验目的，也未说明原因或者采取其他查验措施和方法； 4. 出具的《法律意见》存在虚假记载及重大遗漏	〔2017〕56 号	对史某、刘某、于某给予警告，并分别处以 10 万元罚款	没收业务收入 150 万元，并处以 750 万元罚款

续表

序号	律师事务所	涉及行为	处罚文号	处罚内容	
				律师	律所
9	北京市 DY 律师事务所	1. 出具的《法律意见书》存在虚假记载； 2. 未审慎核查和验证相关资料； 3. 未编制查验计划，未对《法律意见书》进行讨论、复核； 4. 其他	〔2017〕70 号	对郭某、陈某给予警告，并分别处以 10 万元罚款	没收业务收入 90 万元，并处以 180 万元罚款
10	北京 DC 律师事务所	1. 披露的相关文件存在虚假陈述的情况； 2. 未对重大业务合同进行审慎核查验证； 3. 未发现对外重大担保事项，亦未对该事项进行审慎查验； 4. 未按照查验计划列明的程序和方法审慎查验	〔2019〕62 号	给予张某、许某警告，并分别处以 5 万元罚款	没收其业务收入 30 万元，并对其处以 90 万元罚款

从处罚案例来看，证监会往往是因为发现发行人存在虚假信息披露等违规行为，进而核查发现提供中介服务的律师所出具的法律意见书也存在有虚假记载、误导性陈述或者重大遗漏等情形，并以此作为处罚的事实前提。

我们可以把从事首发业务并出具法律意见书的业务结果，分为以下四种情形：(1)勤勉尽责，同时出具了合格的法律意见书；(2)勤勉尽责，但出具了有问题的法律意见书；(3)未勤勉尽责，但出具了合格的法律意见书；(4)未勤勉尽责，且出具了有问题的法律意见书。

由于目前的法律框架下，从事首发业务的律师和律师事务所承担的主要是过错责任。因此，对于证监会来说，他们需要的是"坐实"律师和律师事务所存在第(4)种情形，而对于可能被处罚的律师和律师事务所，往往也是尽可能举证并以第(2)种情形来抗辩，即证明自己已经是勤勉尽责，从而无须对有问题的法律意见书承担相关法律责任。

然而，截至目前为止鲜有律师或律师事务所抗辩成功的案例，毕竟在确认发行人或法律意见书存在问题的情况下，能用于证明自身已尽到"勤勉尽责"的抗辩空间是很有限的。目前唯一争议较大的，是律师履行注意义务的界限问题，尤其是其中涉及财务数据、资产评估、信用评级以及司法鉴定等非法律专业事项的部分，因其更加复杂并具有核查界限的不确定性，容易使律师及律师事务所产生错误判断从而被认定未尽注意义务。

（三）证监会行政处罚的逻辑分析

其实长期以来，证监会一直将“是否勤勉尽责”作为案涉律师及律师事务所是否要为首发业务中出现的问题承担责任的核心判断依据。虽然目前关于什么是“勤勉尽责”，学界始终没有具体明确的界定，但是我们可以通过对证券领域的基础法律规范以及上述案例的分析，一窥目前中国证监会的整体判责和处罚逻辑。

其中，《律师事务所从事证券法律业务管理办法》列明了中国证监会及其派出机构可以对律师及律师事务所采取责令改正、监管谈话、出具警示函等措施的若干情形：(1)未按照本办法第12条的规定勤勉尽责，对所依据的文件资料内容的真实性、准确性、完整性进行核查和验证；(2)未按照本办法第13条的规定编制核查和验证计划；(3)未按照本办法第17条的规定要求委托人予以纠正、补充，或者履行报告义务；(4)未按照本办法第22条的规定在法律意见中作出说明；(5)未按照本办法第23条的规定讨论复核法律意见；(6)未按照本办法第27条的规定履行告知义务；(7)法律意见的依据不适当或者不充分，法律分析有明显失误；(8)法律意见的结论不明确或者与核查和验证的结果不对应；(9)未按照本办法第18条的规定制作工作底稿；(10)未按照本办法第19条的规定保存工作底稿；(11)法律意见书不符合规定内容或者格式；(12)法律意见书等文件存在严重文字错误等文书质量问题。

结合上文的行政处罚案例，我们可以初步的将证监会认定“律师事务所及其承办律师未勤勉尽责”的主要情形归纳为以下五种：(1)未依照规定编制核查和验证计划；(2)未合理运用查验方法，查验程序履行不完整；(3)未充分履行一般注意义务或特别注意义务；(4)法律意见书存在形式或实质瑕疵；(5)未有效实施质量控制程序。[1]

再进一步总结，其实就是律师及律师事务所在主观上存在故意或过失，未达“勤勉”标准；在客观的审核查验的过程中操作违规、过程失控、监督不能[2]，违背了法定义务未达“尽职”标准；在出具法律意见书的结果上出现形式或实质的瑕疵

---

〔1〕 王倩、中国证监会山东监管局：《证券律师勤勉尽责之实务分析——基于我国证券律师违法违规案例的思考》，载《证券法苑》2017年第3期。

〔2〕 孔令君：《证券律师行政责任案例初步研究》，载《证券法苑》2014年第4期。

和问题,失去了法律赋予其在从事首发业务过程中的公益价值,乃至侵害了相关法律法规所保护的社会法益,并最终因此受到了相关行政机关的处罚。

(四)总结

最后,在上述分析的基础上,我们可以得出以下结论:一旦发行人或法律意见书被确认存在问题,律师和律师事务所就很难再规避承担相关法律责任的执业风险。

因此,一如我们常常规劝客户和委托人的那样:正真有效的风控一定处于项目的前端和中端。严格按照《首次公开发行股票并上市管理办法》、《律师事务所证券法律业务执业规则》及《公开发行证券公司信息披露的编报规则第 12 号——公开发行证券的法律意见书和律师工作报告》等规定进行执业,并在发表法律意见时履行严格的核查验证程序,获取足以支撑发表意见的证据材料[1],尽早发现并纠正可能的错误和风险。否则,当问题已经发生时,能做的往往只有争取避免损失扩大了,这一点在非诉业务中尤其明显。

客观、全面而真实,就是律师以及律师事务所在首发和出具法律意见书的业务中,对自己、客户和公众的负责,就是勤勉尽责。

---

〔1〕 程金华、叶乔:《中国证券律师行政处罚研究——以"勤勉尽责"为核心》,载《证券法苑》2017 年第 5 期。